대전환의 시대, **독일의 제도와 정책**

대전환의 시대,

독일의 제도와 정책

조성복 | 김주희 | 이종희 | 조상식 | 차명제 | 전태국 | 허준영
베른하르트 젤리거 | 한스-알렉산더 크나이더 지음

솔과학

발간에 즈음하여

2023년은 한국과 독일이 수교를 맺고 협력적 동반자의 길을 걸어온 지 140주년이 되는 해이다. 이처럼 특별한 의미를 지니는 해를 기념하기 위하여 독일에서 학문을 닦은 국내 학자들과 독일의 학자들이 공동으로 한 권의 단행본을 출간했다. 『대전환의 시대, 독일의 제도와 정책』은 9명의 독일 전문가들이 정치·사회·환경·통일 등 독일 사회의 면면을 분석적으로 들여다본 후 대전환에 대응하는 한국 사회를 위한 시사점을 제시한다.

제1장 『선거제도와 정치제도 개혁』에서는 "왜 정치제도와 선거제도를 바꿔야 하는가?" 하는 질문을 던지고 있다. 그것은 우리 사회의 중요한 문제들이 풀리지 않고 방치되고 있기 때문이고, 또 문제해결의 주체인 정치가 제대로 작동하지 않고 있기 때문이다. 그 제도를 어떻게 바꿔야 하는지에 대해 독일 사례를 통해 대안을 제

시하고 있다.

제2장 『새로운 베를린을 꿈꾸는 메트로폴 루르: 지역연합 형성을 통한 지역발전』에서는 인구감소와 수도권 쏠림으로 인한 지방소멸 위기는 지역의 협력을 통해 해법을 찾을 수 있다는 점에서 독일 메트로폴 루르 사례는 우리가 지방시대를 열어갈 수 있는 하나의 대안이 될 수 있다고 분석한다.

제3장 『독일의 시민교육』에서는 독일의 민주주의 발전과 통일후 사회통합에 크게 기여한 독일 시민교육의 체계, 주요 주체 등을 고찰한 후, 독일 시민교육의 대표적 사례들을 중점적으로 살펴보고 우리나라에 주는 함의를 모색한다.

제4장 『독일 초·중등교원양성제도의 현황과 개혁 동향: 쟁점과 시사점』에서는 최근까지 많은 변화를 겪고 있는 독일 교원양성제도의 현황을 기술하고, 독일 교원양성제도의 기본구조가 확립되는 역사적 과정을 몇 가지 전환점으로 구분하여 개혁의 내용과 그 주요 원인을 서술하고, 아직 국내에 소개되지 않았으면서 앞으로 독일 교원양성제도에 큰 영향을 줄 수 있는 최근의 개혁 흐름, 교원양성제도의 개혁을 둘러싼 쟁점과 우리나라에 주는 시사점에 관해 논한다.

제5장 『독일의 환경정책: 환경규제와 경제정책의 공존』에서는 일반적으로 환경규제와 경제발전은 양립하지 못하는 것으로 인식하고 있으나, 독일은 환경규제와 산업발전이 공존할 수 있는 사례를 세계에 보여주고 있음을 고찰한다. 이 장에서는 독일 환경정책의 역사, 환경 우선주의적 관점에서 실행되고 있는 경제정책, 연정

합의서의 환경과 경제정책의 구체적인 내용을 다루고 있다.

제6장 『독일 통일과 성평등의 전진』에서는 통일 후 독일에서 일어난 성평등의 진전을 통일 전의 동-서독의 상태와 비교하여 그 특징을 파악한다. 일과 가정의 양립을 가능하게 한 통일 전 동독의 잘 구축된 전국적 아동돌봄 체계와 높은 여성 취업률이 통일 후 서독지역을 자극하여 서독에서도 돌봄체계가 확충되고 여성의 취업률도 높아지며, 서독인들의 전통적인 성 역할 의식에 커다란 변화가 일어났음을 분석하고 우리에게 주는 함의를 도출한다.

제7장 『독일의 이민행정』에서는 우리나라와 유사하게 단일혈통 중심의 외국인 관리 정책을 오랫동안 견지해 오다 비교적 최근 개방적인 이민정책으로 변모한 독일 이민행정의 역사적 맥락과 환경 변화를 고찰하고 이민행정체계의 구조와 운영에 관해 사례를 들어 분석한 후, 우리나라에 주는 시사점을 모색한다.

제8장 『독일의 통일 정책과 독일 통일: 한국을 위한 교훈은 여전히 존재하는가?』에서는 기존의 독일 통일을 주제로 한 연구들이 많이 다루지 않았던 독일 분단의 역사와 통일 과정의 국가와 민간의 역할에 관해 분석한다.

제9장 『한-독 수교 140년: 그 기원에 대한 회고』에서는 독일과 조선 수교 초기 단계를 중심으로 그동안의 양국 관계의 역사를 주요 인물들을 바탕으로 조명하고, 독일의 외교적 입장에 대해 기술한다.

끝으로 출판을 흔쾌히 수락해 주신 도서출판 솔과학의 김재광 대표님을 비롯한 임직원 여러분께 진심으로 감사드리며, 많은 조언과 도움을 주신 한독사회과학회 홍보위원장 최영돈 박사님께도 감사의 마음을 전한다.

2023년 겨울, 저자들과 함께
한독사회과학회 회장·한국독일네트워크(ADeKo 아데코) 부이사장
이종희

Vorwort

Der 140. Jahrestag der Aufnahme diplomatischer Beziehungen zwischen Korea und Deutschland wird im Jahr 2023 gefeiert. Zum Gedenken an dieses bedeutsame Jahr wird hier ein gemeinsames Buch von deutschen und koreanischen Wissenschaftlern, die in Deutschland studiert haben, herausgegeben. In "Zeitenwende – deutsche Erfahrungen und koreanische Politik" untersuchen neun deutsche Expertinnen und Experten analytisch Aspekte der deutschen Gesellschaft, darunter Politik, Gesellschaft, Umwelt und Wiedervereinigung, und zeigen Implikationen für die koreanische Gesellschaft in der Ära des großen Wandels auf.

In Kapitel 1, "Reform der Wahl- und politischen Systeme", wird die Frage gestellt: "Warum müssen wir unsere Wahl- und politischen Systeme ändern?" Ein Grund dafür ist, dass wichtige Probleme in unserer Gesellschaft nicht gelöst werden und die Politik, die wichtigste Institution zur Lösung von Problemen, nicht richtig funktioniert. Am Beispiel Deutschlands werden alternative Wege zur Veränderung des Systems aufgezeigt.

In Kapitel 2, "Metropol Ruhr, der Traum vom neuen Berlin: Regionale Entwicklung durch regionale Allianzen", wird analysiert, dass die Krise des ländlichen Raums aufgrund von Bevölkerungsrückgang und Metropolisierung durch regionale Zusammenarbeit gelöst werden kann und dass das Beispiel der deutschen Metropol Ruhr eine Alternative für Korea sein kann, um das Zeitalter des Lokalen einzuleiten.

Kapitel 3, "Politische Bildung in Deutschland", untersucht das System und die Hauptakteure der deutschen politischen Bildung, die wesentlich zur Entwicklung der Demokratie und der sozialen Integration nach der Wiedervereinigung beigetragen hat. Dieses Kapitel konzentriert sich auf repräsentative Fälle von politischer Bildung in Deutschland und stellt Implikationen für Korea dar.

Kapitel 4, "Aktueller Stand und Reformtrends in der deutschen Lehrerbildung für die Primar- und Sekundarstufe: Fragen und Implikationen", beschreibt zunächst den aktuellen Stand des deutschen Lehrerbildungssystems, das in den letzten Jahren viele Veränderungen erfahren hat. Die historische Grundstruktur des deutschen Lehrerbildungssystems und jüngste in Korea noch nicht bekannte Reformen werden diskutiert. Diese Reformen, die erhebliche Auswirkungen auf das deutsche Lehrerbildungssystem haben könnten, werden im Zusammenhang mit Implikationen für Korea diskutiert.

Kapitel 5, "Umweltpolitik in Deutschland: Koexistenz von Umweltregulierung und Wirtschaftspolitik", befasst sich mit der Tatsache, dass Umweltregulierung und wirtschaftliche Entwicklung zwar allgemein als unvereinbar angesehen werden, Deutschland jedoch ein weltweites Beispiel für die Koexistenz von Umweltregulierung und industrieller Entwicklung darstellt. Außerdem befasst sich das Kapitel mit der Geschichte der Umweltpolitik in Deutschland, sowie der Wirtschaftspolitik, die aus einer umweltorientierten Perspektive umgesetzt wird, und mit den Besonderheiten der Umwelt- und Wirtschaftspolitik im Koalitionsvertrag.

Kapitel 6, "Die deutsche Wiedervereinigung und die För-

derung der Gleichstellung der Geschlechter", beschreibt
die Fortschritte bei der Gleichstellung der Geschlechter
nach der Wiedervereinigung durch einen Vergleich mit
der Situation in Ost- und Westdeutschland vor der Wie-
dervereinigung. Im Kapitel wird analysiert, wie das gut
etablierte nationale Kinderbetreuungssystem und die
hohen Frauenerwerbsquoten in Ostdeutschland vor der
Wiedervereinigung die Vereinbarkeit von Beruf und Fami-
lie ermöglichten. Dies beeinflusste Westdeutschland nach
der Wiedervereinigung sein Kinderbetreuungssystem
auszubauen, die Frauenerwerbsquote zu erhöhen und die
traditionellen Geschlechterrollen der Westdeutschen erhe-
blich zu verändern.

Kapitel 7, "Migrationsverwaltung in Deutschland", unter-
sucht den historischen Kontext und die Veränderungen in
der deutschen Migrationsverwaltung, die ähnlich wie die
koreanische lange Zeit eine monogenetische Ausländerpoli-
tik verfolgte und sich in letzter Zeit zu einer offenen Migra-
tionspolitik gewandelt hat. Die Struktur und Funktions-
weise des deutschen Verwaltungssystems wird anhand von
Fallstudien analysiert und nach ihrer Bedeutung für Korea
gefragt.

Kapitel 8, "Deutsche Wiedervereinigungspolitik und

deutsche Wiedervereinigung – gibt es noch Lehren für Korea?" versucht nicht, die deutsch-koreanische Wiedervereinigungsdebatte in all ihren Schattierungen nachzuzeichnen. Stattdessen sollen hier in aller Kürze einige wichtige Aspekte der deutschen Wiedervereinigung diskutiert werden, die bei der allgemeinen "Übererforschung" der deutschen Wiedervereinigung vielleicht noch wenig belichtet wurden, sozusagen „untererforscht" sind.

In Kapitel 9, "140 Jahre deutsch-koreanischer Beziehungen: Ein Rückblick auf ihre Entstehungsgeschichte" wird ein kurzer historischer Rückblick auf die erste Phase gegeben. Dabei wird an bedeutende Persönlichkeiten erinnert, die eine wichtige Rolle in den Beziehungen beider Länder gespielt haben, sowie das Interesse Deutschlands am alten Korea näher erläutert.

Abschließend möchte ich Kim Jae Gwang, dem Geschäftsführer von Sol Kwa Hak, und seinen Mitarbeitern dafür danken, dass sie dieses Buch zur Veröffentlichung angenommen haben. Schließlich spreche ich Dr. Youngdon Choi, dem Vorsitzenden für Öffentlichkeitsarbeit der Koreanisch-Deutschen Gesellschaft für Sozialwissenschaften, meinen Dank für seinen Rat und seine Unterstützung aus.

Winter 2023, Mit den Autoren

Prof. Dr. Jong Hee LEE

(Präsidentin der Koreanisch-Deutschen Gesellschaft für Sozialwissenschaften · Stellvertretende Vorsitzende des Alumninetzwerk Deutschland Korea, ADeKo)

6장
독일 통일과 성평등의 전진 · 203

8장

Deutsche Wiedervereinigungspolitik und deutsche Wiedervereinigung: gibt es noch Lehren für Korea?

독일의 통일 정책과 독일 통일: 한국을 위한 교훈은 여전히 존재하는가?

9장

140 Jahre deutsch-koreanischer Beziehungen: Ein Rückblick auf ihre Entstehungsgeschichte

한독수교 140년: 그 기원에 대한 회고 • **405**

1장

선거제도와 정치제도 개혁[1]

Reform der Wahl- und politischen Systeme

조성복 (Dr. Sung Bok CHO)

독일정치연구소장

Director, Institut für Deutsche Politik

I
들어가며: 정치의 부재

왜 정치제도와 선거제도를 바꿔야 하는가? 그것은 우리 사회의 중요한 문제들이 풀리지 않고 방치되고 있기 때문이고, 또 문제해결의 주체인 정치가 제대로 작동하지 않고 있기 때문이다. 우리 사회의 문제를 해결하고자 한다면, 또 그것을 위해 정치가 제 역할을 하게 하려면, 무엇보다도 기존의 정치제도와 선거제도를 개혁하는 것이 최우선 과제이다.

그렇다면 한국 사회의 핵심 문제는 무엇이고, 그 문제는 왜 해결되지 않고 있는가? 일상에서 마주치는 문제에 대해 몇 번만 더 왜 그런지 그 원인을 파고들면, 불평등, 불공정, 승자독식 등의 문제점에 마주하게 된다. 예를 들어 정규직과 비정규직은 경쟁(대부분 시험의 합격 여부)에 따라 갈리게 된다. 그리고 많은 사람이 그에 따른 급여, 복지, 직업의 안정성 등의 차이를 당연하다고 받아들인다. 그런데 단순히 시험에 합격했다고 그렇게 과도하게 많은 기득권을 보장하는 것이 과연 공정한 것일까? 오히려 불평등을 조장하는 것은 아닐까? 조금만 더 생각해보면 우리 사회의 소득 불평등은 정규직과 비정규직의 과도한 격차에서 나오고 있다는 것을 알 수 있기 때문이다.

　정치가 제대로 작동하지 않고 있다는 사실은 다음의 사례를 보면 알 수 있다. 수십 년째 연간 2,000명이 넘는 노동자가 일하러 갔다가 일터에서 죽고 있는데, 이 문제가 해결되지 않고 방치되고 있다. 그 이유는 단적으로 노동자 죽음에 대한 보상액이 일터의 안전장치 설치에 대한 비용보다 작기 때문이다. 우리 사회에서는 인간의 가치가 시장이나 자본의 논리에 따라 정해지고 있으며, 이를 개선하는 일은 좀처럼 나아지지 않고 있다. 2022년 1월부터 〈중대재해처벌법〉을 시행했지만, 그 효과는 여전히 미미한 상황이다. 2022년 11월 화물연대의 파업에서 보듯이 화물차 기사의 안전운임제(화주가 화물차 운임을 지나치게 깎는 것을 방지하기 위해서 차주, 운수사업자, 화주 등으로 구성된 안전운임위원회에서 정한 표준운임을 시행하는 제도)를 보장하라는 요구는 쉽게 받아들여지지 않고 있다. 이처럼 사회적 약자의 이익을 대변하는 정치권의 역할은 매우 더디게 진행된다.

　반면에 2022년 부동산 가격이 오르면서 종합부동산세의 부과 기준(1세대 1주택자)을 11억에서 14억으로 인상하려는 논의가 바로 정치권에서 진행되었다. 법 개정이 어렵게 되자, 국토교통부, 기획재정부와 행정안전부는 공시가격을 낮추어 부동산 보유세를 2020년 수준으로 인하하겠다는 대책을 내놓았다. 이처럼 정치권의 부자나 기득권자의 이익 대변 활동은 신속하게 진행된다. 이는 우리 사회에 사회정의가 실종되었다는 증거이다. 사회정의가 실종되었다는 말은 우리 정치가 제 역할을 못 하고 있다는 증거이며, 동시에 무능하다는 증거이기도 하다.

　상황이 이러하다면, 불평등의 문제를 방치하거나 약자를 외면하는 승자독식의 문제를 해결할 대안은 무엇일까? 다양한 대안을 제시하는 것이 가능하겠지만, 가장 근본적인 대책은 교육개혁이다. 기존의 교육제도를 바꾸기 위해서는 먼저 교육 후 주어지는 직업에 따른 과도한 소득격차를 줄여야 한다. 그러한 격차를 그대로 둔채 교육을 개혁하려는 시도는 성공하기 어렵기 때문이다. 과거 언론 보도에 따르면, 독일 웨이터의 임금이 독일 의사(100% 가정)의 32%임에 반해, 한국 웨이터의 임금은 한국 의사(100%)의 19%에 불과했다. 또 노동과 노동자를 중시하는 사회가 되어야 하는데, 이를 위해서는 '동일노동 동일임금' 원칙을 실현해야 한다. 이는 비정규직 문제를 해결하기 위해서도 꼭 필요한 일이다. 그 밖에도 직장에서의 갑질을 방지하거나 경쟁의 패배자 낙오자를 위해서는 복지시스템을 확충해야 하고, 부동산 문제를 해결하기 위해서는 지방분권을 강화해야 한다. 이런 일은 모두 정치권의 과제이다.

　그런데 문제해결의 주체인 정치가 제 역할을 못 하고 있다. 이러한 정치의 부재가 의미하는 바는 정치가 우리 사회의 약자를 대변하지 못하고 있다는 것이다. 선거철을 맞아 정치인이 시장에서 어묵을 먹는다고 서민을 위한 정치가 잘되고 있는 것은 아니다. 기본적으로 사회적 약자를 위한 정치가 매우 부실한 편이다. 쉽게 말해

서민을 위한 정치인이나 정당이 없다는 말이다. 이는 거대 양당이 우리 정치를 독점하고 있기 때문이다.

이렇게 문제가 많은데도 불구하고 우리 정치는 오랫동안 거의 변하지 않고 있다. 도대체 그 이유가 무엇일까? 그것은 일차적으로 정치권에 일자리가 없어서 청년을 비롯하여 인재가 들어오지 않기 때문이다. 이처럼 정치권에 인재가 들어오지 않는 가장 큰 이유는 선출직 정치인의 자리가 너무 적기 때문이다. 거대 양당은 흔히 수십, 수백만 명의 당원 수를 자랑하지만, 대부분 허수에 불과하다. 그와 같은 형식적인 명목상의 당원이 아닌 제대로 된 당원은 많지 않다. 그래서 소수의 기득권을 가진 정치인이 매번 그 자리를 독식하고 있다.

예를 들어 독일의 선출직 정치인 수는 약 33만 명을 넘는 데 반해, 우리는 불과 4,400명 정도에 불과하다. 비교할 수 없을 정도로 큰 격차임을 알 수 있다. 역설적이지만 우리 국회의원과 지역의원의 정수를 대폭 확대하여 의원 수를 늘려야 의원의 기득권이 줄어들고 정치가 활성화될 수 있다. 물론 독일 기초의회 선출직 정치인의 다수는 월급을 받지 않는 명예직이다. 우리도 읍/면장, 읍/면의회 등을 부활하고, 또 명예직 선출직 자리를 늘려 시민의 정치적 열정을 제도 정치권으로 흡수해야 한다. 과거 베이비 붐 세대의 은퇴자가 최근 늘어나고 있는데, 이들은 풀뿌리 민주주의를 위한 훌륭한 참여자가 될 수 있다.

우리 정치가 제대로 작동하지 않는 데에는 선출직 자리가 부족한 것 외에도 승자독식의 정치시스템도 중요한 이유이다. 먼저 우리 정치권이 왜 승자독식인지를 살펴보겠다. 정치적 경쟁, 즉 선거에서 한 표라도 더 얻은 측은 모든 권력을 독식하지만, 그렇지 않은 쪽은 아무것도 가질 수 없다. 예를 들어 특정 국회의원 선거구에서 51%대 49%로 결과가 나왔다면, 유권자 51%의 지지를 받은 쪽이 당선자가 되며 모든 권한을 갖게 된다. 하지만 49%의 유권자를 대변할 대표자는 없는 셈이다. 이 방식은 대통령 선거에서도 마찬가지이다. 소선거구 단순다수제, 양당제, 대통령제, 중앙집권제는 철저하게 승자독식의 제도이다. 이런 상황에서는 정치권이 크게 양대 진영으로 갈라져 협상과 타협을 이루기보다 갈등과 대립으로 맞설 뿐이다. 이런 조건에서는 정치가 제구실을 하기 어렵다. 이러한 승자독식의 현상은 정치권뿐만 아니라 우리 사회의 다른 분야에서도 거의 그대로 똑같이 적용되고 있다. 그래서 한국 사회의 모습은 승자만 살아남는 약육강식의 정글과 크게 다르지 않다. 이렇게 불평등하고 승자독식의 사회가 된 데에는 무엇보다도 승자독식 정치제도의 영향이 크다고 할 수 있다.

그렇다면 승자독식의 한국 정치를 바꿀 대안은 무엇인가? 바람직한 대안은 소수 의견도 반영이 가능한 합의제 정치시스템을 도입하는 것이다. 그것은 다수대표제 대신에 비례대표제 선거제도와 그에 따른 다당제를 시행하는 것이고, 대통령제 대신에 의회중심제를 도입하는 것이며, 중앙집권제 대신에 지방분권이 보장된 연방제를 실시하는 것이다. 미국이나 일본의 정치 모델이 아니라 인구 규모나 면적 등의 조건에서 한국과 유사한 독일 모델이 우리에게 더 적합할 것이다. 현재 우리의 정치 상황에서는 좋은 사람을 뽑는 것도 물론 중요하지만, 그보다 좋은 제도를 만드는 것이 훨씬 더 중요하다. 그것은 좋은 사람을 뽑으면 우리 정치가 나아질 것이라는 희망으로 1987년부터 매번 똑같은 실수를 벌써 30년 넘게 반복하고 있기 때문이다. 그러면 우리에게 필요한 정치제도가 과연 어떤 것인지 아래에서 살펴보겠다.

Ⅱ
권역별 '연동형 비례대표제'의 도입

1. 선거제도 개혁이 시급한 이유

왜 기존의 선거제도를 '연동형 비례대표제'로 바꿔야 하는가? 현행 선거제도가 거대 양당의 후보에게만 당선 기회를 주어 민심을 왜곡하고 있고, 그에 따라 정치권 전체가 거대 양당의 진영논리에 빠져 본연의 역할을 제대로 못 하고 있기 때문이다. 따라서 선거제도를 바꾸는 것은 대단히 중요하면서도 가장 시급한 과제이다. 모든 정치개혁의 시작이 되기 때문이다. 선거제도의 개혁이 왜 중요하고, 모든 개혁의 바탕이 되는지 구체적으로 살펴보겠다.

선거제도를 바꾸는 것이 시급한 까닭은 기존의 선거제도(소선거구 단순다수제)에서는 유권자가 원하는 후보를 당선시킬 수 없고, 군소정당은 당선자를 내기 어렵기 때문이다. 어떻게 그런 일이 일어나는가? '소선거구 단순다수제' 선거제도는 한 표라도 더 얻은 후보가 당선(단순다수제)되는 승자독식의 제도이다. 하나의 선거구에서 다수를 얻은 1명만 당선(소선거구)되는 이 제도에서는 당선 가능성이 있는 상위 두 개의 정당 후보에게로 표가 몰리게 된다. 실제 선거에서 유권자는 사표 심리 때문에 제3 또는 제4의 후보에게 투표하기는 어렵다. 왜냐하면 당선 가능성이 없기 때문이다. 이런 이유로 자유 선거라고 하지만, 실제로는 전혀 자유롭지 않다. 거대 양당의 후보 가운데 한 명을 찍을 수밖에 없어서 유권자로서 선택의 폭이 제한되고 있기 때문이다.

거대 양당에 대한 지지율은 평소 50~60%, 선거 때는 60~70%에 불과하지만, 거대 양당이 실제 선거에서 당선되어 차지하는 의석의 비율은 90%를 훌쩍 넘는다. 국민의 지지와 의석 사이의 괴리만큼 의원의 대표성이 부족하고, 유권자의 지지율이 정당의 의석수에 제대로 반영되지 않고 있어서 비례성이 떨어진다. 구체적으로 2020년 총선에서 거대 양당이 서울지역에서 얻은 득표율은 73.5%에 불과한데, 그들이 실제 차지한 의석 비율은 94.9%로 커다란 차이(21.4%)가 존재했다. 이러한 왜곡 현상은 결국 군소정당의 피해로 나타난다.

또한 그런 문제는 거대 양당 사이에서도 똑같이 발생한다. 지지율 비교에서 더불어민주당 36.8%와 국민의힘 36.7%로 거의 차이가 없지만, 의석 비율은 더불어민주당 75.9%와 국민의힘 19.0%로 한쪽은 지나치게 과다 대표되었고, 다른 한쪽은 지나치게 과소 대표된 것을 알 수 있다. 이처럼 기존의 선거제도는 군소정당에 불리할 뿐만 아니라, 거대 양당 사이에서도 유권자의 의사를 심각하게 왜곡하고 있다.

원래 선거제도는 다 똑같다고 생각하기 쉽지만, 실제로는 매우 다양하다. 대표적으로 다수대표제, 비례대표제, 혼합형 선거제도가 있다. 한국과 독일은 모두 다수대표제와 비례대표제가 섞인 혼합형 선거제도를 채택하고 있지만, 실제 그 의미는 전혀 다르다. 더 정확하게 규정하면 한국은 혼합형 선거제도의 병립형이고, 독일은 혼합형 선거제도의 연동형이다. 우리는 다수대표제에 가깝고, 독일은 비례대표제에 가깝기 때문이다. 선거제도가 별것 아닌 것 같지만, 어떤 선거제도를 선택하느냐에 따라 선거 결과와 정당 체제가 크게 달라진다. 미국, 영국과 한국의 정당시스템이 거대 양당제인 까닭은 다수대표제를 시행하기 때문이고, 독일을 비롯하여 서유럽의 국가들이 다당제인 이유는 비례대표제를 시행하기 때문이다.

2. 권역별 '연동형 비례대표제'의 주요 내용과 장점

그렇다면 독일이 채택하고 있는 권역별 '연동형 비례대표제'란 도대체 무엇인가? 이 선거제도에서는 민심에 따라 의석수가 결정된다. 선거에 참여한 모든 유권자의 한 표, 한 표는 그대로 각 정당의 의석수에 반영된다. 그래서 사표가 발생하지 않게 되고, 거대 양당만 의석을 얻는 승자독식이 아니라 다수의 정당이 유권자의 지지에 비례하여 의석수를 얻게 된다. 각 정당이 의회에서 차지하는 의석수는 그 정당이 얻은 정당득표수에 비례한다는 의미이다.

유권자는 정당에 1표, 지역구 후보에 1표를 행사하여 총 2표를 찍는다.

어떤 정당(A)이 정당투표에서 전체 투표수의 10%를 득표했다면, 총 의석의 10%만큼 의석을 얻게 된다. 총 의석이 300석이라면, 30석을 얻는다. 그러면 이 제도에서 지역구는 어떤 역할을 하는가? 예를 들어 A 정당이 지역구에서 5석을 얻었다면, 나머지 25석은 비례대표로 당선자를 내게 된다. 만약 지역구에서 10석이 당선됐다면, 비례대표 당선자는 20명이 된다. 이처럼 지역구와 비례대표가 서로 연계되어 있어서 연동형 비례대표제라고 한다. 여기에 더해 권역별 비례대표제란 한 정당이 전체 정당득표수에 비례하여 결정된 총의석수를 여러 개로 나누어진 권역별로 재분배한다는 의미이다. 여기서 권역을 몇 개로 할지는 합의하여 정하면 된다. 독일은 16개 주(우리의 광역 단위)별로 권역이 설정되어 있다. 이 제도에서는 일반적으로 어떤 권역에서 지역구 후보가 동시에 그 권역의 비례대표 후보가 된다. 결국 이 제도에서 중요한 것은 각 정당이 얼마만큼 유권자의 표를 받는가이다. 그 정당득표수에 따라 그 정당의 의석수가 결정되기 때문이다.

여기서 한 가지 주의해야 할 것은 독일식 연동형 비례대표제의 '비례대표'는 우리 선거제도의 '비례대표'와 그 의미와 성격이 전혀 다르다는 점이다. 한국의 비례대표는 지역구와 완전히 별도로(지역구 후보와 비례대표 후보가 따로 선출되어) 선거하여 당선자를 결정하고 나중에 지역구 당선자와 더하여 총 의석을 결정한다. 그래서 혼합형 선거제도의 병립형이라고 한다. 지역구와 비례대표가 서로 따로 병렬적으로 계산된다는 의미이다. 이 병립형 제도에서는 기존의 다수대표제와 마찬가지로 승자독식과 사표 심리가 그대로 작용한다. 그래서 연동형 제도가 필요한 것이다.

선거제도 개혁과 관련하여 한 가지 더 중요한 점은 공직선거의 후보 선출, 즉 공천을 어떻게 해야 하는가 하는 문제이다. 한국에서는 정당의 대표나 지도부가 공천을 주도하는 반면, 독일에서는 지역의 당원이 비밀투표를 통해 후보를 선출한다. 이렇게 독일처럼 공천권을 당원에게 주어야 지역의 정당이 발전할 수 있고, 정치 신인이 지역에서 활동하게 될 것이다. 반면에 한국에서는 모든 정치활동이 과도하게 중앙에 집중되어 있다. 공천권을 당원에게 실질적으로 돌려주어야 흔히 말하는 풀뿌리 민주주의, 상향식 민주주의가 가능해진다.

기존의 선거제도를 연동형 비례대표제로 바꾸게 되면, 다음과 같은 장점이 있다. 먼저 개별 정당의 역할이 커지고 중요하게 된다. 또한 각 정당의 연속성이 중요해지는데, 그 이유는 역사가 오래되어 알려진 정당이 아무래도 정당 득표에 있어서 유리하기 때문이다. 그밖에 군소정당의 의회 진출이 상대적으로 쉬워져서 안정적인 다당제가 가능해진다. 이에 따라 정치신인이 거대 양당만을 찾지 않고 소신에 따라 군소정당에 참여할 가능성이 커진다. 그 외에도 연동형 비례대표제와 함께 권역별 비례대표제를 도입하면, 독점적 중앙정치에서 벗어나 지역정치가 활성화되고 지방분권이 강화될 수 있다. 이러한 과정을 통해 정당과 정치활동의 선순환이 일어난다. 이를 좀 더 구체적으로 살펴보면 아래와 같다.

첫째, 연동형 비례대표제 선거제도에서는 각 정당의 정당득표에 따라 그 정당의 의석수가 결정되기 때문에 필연적으로 모든 정당이 활성화된다. 병립형에서는 지역구 선거가 중요하기 때문에 지명도 높은 후보를 내세우는 것이 중요하지만, 연동형에서는 정당득표를 위해 인물보다 정당의 이념이나 강령, 정책 등이 훨씬 더 중요해진다. 정치적 경쟁이 인물 중심에서 정당 중심으로 변화한다. 독일의 사례에서 보듯이 유명인이 정치인이 되는 것이 아니라, 정치인이 정당에서 활동하여 당내 지위가 올라가거나 선거에서 당선되어 선출직이 되면 유명인이 된다.

둘째, 연동형 비례대표제 선거제도는 정당을 안정시키고 정당의 연속성을 중시하게 한다. 독일의 기민당, 사민당, 자민당 등 주요 정당이 제2차 세계대전 후 건국과 함께 창당되어 현재까지 그대로 유지되고 있는 것이 그 증거이다. 한국에서와 같이 잦은 정당의 창당이나 합당, 해산, 당명변경 등의 이합집산은 유권자의 외면을 받게 될 가능성이 크다. 선명한 비전이나 색깔을 가지고 꾸준히 활동하여 오랜 역사를 지닌 정당이 빛을 발하게 될 것이다.

셋째, 연동형 비례대표제 선거제도는 군소정당의 의회 진출과 원내교섭단체 구성을 가능케 하여 능력 있는 정치신인이 거대 정당으로만 몰리는 현상을 완화할 수 있다. 독일은 현재 6~7개의 정당이 연방의회에 진출하고 있는데, 다양한 군소정당의 의회 진입은 거대 양당의 혁신을 자극하고 유도한다. 또한 이런 군소정당의 약진은 안정적인 다당제를 가능케 하고, 이런 다당제에서는 사회적 약자 등을 포함한 다양한 계층의 이해관계 대변이 훨씬 더 수월해진다.

넷째, 연동형 비례대표제 선거제도에서는 각각의 후보가 지역구에서 낙선하더라도 비례대표로 당선될 기회를 얻게 된다. 비례대표에서 상위 순번을 받기 위해서는 해당 권역에서 각 후보의 당내 활동과 경력이 중요하다. 정당별로 (권역에서) 당원의 지지를 얻기 위한 정치인의 당내 경쟁이 치열해진다. 이런 경쟁은 지역의 정당을 활기차게 만들며, 비례대표의 명단을 권역별로 작성하게 되면 (권역별 비례대표제를 도입하면) 정치의 과도한 중앙집중화 문제가 해소되고, 지역정치와 지방분권이 강화된다.

다섯째, 연동형 비례대표제 선거제도는 지역구 후보의 과열 경쟁을 막을 수 있다. 병립형에서는 단 1표라도 더 얻은 후보만 당선되므로 모든 후보가 필사적일 수밖에 없다. 하지만 연동형에서는 언제든지 (해당 권역의) 유권자 지지만큼 의석수를 확보하는 것이 가능하기 때문에 굳이 불법과 탈법을 넘나드는 무리한 선거운동을 펼칠 이유가 없다. 또한 사표의 발생을 최소화할 수 있는 장점이 있어서 투표율을 높일 수 있다.

3. 선거제도 개혁을 위한 주요 결정 사항

그런데 한국에서는 왜 연동형 비례대표제를 도입하지 못하고 있는가? 거대 양당의 욕심이 가장 중요한 원인이다. 선거제도를 바꿨을 때 자신들의 의석수가 줄어들 것이란 것에 대한 우려와 걱정이다. 하지만 민심을 왜곡하는 선거제도를 그대로 방치하면서 정치개혁을 하겠다는 주장은 말이 안 되는 이야기이다. 여기에 더해 '비례대표'에 대한 오해도 연동형 비례대표제의 도입을 꺼리는 이유가 되는 것 같다. 사실 연동형 비례대표제는 신인에게 불리하고 기존 의원에게 유리한 제도이기 때문에 이미 의회에 들어와 있는 의원이 거부할 이유가 크지 않다.

결론적으로 거대 양당제의 폐해를 극복하기 위해, 또 제대로 된 정치개혁을 위해 연동형 비례대표제를 도입하고자 한다면, 먼저 다음 사항을 논의하여 결정해야 한다. 〈표 1〉과 같이 국회의원 정수를 400명으로 늘리고, 지역구와 비례대표의 의석을 각각 200석으로 같게 해야 한다. 의석을 늘리는 것이 어렵다면, 지역구 150석과 비례대표 150석으로 하는 것이 바람직하다. 이러한 배분도 지역구의 과도한 축소 때문에 어렵다면, 지역구 200석과 비례대표 100석으로 조정해야 한다.

또한 광역 단위를 하나의 권역으로 하는 '권역별 비례대표제'를 도입해야 정치의 중앙집중화를 막고, 지역의 정치를 활성화할 수 있다. 이를 위해 다음 〈표 1〉과 같이 현행 17개 광역 단위를 10개로 축소해야 한다. 반드시 이러한 축소를 먼저 해야 하는 이유는 17개 권역으로 권역별 비례대표제를 도입할 경우, 나중에 이를 통합하는 것은 지금보다 훨씬 더 어렵기 때문이다. 이런 식으로 조정하면 해당 권역의 지역구 의석은 일부 줄어들지만, 비례대표 의석이 증가하여 실제 해당 권역의 전체 의석수는 오히려 늘어나게 된다. (이는 뒤에서 살펴볼 지방분권의 강화를 위해서도 꼭 필요한 일이다)

그밖에 기존의 봉쇄조항(정당득표율 3% 또는 지역구 5석)을 '정당득표율 5% 또는 지역구 3석'으로 변경하는 것이 바람직하다. 연동형 비례대표제를 도입할 경우 지금보다 과도하게 많은 정당이 국회나 지방의회에 들어올 수 있기 때문이다.

〈표 1〉 인구비례에 따른 권역별 의석수

(지역구 200석 + 비례대표 200석 기준)

	지역	인구 (만 명)	인구비례 지역구 의석수	지역구 의석(a)	비례대표 의석(b)	총의석 (a+b)
1	서울	949	36.78295	37	37	74
2	인천	296	11.47287	11	11	22
3	경기	1,359	52.67442	53	53	106
4	충청(대전+세종+ 충북+충남)	559	21.66667	22	22	44
5	전라(광주+전북+ 전남)	503	19.49612	19	19	38
6	대구.경북	498	19.30233	19	19	38
7	부산	333	12.90698	13	13	26
8	경남.울산	441	17.09302	17	17	34
9	강원	154	5.968992	6	6	12
10	제주	68	2.635659	3	3	6
	계	5,160	200	200	200	400

* 인구수: 2022년 11월 기준

Ⅲ
대통령제를 내각제로 전환

1. 새로운 정부형태의 필요성

왜 한국 정치는 대통령 선거에만 매달리는 것일까? 대부분의 권력이 대통령에게 집중되어 있기 때문이다. 정당 간 또는 정당 내부의 모든 정치적 경쟁은 5년마다 실시되는 대통령 선거에 몰려있다. 또한 그와 같은 경쟁은 주로 후보의 부정적인 면을 폭로하는 네거티브 위주로 진행되고 있으며, 대체로 공개적이다. 하지만 네거티브와 공개적인 권력투쟁의 결과로 정치인의 권위는 심각하게 훼손되고 있으며, 정치권의 이런 추한 모습은 정치에 대한 혐오감을 일으키거나 무관심하게 만들고 있다.

이러한 네거티브 경쟁과 정치혐오 현상의 원인은 일부 우리의 정치문화에서 오는 것이기도 하지만, 그보다는 승자독식의 제도적 영향이 더 크다고 할 수 있다. 대통령제에서는 당내 경쟁이나 본선인

정당 간 경쟁에서 승자가 모든 것을 독식하게 된다. 패자에게는 아무런 기회도 주어지지 않는다. 그래서 네거티브 경쟁을 통해서라도 오로지 승리하는 것만이 중요하다. 대통령에 당선된 이후에는 임기가 보장되기 때문에 당내 또는 다른 정당 경쟁자의 도움이 필요치 않다. 대통령의 독단적 행위가 제도적으로 보장되는 것이다.

비록 여론조사에서 내각제 도입에 대한 일반 시민의 반응은 별로 우호적이지 않지만, 대다수 정치 전문가는 대통령제를 내각제로 바꿔야 한다고 주장하고 있다. 그 이유는 먼저 우리 정치가 거대 양당 사이의 과도한 갈등과 대립으로 제대로 작동하지 않고 있으며, 그 중심에 대통령제가 자리하고 있기 때문이다. 또 다른 이유는 대통령제 아래서는 갈등을 초래하는 사회적 과제를 해결하기가 쉽지 않기 때문이다. 그래서 기존의 대통령제를 대체할 새로운 정부형태가 필요한데, 그것이 바로 내각제(의회중심제)라는 것이다.

첫 번째 이유와 관련하여 대통령제가 한계에 도달했다는 것에 대해서는 이미 많은 사람이 공감하고 있다. 그동안 많은 대통령이 퇴직 후에 감옥에 가거나 자살하는 등 전직 대통령의 비극이 계속 반복되고 있다. 이는 대통령제에 제도적으로 무엇인가 문제가 있다는 증거이다. 유권자의 지지 정도에 따라 권력이 분산되지 않고 승자가 모든 것을 독식해 버리는 것이 문제이다. 훌륭한 대통령을 뽑으면 나아질 것이라는 희망은 이제 더 이상 유효하지 않다. 오히려 유권자들은 대통령 선거에서 덜 나쁜 후보를 선택해야 하는 점점 더 열악한 상황에 내몰리고 있다.

두 번째 이유와 관련하여 대통령제에서는 왜 사회적 과제를 해결하기 어려운가? 그것은 대통령제가 다양한 정치적 의견을 반영하기 어려운 구조이기 때문이다. 쉽게 말해 승자가 모든 것을 독식하는 구조이기 때문이다. 여기서 사회적 과제해결이란 한 사회 내 집단이나 계층 간 이해관계를 조정하고 해결하는 것을 의미한다. 과거와 달리 우리 사회의 문제는 그 성격이 매우 다양하고 복잡해졌다. 즉 사회가 발전하여 다원화되고, 여러 가지 이해관계가 공존하게 되었다. 이를 조정하고 해결하기 위해서는 다양한 집단을 대변하는 여러 정치세력이 있어야 하고, 이들이 의회에서 서로의 이해관계를 조정할 수 있어야 한다. 하지만 양당제에 기반한 대통령제에서는 각 정당이 그런 역할을 수행하는 것이 제도적으로 수월하지 않다.

2. 내각제의 주요 내용

대다수 선진국에서 채택하고 있는 의원내각제(줄여서 내각제, 또는 의회중심제)란 무엇인가? 간단히 말해 행정수반이자 최고 권력자인 총리(수상)를 의회에서 의원들이 선출하는 제도를 의미한다. 내각제에서는 입법부와 행정부가 밀접한 관계에 놓인다. 반면에 대통령제에서는 행정부와 입법부가 상대적으로 엄격하게 구분된다. 내각제에서 정권을 획득하거나 유지하는 일은 어떻게 의회에서 과반수를 확보하느냐에 달려있다. 반면에 대통령제에서 대통령에 당선되는 것은 의회에서 과반을 확보하는 것과는 무관하다.

내각제를 시행하는 국가는 일반적으로 다당제 국가이다. 그래서 하나의 특정 정당이 과반을 확보하여 단독으로 정권을 잡는 경우는 드물다. 대통령제보다 내각제에서 사회적 과제의 해결이 쉬운 이유는 다양한 계층이나 집단을 대변하는 여러 정당의 이해관계가 제도적으로 반영될 수 있는 정치구조이기 때문이다. 구체적으로 의회에서 정권을 잡기 위해 과반을 확보하는 과정에서, 즉 서로 다른 정당이 연립정부를 구성하는 과정에서 다양한 집단의 이익을 대변하는 것이 가능하기 때문이다. 이러한 과정에서 보듯이 내각제에서는 정당의 역할이 중요하고 결정적이다.

3. 독일의 내각제

독일의 정치시스템은 정치권력을 수평적으로, 또 수직적으로 잘 분산하고 있다. 수평적 분산은 권력이 입법, 행정, 사법부로 나누어진 것을 뜻하고, 수직적 분산은 권력이 중앙과 지역으로 나누어진 것을 의미한다. 우리와 달리 상징적 존재인 연방대통령은 5년 임기로 연임할 수 있지만, 국민이 직접 선출하지 않고 연방의회와 주의회 의원이 간접적으로 선출한다. 국가수반이지만 정치적 실권은 없다.

입법부에는 중앙 차원에서 연방의회(Bundestag, 또는 연방하원)와 연방상원(Bundesrat)이 있고, 지역 차원에서는 16개 '주 의회(Landtag)'가 있다. 연방의회의 의원 수는 630명(지역구 299명 포함)이고, 4

년마다 선거를 치른다. 연방의회는 입법권 이외에 연방총리와 연방헌법재판소 재판관의 절반을 선출하는 권한을 갖는다. 연방상원은 선거를 통해 따로 선출하지 않고, 16개 주 정부(지방정부 또는 지역정부, 이하 혼용)의 대표자(주 총리와 주 장관)로 구성된다. 주별 인구에 비례하여 3~6명씩 파견하며, 연방상원의 구성원은 현재 69명이다. 연방의회와 함께 입법권을 행사하고, 연방헌법재판소 재판관의 절반을 선출하는 권한을 갖는다. 연방의회와 주 의회는 보통 5~6개 정당의 의원들이 참여하고 있어서 진정한 국민의 대표자로 구성되어 있다고 볼 수 있다. 이처럼 연방의회와 주 의회는 독일 정치의 중심이 되고 있다.

행정부는 연방정부와 주 정부를 의미한다. 연방정부는 연방총리(Bundeskanzler)와 연방장관으로, 주 정부는 주 총리와 주 장관으로 구성된다. 보통 2~3개의 정당이 의회의 과반을 확보하면서 제1당의 후보가 연방총리나 주 총리로 선출되어 행정부를 구성하게 된다. 이렇게 서로 다른 정당이 부처를 나누어 맡으면서 자연스럽게 행정부의 권력이 분산된다. 연방장관을 임명하고 해임하는 권한은 연방총리에게 있으나, 서로 다른 정당이 참여하여 연립정부를 구성하게 되면서 실질적인 임면권은 각 정당에 있다. 연방장관은 대통령제에서와 달리 특별한 문제가 없는 한 연방총리와 함께 4년간 업무를 수행하게 된다. 주 정부도 연방정부와 거의 똑같은 원리로 작동한다. 따라서 내각제에서는 연정을 통해 정부를 구성하게 됨에 따라 자연스럽게 행정부의 권력도 분산된다.

사법시스템도 수평적으로, 또 수직적으로 분산되어 있다. 사법권의 수평적 분산이란 모든 재판이 단일한 법원에서 이루어지는 것이 아니라 사안의 성격에 따라 일반, 행정, 재정, 사회, 노동의 다섯 가지 분야로 나누어진 법원에서 해당 사건의 재판을 진행한다는 뜻이다. 수직적 분산이란 법원이 연방과 주로 나뉘어 있고, 또 판사를 임명하는 주체도 연방정부와 주 정부로 나뉘어 있다는 의미이다. 이에 맞추어 검찰권과 검찰 조직도 분산되어 있다. 그 밖에 판사, 검사, 변호사 등 법조인 수가 우리보다 월등하게 많다. 독일에서 법원과 검찰의 조직은 연방정부 및 주 정부와 밀접하게 연관되어 있지만, 재판의 독립은 확실하게 보장되고 있다. 반면에 한국에서 사법부의 독립은 재판의 독립이 아니라 주로 법원 조직의 독립을 강조하는 상황이다. 판사에 대한 인사권이 대법원장 등 특정 소수에 집중되어 있다. 그래서 법관들이 인사에서의 불이익을 안 당하기 위해 상급자의 의중을 반영하는 등 폐해가 나타나서 오히려 재판권의 독립이 훼손되고 있다.

4. 내각제 도입과 정치개혁

극단적인 진영논리와 사적이고 지저분한 네거티브 공방으로 우리 정치권에 대한 신뢰도는 바닥이며, 이에 따라 많은 시민으로부터 외면을 받고 있다. 바로 이런 점들이 대통령제 대신에 내각제를 도입해야 하는 이유이다. 독일 정치에서는 우리와 달리 진영논리나 네거티브 공방을 찾아보기 어렵다. 물론 정치문화가 서로 달라서 그럴 수도 있지만, 그보다도 더 중요한 이유는 바로 정치시스템이 우리와 다르기 때문이다. 따라서 정치의 선순환을 위해서는 정치시스템을 바꾸는 것이 시급하다.

독일의 내각제에서는 후보가 경쟁하는 당내 다른 경쟁자는 물론, 다른 정당의 경쟁자와도 협력해야 정권을 잡는 것이 가능하다. 승자독식의 대통령제와는 제도적으로 근본적인 차이가 있다. 정권을 잡은 후 그것을 유지하는 방식도 완전히 다르다. 정권을 잡는 과정의 협력관계가 지속되어야만 정권의 유지도 가능하다. 대통령제에서는 임기가 보장되기 때문에 내각제에서와 같은 협력관계가 필요 없다. 그래서 독단만 남고, 정치는 사라지는 것이다.

한국에서 일반 시민이 내각제를 꺼리는 이유는 무엇보다도 국회나 국회의원에 대한 불신이 가장 큰 원인이다. 불신은 거대 양당이 국회를 독식하고 있는 데서 생겨난다. 이러한 독식의 원인은 앞에서 살펴본 바와 같이 '소선거구 단순다수제'라는 선거제도 때문이다. 그밖에 1987년 6월 시민항쟁 후 쟁취한 대통령 직선제에 대한 자부심, 4·19 혁명 후에 도입된 내각제가 5·16쿠데타로 실패한 경험 등이 대통령제를 선호하는 주요 이유이다.

2022년 한국의 민주주의는 '형식적 법치주의'의 수준을 크게 벗어나지 못하고 있다. 선거를 통해 정권을 교체하고, 선출직의 임기를 보장하는 정도이다. 거기에 더해 아직도 대통령을 '선출된 군주'로 여기는 분위기가 강하게 남아 있다. 대통령도 자신을 선출된 군주로 생각하는 것이 아닌지 우려된다. 이러한 상황에서 벗어나지 않는 한 진정한 의미의 민주주의가 자리 잡기는 힘들다. 이제 과거와 같은 왕조시대에서 제대로 벗어나고자 한다면, 대통령제를 내각제로 바꿔야 한다.

내각제 도입과 관련하여 한 가지 결정적으로 중요한 것은 반드시 기존의 선거제도를 바꾸는 것을 전제로 추진해야 한다는 점이다. 내각제가 도입되면 최고 권력자를 국회에서 간접적으로 선출하게 되는데, 그런 역할을 해야 할 국회가 현재는 거대 양당의 의원들로만 채워져 있어서 민심을 왜곡할 수 있기 때문이다. 따라서 '연동형 비례대표제'로 선거제도를 바꾸어 먼저 국회가 진정한 국민의 대표로 채워질 수 있을 때, 내각제를 도입해야 한다.

IV

연방제와 지방분권 강화

1. 과도한 중앙집권과 균형발전의 한계

한국에서 연방제 수준의 지방분권이 필요한 까닭은 과도한 중앙집중으로 지역이 몰락하고 있기 때문이다. 대부분의 국가권력이 중앙에 집중되면서 수도권이 아닌 지역(지방)은 시간이 갈수록점점 더 어려워지고 있다. 많은 사람과 자원이 수도권으로만 집중되고 있다. 이에 대해 정부는 균형발전이란 이름 아래 수십조 원을 쏟아부었음에도 불구하고 중앙과 지역의 격차는 좀처럼 줄어들지 않고 오히려 더 벌어지고 있다. 이런 상황에서 필요한 조치는 임기응변식의 처방이 아니라 근본적인 대책을 마련하는 것이다. 예를 들어 지역에 자치권을 보장하여 권력을 분산하는 것이다. 그래서 중앙정부와 지역정부(지방정부)가 권력을 나누어 갖는연방제를 도입한다면, 지역정부가 지금보다 훨씬 더 많은 권한을 가질 수 있게 된다. 그렇게 되면 자율적으로 실질적인 지역발전을 도모할 수 있고 지역의 소멸을 막을 수 있으며, 지방의 정치도 활성화될 것이다.

연방제를 도입하기 위한 또는 지방분권을 강화하기 위한 한국 정치의 핵심 과제는 현행 광역자치단체에 입법, 행정, 사법권을 보장하는 것이다. 또 시·군·구 기초자치단체 아래 단위인 읍·면 단위의 지방자치를 강화하기 위해서는 선거를 통해 읍·면장과 읍·면의회를 구성해야 한다. 이것이 풀뿌리 민주주의를 실현하는 방법이고, 우리의 민주주의를 한 차원 높이는 길이다.

지방분권을 강화하고자 한다면, 독일 연방제는 우리의 모델이 될 수 있다. 도대체 '연방제' 또는 '연방국가'란 무엇인가? 연방제를 이해하기 위해서는 먼저 국가의 형태에 대해 알아야 한다. 중앙집권의 정도에 따라 국가는 국가연합, 연방국가, 통일국가 등으로 나눌 수 있다. 중앙집권이 가장 느슨한 형태의 국가연합은 여러 개의 국가가 각각 자신의 주권을 유지한 채로 연합을 구성하여 대외적으로 공동대처하는 형태를 말한다. 연방국가는 국가권력을 중앙정부와 지역정부가 나누어 갖는 것을 말한다. 지역정부는 외교·안보나 국방, 국적 등 일부 주권을 제외한 나머지 권한을 부여받아 하나의 국가처럼 자치권을 갖는다. 반면에 중앙집권이 가장 강력한 형태인 통일국가는 중앙정부가 대부분 사항을 결정하는 중앙집권제 국가를 말한다.

2. 독일 연방제의 구조

독일의 기본법(우리의 헌법)은 여러 조항에서 독일이 연방제 국가임을 명시하고 있다. 독일 연방제는 연방(Bund), 주(州, Land, 우리의 광역 단위에 해당)와 시·군과 읍·면(Kommunale Ebene, 우리의 기초자치단체와 그 이하 단위)으로 구성된다. 이런 연방제를 유지하기 위한 제도적 장치에는 분산된 입법권, 사법권, 조세권 등과 주별로 재정을 조정하고 지원하는 재정조정제도 등이 있다.

독일의 지방정부(주 정부)는 하나의 국가와 비슷한 구조와 기능을 갖는다. 입법부는 란트탁(Landtag, 주 의회), 행정부는 주 정부(Landesregierung), 사법부는 주 상급법원 – 주 법원 – 지원(支院)의 구조를 갖는다. 이처럼 각 주는 입법, 행정, 사법권을 가진 하나의 주권국가로 볼 수 있다. 독일에는 16개의 주가 존재한다.

독일의 기초단위는 다음과 같이 구성된다. 보통 주(州) 아래에 크라이스(Kreis, 郡)가 있는데, 크라이스에서는 주민의 선거를 통해 군수를 선출하고, 크라이스탁(Kreistag, 군 의회)을 구성한다. 크라이스 아래에는 게마인데(Gemeinde, 읍·면)가 존재한다. 즉 여러 개의 게마인데가 하나의 크라이스를 구성하게 되는 것이다. 게마인데는 독일 지방자치의 최소단위이다. 게마인데는 '기초자치헌법(게마인데규정)'에 따라 자체 재정과 자치권을 가진 자율체이다. 주민의 선거를 통해 게마인데 시장과 게마인데랏(Gemeinderat, 읍·면 의회)을 구성한다. 지역을 구성하는 크라이스와 게마인데 형태 이외에 이와 별도로 주(州) 아래에 자치시(Kreisfreie Stadt)가 있다. 자치시는 보통 많은 인구가 거주하는 대도시 중심이다. 2022년 현재 독일에는 294개의 크라이스와 106개의 자치시가 존재한다. 크라이스 아래의 게마인데는 약 11,000개가 있다.

3. 연방제 도입의 선행조건

우리가 연방제 수준으로 지방분권을 강화하고자 한다면, 먼저 기존의 17개 광역시·도를 다음 〈표 2〉와 같이 10개 정도로 통합해야 한다. 그 이유는 하나의 지방정부를 구성하기 위해서는 적당한 면적과 인구가 담보되는 것이 중요하기 때문이다. 지역의 효율성을 위해 규모의 경제가 필요하다는 뜻이다. 너무 많은 지방정부를 구성하게 되면, 그에 따른 지방의회, 지방정부 등 공공기관이 늘어나게 되어 비효율이 발생할 수 있을 뿐만 아니라 시민의 부담이 가중된다.

또 그러한 광역단체의 수를 줄이는 문제가 연방제 도입 전에 이루어져야 하는 까닭은, 연방제가 도입되어 지역이 주권을 가진 하나의 국가처럼 작동하게 되면 그 권한이 막강하게 되어 통합논의가 어렵기 때문이다. 따라서 지방분권을 강화하기 전에 여러 광역단체를 통합하여 축소하는 것을 먼저 논의해야 한다. 지역을 통합하는 일은 어쩌면 연방제를 도입하기보다 더 어려운 일이 될지도 모르지만, 반드시 선행되어야 할 과제이다.

〈표 2〉 광역단체 통합방안(17개 → 10개)

	광역시·도	인구 (만 명)	비고
1	서울	949	
2	인천	296	
3	경기	1,359	
4	충북/충남/대전/세종	559	◆ 통합기준
5	전북/전남/광주	503	− 인구수(약 500만 명)
6	경북/대구	498	− 지역의 특수성 고려
7	부산	333	◆ 지방분권 강화 후 통합은 어려움
8	경남/울산	441	
9	강원	154	
10	제주	68	
	계	5,160	

* 인구수: 2022년 11월 기준

　광역단체의 수를 줄이는 것과 더불어 한 가지 더 필요한 조건은 지방의 선거제도를 개혁하는 일이다. 기존의 선거제도 아래에서는 중앙에서와 마찬가지로 지방의회를 거대 양당이 독식하고 있기 때문이다. 지방의회를 거대 양당의 의원이 독점하는 상황에서 단순히 지역의 권력을 강화하는 것은 오히려 바람직하지 못한 결과를 가져올 수도 있다. 거대 양당의 독점적 권한만 확대하는 꼴이기 때문이다.

　독일의 주 의회(우리의 광역의회) 선거제도는 연방의회 선거제도(연동형 비례대표제)와 거의 똑같다. 대다수 주 의회에는 5~6개 정도의 정당이 진출해 있다. 한국의 광역의회 선거제도도 독일 주 의회 선거제도와 비슷하게 바꾸어 여러 정당이 지방의회에 들어가 다양한 시민의 의사를 대변할 수 있도록 해야 한다.

독일의 기초선거(우리의 시·군·구청장 및 시·군·구 의회, 그리고 우리에게는 선출직이 아닌 읍·면장 및 읍·면의회)는 주 의회 선거제도와 유사하지만 조금 차이가 있다. 예를 들어 5% 이상의 최저 정당득표와 같은 봉쇄조항이 없다. 그래서 기초의회에는 주 의회보다 훨씬 더 많은 정당이나 정치연대가 참여할 수 있어서 소수의 의견도 대변할 수 있다. 기초단체장은 일반적으로 유권자가 직접 선출하는데, 과반 득표자가 없을 때는 결선투표를 실시한다. 한국의 기초선거도 이런 식으로 바뀌어야 풀뿌리 민주주의가 가능하다고 본다.

V

나가며: 먼저 선거제도를 바꿔야

지난 수십 년간 한국 경제는 눈부신 성장을 거듭하여 이제 선진국에 들어서게 되었다. 한편에서는 안정된 직업을 가진 공무원이나 전문직, 대기업 정규직 노동자 등 많은 이들이 안락하고 풍요로운 삶을 누리고 막대한 부를 축적하면서 기득권층을 이루고 있다. 하지만 다른 한편에서는 선진국에 진입하였음에도 불구하고 흙수저 청년, 가난한 노인, 비정규직 노동자 등 수많은 사회적 약자의 삶은 여전히 나아지지 않고 오히려 더 나빠지고 있다. 이런 상황은 미래 세대에게도 절망감을 안겨준다. 우리 사회의 핵심 문제는 바로 이런 심각한 빈부격차와 불평등, 그리고 그에 따른 양극화이다.

이를 종합적으로 살펴보면, 잘 사는 사람의 넉넉한 소득과 자산은 결국 사회적 약자의 몫을 더 가져간 결과이다. 기득권층은 경쟁에서 승리한 것이기 때문에 자신의 몫은 정당하다고 여긴다. 기득권층은 더 정의로운 사회를 만들기 위해서는 경쟁(예를 들어 입사 시험)의 공정성을 보장하는 것이 중요하다고 주장한다. 하지만 그것이 과연 우리의 불평등 문제를 해결하는 근본적인 대안이 될 수 있을까? 그렇지 않다. 불평등의 문제를 해결하기 위해서는 그런 시험에 따라 나누어지는 합격자와 불합격자 또는 승자와 패자 사이의 과도한 격차를 줄이는 것이 중요하기 때문이다. 정규직과 비정규직 사이의 격차를 줄여야 한다. 이를 위해서는 고용이나 분배 등을 규정하고 있는 우리의 경제나 사회시스템을 바꿔야 한다. 또 소수가 선거나 면허 등을 통해 독점하고 있는 정치인, 판사, 검사, 변호사, 의사 등의 정원을 확대하여 그들의 기득권을 없애야 한다.

이런 문제를 주도적으로 해결할 수 있는 주체는 바로 정치권이다. 그러나 우리 정치는 그런 역할을 제대로 하지 못하고 있다. 대통령 선거 등 경쟁에 나선 정치인은 대체로 장밋빛 청사진을 주장할 뿐이다. 우리 사회에서 기득권층의 이해관계는 잘 대변되지만, 반대로 사회적 약자의 이익은 제대로 대변되지 않고 있다. 예를 들어 2017년 대선에서 모든 후보가 약속했던 최저임금 1만 원 공약은 끝내 이루어지지 않았다. 이 공약의 혜택을 보는 노동자가 500만 명을 넘는데도 무시되었다. 연간 수천 명이 넘는 노동자가 일터에서 죽어 나가고 있는데도, '산업안전보건법'이나 '중대재해처벌법'은 제대로 만들어지지 않고 있다. 이런 모습이 바로 한국 정치의 현실이다. 따라서 우리 사회의 약자를 위한 정책이 우선하여 시행되려면 기존 정치인이나 정당의 서민 행보나 달콤한 공약이 아니라, 실질적으로 약자를 대변할 정치인과 정당이 국회에 들어가는 것이 중요하다.

똑똑한 사람이 정치인으로 뽑히지 않아서 우리 정치가 엉망이 된 것이 아니다. 매번 뛰어난 사람이 의원으로 선출되지만, 그들이 정치권에 들어가서 오히려 이상하게 변한 것이다. 그것은 기존의 정치제도가 지나치게 승자만 독식하는 제도이기 때문이다. 사회적 약자의 고통을 완화하고 대변하기 위해서는 당장 눈앞의 임시변통이 중요한 것이 아니라, 기존 승자독식의 경제와 사회시스템을 바꾸는 것이 관건이다. 이를 위해서는 먼저 정치시스템을 바꿔야 한다. 기존 시스템은 사회적 약자나 소수자를 대변할 정치인이나 정당이 아예 정치권에 들어갈 수 없게 되어 있고, 그래서 사회경제적 개혁을 추진하는 것이 거의 불가능하기 때문이다. 하지만 안타깝게도 어떤 정치인이나 대선 후보도 먼저 이런 시스템을 바꾸자고 주장하지 않는다.

정치개혁의 시작은 '연동형 비례대표제'를 도입하는 것이다. 선거제도를 바꿔 유권자의 지지만큼 군소정당도 의석을 갖게 해야 한다. 사회적 약자나 소수자를 대변하는 정치인이나 정당이 국회에 들어갈 수 있도록 하는 것이다. 이렇게 되면 안정적인 다당제가 가능해진다. 다당제에서는 거대 양당에 묻혀 잘 알 수 없었던 각 정당의 색깔이 분명하게 드러나게 된다. 이 같은 안정된 다당제를 기반으로 기존의 제왕적 대통령제를 '내각제'로 정부형태를 바꿔야 한다. 내각제에서는 연정을 통해 군소정당도 정권에 참여할 수 있다. 그렇게 되면, 사회적 약자를 위한 정책을 펴는 것이 훨씬 더 수월하게 될 것이다. 그밖에 수도권 집중과 지역소멸의 문제를 해결하기 위해서는 지방분권을 대폭 강화해야 한다. 우리 사회와 정치를 개혁하는 가장 좋은 방법은 이처럼 과도하게 중앙으로 집중된 권한과 권력을 분산하는 것, 즉 중앙의 권력을 지역으로 이전하는 '연방제' 시스템을 도입하는 것이다.

한국은 이미 눈부신 경제성장을 달성했고, 그에 따라 다양한 이해관계를 가진 다원화된 사회가 되었다. 이제 거대 양당이 모든 국민을 대변하기는 곤란하고, 제왕적 대통령이 홀로 만기친람하기는 어려우며, 또 중앙정부가 지역의 사소한 것까지 모두 관리하기는 어려운 상황이다. 이런 상황을 해결할 대안은 그에 걸맞은 정치시스템을 갖추는 것이며, 그것은 바로 연동형 비례대표제의 도입과 내각제와 연방제 개헌이다. 이런 식으로 우리의 선거제도와 정치제도가 바뀌어야 비로소 우리 사회의 약자나 미래 세대에게도 새로운 기회와 희망이 생겨날 것이다.

2장

새로운 베를린을 꿈꾸는 메트로폴 루르[1]: 지역연합 형성을 통한 지역발전

Metropol Ruhr, der Traum vom neuen Berlin: Regionale Entwicklung durch regionale Allianzen

김주희 (Prof. Dr. Joo Hee KIM)

국립부경대학교 정치외교학과 부교수

Associate Professor, Dept. Political Science & Deplomacy,
Pukyong National University

I
들어가며

전 세계 대부분의 선진국이 직면하고 있는 '인구 감소의 시대'는 한국도 피해갈 수 없는 현실이다. 더욱이 공통적 현상인 저출산과 고령화에 더해 한국의 수도권 인구집중 문제는 더욱 심화하여 지방소멸의 위기의식이 높아지고 있다. 2022년 3월 기준 한국의 소멸 위험 지역은 113곳으로 전국 228개 시군구의 약 절반인 49.6%에 달한다(SGIS 2022). 다시 말해 전국 시군구 2곳 중 1곳이 소멸의 위험에 직면해있다는 것이다. 이러한 위기에 대응하여 전 세계 주요 국가는 규모의 경제를 통해 도시지역권을 형성하며 대응하고 있다. 도시지역권 형성과정은 단기간에 가능하지 않으며 공동의 도시를 형성하는 과정에서 불협화음이 있을 수밖에 없다(박재근 2022). 한국에서도 부산, 울산, 경남이 부울경 메가시티의 구상하고 이를 가속화 할 부울경 특별연합은 출범 직후 해산을 목전에 두고 있다(김정훈 2022).

2008년 전 세계인구의 50%가 도시에 거주하고 있으며, 도시를 중심으로 경제발전이 확산하는 현상은 선진국과 개발도상국 모두의 공통적 현상이다. 도시 인구의 급격한 증가와 그로 인한 도시 영향력의 확대로 인해 지역 정치와 행정가들은 지역의 발전을 도시 경계를 넘어 국가 영토를 투과하는, 즉 다층적, 다 지역적 협력 관계를 통해 이룰 수 있다는 공감대가 있다. 즉 지역정부는 도시경쟁력을 인근지역 도시들과의 경쟁 관계를 넘어 협력적 도시연합형성을 통한 국제적인 경쟁력 확보를 지역경제 발전의 전제로 이해한다. 도시지역권의 형성을 통한 도시경쟁력의 확보에는 어느 정도 공감대를 형성하고 있지만, 도시지역을 어느 도시와 어떤 방식으로 형성하며 또한 어떠한 영역에서 협력해야 하는지에 관한 연구는 시작 단계라고 할 수 있다.

획일적이고 경직된 단방향적 발전 형태가 아닌 다양한 측면을 고려한 발전의 길이 존재한다는 점에서 하나의 거대 도시에 대한 집중이나 하향식 정치적 일방성으로 인위적으로 형성된 지역연합을 넘어 기능적으로 결합된 도시지역연합을 중심으로 한 다층적인 도시지역연합체 형성이 도시지역연합발전을 위한 하나의 대안이 되어야 한다. 이를 통해 한국적 지역별 메가시티 형성 전략은 단순히 특정 도시들의 물리적 결합을 통한 양적 발전이 아닌 다양한 요인을 고려한 도시지역연합으로의 성장 가능성을 탐색해야 한다.

따라서 본 연구는 석탄 철강 지역으로 초기 독일의 국가 성장에 일조했으나 산업전환의 과정에서 사양산업의 쇠퇴를 극복하고 새롭게 성공적인 산업전환을 이루며, 회색빛 도시에서 높은 수준의 정주 조건의 지표라고 할 수 있는 녹지 공간을 확보해가고 있는 독일의 도시 지역연합 메트로폴 루르 사례를 통해 메트로폴 루르 지역의 현황과 발전을 위한 조건을 구별하고 지역연합의 정치적 측면, 즉 지역연합의 지속 가능한 발전을 위한 거버넌스를 지역연합, 국가, 그리고 유럽 단계로 구별해 분석한다.

Ⅱ
지역연합과 지역발전

1. 지역발전을 위한 지역연합

지역연합에 대한 정치학적 접근은 도시지역권(city-regions) 학계 및 정책결정자들의 관심과 더불어 유럽지역을 중심으로 도시정치 분야 신지역주의(new regionalism) 연구와 함께 발전했다. 신지역주의 접근에 기반한 연구는 도시지역권을 성장과 혁신의 동력으로 이해하고 주요 핵심 도시(Core Cities)를 중심으로 한 도시지역권발전에 대한 의미 있는 연구를 생산하고 있다(Allan 2001; Harding 2007; Scott 2001). 세계화의 심화와 국제경제 지식의 고도화로 인해 지역연합은 경쟁적 이점(Competitive advantages)을 창출하는 거버넌스 구조 속에서 중요한 행위자로 자리매김하고 있다.

기존 연구들은 지역연합을 도시지역의 경제적 이점, 즉 자원과 노동력의 집적을 통해 혁신적인 경제를 구축하고 이를 기반으로 지역의 경제발전을 달성하는 글로벌 경제의 모터(motors of the global economy)로 이해한다(Scott 2001). 지역연합의 성장이 반드시 긍정적인 결과를 가져오는 것은 아니라는 점에서 지역연합이 긍정적 결과를 보여줄 수 있는 지역발전을 위한 핵심 행위자로 거듭나기 위해 지역연합 거버넌스에 대한 논의가 필수적이다.

지역연합은 단순한 행정구역이 아닌 정치, 경제, 문화적 측면에서 새롭게 재구성된다. 개별 도시의 발전은 공간적 팽창뿐만 아니라 도시 지역권 내의 경제적 효과의 확산을 넘어 지역민들의 삶의 질의 향상 그리고 이를 위한 지역 정부의 역량을 총망라한 종합적 개념으로 이해할 수 있다. 이 중 지역연합과 관련한 다수의 연구는 지역연합의 경제 및 정치적 효과에 집중하고 있다. 지역연합의 경제적 효과에 집중하는 연구는 한 도시의 성장에 관한 연구라기보다는 지역(regions)을 중심으로 도시를 연계한 공간적 발전에 대해 논의한다. 특히 이러한 발전을 통한 지역의 경제적 효과는 도시지역을 세계화의 심화 속에 자본, 노동 및 가치 등이 다층적으로 혼재된 지역연합의 특성을 논의한다(Scott 2001; Scott et al. 2003). 지역연합의 정치적 효과에 관해서는 복잡한 도시지역권을 효과적으로 통치 및 조정하기 위한 거버넌스에 관한 연구(Ache 2000; Mark and McNeill 2000)가 이루어지고 있다.

지역연합의 경제효과에 대한 논의는 도시 혹은 도시들의 연합인 지역연합이 자원의 유한성으로 인해 다수의 이해당사자 이익 경합의 공간으로 이해한다. 따라서 지역의 지속 가능한 발전을 위해서는 경제를 활성화하기 위해 부족한 자원을 효과적으로 운영할 수 있는 파트너십의 구축이 필수적이다. 지역이 발전의 현장이 되다는 점에서 이러한 파트너십 주로 민-관 파트너십(pubic private partnership)이 이른바 성장연합을 구축하여 지역경제를 활성화한다 (Logan and Molotch 2007). 이 과정에서 지역 정부와 지역의 기업 엘리트들 간 이해관계의 조화 속에서 이들의 이익의 조응을 통해 도시발전 방향이 설정된다. 다수의 도시 및 지역 연합을 구성한다는 점에서 기존의 거버넌스를 대체 혹은 보완할 새로운 거버넌스 체계의 구축은 효율적인 지역연합의 지속 가능한 발전의 필수적인 요인이 된다. 그러나 이러한 새로운 거버넌스의 출현이 새로운 현상이라는 점에서 경제적 효과 즉 거버넌스에 대한 논의는 기존 논의의 발전을 통해 보완되어야 한다. 따라서 본 연구는 지속가능발전을 위한 도시지역연합의 거버넌스적 측면에 집중하고자 한다.

지역연합에 대한 국내 논의는 도시발전형태로서 도시지역권 (Global City-Regions)과 기능적 다핵도시권(Functional Polycentric city-regions)에 대해 논의한다. 유럽지역에서 지역 간 불균형발전의 해소를 목적으로 다양한 모습을 띤다. 다양한 지역연합의 형성의 패턴을 정치체제를 주요 변수로 분석하고 있는 연구(장혜영 · 김주희 2021)는 중앙정부 중심의 단방제 국가인 영국의 북부파워하우스(Northern Powerhouse Initiatives)와 주정부 중심의 연방제 국가 독일의 메트로폴 루르(Metropole Ruhr) 사례를 통해 이를 설명하고 있다. 이 분석을 통해 연구는 부울경 메가시티가 구체적인 협력안보다는 희망적인 청사진만을 제시하고 있다는 점을 지적한다. 독일과 영국 사례는 두 국가의 정치체제가 상이한, 즉 독일의 경우 상당한 수준의 지방분권을 영국의 경우 중앙집중적임에도 불구하고 각자의 방식으로 메트로폴 및 메트로폴 지역권과 지역연합의 형성을 통해 지역발전을 추구하고 있다는 점에서 한국의 메가시티 혹은 초광역권 형성을 위한 방향성의 설정에 도움을 줄 수 있다. 양국의 사례는 지역연합형성을 어떤 방식으로 형성할 것인가에 대한 더욱 철저한 준비가 이루어질 필요가 있다는 점을 보여준다. 독일과 영국의 사례는 연방(중앙)정부와 주(도시)정부와의 관계를 통해 지역 형성 전략 설정은 각기 다른 방식으로 이루어졌지만, 영국과 같은 중앙집중적 국가도 어느 정도 지방으로 권한을 이양하고 있다는 점에서 현재 한국의 중앙의 거대한 힘과 불균형을 이루는 지역과의 관계 속에서 어떠한 메가시티 혹은 초광역권의 형성이 가능할 수 있는가에 대한 조건과 방법에 관한 연구가 필수적이라(장혜영·김주희 2022)는 점을 강조한다.

2. 지역연합의 지역발전

도시연합의 성장 및 발전을 이해하기 위해서는 모든 도시연합이 동일한 발전 방향을 따르지 않는다는 점과 도시연합 내의 관련 이해당사자들 간 관계적 역동성 및 제도적 측면, 즉 거버넌스를 동시에 고려해야 한다.

지역발전은 어떠한 지역을 건설하고자 하는지에 대한 발전 방향에 대한 논의가 함께 이루어질 때 실제 정책으로서의 가치를 가진다. 이를 위해 결국 시민, 특히 지역연합발전의 원동력이라고 할 수 있는 청년세대의 지역연합에서의 역할이 중요한 고려요인이 되고 있다.

따라서 본 연구는 두 가지 측면에 집중하고자 한다. 독일 지역연합 메트로폴 루르의 사례연구를 통해 메트로폴 루르의 현황과 변화를 가능하게 한 조건을 기존 연구를 통해 구별하고자 한다. 또한 메트로폴 루르만의 독특한 지역연합 거버넌스, 그리고 이러한 독특한 거버넌스의 협의체인 독일 유럽 메트로폴 지역 이니셔티브(Initiativkreis Europäische Metropolregionen in Deutschland, IKM)와 유럽 메트로 권역과 지역 네트워크(Network of European Metropolitan Regions and Areas, METREX)의 분석을 통해 지역연합의 단계별 거버넌스와 다층거버넌스를 분석한다.

Ⅲ

독일의 지역연합 사례-메트로폴 루르

---

1. 메트로폴 루르의 개황과 도시연합 성공 조건

1) 메트로폴 루르의 개황

메트로폴 루르는 약 4,439 평방미터의 면적에 510만 명 이상의 인구가 거주하는 독일에서 가장 큰 도시 지역연합이며 유럽에서는 5번째로 큰 도시 지역연합이다. 이 지역은 기본적으로 도르트문트(Dortmund), 뒤스부르크(Duisburg), 에센(Essen) 등 45만 명이 이상의 인구를 보유한 독립도시(Kreisfreie Stadt) 11개와 자치구(Landkreis) 4개 등을 포함 총 53개의 도시연합체이다. 4개의 자치구도 평방미터 당 인구밀도가 694명으로 상당한 수준의 밀집도를 보인다(〈그림 1〉 참조).

평방미터 당 인구가 440명 미만인 도시 구성원은 없다는 점에서 이 지역은 주도하는 거대도시가 없는 다핵적이며 밀도 높은 도

<그림 1> 루르 지역연합의 지역 경계와 도시 구성원

도시	면적 (평방미터)	인구 (2020년 12월 30일)	인구분포 (1 평방미터 당)
Bochum	145.66	364,454	2,502
Bottrop	100.61	117,388	1,167
Dortmund	280.71	587,696	2,094
Duisburg	232.80	495,885	2,130
Essen	210.34	582,415	2,769
Gelsenkirchen	104.94	259,105	2,469
Hagen	160.45	188,687	1,176
Hamm	226.43	178,967	790
Herne	51.42	156,940	3,052
Mülheim an der Ruhr	91.28	170,921	1,872
Oberhausen	77.09	209,566	2,718
Kreise			
Ennepe-Ruhr-Kreis	409.64	323,130	789
Recklinghausen	761.31	613,599	806
Unna	543.21	393,618	725
Wesel	1,042.80	460,113	441
RVR	**4,438.69**	**5,102,484**	**1,150**

출처: Regionalverband Ruhr 2021a, 3

시연합구조를 형성한다. 메트로폴 루르는 "도시들의 도시(Stadt der Städte)"로 불리는 유럽에서도 특징적인 도시연합이라고 할 수 있다. 또한 루르지역이 전통적으로 이주지역이라는 점에서 이주민이 상당수 존재한다. 독일의 다른 지역과 마찬가지로 튀르키예 이주민의 비율이 가장 높으며 뒤이어 시리아와 폴란드, 루마니아와 불가리아 순이다(〈그림 2〉 참조).

<그림 2> 메트로폴 루르의 인구 구조

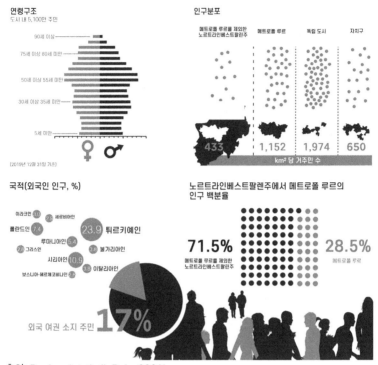

출처: Regionalstatistik Ruhr 2021b

1920년 5월 5일 설립된 루르석탄지역연합(SVR)을 지역연합의 시작으로 인정된다는 점에서 2020년 지역연합 창립 100주년을 기념했다(Verbandsgeschichte 2022). 물론 초기 SVR의 모습이 현재와 같은 것은 아니었다. 1975년 SVR의 지역에 대한 법적책임은 제한되었으나, 2004년부터 지역연합형성 움직임과 함께 지역에 대해 분할되었던 권한이 통합되며 현재의 루르지역연합(Regionalverband Ruhr, RVR)으로 발전되었다(장혜영·김주희 2021).

〈그림 3〉 관광 – 2019년 관광객 숙박일수와 관광객수

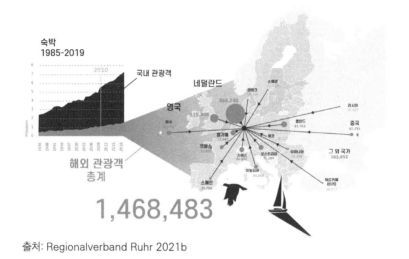

출처: Regionalverband Ruhr 2021b

2) 메트로폴 루르 도시연합의 발전 성공 조건

메트로폴 루르는 사양산업이 된 석탄 철강 산업이 주를 이루는 대부분 도시처럼 구조변화의 필요에 직면했고 그 과정에서 상당한 어려움을 겪었다. 높은 실업률과 낮은 경제 수준 그리고 회색빛 하늘은 이 지역의 이미지를 형성하며 독일의 경제를 일구었지만 가장 낙후한 지역 중 하나가 되었다. 그러나 최근 메트로폴 루르는 지역의 구조변화에 성공하며 괄목할만한 성장세를 보여주고 있다. 회색빛 공간은 녹색 공간으로 변모했고 주요한 관광지가 되어 1985년 이후 꾸준한 관광산업의 확대를 보여주고 있다(〈그림 3〉 참조).

특히 이 지역은 인공지능, 독일의 인더스트리 4.0, 사이버 안보와 같은 디지털 분야와 메트로폴 루르 연구소를 중심으로 그린텍(Greentech)의 환경 분야 연구를 선도적으로 수행하고 있으며 혁신

<그림 4> 교육

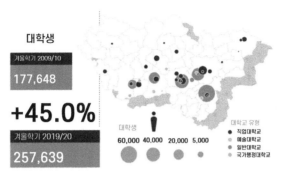

2019년 대학의 도시 메트로폴 루르

대학생

겨울학기 2009/10
177,648

+45.0%

겨울학기 2019/20
257,639

대학생
60,000 40,000 20,000 5,000

대학교 유형
● 직업대학교
● 예술대학교
● 일반대학교
● 국가행정대학교

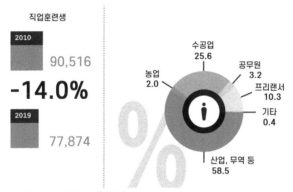

2019년 직업영역에 따른 직업훈련생 (%)

직업훈련생

2010
90,516

-14.0%

2019
77,874

수공업
25.6

공무원
3.2

프리랜서
10.3

기타
0.4

농업
2.0

산업, 무역 등
58.5

출처: Regionalstatistik Ruhr 2021b

을 창출하는 스타트업과 중견기업의 공간으로 자리매김하고 있다.

교육의 측면에서도 2009년도와 2019년을 비교할 때 대학생의 수가 2009/10년 겨울학기 177,648명에서 2019/20 겨울학기 257,639명으로 45% 증가했다. 그러나 직업훈련생의 경우 14% 감소했으며 직업 분야를 살펴보면 산업 무역 등의 산업영역에 높은 분포를 보인다(〈그림 4〉 참조).

또한 메트로폴 루르의 지속적인 잠재력은 우선 높은 삶의 질을

〈그림 5〉 메트로폴 루르의 주거 비용

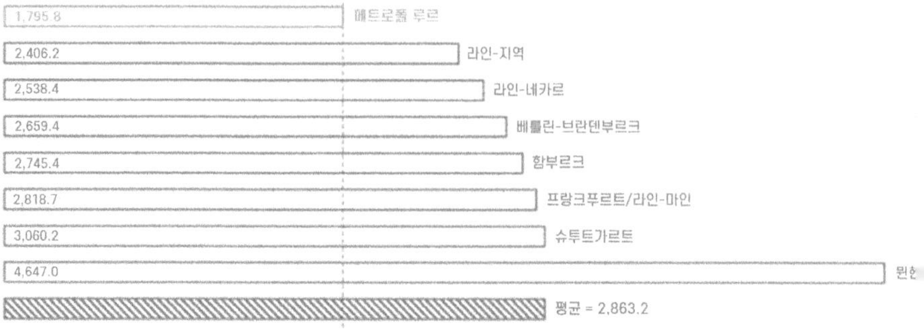

1,795.8	메트로폴 루르
2,406.2	라인-지역
2,538.4	라인-네카르
2,659.4	베를린-브란덴부르크
2,745.4	함부르크
2,818.7	프랑크푸르트/라인-마인
3,060.2	슈투트가르트
4,647.0	뮌헨

평균 = 2,863.2

출처: Regionalverband Ruhr 2020, 4

누릴 수 있는 정주 조건에서 찾을 수 있다. 이 지역은 저렴한 임대료와 매력적이고 개방적인 문화에 대한 접근성을 제공하며 촘촘한 대중교통과 때때로 어려움이 있긴 하지만 공항 접근성, 그리고 특히 녹지의 적절한 형성을 통해 살고 싶은 공간이 되고 있다(〈그림 5〉 참조).

또한 경쟁력 있는 대학을 통한 잠재적인 전문성을 갖춘 창업자와 전문 인력풀을 통한 미래 연구 분야의 활성화(〈그림 6〉 참조) 그리고 이미 주요한 행위자로서 기업파트너가 존재하며 이들의 파트너십을 통한 혁신 창출이라는 요건을 통해 성공의 조건을 충족한다. 메트로폴 루르는 다른 지역과 비교할 때 많은 고등교육기관의 수를 보여주고 있다(〈그림 7〉 참조). 이는 지역발전을 위한 전제조건이라고 할 수 있다.

〈그림 6〉 MINT-졸업생 비율

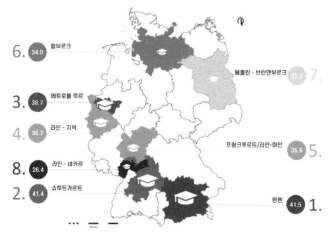

출처: Kempermann, Hanno et al. 2020, 25

〈그림 7〉 100평방 미터 당 대학, 전문대학, 연구기관 수

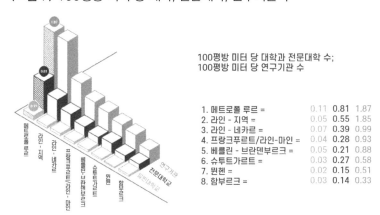

100평방 미터 당 대학과 전문대학 수;
100평방 미터 당 연구기관 수

1. 메트로폴 루르 =	0.11	**0.81**	1.87
2. 라인 - 지역 =	0.05	**0.55**	1.85
3. 라인 - 네카르 =	0.07	**0.39**	0.99
4. 프랑크푸르트/라인-마인 =	0.04	**0.28**	0.93
5. 베를린 - 브란덴부르크 =	0.05	**0.21**	0.88
6. 슈투트가르트 =	0.03	**0.27**	0.58
7. 뮌헨 =	0.02	**0.15**	0.51
8. 함부르크 =	0.03	**0.14**	0.33

출처: Regionalverband Ruhr 2020, 7

2. 지역연합거버넌스

1) 루르지역연합: 루르의회와 지역연합협의체

독일 지역 정책의 결정과 이행은 연방정부와 주 정부만의 정치적 과제가 아니라 정치, 경제, 학계, 그리고 시민사회의 공동의 전략 형성과 결정 그리고 이행을 통해 가능하다. 따라서 메트로폴 지역연합의 거버넌스 과정은 몇몇 지역연합에서 제도화된 모습을 보여준다. 물론 모든 독일의 메트로폴 혹은 메트로폴 지역권이 제도화된 것은 아니며 최근 소수의 메트로폴 지역연합을 중심으로 제도적 측면의 발전을 보여주고 있다. 이 과정에서 연방정부의 역할은 상당히 제한적이다.

독일의 메트로 폴의 경우 개별적으로만 활동하는 것이 아니라 메트로 폴 간의 연합을 통해서도 활동하며 활동의 방식을 스스로 결정한다. RVR은 꾸준한 발전을 이루었고 2020년 상당한 수준으로 제도화된다. 메트로폴의 상당 수준의 제도화가 독일 지역연합의 행위자 측면의 가장 큰 특징이라고 할 수 있다.

지역연합의 정책은 메트로폴 루르 지역민들의 선거로 구성된 의회(법적 명칭은 총회)가 결정한다. 지역연합선거는 메트로폴 루르가 속한 노르트라인-베스트팔렌주의 선거법에 따라 지역선거 일에 동시 투표를 시행한다. 지역 사안의 결정은 민주적이고 합법적인 방식으로 이루어진다.

또한 루르지역연합체는 루르지역연합 의회가 결정한 사항을 집행하는데 주 정부와는 달리 특별한 임무가 부여된다. 도시 간 네트

〈그림 8〉 루르지역연합

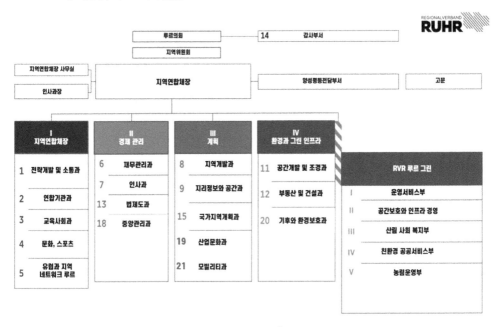

출처: "Verbandsleitung und Organisation." https://www.rvr.ruhr/politik-regionalverband/ueber-uns/start-organisation/ (2022년 11월 15일 검색).

워킹과 정책의 조정, 루르지역연합체의 관할 영역에 대한 집행과 메트로폴 루르의 다양한 프로젝트 수행을 위한 행위자로 루르지역연합체장을 중심으로 480여 명의 소수의 행정가와 다수의 전문가로 구성된다(Region-alverband Ruhr 2022/3/3). 루르지역연합체는 도시들의 연합인 메트로폴 루르의 다양한 정책을 효과적으로 시행하기 위해 전문성을 기반으로 지역발전을 추구한다. 2021년 3개 분야를 관할하던 루르지역연합체는 조직의 확대와 체계화를 통해, 〈그림 8〉이 보여주듯, 4개 분야 20개 과와 제4영역인 환경과 그린 인프라 분야의 보조적인 부서로 RVR 루르 그린의 4개 부서로 확

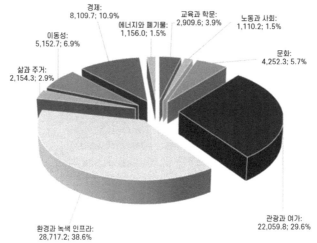

〈그림 9〉 메트로폴 루르의 전략 영역 예산과 비율 (단위: 천€, %)

출처: Regionalverband Ruhr 2021a, 69

대되었다.

정책의 범위는 공동 경제 프로젝트, 디지털화와 교육 및 혁신, 지역 계획, 기후, 환경 및 자원 효율성과 모빌리티와 지역의 환경과 녹색 인프라의 9개 영역으로 제한된다. 가장 많은 예산이 투입되는 분야는 환경과 녹색 인프라와 관광과 여가 그리고 경제 분야를 들 수 있다(〈그림 9〉 참조). 이 영역은 또한 도시 간 협력과 공조가 필요한 분야이기도 하다.

또한 지역연합체는 루르지역연합에 참여한 모든 도시와 구를 위한 포럼으로 지역사안에 대한 정책의 발의와 지역의 프로젝트를 결정한다(Regionalverband Ruhr 2022/3/30). 메트로폴 루르의 주요 프로젝트는 다음과 같다. 주로 기후 중립성과 녹색 인프라 관련 프로젝트에 집중하고 있으며 여가와 문화 관련 프로젝트 또한 눈에 띈다(〈표 1〉 참조).

〈표 1〉 메트로폴 루르의 2022년도 주요 프로젝트

프로젝트	비용
기후 중립적인 메트로폴 루르 (Klimaneutrale Metropole Ruhr)	−1,855,000
녹색 인프라: 구상, 전략, 조정 등 (Grüne Infrastruktur: Konzeption, Strategie, und Vermittlung u. a.)	−505,000
상호문화 루르 (interkultur Ruhr)	−465,000
기후 도전 루르 (Klima Challenge Ruhr)	−300,000
마니페스타 16 (Manifesta 16)	−289,000
루르 게임 (Ruhr Games)	−275,000
선셋 피크닉 (Sunset Picknick)	−160,000
태양열 메트로폴 루르의 증축 이니셔티브 (Ausbauinitiative Solarmetropole Ruhr)	−105,000

출처: Regionalverband Ruhr 2021a, 58

2) 연방 차원의 지역연합 거버넌스

(1) 독일 유럽 메트로폴 지역 이니셔티브(Initiativkreis Europäische Metropolregionen in Deutschland, IKM)

2001년 독일 유럽 메트로폴리탄 지역 이니셔티브 그룹(IKM)은 독일 메트로 폴의 전략적 플랫폼으로 형성되었다. IKM은 1995년 지역 공간 계획 장관회의와 1997년 독일연방정부의 주도로 개최한 "미래의 지역 회의"를 통해 메트로폴 지역 간 합의를 통해 2001년 공식적으로 형성되었다. 각 지역권이 함께 모여 공동의 프로젝트를 결정하고 미래 지역의 청사진을 제시하는데, 이 과정에서 지

〈그림 10〉 독일 유럽 메트로폴 지역 이니셔티브(Initiativkreis Eu-
ropäische Metropol-regionen in Deutschland, IKM)

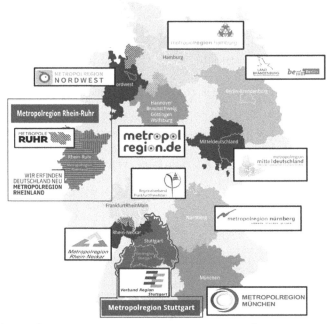

출처: IKM. "Alle 11 Metropolregionen im Kurzportrait." https://deutsche-metropolregionen.org/#das-sind-wir (2022년 10월 5일 검색).

역 간 협력을 위한 플랫폼을 제공하는 간접적인 연방의 역할을 찾
아볼 수 있다.

IKM은 1995년 지역 공간 계획 장관회의(MKRO)에서 처음 공식
적인 인정을 받은 후 2005년 메트로폴 지역의 지속적인 참여로 현
재 11개 메트로폴 지역이 참여하고 있는데 그 지역연합은 다음과
같다. 베를린-브란덴부르크, 프랑크푸르트 라인 마인, 함부르크,
하노버-브라운 슈 바이크-괴팅겐-볼프스부르크, 독일 중부, 뮌헨,
북서부, 뉘른베르크, 라인-루르, 슈투트가르트, 라인-네카르로 구

성되어 있으며 2016년 공동의 프로젝트 결정하며 청사진을 제시하고 있다.

주요 협력 파트너 기관은 연방 지역 연구 및 지역 계획을 위한 연구 센터 Bundesinstitut für Bau-, Stadt-, Raumforschung (BBSR)은 연방 내무부 산하 국토건설 분야를 관할하는 연구기관으로 IKM과 정기적인 회합을 통해 전문가 회의를 한다. 연방 내무부 Bundes-ministerium des Inneren, für Bau und Heimat (BMI)는 메트로 폴 지역을 관할하는 부처로 IKM과 현안과 프로젝트에 대한 정기적인 소통을 한다. 메트로 폴 국경지역 이니셔티브그룹Initiativkreis Metropolitane Grenzregionen(IMeG)은 메트로 폴 국경 지역 협력체로 IKM과 정기적인 회의를 실행한다.

지역연합과 관련하여 연방정부와 주정부 그리고 지역연합의 관계는 재정의 측면에서 그 관계를 파악할 수 있다. 메트로폴 루르 지역연합의 재정은 주로 지역연합이 속한 노르트라인-베스트팔렌 주의 지역 경제 개발 프로그램(Das Regionale Wirtschaftsförderungsprogramm, RWP)을 통해 제공된다. 연방과 주 공동의 과제(Bund-Länder- Gemeinschaftsaufgabe Verbesserung der regionalen Wirtschaftsstruk-tur, GRW), 노르트라인-베스트팔렌(Nordrhein-Westfalen)주 및 유럽 지역 개발 기금(Europäischen Fonds für regionale Entwicklung, ERDF)의 자금이 RWP를 조달한다.

독일의 헌법인 기본법 제30조는 연방과 주의 지역에 대한 책임을 규정하고 있다. 연방과 주가 합의를 통해 지역 정책을 결정하지만 주가 지역의 경제발전에 대한 우선적인 책임을 진다. 따라서 연방정부의 지역에 대한 재정적 지원은 제한적으로 구조 전환에 집중되었다. 통일 이후 구동독에 대한 지원도 2020년을 계기로 변화를 맞이하게 되었다. 독일 전 지역에서 구조적으로 취약한 지역이 등장하게 되었고 더는 동독이라는 이유만으로 지원하지 않게 되었다(Alm und Fisch 2014). 독일 통일 30년 만에 전 독일을 포괄하는 지역지원정책이 새롭게 마련되었다.

앞에서 언급한 연방의 지역발전을 위한 주요 재정 도구는 앞에서 언급한 GRW로 이미 1969년부터 독일의 지역 균형 발전을 위한 중요한 정책 도구의 역할을 했다. GRW 자금은 주로 구조적으로 취약한 지역을 중점적으로 지원하는데 지역의 투자를 활성화하여 지속 가능하고 경쟁력확보를 통한 일자리 창출을 목표로 한다. GRW는 지역 경제 발전을 위한 파트너십과 네트워킹과 무엇보다 중소기업의 경쟁력 있는 활동을 지원한다(Bund-Länder-Gemeinschaftsaufgabe 2021/3/20). GRW의 활용지침은 조정 프레임워크(BMBK 2021/8/2)에 명시되어있으며 연방과 주 정부가 공동으로 결정한다.

연방정부의 지역에 대한 자금지원은 유럽연합의 지역원조 규칙을 따른다(Die Bundesregierung 2021/3/20). 2021년 3월 1일 연방 및 주정부는 GRW의 자금지원 범위 확대에 합의했다. 그동안 지역 한정된 지원뿐만 아니라 산업에 대한 투자로 확대되고 있다. 이 자금은 연방과 주 정부가 같은 비율로 조달한다(BMBK 2021/8/2). 그러나 주가 전적으로 공간 및 정책적 우선순위를 설정할 수 있으며 이 자금의 집행 또한 주가 시행한다(Koordnierungsausschuss der Gemeinschaftsaufgabe Verbesserung der regionalen Wirtschaftsstruktur 2021/8/2).

2020~2027년까지 새롭게 적용되는 GRW는 루르 지역과 같은 구 산업 지역의 구조 전환을 도울 것이라는 점에서(Maretzke et al. 2019) 메트로폴 루르 지역에 긍정적으로 작용할 수 있다. 2018년 연방정부는 석탄 지역의 구조적 변화를 위한 초석으로 성장, 구조적 변화와 고용 고위전문가 위원회(Kommission Wachstum, Strukturwandel und Beschäftigung)를 형성했다. 위원회는 독일의 국가적 과제로 설정한 에너지 및 기후변화 정책의 목표 달성을 위해 구조적 변화를 추구하기 위한 광범위한 사회적 합의와 가장 큰 부정적 영향을 받는 지역에서 새롭고 미래 지향적인 산업과 일자리 창출을 위한 구체적인 전략을 마련하고자 했다. 2019년 1월 31일 연방정부에 제출된 보고서에 의하면, 2038년까지 석탄발전의 단계적인 완전한 중단을 권고하고 구조변화를 위해 노력하는 지역을 위해 400억 유로를 넘는 자금을 제공하고자 하며, 석탄발전의 단계적 폐지는 사양 에너지 산업에 발전소 중단에 대한 보상금 지급 또한 제안하고 있다(Kommission Wachstum, Strukturwandel und Beschäftigung 2019).

3) 유럽 차원의 지역연합 다층거버넌스

(1) 유럽 메트로 권역과 지역 네트워크(Network of European Metropolitan Regions and Areas, METREX)

METREX에는 전 유럽 차원의 메트로 폴과 대도시 연합체로 50개 이상의 회원이 속해있다. 메트로폴과 메트로폴 지역권은 핵심

〈그림 11〉 유럽 메트로 권역과 지역 네트워크(Network of European Metro-politan Regions and Areas, METREX)

출처: METREX. "Network of European Metropolitan Regions and Areas." https://www.eurometrex.org/ (2022년 11월 15일 검색).

적인 소수의 지역연합을 중심으로 연방 단위에서 확대된 메트로폴 지역권의 협력 플랫폼 IKM을 통해 연합의 형태로 혹은 각 메트로 폴이 독립적으로 다양한 지역 기금을 제공하는 유럽연합에 대표부 를 설치하고 연방정부를 넘어 직접적인 협력을 추구한다.

유럽연합이 지역을 위한 기금을 제공한다는 점에서 이러한 기금 에 선정될 가능성이 큰 역량을 갖춘 제도화된 지역연합체를 중심 으로 지역연합체에 합류하지 않았던 도시들도 유럽 단위의 협력 추구를 위해 메트로폴 지역권에는 참여하기도 한다.

유럽지역발전을 위해 유럽연합은 적극적인 재정적 기여를 하고 있다. 메트로폴 루르의 경우 유럽연합이 제공하는 EFRE.NRW프 로그램을 통해 지역연합을 자금이 지원되었다. 2014-2020 자금 조 달기간 동안 이 프로그램에서 약 24억 유로의 기금이 지원되었다.

24억 유로 중 절반인 약 12억 유로가 유럽지역개발기금(Europäischen Fonds für regionale Entwicklung, EFRE)을 통해 지원되었으며, 나머지는 노르트라인-베스트팔렌 주와 다른 공공 및 민간 기부금을 통해 지원되었다(WIRTSCHAFT.NRW 2021a/3/20).

EFRE.NRW은 메트로폴 루르가 속한 노르트라인-베스트팔렌 주의 경제 및 구조지원을 위한 가장 큰 규모의 프로그램으로 유럽연합이 유럽 2020 전략 목표와 노르트라인-베스트팔렌 주의 경제 및 구조 정책 목표를 달성하기 위한 자금이다. 중점 지원 분야는 첫째, 주정부가 성장 잠재력을 기대하는 혁신 전략을 바탕으로 산학협력을 통한 혁신프로젝트의 실행과 실현할 수 있는 연구 인프라의 확대와 지식과 기술이전 지원이다. 둘째, 아이디어 경쟁 방식을 통해 예를 들어 관광 분야(Erlebnis.NRW)와 자원 효율적 투자(Ressource.NRW)와 같은 프로그램을 통해 혁신적인 아이디어를 선정하여 지원한다. 셋째, 중소기업의 창업과 고성장 스타트업에 대한 지원을 들 수 있다. 넷째, 노르트라인-베스트팔렌의 기후보호법을 기반으로 재생에너지 사용 및 에너지 효율성 향상을 위한 파일럿 프로젝트의 실행과 기후 친화적 기술 및 사용의 지원과 온실가스 배출 감축을 위해 지방자치단체와 기업의 광범위한 기후 보호 투자이다. 다섯째는 도시 통합 개념의 측면에서 도시지역의 쇠퇴와 사회적 배제에 대한 대응에 대한 지원이다(WIRTSCHAFT. NRW 2021b/3/20; 장혜영 · 김주희 2022).

유럽 국가 중 EU회원국의 경우 비교가 어려운 이유는 유럽단계를 포함하는 다층적 거버넌스 구조 때문이다. 메트로폴 루르의 루르지역연합은 유럽팀(Team Europa)을 구성해 EU 기관에 지역연합의 이익을 대변한다. 메트로폴 루르의 지역 의장과 부의장을 포함하는 대표단은 브뤼셀을 방문을 EU-루르 대화(EU-Ruhr Dialog)를 통해 정례화했다. 또한 지역의 EU 차원의 영향력 확대를 위해 메트로폴 루르의 EU 대표부를 설치했다.

EU-루르 대화는 지역 주제와 프로젝트를 유럽 차원의 이니셔티브와 연결하여 기금의 지원을 용이하게 한다. 2013년 EU-루르 대화를 통해 처음으로 EU와의 교류를 경험했다. "루르 대도시의 지속 가능한 경제, 노동 시장 및 사회 개발에 대한 유럽의 관점"(2014), "루르 그린 인프라(Green Infrastructure Ruhr)"(2016), "유럽 메트로폴 루르의 전망"(2017) 등의 주제가 주로 논의되었다. 코로나19로 인해 비대면 형식으로 이루어진 2020년 5차 EU-루르 대화에서는 2021-2027 새로운 기금의 지원을 위해 EU 구조 정책 지원 방향성에 지역의 요구 사항을 반영을 위한 노력이 이루어졌다(Regionalverband Ruhr 2021/10 /10; 장혜영 · 김주희 2021).

IV
나가며: 지역연합의 지속 가능한 발전 조건 모색

도시지역은 단일한 형태로 발전하는 것이 아니라 그 지역이 처해있는 경제적 상황과 정책적 환경에 따라 매우 다양한 모습으로 발전한다. 전 세계 대부분 국가에서 도시연합을 통한 지역발전 전략을 추구하고 있다는 점에서 이러한 경향성은 추세라고 할 수 있다. 그러나 빠른 속도로 진행되던 한국의 메가시티 논의 특히 부울경 메가시티는 행정연합을 발족했음에도 결국 사무실 폐소의 길로 가고 있다. 이러한 결과는 부울경의 필요에 의한 기능적 통합이라기보다 하향식의 정치적 통합을 추구했다는 것에 있다. 이러한 시점에 본 연구는 독일의 도시연합사례인 메트로폴 루르를 통해 도시발전의 조건과 변화하는 환경 속에서 도시발전을 위해 필수적인 정치적 요소로서 거버넌스를 중심에 두고 분석했다.

이주민을 통해 형성된 석탄 지역 루르는 독일의 경제발전을 위한 원동력이 되었으나 산업전환의 시기 어려움에 부닥칠 수밖에 없었다. 그러나 이러한 위기를 극복하고 사양산업에서 미래 산업으로 회색빛 지역에서 녹지로 변모할 수 있었던 조건으로 삶의 질을 담보하는 정주 조건 특히 저렴한 주거 비용과 녹색 인프라를 들 수 있다. 또한 대학의 수와 핵심 산업 기술 분야 졸업생의 높은 비율은 이 지역의 혁신 경쟁력을 높였고 지역발전의 전제가 되었다.

이러한 조건들을 포괄하고 조정하여 실질적 발전의 단계로 올라갈 수 있었던 요인은 경제적인 측면과 아울러 주어진 자원의 적절한 운용에서 찾을 수 있다. 이러한 활동은 결국 지역과 국가와 유럽을 연결하는 다층거버넌스에서 찾을 수 있다. 본 연구는 지역 차원의 필요에 의한 제한적인 분야에서의 협력을 시작으로 지역이 속한 주와 연방정부의 보조적 역할 또한 드러낸다. 또한 유럽 국가에서 확인할 수 있는 EU라는 단계는 지역이 국가뿐만 아니라 유럽과의 연계를 통해 지역발전을 도모할 수 있음을 보여준다.

연구는 기존 연구를 통한 지역발전을 위한 조건을 파악하고 메트로폴 루르의 단계별 거버넌스를 구별했다. 차후 구별된 거버넌스의 다층적 성격을 좀 더 명확하게 보여줄 수 있는 또한 그 거버넌스 속에서 이루어지는 각 행위자의 역동성이 드러나는 연구가 수행될 필요가 있다.

3장

독일의 시민교육[1]
Politische Bildung in Deutschland

이종희 (Prof. Dr. Jong Hee LEE)

중앙선거관리위원회 선거연수원 교수

Professor, Korean Civic Education Institute for Democracy,
National Election Commission of Republic of Korea

I

들어가며

독일은 체계적인 시민교육으로 정평이 나 있다. 독일의 시민교육은 제2차 세계대전 후 독일의 민주주의 발전에 크게 이바지하였고, 독일 통일 후 사회통합의 바탕이 되었다는 평을 받고 있다. 독일 시민교육의 대표적인 특징은 체계성, 전문성, 공공성이다. 독일의 시민교육은 공공영역, 민간영역, 정치영역 등 전 사회 전반에 제도적으로 정착되어있다.

시민교육에 대해서는 세계적으로 다양한 개념이 사용되고 있다. 일본에서는 '공민교육', 미국과 영국에서는 '시민교육'(citizenship education, civic education)이라고 불린다. 독일에서는 '정치교육'(Politische Bildung)이라고 하지만, 이를 영어로 표현할 때는 '시민교육'(civic education)이라는 용어를 사용하고 있다. 우리나라에서는 그동안 주로 '민주시민교육'이라는 개념이 사용되어 왔는데 '시민'이라는 개념 속에 '민주'는 내포되어 있으므로 '시민교육'이라고 부르는 것이 나을 듯 하다.

　우리나라에서도 시민교육은 지난 20여 년 간 전반적으로 활성화 양상을 보여오다가 현재 침체기를 맞고 있다. 한편 우리의 시민교육은 체계성이 부족하고, 제도화도 이루어지지 않은 상황이다. 1997년부터 현재까지 시민교육과 관련해서 많은 법안이 발의되었으나, 입법은 되지 못한 채 제도화 논의는 답보 상태에 놓여있다. 그동안 거시적 관점의 독일 시민교육에 관한 연구는 많이 이루어졌지만 사례를 중심으로 한 연구는 거의 이루어지지 않았다. 따라서 이 글에서는 독일의 시민교육을 사례를 중점적으로 살펴보고, 우리나라 시민교육에 주는 시사점을 알아보고자 한다.

II

독일 시민교육 개관

1. 독일 시민교육의 체계

독일의 시민교육은 크게 ① '공공영역의 교육'과 ② '민간영역의 교육', ③ '정치영역의 교육'으로 구분할 수 있다.

〈표 1〉 독일 시민교육의 체계

공공영역의 교육	민간영역의 교육	정치영역의 교육
■ 연방정치교육원 ■ 주(州) 정치교육원 ■ 각급 학교 ■ 시민대학	■ 노동조합 등 사회단체	■ 정당 및 정당 재단

공공영역의 교육기관으로 연방정치교육원, 주별로 주 정치교육원, 각급 학교, 시민대학 등이 있으며, 민간영역의 교육에는 연방 및 주 정치교육원의 인증을 받은 각종 사회단체의 교육이 해당한다. 정치영역의 교육으로는 정당 및 정치 재단의 교육을 들 수 있다.

〈표 2〉독일 시민교육 협력 체계도

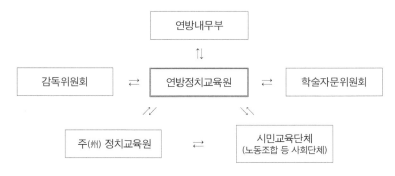

독일 연방정치교육원은 시민교육 전문기관으로서 중추적 역할을 담당하고 있다. 연방정치교육원은 조직상으로 연방내무부 산하에 속하지만, 높은 독립성을 보장받는다. 연방정치교육원은 주 정치교육원 및 다양한 교육기관·단체들과 전국적으로 네트워크를 형성하여 시민교육을 위해 독립적이고 초당파적으로 다양한 활동을 하고 있다. 또한 연방정치교육원은 다양한 시민교육 콘텐츠·교수법을 개발하여 교육 단체나 학교에 제공하고 있다. 그 밖에 여러 정치재단도 시민교육을 실시하고 있으며, 노동조합 등 사회단체도 다양한 시민교육에 참여하고 있다.

2. 독일 시민교육의 기본 원칙

독일 시민교육의 주요 특징 중 하나는 기본원칙이 존재한다는 것이다. 이 원칙은 보이텔스바흐 합의(Beutelsbacher Konsens)라고 불린다. 학교 교육을 비롯한 연방정치교육원 및 주 정치교육원 등 공공영역의 시민교육에서는 이 원칙이 기본 바탕이 되고 있다.

1) 보이텔스바흐 합의의 역사적 배경

'보이텔스바흐 합의'의 역사적 배경[2]은 1960년대로 거슬러 올라간다. 1968년 독일에서는 학생 저항운동이 격렬했고, 1970년대에 들어와서는 보수와 진보의 정치적 양극화로 독일은 많은 어려움에 봉착하였다. 사민당과 기민당 간의 대립은 정치교육 교과 내용에도 영향을 주었고, 정치교육에 대한 이론적 견해도 주별로 집권 정당에 따라 각각 상이하게 나타났다. 이러한 대립과 갈등은 특히 1974년 헤센(Hessen)주 지방선거에서 쟁점이 되었다.

당시 헤센주의 집권당인 사민당이 정치교육의 새로운 교과과정을 도입하려고 하자, 보수 야당인 기민당은 이 교과과정이 '좌파 이데올로기적'이라며 반발하였다. 이처럼 이념적 대립과 갈등이 큰 상황에서 비당파적인 입장을 유지해야 하는 연방정치교육원과 주 정치교육원은 정치교육의 도구화를 우려하게 되었다.

정치교육의 정치적 도구화를 막고 이념적 대립과 갈등에 대한 해결책 모색을 위해 그 당시 바덴-뷔르템베르크(Baden-Würtemberg) 주 정치교육원 원장이었던 지크프리트 쉴레(Siegfried Schiele)는 1976년 11월 19일과 20일 이틀간 독일 남서부의 소도시 보이텔스바흐에서 "정치교육에 있어서의 합의 문제"라는 주제로 학술회의를 열어 진보와 보수 진영의 대표적 정치학자들을 초청하였다. 그러나 참가자들은 합의점을 도출하지 못했다.

학술회의 후 이 회의를 주관했던 주 정치교육원의 편집국장인 한
스-게오르그 벨링(Hans-Georg Wehling)이 학술대회의 발표문과 논
쟁 내용을 책으로 발간할 목적으로 정리하였다. 이 과정에서 최소
한의 합의점으로 여겨지는 세 가지 원칙을 정식화하였다. 이 원칙
이 '보이텔스바흐 합의'로 불리게 되었고 오늘날까지 독일 정치교
육의 기본 원칙이자 암묵적인 교사의 직업윤리로 인정되고 있다.

2) 보이텔스바흐 합의의 주요 내용

⑴ 주입 · 교화금지의 원칙(강압금지의 원칙)

이 원칙은 교육에서 바람직한 견해라는 이유로 학생들에게 차분
히 생각할 여유를 주지 않음으로써 학생 스스로 자율적으로 판단
하는 것을 방해하는 것은 허용하지 않는다는 내용이다. 즉, 학생에
게 교사의 생각을 주입해서는 안 된다는 원칙이다.

⑵ 논쟁점 반영의 원칙

학문이나 정치에서 논쟁적인 것은 수업에서도 논쟁적인 것으로
다루어야 한다는 원칙이다. 이 원칙은 첫 번째 강압금지의 원칙과
상호 보완적인 관계를 가진다. 논쟁성의 원칙을 강조하는 이유는
찬반 입장을 균형있게 다루지 않으면 학생들이 특정 방향으로 유
도될 수도 있으므로 이를 방지하려는 것이다.

⑶ 학습자 이해관계 고려의 원칙

이는 학습자가 정치적 상황과 자신의 개인적 관심을 분석하는

능력을 갖추고, 현재 상황에 영향을 미칠 수 있는 전략이나 방안을 스스로 찾을 수 있는 능력을 갖추어야 한다는 내용이다. 즉, 학습자의 분석능력과 개인의 관심 존중을 강조한 원칙이다.

3. 독일 시민교육의 주요 주체

1) 연방정치교육원

국가적 차원의 시민교육 전문기관인 연방정치교육원은 바이마르 공화국의 전통을 계승하여 1952년 11월 25일 '지역 정치교육을 위한 연방본부'라는 명칭으로 설립되었고, 1963년 현재의 명칭으로 변경했다. 연방정치교육원은 제2차 세계대전 후 나치 청산, 전체주의 예방, 시민의식 함양과 민주시민사회 육성 등 전후 독일의 민주화를 목적으로 하고 있다. 주요 과제는 시민들이 정치적인 사실관계를 올바로 이해하도록 하고, 능동적으로 정치에 참여할 수 있도록 동기를 부여하는 것이다.

연방정치교육원은 조직상으로는 연방내무부 산하에 있지만, 실질적으로는 높은 독립성을 보장받고 있다. 연방정치교육원에는 '감독위원회'와 '학술자문위원회'가 설치되어 정치적인 중립과 학술적인 균형을 유지하고 있다. 감독위원회는 연방하원 의원 22인으로 구성되며, 학술자문위원회는 최대 12인의 다양한 분야 전문가로 구성된다. 연방정치교육원은 주 정치교육원, 시민교육 단체 등과 협력하여 다양한 방법으로 시민교육을 실시하고 있으며 수백

개의 사회단체, 교육단체에 재정을 지원하고 있다.

연방정치교육원은 독일 기본법의 바탕 위에 민주주의의 근간이라고 할 수 있는 인권 존중, 자유, 평등, 법치주의 등을 주요 교육 내용으로 삼는다. 이를 위한 중점 추진 과제는 사회적, 시대적 상황에 따라 각각 다르게 나타난다. 통일 전까지는 민주주의의 발전, 인권 존중이 주요 관심사였으며, 통일 후에는 분단 극복, 공산주의 청산, 동ㆍ서독 화합, 유럽통합 등이 많이 다루어졌다. 최근에는 이민ㆍ난민, 평화, 러시아–우크라이나 전쟁, 이스라엘–하마스 전쟁 등이 주요 관심사가 되고 있다.

연방정치교육원은 출판물, 행사, 멀티미디어, 온라인 등 다양한 방법으로 주요 사회적, 정치적 현안과 역사적인 사실관계에 대해 정확한 정보와 자료들을 제공하기 위해 노력하고 있다. 또한 학술대회, 교육 여행, 정치페스티벌, 경연대회, 박람회, 문화행사 등 다각적인 방식을 적용하고 있다. 이와 함께 소셜미디어 등 변화하는 미디어 환경에 맞추어 시민들이 사회적, 정치적 현안에 대해 흥미롭게 접근하는 방법론도 도입하고 있다.

2) 주(州) 정치교육원

주 정치교육원은 연방정치교육원의 자매조직 성격을 지니고 있으며 운영방식은 연방정치교육원과 유사하다. 주 정치교육원의 주요 업무는 일반인의 시민의식을 함양하고, 시민들이 비판적이고 능동적인 자세로 정치에 참여할 수 있도록 동기를 부여하는 일이다. 조직상으로는 각 주의 교육부 혹은 문화부의 산하 기관이나 주의회의 산하 기관으로 설립되어 있다.

연방정치교육원과 주 정치교육원은 독일 통일 후 사회통합에도 크게 기여하였다. 베를린 장벽 붕괴 직후 연방정치교육원은 먼저 구동독 지역에서 활발하게 활동하였다. 또한 동서독 통일조약에 대한 협의 과정에서 구동독 지역에 주 정치교육원을 신설하는 것이 논의되었다. 구동독 지역에 신연방주 행정체제를 정비할 당시 연방정치교육원과 서독 지역의 주 정치교육원이 신연방주에 자문 역할을 하였다. 이 과정에서 특히 주 정치교육원의 설립 필요성이 강조되었다. 얼마 지나지 않아 실제로 주 정치교육원들이 신설되었고, 서독 지역의 주 정치교육원이 모델로 작용했다.

구동독 지역의 브란덴부르크주 정치교육원은 1991년에 설립되었다. 설립 후 초기의 시급한 과제 중의 하나는 구동독 지역의 시민들이 통일로 인해 완전히 달라진 사회체제에 제대로 적응하도록 돕는 것이었다. 이에 따라 설립 초기 주 정치교육원은 구동독지역 시민들이 과거를 비판적으로 되돌아볼 수 있도록 정보를 제공하는 것에 역점을 두었다. 과거 동독의 독재체제가 시민들의 사고구조와 행동양식에도 적지 않은 영향을 주었기 때문이다.

통일 후 신연방주 시민들은 민주주의 체제에서 새로운 도전에 직면해 있었고, 주 정치교육원은 이들을 지원하고 돕는 역할을 담당했다. 주 정치교육원은 시민교육 자료와 도서제공, 행사개최, 정치적, 사회적 현안과 역사적 발전 과정에 관한 연구 수행 등 다양한 활동을 하고 있으며, 주(州) 내의 다양한 시민단체, 교육단체, 협회 등과 긴밀한 협조체계를 구축하여 각 주의 상황과 현실에 맞는 시민교육을 실시하고 있다. 주 정치교육원에도 독립성과 비당파성을 보장하기 위해 감독위원회가 마련되어 있다.

3) 정당 및 정치재단

독일에서는 주요 정당들도 다양한 시민교육 활동을 하고 있다. 또한 이들과 이념적으로 가까운 정치재단들이 설립되어 있다. 이 정치재단은 정당과는 독립적으로 운영되고 있으며, 정치교육, 장학금 지원 등을 통해 시민교육을 실시하고 있다. 대표적으로 사회민주당(SPD)은 '프리드리히 에버트 재단(Friedrich-Ebert-Stiftung)', 기독민주연합(CDU)은 '콘라드 아데나워 재단(Konrad-Adenauer-Stiftung)', 기독사회연합(CSU)은 '한스 자이델 재단(Hanns-Seidel-Stiftung)', 자유민주당(FDP)은 '프리드리히 나우만 재단(Friedrich-Naumann-Stiftung)', 녹색당(Partei Bündnis 90/Die Grünen)은 '하인리히 뵐 재단(Heinrich-Böll-Stiftung)', 좌파당(Die Linke)은 '로자 룩셈부르크 재단(Rosa-Luxemburg-Stiftung)'과 가까운 관계에 있다. 이들 재단은 공익협회의 성격을 가진다.

정치재단은 특정 정당과 이념적으로 유사한 관계에 있지만, 조직과 재정면에서 독립적으로 운영된다. 정치재단은 정당을 위해 직접적인 정치 활동을 할 수 없으며, 직접 선거운동을 지원하는 것도 금지되어 있다. 이들 재단은 정파를 초월해서 공익적인 활동을 하고 있다. 또한 정치교육은 이들 재단의 중요한 과제여서 독일뿐만 아니라 해외에서도 민주주의 발전을 위해 다양한 활동을 하고 있다.

4) 사회단체

노동조합 등 사회단체는 연방정치교육원, 주 정치교육원 등의 재정지원을 받으며 직접 시민교육을 실시한다. 이들은 각 단체의 이념과 가치에 따라 시민교육을 실시하지만, 정치교육의 '기본 원칙'을 따르고 있다.

5) 시민대학

독일의 시민대학은 우리나라의 평생교육기관과 비슷한 기능을 수행하고 있다. 이들 시민대학은 주 정부, 기초자치단체의 재정지원을 받는 공적 교육기관이다. 시민대학은 주로 교육소외계층에 대해 교육 기회를 마련하고 있으며, 지역 주민의 생활에 필요한 강좌를 마련하는 등 시민의 삶의 질을 높이기 위한 활동을 하고 있다. 시민대학은 각 지역에 마련되어 있어, 접근성이 용이하며, 저렴한 수업료로 양질의 강좌를 제공하고 있다. 강좌는 인문, 사회, 취미, 직업교육 등 다양하며, 시민교육 관련 강좌도 소수 마련되어 있다. 또한 이주민 사회통합 프로그램(이주민 대상 독일어 강좌, 사회통합 강좌)도 제공하고 있다.

Ⅲ

독일 시민교육의 사례들

---

1. '정당정책비교 앱' 발-오-맡(Wahl-O-Mat)

세계의 다양한 시민교육 콘텐츠 중 대표적인 프로그램으로 '선거도움 앱(Voting Advice Applications: VAAs)'을 꼽을 수 있다. 사실 VAAs는 '정당정책비교 앱'으로 의역하는 것이 더 적합하다. 이 프로그램은 시민에게 손쉽게 정치지식을 제공하는 기능을 하면서 동시에 정치커뮤니케이션을 활성화하고, 선거에 대한 관심을 고양하고 있다.

현재 세계적으로 180여 개의 '정당정책비교 앱'이 존재하며, 그중 140여 개가 유럽에서 활용되고 있다. 이들 가운데 가장 많이 사용되는 프로그램의 하나로 독일의 발-오-맡(Wahl-O-Mat)을 꼽을 수 있다. 연방정치교육원이 2002년부터 이 프로그램을 운영하고 있는데 시민들은 이 프로그램을 통해 주요 정치 현안에 대한 각 정

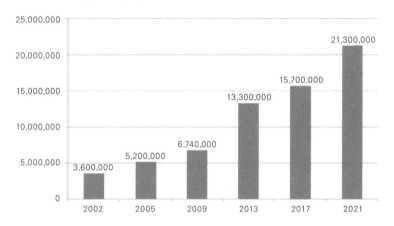

〈그림 1〉발-오-맡의 이용 수

당의 정책과 입장을 손쉽게 비교할 수 있으며, 자신의 정치 성향에 가장 잘 맞는 정당을 찾을 수 있다. 발-오-맡이 처음으로 도입된 2002년에는 약 360만 번 사용되었다. 이후 이용자 수는 점점 증가하여 2017년 연방 총선에서는 약 1,570만 번, 2021년 실시된 독일 총선에서 이 앱은 약 2,130만 번 활용되었다. 2002년 도입 이후 현재까지 약 1억만 번 이상 이용되었다. 발-오-맡 도입 초기에는 의회에 진출해 있는 정당들만을 대상으로 실시되었으나, 2009년 유럽의회 선거부터 참여 정당이 확대되었다.

독일의 '발-오-맡'은 네덜란드의 '스템뵈져(Stemwijzer)'를 벤치마킹하여 개발된 것이다. 민주주의가 발달한 국가들은 최소 하나 이상의 '정당정책비교 앱'을 이용하고 있다. 우리나라에서도 다양한 형태의 정당정책비교 앱들이 개발되어 왔으며, 그 중 대표적인 프로그램은 경제정의실천시민연합(경실련)이 2004년부터 운영하고 있는 '후보자선택도우미'이다. 이 프로그램은 시민들이 자신의 입장과 정당의 정책을 비교하여 자신의 정치적 견해와 가장 가까운 정당을 비율 단위로 추천받을 수 있도록 하고 있다.

1) 운영방식

정당정책비교 앱의 운영은 크게 다음과 같은 단계로 이루어진다. ① 주요 정치 이슈에 대한 쟁점 선정, ② 쟁점에 대한 이용자의 답변, ③ 본인의 정치 성향과 맞는 정당 매칭의 단계로 나눌 수 있다. 첫 번째 단계에 해당하는 이슈에 대한 쟁점 선정에서부터 시민 참여가 이루어진다. 이슈선정팀에 시민들이 참여할 수 있도록 연방정치교육원은 새내기 유권자를 대상으로 지원자를 공모한다.

2021년 총선에서 연방정치교육원은 공모를 통해 18세~26세 사이의 다양한 배경의 새내기 유권자 19명을 선발한 후, 이들과 함께 학계, 언론, 교육전문가, 연방정치교육원의 담당자로 구성된 이슈선정팀을 꾸렸다. 이슈선정팀은 3일간의 워크숍을 열어 80개의 쟁점을 작성하여 각 정당에 보냈다. 원칙적으로 선거에 참여한 모든 정당을 발-오-맡에 초청하고, 여기에 참여할지 여부는 정당이 스스로 결정한다. 이슈선정팀의 쟁점에 대해 정당들은 3주간의 답변 작성 시간을 갖는다. 2021년 총선에 참여한 40개 정당 중 가든당(Gartenpartei)만 참여하지 않았고, 다른 정당은 모두 입장과 근거를 제출했다. 이슈선정팀은 정당으로부터 받은 쟁점에 대한 답변 내용을 바탕으로 두 번째 워크숍을 개최하여 정당 간 입장 차이가 가장 잘 드러날 수 있는 30~40개의 쟁점을 선정한다. 2021년 총선에서는 주요 정치 현안에 대한 38개 쟁점을 최종적으로 선택했다.

이렇게 선정된 쟁점은 다음과 같다.

〈표 3〉 2021년 연방총선에서 선정된 쟁점

1	모든 아우토반(Autobahn)에 속도 제한이 적용되어야 한다.
2	독일 국방비를 늘려야 한다.
3	16세 이상의 청소년부터 연방의회 총선 투표를 할 수 있어야 한다.
4	풍력에너지에 대한 지원이 종료되어야 한다.
5	임대인이 임대료를 인상할 수 있는 가능성을 법으로 더욱 엄격하게 제한해야 한다.
6	코로나19 백신은 특허를 통해 계속 보호되어야 한다.
7	2038년까지 계획된 석탄화력 발전의 단계적 폐지 일정을 앞당겨야 한다.
8	고용된 모든 사람은 법정연금보험에 가입해야 한다.
9	독일에서 난민으로 인정된 사람의 가족을 독일로 이주시키는 권리는 폐지되어야 한다.
10	독일 내에서 디지털 서비스 사업으로 벌어들인 수익에 대해 국가 세금이 부과되어야 한다.
11	아버지·어머니·자녀로 이루어진 전통적인 가족을 다른 형태의 가정보다 더 많이 지원해야 한다.
12	기업의 정당에 대한 기부금은 계속 허용되어야 한다.
13	대학생들은 부모의 소득에 관계없이 대학생국가지원금(바펙)을 받을 수 있어야 한다.
14	독일에서 독일 국적 외에 이중국적을 갖는 것이 일반적으로 가능하도록 해야 한다.
15	연방행정기관이 발간하는 출판물에서는 용어사용에 있어서 서로 다른 성(性)정체성을 고려해야 한다.
16	러시아에서 독일로 가스를 수송하는 파이프 라인 '노르트 스트림 2(Nord Stream2)'가 계획대로 운영되어야 한다.
17	통일연대세는 전면 폐지돼야 한다.
18	근무 중인 공무원에게 히잡 등 머리 스카프 착용이 일반적으로 허용되어야 한다.
19	가솔린·디젤 엔진을 장착한 신차의 승인도 장기적으로 가능해야 한다.
20	연방정부는 교육 정책에 있어 더 많은 역할을 해야 한다.
21	연방정부는 반유대주의에 대응하는 프로젝트에 더 많은 재정 지원을 해야 한다.
22	중국 기업이 독일에서 통신인프라 확장을 위해 수주하는 것을 허용해서는 안 된다.
23	국가는 종교 공동체를 위해 종교세를 계속 징수해야 한다.

24	대마초의 제한된 판매는 일반적으로 허용되어야 한다.
25	독일은 유럽연합(EU)을 탈퇴해야 한다.
26	독일 연방의회선거에서 정당의 주(州)후보자 명부는 여성과 남성으로 교차로 채워져야 한다.
27	병원 입원환자치료는 계속해서 유형별 고정수가제로 청구되어야 한다.
28	고소득자들에게는 세금을 다시 상향해야 한다.
29	공공장소의 CCTV에 얼굴 인식 소프트웨어 사용을 허용해야 한다.
30	자녀가 없는 부부도 계속해서 세금 우대 혜택을 받아야 한다.
31	친환경농업이 일반농업보다 더 많이 지원되어야 한다.
32	이슬람 단체를 국가에서 종교 공동체로 인정할 수 있어야 한다.
33	난방과 차량 운행으로 인한 CO2 배출에 대해 국가적으로 설정한 비용을 계획했던 것보다 대폭 높여야 한다.
34	기본법의 채무제한은 유지되어야 한다.
35	망명은 계속해서 정치적으로 박해받는 사람들에게만 적용되어야 한다.
36	법정 최저임금은 늦어도 2022년까지 최소 12유로로 인상되어야 한다.
37	항공 교통에는 더 높은 세금이 부과되어야 한다.
38	회사는 직원의 재택근무 허용 여부를 스스로 결정해야 한다.

쟁점 선정기준은 △ 쟁점의 중요도 △ 정당 간 서로 다른 입장 △ 관련성 △ 이해도이다. 이에 따라 주요한 쟁점이라고 할지라도, 이 기준들을 충족하지 않으면 쟁점으로 선정되지 않을 수 있다. 정당들의 쟁점에 대한 근거는 앱에서 바로 확인할 수 있고, 정당으로부터 받은 쟁점 근거는 편집 없이 정당이 답변한 대로 유권자에게 제공된다.

두 번째 단계인 쟁점에 대한 이용자의 답변과 관련해서는, 이용자는 각 쟁점에 대한 자신의 입장을 △ 동의(stimme zu), △ 중립(neutral), △ 비동의(stimme nicht zu), △ 쟁점 통과(These ueberspringen) 중 하나를 선택해서 답변하고, 자신에게 중요하다고 여기는 쟁점에는 2배의 가중치를 줄 수 있다. 가중치는 복수의 쟁점에 대

〈그림 2〉 쟁점에 대한 답변 선택 및 가중치 부여

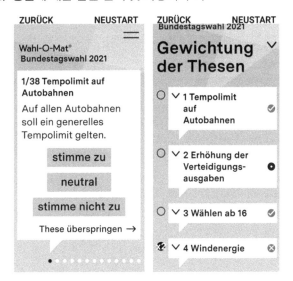

해 부여할 수 있다.

이용자는 많은 정당 중에서 자신이 비교하고자 하는 정당을 선택할 수 있다. 정당 선택은 원내 정당과 원외 정당을 나눠서 할 수 있고, 정당은 3개까지 선택 할 수 있다. 비교하고 싶은 정당을 선택하면 이 정당에 대한 정보가 표출된다.

정당에 대해 더 자세히 알고 싶을 때는 '이 정당에 대해 더 많이 보기'를 누르면 연방정치교육원에서 마련한 정당 정보 사이트와 바로 연결된다. 그리고 쟁점별 정당의 입장에 대한 근거는 다음과 같이 표출된다.

마지막으로 앱은 자신의 정치 성향과 가장 가까운 정당을 순서대로 추천해 주고, 정당과의 일치율도 표시해 준다.

〈그림 3〉 비교하고자 하는 정당 선택

〈그림 4〉 정당별 쟁점 근거 표출

2) 매칭 비율 계산법

매칭 점수 계산 방식은 이용자가 쟁점에 동의하면, 이 쟁점을 지지하는 정당에 2점이 부여된다. 동시에 이 쟁점에 대해 중립인 정당들에는 1점이 주어진다. 왜냐하면 중립이 반드시 기권을 뜻하는 것이 아니기 때문이다. 비동의를 선택한 정당에는 점수가 주어지지 않는다. 이용자가 '쟁점 통과'를 선택하면 해당 쟁점은 평가에

〈그림 5〉 Wahl-O-Mat 결과 화면

포함되지 않는다.

이용자는 자신에게 중요한 쟁점을 선택해서 가중치를 줄 수 있다. 각 정당의 점수를 합산해 나올 수 있는 최대 점수로 나누어 이용자와 정당 일치도를 비율로 표출한다. 다음의 〈표 4〉는 이용자와 정당 매칭 비율 계산법이다.

〈표 4〉 유권자와 정당 매칭 비율 계산법

가중치 없는 계산식: 최고 점수 2				가중치 있는 계산식: 최고 점수 4			
		정당				정당	
답변	동의	중립	비동의	답변	동의	중립	비동의
이용자 동의	2	1	0	이용자 동의	4	2	0
중립	1	2	1	중립	2	4	2
비동의	0	1	0	비동의	0	2	4
건너뛰기	0	0	0	건너뛰기	0	0	0

적용사례

쟁점	A정당		B정당		C정당		D정당		이용자	가중치	최고 점수
1	동의	1	비동의	1	동의	1	비동의	1	중립		2
2	동의	1	동의	1	비동의	1	동의	1	중립		2
3	동의	0	중립	1	비동의	2	비동의	2	비동의		2
4	비동의	4	비동의	4	동의	0	비동의	4	비동의	예	4
5	비동의	1	비동의	1	비동의	1	비동의	1	중립		2
6	비동의	0	동의	4	비동의	0	중립	2	동의	예	4
7	동의	0	중립	1	동의	0	비동의	2	비동의		2
8	동의	0	중립	1	동의	0	중립	1	비동의		2
9	중립	0	비동의	0	비동의	0	중립	0	건너뛰기		0
10	동의	1	비동의	1	중립	2	비동의	1	중립		2
11	동의	2	동의	2	비동의	0	비동의	0	동의		2
12	동의	0	비동의	0	동의	0	동의	0	건너뛰기		0
13	중립	2	비동의	4	비동의	4	비동의	4	비동의	예	4
14	비동의	1	비동의	1	동의	1	비동의	1	중립		2
15	비동의	0	비동의	0	비동의	0	중립	1	동의		2
16	비동의	2	동의	0	동의	0	중립	1	비동의		2
17	동의	0	동의	0	동의	0	중립	0	건너뛰기		0
18	중립	1	비동의	2	중립	1	동의	0	비동의		2
19	중립	0	동의	0	동의	0	비동의	0	건너뛰기		0
20	비동의	0	비동의	0	중립	2	동의	4	동의	예	4
21	동의	1	중립	2	동의	1	비동의	1	중립		2

22	동의	1	중립	2	비동의	1	동의	1	중립		2
23	비동의	0	비동의	0	비동의	0	중립	1	동의		2
24	중립	1	비동의	2	동의	0	동의	0	비동의		2
25	동의	0	중립	1	비동의	2	동의	0	비동의		2
26	동의	0	동의	0	동의	0	동의	0	비동의		2
27	동의	0	비동의	4	비동의	4	중립	2	비동의	예	4
28	비동의	1	동의	1	동의	1	비동의	1	중립		2
29	비동의	2	동의	0	비동의	2	중립	1	비동의		2
30	비동의	1	동의	1	동의	1	중립	2	중립		2
31	중립	1	비동의	0	중립	1	동의	2	동의		2
32	비동의	0	동의	0	동의	0	동의	0	건너뛰기		0
33	중립	1	동의	2	동의	2	동의	0	동의		2
34	비동의	0	동의	4	비동의	0	비동의	0	동의	예	4
35	동의	0	동의	0	비동의	2	동의	0	비동의		2
36	동의	0	비동의	2	동의	0	동의	0	비동의		2
37	동의	0	비동의	4	동의	0	동의	0	비동의	예	4
38	중립	2	비동의	1	동의	1	동의	1	중립		2
총계	27		50		33		40		80		
일치율	33.8%		62.5%		41.3%		50.0%				

* 자료: 주성훈. "독일 정당 정책 비교프로그램 Wahl-O-Mat." 『국회사무처 주재관리포트』. (2021: 6-7)의 재구성.

3) 평가

이 앱은 세계의 '정당정책비교 앱' 중 가장 성공적인 프로그램으로 꼽히지만, 제한된 답변 옵션, 정당들의 정책에 대한 답변 진실성 유무 등과 관련하여 비판의 목소리도 있다. 한편 이 앱에 대한 연구는 지속적으로 이루어지고 있다. 2004년부터 뒤셀도르프 대학에서 선거 때마다 앱 이용자의 의견을 조사하고 있다.[3] 2021년 총선 당시 실시된 연구 결과[4]에 따르면, 이용자의 약 90.8%가 이 프로그램 사용 전에 정당에 대한 명확한 정치적 입장을 가지고 있었으며, 92.5%가 예상한 결과와 동일하거나 비슷한 결과를 얻은 것으로 나타났다. 이 설문 결과는 다음과 같이 요약할 수 있다.

〈그림 6〉 연령대(%)

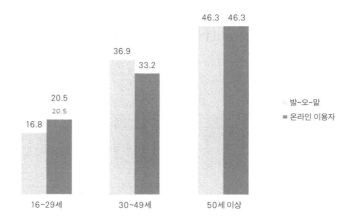

이용자는 16-29세 16.8%, 30-49세 36.9%, 50세 이상이 46.3%로 나타났다.

이용자의 교육 수준은 고등교육 이상이 71.6%, 중등교육 이하가 28.4%로 나타났다. 이에 비해 온라인 이용자의 교육 수준은 고등교육 이상이 39.5%, 중등교육 이하가 60.5%로 나타나서 교육수준이 높은 것으로 분석되었다.

이용자의 84%가 정치에 관심이 있으며, 72.7%는 정치 주제로 자주 토론한다고 응답했다.

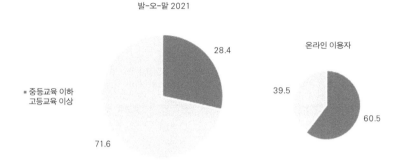

〈그림 7〉교육 수준

발-오-말 2021

28.4

온라인 이용자

■ 중등교육 이하
고등교육 이상

39.5

60.5

71.6

〈그림 8〉정치적 관심과 참여(%)

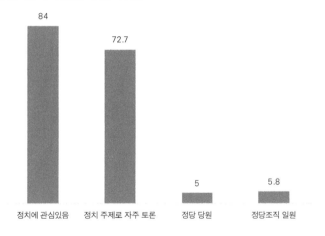

84

72.7

5

5.8

정치에 관심있음   정치 주제로 자주 토론   정당 당원   정당조직 일원

또한 이용자의 70.8%가 이전에 이를 사용한 경험이 있는 것으로 나타났다.

이용 사유에 관해서는 58.3%가 '나의 입장을 확인하고 싶어서', 16.5%가 '투표 시 방향성을 탐색하기 위해서', 10.3%가 '정당에 대해서 더 알고 싶어서'라고 응답했다.

이용자의 81.2%가 앱이 '재밌다'고 평가했으며, 69.7%가 '정당

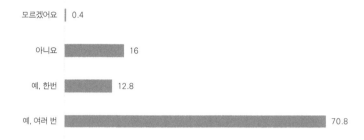

〈그림 10〉 사용 이유(%)

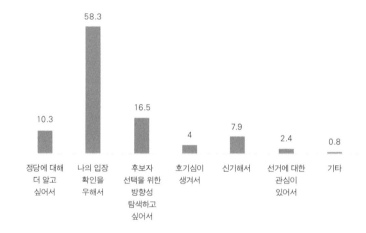

간 명확히 구별된다', 48.6%가 '연방 정치 주제에 관심을 가지게
되었다'고 평가했다.

· 정치적 참여에 대한 영향의 경우, 이용자의 76.1%가 '결과에 대
해서 이야기 하겠다', 53%가 '정치 정보에 대해 더 알고 싶다'라고
응답했다.

투표에 미참여 의사를 밝혔던 사람 중 48%가 앱 이용 후 투표참
여의사를 밝힌 점을 감안하면, 정당정책비교 앱은 유권자의 투표

<그림 11> 발-오-맡 평가(%)

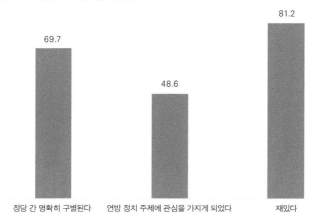

정당 간 명확히 구별된다	연방 정치 주제에 관심을 가지게 되었다	재밌다

<그림 12> 정치적 참여에 대한 영향(%)

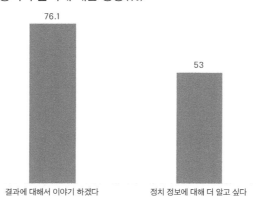

참여 동기를 부여하고 있는 것으로 나타났다.

　정책수요자 중심적인 이 프로그램은 정치와 선거에 대한 시민의 관심을 높이고 있으며, 매니페스토 정책선거에도 기여하고 있다. 또한 정당과 유권자 간의 매칭 기능과 더불어 정치지식 축적에도 도움을 주고 있다. 이를 통해 정치참여 활성화에도 도움이 되며, 투표율을 제고하는 기능을 하고 있다.

〈그림 13〉발-오-맡의 동기부여력(%)

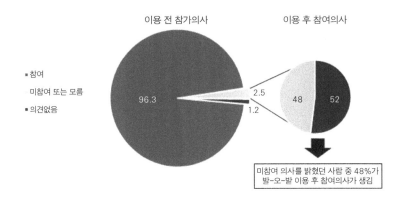

이용 전 참가의사   이용 후 참여의사

■ 참여
　미참여 또는 모름
■ 의견없음

96.3   2.5   48   52
1.2

미참여 의사를 밝혔던 사람 중 48%가
발-오-맡 이용 후 참여의사가 생김

2. 청소년 모의선거 유니오발(Juniorwahl)

1) 청소년 모의선거 개관

발-오-맡(Wahl-O-Mat)과 함께 청소년 모의선거 유니오발(Ju-niorwahl)은 연방정치교육원의 가장 대표적인 프로그램이다.[5] 2021년 연방 총선에서 청소년 모의선거에 약 4,500여 개 학교에서 142만 1,492명의 청소년이 참가했다. 청소년 모의선거는 독일의 대표적인 청소년 정치교육 프로젝트이다. 연방의회 선거, 주 의회 선거, 유럽의회 선거 등에서 청소년이 스스로 선거관리위원회를 구성하여 선거에 참여한 정당과 후보자를 대상으로 직접 투표하는 프로젝트이다. 이 모의선거는 선거권을 가지지 않은 7학년(중학교 1학년) 이상 청소년을 대상으로 운영된다. 청소년은 모의선거 참여 여부를 스스로 선택할 수 있다. 수업 시간에 선거와 민주주의 등을 주제로 함께 학습하고, 토론한 후 투표하며 직접 개표하고 결과를 집계한다.

청소년 모의선거를 주관하는 단체는 어떤 정당에도 소속되지 않은 '쿠물루스(Kumulus)'라는 공익단체이다. 쿠물루스는 1998년 베를린에서 설립되었는데, 창립 멤버 모두가 같은 학교의 같은 반 출신이었다. 이들은 세상을 바꾸는 데 일조하고 봉사를 통해 더 나은 사회를 만들어 가는 데 기여하고자 쿠물루스를 설립했다. 비당파적으로 사회봉사 활동을 하는 것이 설립 취지였다. 쿠물루스는 정치적 중립성을 지키기 위해 노력한다. 예를 들어, 정당 프로그램의 발췌본이나 요약본을 제공하지 않는다. 쿠물루스는 정당에서 제공하는 자료를 그대로 사용하거나 직접적으로 프로그램에 대한 정보를 제공한다.

쿠물루스는 청소년 모의선거 이외에도 어린이들을 대상으로 '유니오발키즈(Juniorwahl KIDS)'를 만들었다. 초등학생을 대상으로 하는 유니오발키즈는 아이들이 어린 시절부터 민주주의와 선거를 경험할 수 있도록 돕고 있다. 이 외에도 프로젝트 '디알로그피(dialogP)'는 국회의원이 직접 학교를 방문하여 청소년이 관심을 갖는 주제를 함께 토론하는 프로젝트이다. 정치인이 정당의 프로그램을 설명하며 정치가 무엇인지, 어떻게 운영되는지 등 학생들과 소통하는 방식으로 진행하고 있다. 디알로그피는 유권자와 정치인의 간극을 좁히는 효과가 있다.

청소년 모의선거는 독일의 정치 교육에 관한 가장 큰 프로젝트라고 할 수 있다. 1999년 베를린 시의원 선거와 비슷한 시기에 독일에서 처음으로 청소년 모의선거가 열렸다. 당시에는 몇 개의 학교만 참가하는 아주 작은 규모였지만, 그 후에 참가 학교는 꾸준히 증가하였고, 현재는 연방의회, 주 의회, 유럽의회 선거에서도 청소년 모의선거를 실시하고 있다.

청소년 모의선거는 연방의회와 연방정치교육원의 후원과 재정 지원을 받고 있다. 또한 주 정부도 다양한 형태로 후원하고 지원하고 있다. 재정적 지원의 대부분은 공공 부문으로부터 나온다. 먼저 등록한 학교부터 예산이 배정된다. 참가자를 위한 재정적 자원이 고갈되면, 추가적으로 민간 후원자를 찾는 활동이 시작된다. 개별 학교가 자체적으로 후원자를 확보하게 된다. 후원자를 구하지 못한 학교는 그 지역의 기업이나 학교지원협회에 모의선거 비용을 요청하기도 한다. 민간 후원자들은 소위 '민주주의 주식'이라고 불리는 상징적 주식을 감사의 의미로 받게 된다. 이는 민주주의를 지원하는 것에 대한 감사의 표현이다.

2) 운영 방식

청소년 모의선거의 핵심은 학생들이 자발적으로 조직하고 운영한다는 점이다. 청소년 모의선거는 크게 준비, 투표, 그리고 후속 과정의 세 단계로 구성된다. 준비 과정은 학생에게 정치와 선거에 대한 더 많은 지식을 제공하기 위한 목적을 가진다. 이 프로젝트의 첫 번째 단계는 수업 시간에 선거와 민주주의 등에 대해 배우는 방식으로 조직된다. 두 번째 단계는 학생들이 선거관리위원회를 구성하고 선거도우미로 활동함으로써 자발적으로 선거 과정의 일원으로 참여하고 투표하는 등 선거를 직접 체험한다. 이 과정에서 학생들은 그 이전에 습득한 지식을 직접 실행에 옮긴다. 학생들은 정당이나 후보자를 선택하는 하는 법, 선택 과정, 투표 절차 등을 익히기 된다. 세 번째 단계인 선거 후속 과정에서는 선거 결과를 분석하고 토론하며 선거 후에 어떤 변화가 있을지에 대해서도 숙의한다.

이러한 청소년 모의선거의 원활한 진행을 위해 쿠물루스는 온라인 포털을 통해 각종 교육 자료를 학교 측에 제공한다. 이 교육자료에는 수업시간에 선거에 대해 교사가 학생과 수업할 수 있는 다양한 자료가 학년별로 난이도별로 준비되어있다. 이와 함께 교사를 위한 연수 세미나도 제공하고 있으며, 교사나 학생이 질문할 경우, 이메일 등을 통해 언제나 연락이 가능한 시스템을 갖추고 있다. 학생들은 준비과정에서 우선 선거와 민주주의에 대해 학습하며, 정치적 토론에 대한 수업도 한다. 이 과정은 수업과 실습에 필요한 자료를 바탕으로 진행되며, 조별 실습 등의 방법으로 행해진다.

청소년 모의선거 프로젝트는 실제 선거일보다 훨씬 더 일찍 시작된다. 학교는 기본적으로 선거일 6개월 전에 모의선거 신청을 해야 한다. 선거일 6개월 이전에 모의선거를 위한 모든 자료가 공개된다. 각 학교는 모의선거를 언제 할 것인지를 스스로 결정할 수 있다. 쿠물루스는 선거 5개월 전에는 우편으로 교재를 송부한다. 교사는 이때부터 언제, 어떻게 선거와 민주주의라는 주제로 수업을 할 것인지 계획을 세운다. 교사를 위한 연수세미나는 선거 약 3

개월 전에 개최된다. 쿠물루스는 학교에 공식적으로 모의선거를 치르기 위한 모든 자료를 송부하는데, 투표함 및 기표용구, 기표소, 투표 통지서와 학교 선거구의 투표용지 등이 포함된다. 통상 학교에서는 실제 선거 1주일 전에 모의선거를 실시한다.

학생이 자발적으로 구성한 선거관리위원회 투표관리관이 투표소에서 청소년에게 투표용지를 배부하고 투표 자격을 확인한다. 청소년 모의선거 참여는 자발적인 것이어서 학생이 원하지 않을 경우, 모의투표에 참여하지 않아도 된다. 청소년은 투표참여여부를 스스로 자유롭게 결정하기 때문에 선거를 매우 진지하게 받아들이고 실행하는 것으로 나타났다. 모의선거가 끝나면 쿠물루스는 각 학교에서 보내온 선거 결과를 집계해서 결과를 공표한다. 모의선거 결과는 실제 선거일에 투표가 모두 종료되면 공표된다. 투표 결과는 단일 학교 결과로 발표하는 것이 아니라, 전국을 통틀어 전체 학교의 결과만을 발표한다.

쿠물루스가 제공하는 온라인 포털은 청소년 모의선거의 핵심적인 도구라고 할 수 있다. 온라인 포털을 통해 학교는 청소년 모의선거 자료를 받을 수 있다. 선거 내용을 준비하는 과정은 학생들이 선거일에 어떻게 투표할 수 있는지, 그것이 어떤 의미를 가지는지, 또 선거 시스템이 어떻게 작동하는지를 배우는 과정이다. 이를 위해 교사는 민주주의에서의 선거제도, 의회의 과제와 기능, 어떤 정당과 후보자가 선거에 출마하는지 등에 관한 자료를 제공 받아서 수업을 하고 선거 후에 결과를 분석하는 작업을 함께 한다. 모든 자료는 각각 학년별로 난이도에 따라 다르게 구성되어 있다. 이는

7학년부터 12학년까지의 다양한 학생이 이 모의선거에 참여하기 때문에 모든 학생이 사용 가능하게 하기 위한 것이다.

3) 효과

청소년 모의선거는 청소년의 학습 효과를 높이고, 청소년의 정체성 확립에도 기여하는 것으로 나타났다. 이와 함께 청소년 모의선거가 언론에 보도되기도 하는데, 학생들은 스스로 뉴스의 일부가 되어 민주주의를 직접 경험하기도 한다. 청소년 모의선거는 청소년이 자신의 의견을 형성하는데 기여하며, 일찍부터 정치에 대한 관심을 높이는 역할을 한다. 또한 청소년이 투표를 하기 위한 결정에 있어서 근거가 분명한 판단을 하도록 장려하고, 토론과정에서 상대의 의견을 경청하고, 정치적 의사결정에 있어서 최상의 결정을 내릴 수 있도록 도움을 주는 기능도 한다. 어린 시절부터 청소년이 선거참여를 통해 민주적 과정을 몸소 체험 함으로써, 향후 유권자로서 선거에 자연스럽게 참여하도록 독려하고 있다. 청소년 모의선거에서 청소년이 자발적으로 도우미로 참여하는 것은 책임을 지는 것의 의미가 무엇인지를 체험하도록 하는 효과도 가진다.

청소년 모의선거가 긍정적인 효과를 가진다는 것은 슈투트가르트 대학교, 베를린 자유 대학교, 막데부르크 스텐달 대학교 등이 수행한 다양한 연구 결과에서 이미 입증되었다. 이 연구 결과에 따르면, 모의선거 후 청소년의 정치적 의사소통 능력이 향상되었다. 또한 모의선거에 참여한 가족 구성원 사이에서도 정치적 논의가 활성화 된 것으로 나타났다. 모의선거에 참여한 청소년은 정치에 더 많은 관심을 보였다. 예를 들어 정치 뉴스를 구독하는 청소년 신문 독자의 수가 세 배 가량 증가한 것으로 나타났다. 한편 투표미참여 의사를 밝힌 학생 비율이 모의선거 후 대폭 축소되었다. 모의선거 이전에 '어떤 선거에도 참여하지 않겠다'고 밝힌 학생이 22%였는데, 모의선거 이후에는 이 비율이 7%로 낮아진 것이다. 이와 함께 모의선거는 정당에 대한 이해와 의회의 의사결정 절차에 대한 이해도를 증진 시키는 효과도 가진 것으로 나타났다.

이와 더불어 청소년 모의선거에서 받은 자극이 실제로 학생들의 가정 내에 정치적 관심을 높이고, 이에 따라 모의선거를 참여한 학생 가족의 투표율을 높이는 결과로 이어졌다. 특히 교육에 있어서 상대적으로 취약한 가정의 아이들이 청소년 모의선거를 통해 혜택을 받는 경우가 많은 것으로 분석되었다. 또한 언론은 청소년 모의선거에 대해 집중적으로 보도하고 있다. 이는 청소년들과 이들의 학교에서의 참여활동을 사회가 인정하는 것으로 긍정적인 효과를 보이고 있다. 청소년도 소셜 미디어 등을 통해 대외활동에 매우 활발하게 참여함으로써 이 프로젝트에 활력소 역할을 하고 있다. 그 밖에도 시민들은 청소년의 대외활동을 통해 학교에서 일어나는 일에 대한 알 수 있다.

청소년 모의선거와 연계하여 보다 지속 가능한 정치참여 활동을 할 수 있는 많은 가능성이 열려있다. 예를 들어 학교에서 정치인과의 토론회를 열 수도 있다. 또한 선거 파티를 열 수도 있고 선거도우미에게 인증서를 발급을 해 주기도 한다. 동시에 학생들은 수업에 참여하면서 실용적인 학습을 통해 강한 동기를 부여받는다.

Ⅳ
한국에의 함의

독일 시민교육의 주요한 특징으로 체계성, 전문성, 공공성을 꼽을 수 있다. 이에 비해 우리나라의 시민교육은 상위 법률의 부재와 분절화 등으로 인해 체계성을 갖추지 못한 채 침체기를 맞고 있다. 1997년부터 시민교육과 관련해서 다양한 법안이 발의되었지만, 입법은 되지 못했다.

한편 전국적으로 다양하게 마련되어 있는 조례 속의 시민교육의 개념과 기본 원칙도 각기 상이하다. 시민교육 운영방식을 분류해 보면, 크게 직접운영방식, 단체 또는 법인에 위탁하여 운영하는 방식으로 나눌 수 있다. 광역자치단체의 시민교육은 직접운영방식과 위탁방식이 혼재되어 있는 양상을 나타내고 있으며, 기초자치단체는 위탁방식을 많이 선택하고 있다. 이들은 각각 장점과 단점을 가진다. 직접운영방식은 '공공성 증진' 및 '재정확보의 안전성', '지속가능성' 등의 장점을 가지고 있으며, 위탁방식은 '유연한 조직운영', '변화에 대한 능동적인 대처' 등이 장점으로 작용한다. 직접운영방식은 시간이 흐르면 '경직성' 및 '비능률성'이 생길 수 있는 단점이 있다. 위탁방식은 '공공성 담보'에서 있어서 부족함이 있을 수 있다. 한편 직접운영방식과 간접관리방식이 혼합된 형태인 재단법인설립을 통한 운영방식도 있다. 이 방식은 '전문성 확보'와 '공공성 담보'에 있어서는 유리하지만, 설립 초기에 재정적인 부담이 수반될 수 있는 단점이 있다. 이와 같이 시민교육의 운영방식도 지자체별로 각각 다르게 나타나고 있고, 전문성에 있어서도 한계가 나타나고 있다. 동시에 시민교육 주체들 간의 협업도 제대로 이루어지지 않고 있어 개선책이 요청된다.

독일의 정당정책비교 앱이 유권자와 정당을 연결하는 플랫폼으로서 자리매김하고, 청소년 모의선거 유니어발이 학교정치교육의 대표적 프로그램으로 정착하게 된 배경으로 시민교육이 제도화 되어 있고, 전국적으로 체계적으로 실시되고 있으며, 다양한 기관, 조직, 단체 등과의 긴밀한 협업 체제 아래서 이루어진다는 점을 꼽을 수 있다. 우리나라에서 독일 연방정치교육원과 유사한 역할을 담당하고 있는 기관은 중앙선거관리위원회 선거연수원이다. 중앙선거관리위원회는 독립적인 헌법 기관으로서 비당파성과 중립성을 유지하면서 꾸준히 시민교육을 실시하고 있으며, 2004년 독일연방정치교육원과 MOU를 체결하는 등 협업체제를 갖추고 국제교류도 하고 있다. 선거연수원은 모든 계층 대상 맞춤형, 공감형 시민교육을 20년 이상 실시하고 있으며 독일 시민교육 모델과 북유럽 시민교육 모델의 장점을 많이 수용하였다.

시민교육이 보다 활성화되기 위해서는 초당파성의 원칙, 민주성의 원칙, 참여성의 원칙, 포용성의 원칙, 독립성의 원칙, 다양성의 원칙 등이 함께 고려되어야 할 것이다. 독일 연방정치교육원이 민주시민교육의 전문 국가기관으로서 제2차 세계대전 후 독일의 민주주의 발전에 기여하고, 독일 통일 후 사회통합에 기여했던 것처럼 우리나라 시민교육도 제도화되고 체계화되며 전문성이 더욱 높아지기를 희망한다. 이제 독일의 모델보다 더 발전한 우리 실정에 맞는 한국형 시민교육 모델이 정착되어야 할 시점이다.

4장

독일 초·중등교원양성 제도의 현황과 개혁 동향[1] : 쟁점과 시사점

Aktueller Stand und Reformtrends in der deutschen Lehrerbildung für die Primar- und Sekundarstufe: Fragen und Implikationen

조상식 (Prof. Dr. Sang Sik CHO)

동국대학교 교육학과 교수

Professor, Dept. of Education, Dongguk University

Ⅰ

들어가며

독일의 교원양성제도에 관한 연구는 이미 우리 학계에 적지 않게 소개되었다. 그 접근 방식의 다양성도 눈에 띈다. 이를테면 역사적 전개과정에 초점을 둔 연구, 제도적인 현황에 대한 개관, 초등교원양성제도에 초점을 둔 연구, 우리의 교원양성제도를 상대화하여 비교연구의 관점에서 시사점을 도출하려는 연구, 교원양성체제의 변화와 개혁동향에 초점을 둔 연구, 개별 교과 영역의 교원양성과정에 주목한 연구 등이 그것이다. 이 연구들은 주로 독일교육에 정통한 학자들이 주기적으로 그 동향을 소개한 결과이다.

이러한 독일의 교원양성제도에 대한 소개와 논의가 필요한 근거는 다음과 같다. 먼저 교육을 비롯하여 우리 사회의 많은 특성이 독일의 그것과 대척점에 있다는 점이다. 그래서 우리가 겪고 있는 수많은 '교육문제' 해결의 실마리를 독일의 사례에서 찾는 것이 자연스러워 보인다. 이는 교원양성제도에서도 마찬가지이다. 뒤에서 논의하겠지만, 우리 교원양성제도의 장·단점은 독일의 그것과 교차한다.

다음으로 최근까지 교원양성제도의 문제점을 해결하기 위한 특별한 제도 개혁의 사례가 우리에게 거의 없다는 점에서 해외, 특히 독일의 사례는 관심의 대상이 되었다. 제도적 차원에서 기본적인 틀을 급진적으로 변경하는 것을 싫어하는 독일에서조차 2000년 이후 〈Terhart-위원회〉의 보고서를 통해 국가적 차원에서 교원양성제도를 개혁하려는 시도가 있었다. 반면에 우리는 한동안 교원양성제도의 국가적 비전조차 제시하지 않고 있다. 이러한 의미에서 변화하는 시대 상황에 적극적으로 대처하면서 교원양성제도의 개혁을 줄기차게 시도했던 독일의 사례는 충분히 참고할 만한 가치가 있다.

이 글에서는 이러한 문제의식에서 출발하여 독일 교원양성제도의 현황과 개혁동향을 다루면서 다음과 같은 점에 초점을 두고자 한다. 먼저 연방제 국가인 독일에서 교원양성제도의 세부적인 내용이 각 주별로 조금씩 다르다는 점에서 지금까지 특정한 주(州)나 대학을 사례로 분석한 연구가 많았다. 여기서는 최근까지 적지 않은 변화를 겪고 있는 독일 교원양성제도의 현황을 연방 차원에서 조감할 수 있는 방식으로 살펴보고자 한다. 먼저 2014년 이후 독일 교원양성제도에 있어서 개별 연방주들 간에 어떠한 상이점이 있는지를 비교하면서 그 현황을 보여주고자 한다. 그런 다음 독일 교원양성제도의 기본구조가 확립되는 역사적 과정을 몇 가지 전환점으로 구분하여 개혁의 내용과 그 동인(動因)을 알아본다. 다음으로 아직 국내에 소개되지 않았으면서 앞으로 독일 교원양성제도에 큰 영향을 줄 수 있는 최근의 개혁 흐름을 소개하고자 한다. '포용의 요구'로 알려진 교원양성제도의 통합을 요구하는 흐름과 2015년부터 실시된 '교원양성기관 평가 및 지원방안'인 〈질 제고를 위한 교원양성〉 프로그램이 그것이다. 마지막으로 독일 교원양성제도의 개혁을 둘러싼 쟁점을 알아보고, 정체되어 있는 우리나라 교원양성제도의 개혁에 주는 시사점을 살펴보고자 한다.

Ⅱ
교원양성제도의 현황

독일 교원양성제도는 우리와 상당히 다를 뿐만 아니라 세계적인 차원에서도 독특한 제도적 특징을 보여준다. 자격증 취득을 기준으로 보자면, 제도적 골격은 제1차 국가시험으로 종결되는 대학을 비롯한 양성기관에서의 1단계 교직과정과, 제2단계 수습교사과정을 마친 후 치러지는 제2차 국가시험으로 이루어져 있다. 이 골격의 특징은 이론과 실습의 통일 그리고 학문, 교수법, 실습의 통일이라는 독일적 균형 및 조화를 잘 보여준다. 이렇듯 독일 교원양성체제에서 학술연구와 실습의 강조는 그 동안의 적지 않은 변화에서도 본질적인 측면에 속한다. 1970년 독일 교육위원회(Deutscher Bildungsrat)가 〈학교제도의 구조 안(案)〉에서 제안하였듯이, 마지막 교원양성과정으로서 현장교사의 재교육 단계가 추가될 수 있다. 교사의 재교육은 양성과정과 직접적인 연관은 없지만, 최근 독일 교원정책에서 강조되고 있어서 주목된다. 이를테면 교사교육위원회(Kommission

Lehrerbildung)의 보고서에서는 미래지향적인 교사교육의 과제를 설정하면서 '직업 활동 과정에서의 학습'의 필요성을 강조하고 있다.

한편 1990년대 이후 본격적으로 초등교원 양성기관이 종합대학으로 이관되어 교원양성은 통합적인 기구로 일원화되었다고 할 수 있다. 이로써 1970년대 이래 독일 전역에 약 30개 정도의 초등교원 양성기관인 '교육대학(pädagogische Hochschule)'이 폐지 혹은 대학으로 편입되었고, 바덴-뷔르템베르크 주에만 존속하고 있다. 독일 교원양성제도의 기본적인 골격과 각 양성 과정에서의 세부적인 내용에 관해 제법 구체적으로 소개된 바 있다. 현재 시점에서 독일 교원양성제도의 변화된 모습은 볼로냐 협약 이후 독일의 고등교육체제에 불어온 일련의 표준화 시도로 인한 것이다. 그러한 변화에도 불구하고 독일 기본법에 의해 보장되는 각 '연방주의 교육 및 문화정책의 배타성(Kulturhoheit der Länder)'은 각 주별로 편차를 초래하였다. 이에 교원양성제도의 현황을 각 주의 상이한 운영을 중심으로 나란히 펼쳐서 보여주는 것도 의미가 있다.

Terhart의 조사에 따르면, 전통적으로 독일에서 교원을 지칭하는 용어는 지역별로 46개가 있다. 이는 주별로 교사를 필요로 하는 학교 유형에 따라 상이한 교직유형(Lehramtstyp)이 존재함을 의미한다. 이러한 이유에서 이미 1990년 16개 주(州)의 교육부와 연방교육부가 연방-주 교육기획위원회(Bund-Länder Kommision für Bildungsplan)를 개최하면서 교사자격을 다음과 같이 6가지 유형으로 규정하기로 합의하고 양성과정 및 시험제도 일반을 조정한 바 있다. 이렇듯 연방 전체의 맥락에서 주별로 상이한 교육제도를 조정하여 최소한의 통일성을 유지하려는 교육부장관회의(KMK)의 권고안이 중요한 역할을 한다고 할 수 있다.

- 교직유형 1: 초등학교

  (Lehrämter der Grundschule bzw. Primärstufe)

- 교직유형 2: 초등학교와 중등 I

  (Übergreifende Lehrämter der Primärstufe und aller einzelner Schularten der Sekundarstufe I)

- 교직유형 3: 중등 I

  (Lehrämter für alle oder einzelne Schularten der Sekundarstufe I)

- 교직유형 4: 중등 II의 일반교과 또는 김나지움

  (Lehrämter der Sekundarstufe II(allgemein bildende Fächer) oder für das Gymnasium)

- 교직유형 5: 중등 II의 직업교과 및 김나지움

  (Lehrämter der Sekundarstufe II(beruflche Fächer) oder für das Gymnasium)

- 교직유형 6: 특수학교

  (Sonderpädagogische Lehrämter)

먼저 〈표 1〉은 각 주가 설치하고 있는 교직유형별 교원양성과정을 보여준다. 교직유형 2의 교원양성과정을 설치한 주들이 소수라는 사실(함브르크, 니더작센, 자글란트)이 눈에 띈다.

<표 1> 교직유형별 교원양성 과정 설치 현황

	BW	BY	BE	BB	HB	HH	HE	MV	NI	NW	RP	SL	SN	ST	SH	TH
교직유형 1	x	x	x	x	x		x	x		x	x		x	x	x	x
교직유형 2						x			x			x				
교직유형 3	x	x	x	x			x	x	x	x	x	x	x	x	x	x
교직유형 4	x	x	x	x	x	x	x	x	x	x	x	x	x	x	x	x
교직유형 5	x	x	x		x	x	x	x	x	x	x	x	x	x	x	x
교직유형 6	x	x			x	x	x	x	x	x	x		x	x	x	x

볼로냐 협약 이후 독일에서 교직과정을 운영하는 대학들이 학·석사 학위제도를 모두 도입한 것만은 아니다. 2014년 현 시점에서 여전히 전통적인 국가시험제도를 졸업자격으로 인정하고 있는 주들도 있다. 대체로 독일의 교직과정에서 소요되는 정규학업기간은 초등 및 중등I단계 교원양성에서는 7학기 내외이고 김나지움 상급반(11~13학년)과 직업, 특수교육 교직지원자에게는 9~10학기이다. <표 2>는 각 주별로 교직과정 졸업에 소요되는 기간이 학기를 기준으로 상이함을 보여주며, 졸업자격 유형도 다름을 보여준다.

〈표 2〉교직과정에 소요되는 총 학기 수와 졸업자격 유형

	교직유형 1	교직유형 2	교직유형 3	교직유형 4	교직유형 5	교직유형 6
BW	Stex 8	--	Stex 8	Stex 10	Stex 10 혹은 B/M 6/4	Stex 9
BY	Stex 7	--	Stex 7	Stex 9	B/M 6-7/2	Stex 9
BE	B/M 6/2	--	B/M 6/2	B/M 6/4	B/M 6/4	--
BB	B/M 6/4	--	B/M 6/4	B/M 6/4	--	--
HB	B/M 6/4	--	--	B/M 6/4	B/M -/4	B/M 6/4
HH	--	B/M 6/4	--	B/M 6/4	B/M 6/4	B/M 6/4
HE	Stex 7	--	Stex 7	Stex 9	B/M 6/4	Stex 9
MV	Stex 9	--	Stex 10	Stex 10	B/M 6/4	Stex 9
NI	--	B/M 6/2	B/M 6/2	B/M 6/4	B/M 6/4	B/M 6/4
NW	B/M 6/4	--	B/M 6/4	B/M 6/4	B/M 6/4	B/M 6/4
RP	B/M 6/2	--	B/M 6/3	B/M 6/4	B/M 6/4	B/M 6/3
SL	--	Stex 8	Stex 8	Stex 10	Stex 10	--
SN	Stex 8	--	Stex 9	Stex 10	Stex 10	Stex 10
ST	Stex 7	--	Stex 8	Stex 9	B/M 6/4	Stex 9
SH	B/M 6/4	--	B/M 6/4	B/M 6/4	B/M 6/4	B/M 6/4
TH	B/M 6/4	--	B/M 6/4 혹은 Stex 9	B/M 6/4 혹은 Stex 10	B/M 6/4	B/M 6/4

(* Stex는 국가시험, B/M은 학사 · 석사 학위)

〈표 3〉은 교직유형 1은 초등교원 양성과정 유럽교류학점의 총계를 보여주고 있다. 주별로 학점 수가 210점에서 300점으로 그 편차가 제법 크다는 것을 알 수 있다.

〈표 3〉교직유형 1 교직과정에서 요구하는 학점 수(ECTS-Punkte)

	BY	ST	HE	BW	BE	RP	SN	TH	MV	BB	HB	NW	SH
총 학점 수	210	210	210	240	240	240	240	240	270	300	300	300	300

독일의 교원양성과정을 구성하는 요소는 크게 전공, 전공교수법, 교육학 일반, 실습, 시험 등으로 구성되어 있다. 〈표 4〉는 교직유형 1에서 각 교육과정의 내용요소 별로 요구되는 학점 수와 그 비중을 보여준다. 차이는 있지만, 대체로 요소들 중에서 전공이 차지하는 비중이 큰 것은 독일적 전통이다. 각 요소별 비중을 둘러싼 논쟁은 역사적으로 오래되었으며 지금도 여전히 남아 있는 쟁점이기도 하다. 이는 제IV장에서 다루기로 하겠다.

〈표 4〉 교직유형 1의 교육과정 요소별 교류학점(ECTS)과 비중

	전공	전공교수법	교육학 일반	실습 부분	시험	총 학점 수
BY	54(26%)	82(39%)	43(20%)	21(10%)	10(5%)	210
HB	192(64%)		60(20%)	27(9%)	21(7%)	300
MV	150(55%)		90(33%)	15(6%)	15(6%)	270
NW	177(59%)		70(23.3%)	25(8.3%)	28(9.3%)	300
RP	200(83.3%)			14(6%)	26(11%)	240
SH	160(53.4%)		65(21.7%)	35(11.7%)	40(13.3%)	300

아래의 자료들은 각 교직유형별 교직과정 요소별 교류학점 수와 그 비중을 보여주고 있다. 먼저 〈표 5〉와 〈표 6〉은 교직유형 2에서의 통계 자료이다.

〈표 5〉 교직유형 2의 교직과정에서 요구하는 학점 수(ECTS-Punkte)

	SL	NI	HH
총 학점 수	240	300	300

<표 6> 교직유형 2의 교육과정 요소별 교류학점(ECTS)과 비중

	전공	전공교수법	교육학 일반	실습 부분	시험	총 학점 수
HH	130(43%)	110(37%)		30(10%)	30(10%)	300
NI	120(50%)	60(25%)			25(10%)	240
SL	176(73%)	48(20%)		**	16(7%)	240

<표 7>과 <표 8>은 교직유형 3에서의 통계 자료이다.

<표 7> 교직유형 3의 교직과정에서 요구하는 학점 수(ECTS-Punkte)

	BY	HE	BW	BE	NI	SL	ST	SH	RP	SN	TH	BB	MV	NW
총 학점 수	210	210	240	240	240	240	240	240	270	270	270	300	300	300

<표 8> 교직유형 3의 교육과정 요소별 교류학점(ECTS)과 비중

	전공	전공교수법	교육학 일반	실습 부분	시험	총 이수학점
MV	180(60%)	30(10%)	60(20%)	15(5%)	15(5%)	300
NI	120(50%)	60(25%)			25(10%)	240
NW	160(53.3%)	87(29%)		25(8.3%)	28(9.3%)	300
RP	176(65%)	54(20%)		14(5%)	26(10%)	270
SL	126(53%)	50(21%)	48(20%)	**	16(6%)	240

<표 9>와 <표 10>은 교직유형 4에서의 통계 자료이다. 김나지움 교원양성 부문에서 학점 수의 편차가 주별로 크지 않다는 점이 눈에 띤다.

<표 9> 교직유형 4의 교직과정에서 요구하는 학점 수(ECTS-Punkte)

	BY	ST	HE	BW	BE	HB	HH	MV	NI	NW	RP	SL	SN	SH	TH
총 학점 수	270	270	270	300	300	300	300	300	300	300	300	300	300	300	300

〈표 10〉 교직유형 4의 교육과정 요소별 교류학점(ECTS)과 비중

	전공	전공교수법	교육학 일반	실습 부분	시험	총 이수학점
BW	208(69.3%)		36(12%)	16(5.3%)	40(13.3%)	300
BB	180(60%)		40(13.4%)	20(6.7%)	21(8.7%)	300
HB	192(64%)		54(18%)	21(7%)	33(11%)	300
HH	170(57%)		70(23%)	30(10%)	30(10%)	300
NI	190(63%)		45(15%)	35(12%)	300	B/M 6/4
NW	200(67%)		47(16%)	25(8%)	28(9%)	300
RP	214(71%)		42(14%)	14(5%)	30(10%)	300
SL	180(60%)	50(17%)	48(16%)	***	22(7%)	300
TH	180(60%)	10(3.3%)	20(6.7%)	30(10%)	60(20%)	300

〈표 11〉과 〈표 12〉는 교직유형 5에서의 통계 자료이다.

〈표 11〉 교직유형 5의 교직과정에서 요구하는 학점 수(ECTS-Punkte)

	BY	BW	BE	HB	HE	HH	MV	NI	NW	RP	SL	SN	SH	TH
총 학점 수	270	300	300	300	300	300	300	300	300	300	300	300	300	300

〈표 12〉 교직유형 5의 교육과정 요소별 교류학점(ECTS)과 비중

	전공	전공교수법	교육학 일반	실습 부분	시험	총 학점 수
BW	180(60%)		34(11.3%)	46(15.3%)	40(13.3%)	300
HH	180(60%)		60(20%)	30(10%)	30(10%)	300
MV	210(70%)	30(10%)	30(10%)	15(5%)	15(5%)	300
NI	190(63%)		45(15%)		35(12%)	300
NW	200(67%)		47(16%)	25(8%)	28(9%)	300
NI	190(63%)		45(15%)		35(12%)	300
NW	200(67%)		47(16%)	25(8%)	28(9%)	300
RP	214(71%)		42(14%)	14(5%)	30(10%)	300
SL	180(60%)	50(17%)	48(16.7%)	**	22(7.3%)	300
TH	200-210(67-70%)		30-40(10-13%)	30(10%)	30(10%)	300

마지막으로 〈표 13〉과 〈표 14〉는 교직유형 6, 즉 특수교사양성에서의 통계 자료이다. 주별 학점 수의 편차는 크지 않음을 알 수 있다.

〈표 13〉 교직유형 6의 교직과정에서 요구하는 학점 수(ECTS-Punkte)

	BY	BW	MV	RP	ST	HB	HE	HH	NI	NW	SN	SH	TH
총 학점 수	270	270	270	270	270	300	270	300	300	300	300	300	300

〈표 14〉 교직유형 6의 교육과정 요소별 교류학점(ECTS)과 비중

	전공	전공교수법	교육학 일반	실습 부분	시험	총 학점 수
BW	192(64%)		60(20%)	15(5%)	33(11%)	300
HH	60(20%)	180(60%)		30(10%)	30(10%)	300
MV	180(66.7%)		60(22.2%)	15(5.6%)	15(5.6%)	270
NI	140(46.7%)		90(30%)		35(11.6%)	300
NW	215(72%)		32(11%)	25(8%)	28(9%)	300
RP	230(85.2%)			14(5.2%)	26(9.6%)	270
TH	210(70%)		30(10%)	30(10%)	30(10%)	300

독일의 교원양성제도에서 특징적인 수습교사과정(Vorbereitungsdienst)에 들어가기 위해 모든 주는 제1차 국가시험의 합격 또는 교육학 석사 및 그 외 인정되는 졸업자격을 요구하고 있다. 수습교사양성과정에 진입하는 데 요구되는 자격이 다양해진 것은 학·석사 학위제도의 도입으로 인해서이다. 먼저 〈표 15〉는 주별로 요구되는 실습 소요기간이다. 대체로 18~24개월로 운영되는데, 작센-안할트(ST)주가 가장 짧은 16개월이다. 한편 작센(SN)주의 경우에는 교육학 석사나 그에 상응하는 졸업자격을 갖추었고 학교 및 유관

기관에서 근무한 경력이 있으면 12개월만 수습하면 되고, 그 외는 24개월로 규정하고 있다. 튀링겐(TH)주는 초등학교 교원양성과정에서 18개월 수습 기간을, 그 외의 학교유형에서의 예비교사는 24개월의 수습을 요구하고 있다.

〈표 15〉 수습교사 양성 기간

	BW	BY	BE	BB	HB	HH	HE	MV	NI	NW	RP	SL	SN	ST	SH	TH
기간: 개월	18	24	18	18	18	18	21	18	18	18	18	18	12/24	16	18	24/18

〈표 16〉은 주별로 수습교사 양성과정에서 요구하는 시험 및 평가의 세부적인 내용 그리고 평가단 구성 방식을 보여주고 있다.

〈표 16〉 수습교사 양성과정 시험의 세부 사항

	수업시연횟수	구두시험	연구논문	평가관할
BW	2*	전공교수법, 교육학 일반, 학교 관련 제반 법령	수업자료를 중심으로 한 논문과 발표	실습학교 학교장과 멘토
BY	3	교육학 및 심리학, 전공교수법, 학교관련 제반 법령, 국가 시민 교육의 기본적인 질문	가능한 주제영역: 교육학, 심리학, 교수법 및 전공교수법	양성세미나 책임자 및 지도교사들이 교육, 수업, 행동 및 문제해결역량을 평가함.
BE	2	–	연구논문 대신에 양성과정과 관련한 모듈에서 2회 시험	전공세미나 책임자와 실습학교 학교장
BB	2	40분간의 구두시험	최대 30쪽의 연구논문	실습학교와 양성세미나
HB	2	구두시험	연구논문과 토론	실습학교
HH	2	일반교육학, 교수법 및 전공교수법, 학교 관련 제반 법령, 학교발전에 관한 기본 질문	전공교수법 영역에서 혹은 일반교육학 및 실습경험과 관련된 교수법을 주제로 15-20쪽의 연구논문	전공양성세미나와 교육학세미나(Hauptseminarleitung)에서 1, 2차로 나누어 평가
HE	2	교육학 일반, 학교의 업무와 관 관련된 내용을 발표한 후 그에 대한 45분간의 구두시험	교육문제를 분석하고 그 해결방안을 20-40쪽 분량으로 작성한 교육학 전공 연구논문	실습학교(전체 시험점수의 10%)
MV	2	수업 시연 후 각 수업에 대한 15분간의 구두시험	최대 15쪽 분량으로 구성	학교장과 멘토
NI	2	교사양성에서 요구되는 모든 역량	시험요소로 연구논문은 없고, 실습과정에서 상시적으로 제출하는 보고서로 대체	실습학교의 교육학 및 전공 지도교수와 학교장
NW	2	교직 실천과 관련한 주제를 중심으로 45분간 구두시험	모든 전공교과에 대한 연구논문 제출	실습학교장과 실습학교 전공 지도교사
RP	2	교수법 및 전공교수법, 수업계획에 대한 발표, 학교와 관련한 제반 법령과 각종 공무원 규정	전공영역 구두시험의 부분으로서 수업과 관련한 발표	실습학교 학교장과 각 전공지도교사
SL	2	일반교육학, 교수법 및 전공교수법	–	각 전공지도교사와 학교장 및 세미나책임자
SN	2	교수법 및 전공교수법, 전공교과목, 학교와 관련된 제반 법령	실습과정에서 제출하는 포트폴리오	학교장의 서면 평가서
ST	2	교육학 일반, 심리학 전공교수법	2011년부터 구두시험 폐지	각 전공지도교사의 평점
SH	2	전공교수법, 교육학, 학교 관련 제반 법령	있음.	실습학교 학교장에 의한 교직실습 능력 평가
TH	2	교수법 및 전공교수법, 학교 관련 제반 법령, 공무원 복무규정, 교육학, 교육심리학	있음.	양성세미나 책임자, 전공지도교사, 실습학교 학교장

*: 김나지움과 직업학교는 3회

독일 교원양성제도의 강점으로 평가받는 실습과정의 강화와 더불어, 신규로 임용된 교사에게 교직진입을 준비해주기 위한 별도의 프로그램도 운영하고 있다. 이 프로그램은 모든 신규교사에게 의무인 경우, 선택 프로그램인 경우, 그리고 운영하고 있지 않은 경우로 구분할 수 있다. 〈표 17〉은 각 주별로 운영 여부와 운영 방식에 관한 것이다. 최근 독일에서 교사 재교육을 강조하는데, 이는 1990년대 'PISA 쇼크'와 신자유주의적인 경쟁원리의 도입으로 인해 등장한 교사에 대한 평가제도와 관련이 있다. 주별로 교사 재교육에 관한 제반 규정이 만들어진 것은 이를 방증한다.

〈표 17〉 신규교사 교직진입 프로그램

	BW	BY	BE	BB	HB	HH	HE	MV	NI	NW	RP	SL	SN	ST	SH	TH
의무적 프로그램					x	x										
선택 프로그램	x		x	x	x							x		x		x
운영하지 않음		x					x	x		x	x			x	x	

공급되는 교사가 부족한 시기에 대학 교육과정을 제대로 마치지 않았거나 수습교사과정을 거치지 않고 임용된 소위 "특별임용교사(Seitenstieg)"에 대한 별도의 교육 프로그램이 있다. 교육부장관회의(KMK)의 발표에 따르면, 2014년 기준으로 전체 교사 중 약 2.4%가 이에 해당한다. 주별로 이 수치는 차이가 나는데, 구(舊)서독지역과 구(舊)동독지역 사이에서 차이가 특히 크다. 아울러 이른바 소수과목의 경우에는 만성적으로 교사부족을 겪고 있다.

독일의 교원양성제도에 대한 담론은 사실상 1970년부터 1995년 사이에는 거의 변화가 없었다고 해도 과언이 아니다. 이러한 '휴지기'를 깬 세 가지 계기는 국제간 학력비교평가('PISA') 결과의 후폭풍, 교사부족사태, 볼로냐 협약의 이행으로 인한 학교제도 개혁이다. 그 결과 변화된 독일 교원양성제도는 연방 차원에서는 오히려 복잡해져서 조망가능성이 더욱 힘들어지고 있다. 이러한 점을 감안하여 현 시점에서 독일 교원양성제도의 특징을 다음과 같이 10가지로 요약할 수 있다.

① 독일의 교원양성제도는 형식적인 구조에서 이전과 마찬가지로 두 단계 양성과정, 즉 대학 및 그에 준하는 고등교육기관에서의 교직과정과 실습학교 및 양성세미나에서의 수습교사 양성과정으로 운영되고 있다. 신규교사를 위한 교직 초기 프로그램은 일부 주에서 운영되고 있으며, 교사의 재교육 프로그램은 아직 체계화되어 있지 않다.

② 대학의 교직과정에 진입하는 아비투어(Abitur) 점수는 높은 수준을 유지하고 있으며, 대학별로 입학 자격에 대한 세부적인 규정을 추가로 마련하고 있는 추세이다.

③ 거의 모든 주가 학교유형에 따른 교직과정을 설치 · 운영하고 있으며, 그에 상응하는 실습과정도 있다. 양성과정의 수급 현황은 학교유형에 따라 커다란 차이가 있다.

④ 교직과정을 졸업하는 데 대체로 7학기에서부터 10학기까지 소요된다. 거의 모든 주에서 학업기간은 점점 길어지고 있는

추세이다. 교직과정의 유형에 따라 요구되는 학점과 학기의 수에 있어 편차가 제법 크며 교육과정 영역별 비중에서도 차이가 크다.

〈표 18〉 교직유형별 소요되는 학업기간과 교육과정 영역별 비중

교직유형	학점(LP)과 학기	전공	전공교수법	교육학 일반	실습
교직유형 1	210-300/7-10	55-64%		20-33%	5-11%
교직유형 2	240-300/8-10	50-73%		15-20%	7-10%
교직유형 3	210-300/7-10	50-74%		20-29%	5-10%
교직유형 4	270-300/9-10	64-80%		10-18%	5-10%
교직유형 5	270-300/9-10	60-80%		10-16.7%	5-11%
교직유형 6	270-300/9-10	46.7-72%		11-22.2%	5.6-11.6%

⑤ 8개 주에서는 교직과정의 수료를 석사학위와 동일한 수준으로 일치시키고 있다. 이 중 튀링겐주와 바덴-뷔르템베르크주에서는 모든 교직과정을 국가시험으로 종료하도록 하고 있다.

⑥ 수습교사 양성과정에 진입하는 요건은 제1차 국가시험의 합격 혹은 그에 상응하는 석사학위이다. 대부분의 주에서는 교사인력의 수급을 위해 수습교사 양성과정을 거친 정규임용을 우선하고, 정규 교직과정을 마치지 않은 '특별임용교사'의 경우엔 반드시 별도의 학교실습 프로그램을 거친 후에 임용하고 있다.

⑦ 수습교사 양성과정의 기간은 대체로 18개월에서 24개월이다. 다만 학교실무 경험을 갖춘 사람에 한해서는 12개월로 단축

시켜주는 곳(작센 주)도 있다.

⑧ 실습과정에서 운영되는 교육과정은 세미나 형식이나 모듈화된 형식을 띠고 있으며 과정생은 자기 책임 하에 참여하도록 하고 있다. 한편 수습교사에게 제공되는 각종 상담 및 조언을 해주는 사람은 제2차 국가시험의 평가로부터 중립적인 위치에 있어야만 한다.

⑨ 수습교사 양성과정에서 요구하는 시험은 거의 모든 주에서 유사성을 보이고 있다. 대체로 2회에 걸친 수업시연, 구두시험 및 토론, 연구논문 등으로 구성되어 있다.

⑩ 각 대학에는 서로 다른 명칭의 교직과정을 전담하는 기구를 두고 있다. 교직전담 기구는 전공을 비롯한 교직과정, 수습교사 양성과정, 교사 재교육 등과 관련한 제반 업무를 담당하고 있다.

Ⅲ
독일 교원양성제도의 개혁동향

1. 교원양성제도의 변화과정과 그 동인(動因)

근·현대 독일의 교원양성제도의 틀을 결정지었으며 향후 개혁을 위한 청사진을 전반적으로 담고 있는 '전사(前史)'로서 두 가지를 들 수 있다. 먼저 1835년 디스터벡(A. Diesterweg, 1790~1866)이 펴낸 『독일 교사교육 지침』(1835)이다. 보고서의 분량이 약 400여 쪽에 달하며, 당시에 최대의 교육자문 보고서로서 이후 독일 교육체제의 운영에 지속력을 부여한 지침서로 간주된다. 디스터벡은 페스탈로찌의 교육학 이념을 학교교육과 교사양성 프로그램의 기초로 도입함으로써 독일 근대화 과정 초기에 교사양성제도의 기본 틀을 마련한 것으로 평가 받는다. 디스터벡의 제안에 입각하여 1890년에 이미 대학에서의 교직과정과 수습교사 양성과정이라는 2단계 교원양성과정이 시작되었고, 제2단계 수습교사 양성과정에서의 실습학교 및 양성세미나 체제도 확립되었다. 독일의 현재 양성체제도 여기에서 출발한 셈이다.

다른 하나는 1970년에 발표된 독일 교육위원회의 자문보고서이다. 특히 보고서의 제4장에는 교사양성제도 개혁에 대한 구체적인 방안을 담고 있다. 이 자문보고서는 오늘날에도 여전히 시행되고 있는 교원양성 교육과정의 기본적인 골격인 교육학과 관련 사회과학, 전공학문, 전공교수법, 실습과정을 기본으로 제시하고 있다. 하지만 이 보고서로 말미암아 교육학 지식이 아동 이해를 위한 발달심리학 및 학습심리학으로 국한되었고, 관련 사회과학(정치학, 사회학 등)은 학교를 둘러싼 사회체제와 사회계층 구조 등으로 축소되어 다루어졌다는 비판도 있다. 또한 전공교수법이 이후 계속적인 혁신과정을 경험해야 한다고 제안했지만, 여전히 교육학 및 교수법적 지식이 떨어진다는 비판도 있다. 아울러 전공교육은 '훔볼트(Humboldt)의 이상'에는 도달했지만 교육학적으로 목표를 상실하고 직업 관련성이 떨어졌다는 비판도 있으며, 교사의 계속교육을 강조했지만 그 실제적인 운영에서 문제가 많다는 비판도 있었다.

한편 1990년대 이후 독일 교원양성제도의 변화를 이끈 주요 동인(動因)은, '신자유주의적 개혁'과 '볼로냐 프로세스(Bologna Process)'에 따른 일련의 개혁 움직임이다. 이 흐름은 지금도 여전히 현재진행형이라고 할 수 있다. 신자유주의의 세계 자본주의 체제에 독일이 편입할 수밖에 없었던 상황에서 고등교육체제의 변모는 불가피해 보였다. 교원양성제도의 개혁도 그로부터 자유롭지 않았다. 그 사이에 등장한 국제간 학력평가의 '충격(PISA-Schock)'과 함께 1990년 이후 독일 교사양성제도의 개혁 방안으로 몇 개 주에서 실험적인 양성제도가 운영되기 시작하였다. 이 과정에서 독일 대학의 안팎에서는 여전히 신자유주의 흐름에 저항하는 움직임이 끊이지 않고 있다. 이러한 흐름에서 독일 교원양성제도에 대한 종합적인 점검과 미래 방향을 마련하고자 시도한 정책적 접근이 바로 〈Terhart-위원회〉이다. 교육부장관회의(KMK)의 위임을 받은 이 연구팀은 1999년 연구보고서를 제출하였다. 이 보고서가 신자유주의적 개혁의 특징을 보여주고 있다는 대표적인 '혐의'의 근거들로서, 학생들의 인성교육을 학부모에게 전가하거나 다양한 상담관련 교사들에게 위임하는 교육 관행 비판, 학생, 학부모 및 동료 교사들에 의한 정기적인 교사평가제도 도입 방안, 학교 밖 독립 기관을 통한 교사재교육 프로그램의 도입 방안 등을 들 수 있다. 이러한 상황에서 교사들의 역량을 강화하려는 일련의 시도들도 이와 같은 성격을 지니고 있다.

독일 교원양성제도의 개혁을 이끈 또 다른 동인은, 바로 볼로냐 프로세스의 표준화 요건에 독일의 제반 교육제도를 맞추기 위해 진행된 일련의 개혁들이다. 협약의 발효로 인한 고등교육학제의 일원화는 교사양성제도의 변화도 불가피하게 하였으며, 현행 양성체제는 "유례없이 복잡해진 과도기적 상황"이 되어버렸다. 협약을 통해 먼저 교사양성 기간이 너무 길다는 문제점이 지적되었다. 이에 구체적으로 학사와 석사로 구분된 대학의 학제에 대한 개혁이 급선무가 되었다. 협약에서 요구한 학·석사 학위제도의 분화는 전통적인 독일식 고등교육의 학위제도를 근본적으로 손질하는 것을 의미한다. 학 · 석사제도의 도입 취지는 독일 대학의 긴 교육연한을 단축시켜 노동시장에 유연하게 대응하겠다는 의도도 갖고 있다. 학 · 석사의 순차적 운영의 기본 전제는 두 단계의 학제를 완전히 분리하여 그 졸업장이 노동시장에서 각각 독자적으로 인증을 받을 수 있도록 하는 것이다. 2005년 KMK의 결정에 따라 교원양성과정에서도 학사와 석사를 도입하고 그 졸업장을 인정하기로 하였다. 단 그 전제조건으로서 2개의 전공학문과 교육학을 이수하고, 학사학위과정에서 학교실습을 실시하며, 졸업연한을 늘리지 않는다는 조건이 있었다. 제II장 〈표 2〉에서도 보았듯이, 교원양성과정에서 다수의 주가 학 · 석사과정을 도입하였지만, 아직 도입하지 않은 주도 있으며 국가시험제도와 학 · 석사 제도를 함께 운영하는 주들도 있다. 여기엔 두 가지 양성과정 모델이 운영되었다. 하나는 학사과정에서 전공에 집중하고 석사과정에서 교직과정을 운영하는 연속적(sequential) 모델이고, 다른 하나는 교직지망과 동시에 학사와 석사과정에서 전공 및 교육학을 이수하게 하는 통합적(integrative) 모델이다. 개혁의 방향은 구체적으로 모듈화(Modularisierung) 교직과정의 운영이다. 모듈화 교육과정은 전통적인 학문중심 교수법을 직업관련 연계성을 중심으로 재편하려는 목표를 지니고 있다. 교직과정의 모듈화가, "수업의 목표 내용을 투명하게 하며 수업 전체를 효과적으로 조직하려는 시도로 전공분야를 개방하여 그 사이에서 학업의 융통성을 추구함으로써 궁극적으로 학업기간을 단축하는 데에 기여"할 수 있다거나, "… 학생들에게 진로선택 및 교육과정 제공의 다양성을 제공할 뿐만 아니라 수업선택권과 학습가능성을 더 높여주는 것"이라는 긍정적인 평가도 있지만, 학업기간의 단축과 학생들의 자유로운 학업을 보장하는지에 대해 회의적인 반응도 있다. 어쨌든 학·석사의 완전한 분리는 유럽 국가 간 고등교육의 이수 증명을 상호 교류, 교환 가능한 체제로 전환하는 것을 의미하는데, 이를 뒷받침해 주는 것이 바로 유럽학점교류시스템(ECTS)이다. 현재 독일의 모든 모듈형 교직과정에서 요구되는 학점 단위도 ECTS에 의거한 것이다. 이러한 유럽교류학점제도에 대한 비판적인 논의도 없지 않다. 한편 2000년 〈Terhart-위원회〉 보고서의 제안에 따라 전공 및 전공교수법과 교육학 이수에서의 통일성을 확보하려는 움직임도 있다. 이를테면 2008년 교육부장관회의(KMK)가 발표한 〈교사양성에서 전공과 전공교수법의 내용을 주별로 통일시키는 방안〉은 주별로 상이한 교사양성과정에서 전공과 전공교수법의 통일안을 제시한 것이다. 또한 〈교사양성을 위한 표준안: 교육학 일반〉(같은 곳)은 교원양성과정에서 이수하게 될 교육학의 내용요소를 제시하고 있다.

2. 개혁동향의 사례 1: '포용의 요구'

2006년 12월 13일 유엔 총회는 〈장애인권리협정〉을 발표하였다. 이 협정 내용은 장애인의 권리에 대한 회원국들의 다양한 방면에서의 조치를 촉구하는 것을 골자로 하고 있다. 협정서는 '포용(In-clusion)'이라는 용어를 슬로건으로 채택하면서, 그 의미를 "모든 인간은 태어나면서부터 모든 곳에 존재하며, 그 누구도 어떤 곳으로부터도 배제될 수 없다."라고 규정하고 있다. 2009년에 독일도 이 협정에 조인함으로써 국가적 차원에서의 다양한 조치를 마련하기 되었다. 특히 이 보고서는 독일의 특수교육을 포함한 교육제도 전반에 대한 비판적인 지적을 담고 있다. 독일과 관련된 협정서의 주요 내용을 요약하면 다음과 같다.

① 장애인의 인권증진을 위해서는 새로운 패러다임의 전환이 요구된다.

② 독일은 포용적인 교육제도를 구축해야만 한다.

③ 배제는 좋은 정책적 지원이 될 수 없다.

④ 유럽 국가에 비해 독일의 장애학생 교육제도는 두 단계 이상의 개선이 요구된다.

⑤ 모든 연방주는 협정문의 결정사항을 실천하기 위해 학교법의 개정을 이행해야 한다.

⑥ 레알슐레는 장애학생의 입학을 보장해야 한다.

⑦ 지금까지의 촉진학교 및 특수학교의 존립에 대해 전면적으로 재검토해야만 한다.

⑧ 포용적인 학교를 위해 포용적인 학교문화를 발전시켜야만 한다.

⑨ 포용적인 교육학이 교원양성 및 교사의 재교육에서 중요한 부분이 되어야만 한다.

⑩ 모든 학생들이 포용적인 학교의 혜택을 누려야만 한다.

장애인의 권리를 증진시키고자 하는 유엔 협정이 사실상 독일의 특수교육 체제를 변화시키는 데 그치지 않고 전체 교육시스템까지 손질해야한다는 중대한 문제를 제기한 셈이다. 따라서 교직유형이 배타적으로 구분되어 양성되고 있는 현실에서 기존의 교원양성제도를 개혁해야함은 분명해진 것이다. 어쩌면 '포용의 요구'로 시작된 독일 교육정책의 개혁방향은 지금까지의 교육개혁처럼 외형적인 제도개혁에만 머물지 않고 "새로운 질적인 측면을 포함하고 있으며, 신속하고 전면적인 조치뿐만 아니라 새로운 사고변화와 관련이 있다."

유엔 협정서 조인 이후 주 교육부장관회의(KMK)는 2010년 〈포용을 위한 연구모임〉을 구성하고 구체적인 개혁 방향을 모색하게 되었다. 연구모임은 유엔의 '포용의 요구'가 교육시스템의 전면적인 수정을 의미하기 때문에 교육제도 전반에 대한 심각한 고민을 요한다고 보고하였다. 교육 개혁의 수준 및 범위는 다음과 같이 다양하게 걸쳐 있다. 첫째, 연방차원에서의 교육제도의 통일화를 위한 법적, 제도적 장치를 마련해야만 한다. 이 부분은 볼로냐 협약과도 맞물려 있는 사안이기에 근본적이고 구조적인 조치를 의미한다. 둘째, 장애학생을 비(非)장애학생과 통합하여 교육하는 방안이 필요하다. 유엔 협약에서도 지적하고 있듯이, 독일에는 약 50만 명의 장애학생이 있는데 그 중에서 72% 정도가 특수학교를 다니고 있다. 그런데 각 주별로 특수학교에 재학 중인 장애학생과 일반 학교에 재학 중인 장애학생의 비율에 있어서 15%에서 63%까지 편차가 존재한다. 비판의 요점은, 독일의 학교가 지나치게 분화되어 있어서 장애학생들을 배제하는 제도에 가깝다는 것이다. 지금까지 장애학생에 대한 사회·정치적 및 교육 정책적 개념이 '통합(Integration)'이었다면, 이제 '포용'이라는 개념으로 발전되어야함을 의미한다. 셋째, 독일 학교제도에 특유한 학교의 이질성을 극복해야만 한다. 둘째 사항이 바로 이 이질성에 따른 결과이기도 하다. 다른 나라에 비해 상대적으로 긴 독일의 중등학교들 사이의 이질성은 오래된 역사적 산물이기에 이 또한 개혁의 중대한 과제가 된다. 특히 독일의 중등학교 유형에서 김나지움이 가지는 사회·문화적 특권은 오래되었다. 독일의 인문학교에 진학하는 학생들에게 계층 배경의 영향력이 크다는 것도 널리 알려진 사실이다. 넷째, 지금까지의 교사양성이 서로 구분된 교직유형에 따라 배타적으로 운영되고 있는 것을 지양할 필요가 있다. 이에 2012년 KMK는 〈대강합의 사항〉을 통해, 특수교육과 일반교육학의 교육과정에 있어서 간극을 좁힐 필요가 있다고 규정하였다. 이는 "포용적 학교제도로부터 자유로운" 김나지움 교원양성 과정의 수업에 교직유형 6을 개방한다는 것을 의미한다. 하지만 이 사항은 각 주별로 논란이 되었다. 또한 모든 교직유형의 교육과정에 특수교육 교과목을 설치·운영해야 한다는 방안도 제시되었다. 구체적으로 초등교원을 양성하는 교직유형 1에 특수교과 이수를 의무화한다는 것이다. 다섯째, 모든 교직유형들 간의 협업이 요구되며, 모든 교직유형의 교사양성과정을 특수교육의 전문가 양성에 준하는 수준으로 끌어올려야 한다. 물론 이러한 제언들이 실현되기 위해서는 모든 주를 포괄하는 교직과정 상의 전공표준 및 교육학 표준을 마련해야 하며, 이는 교원양성과정의 투명성을 제고하는 방향으로의 개혁이 필요함을 의미한다.

다음 절에서 다루게 될 독일 교원양성제도의 개혁동향인 〈교사양성의 질 제고〉 프로그램의 일환으로 시도되고 있는 주제들 중에도 '포용적 교사양성' 시도가 있다. 예컨대 포츠담대학교의 〈교사양성 모델〉(PSI-Posdam)은 포용과 이질성을 다루는 역량강화 사업을 목표로 한다. 양성과정의 주요 내용은 다음과 같다. 첫째, 포용적인 교육학 수업을 통해 교사의 인성적 자질을 향상시키기 위해 교직과정 학생을 대상으로 한 마이크로-티칭 교수법을 활용한다. 둘째, 언어적인 이질성을 경험하는 것과 같이 교차문화적인 과제를 통한 교사양성 프로그램을 운영한다. 셋째, 융·복합적인 전공 프로그램을 운영함으로써 교사의 역량을 향상시키는 교과목을 운영한다. 또한 Augsburg대학교의 〈이질성을 다루는 교사전문성 신장 프로그램〉(LeHet)에서는 교사 역량의 영역으로, 학생들의 미디어 사회화 부문을 이해하는 능력, 교육기자재 분석 및 평가능력, 미디어환경을 고려한 학습상황 고안 등으로 규정하였다. 마지막으로 Köln대학교의 〈이질성과 포용 – 미래 교사양성 전략〉(ZuS)에서도 교사양성을 위해 이질성의 행동영역으로서, 미래의 학생유형, 상이한 배경과 관심을 가진 예비교사 집단, 교사양성 단계에서 다루어지는 다양한 전공교과 등을 설정하고 이질성을 다루는 역량을 개발함으로써 포용적 교사양성 과정을 기획하였다. 아쉬운 점은 〈교사양성 질 제고〉 프로그램에서 핵심개념으로서 '포용'을 제안한 프로젝트들이 구체적으로 특수교육의 포괄적인 방안을 포함하고 있지도 않고 교원양성제도의 포용적 시스템을 구축하려는 시도가 아닌, '이질성'이라는 상당히 추상적인 개념을 교사양성 과정에 구현하려는 데 그치고 있다는 점이다.

3. 개혁동향의 사례 2: '교사양성의 질 제고' 프로그램

독일에서 최근 등장한 교원양성제도의 개혁을 위한 연방 차원의 정책적 접근이 바로 〈교사양성의 새로운 길 – 교사양성 질 제고(Neue Wege in der Lehrerbildung. Die Qualitätsoffensive Lehrerbildung)〉(줄여서 〈교사양성 질 제고〉) 프로그램이다. 이 방안은 2013년 4월 12일 연방과 연방주들의 합의 하에 전국학술회의(GWK: gemeinsame Wissenschaftskonferenz)의 결정으로 시작되어 2014년 7월 24일 BMBF가 공포한 것에 기반을 두고 있다. 이 정책 사업은 독일 내에서 교원을 양성하는 모든 고등교육기관이 이 지원정책에 공모할 수 있게 하였다. 이 프로그램에 지원하고자 하는 대학은 교원양성 과정을 질적으로 혁신할 수 있는 구체적인 계획을 세워 이를 실현할 수 있는 방안을 보여주어야 한다. 이 지원 프로그램의 전제조건은 모든 연방주가 교원양성과 관련된 교육과정, 시험, 수습교사 양성과정, 임용 등 모든 양성과정의 사항들을 상호 인정해주어야만 한다는 것이며, 연방 차원의 양성과정 통일화를 목표로 하고 있다. 과제 선정을 주도한 프렌젤(Prenzel) 교수는 사업을 통한 궁극적인 효과가 "전체 연방주들이 교원양성과정의 졸업증서를 상호 인정하게 해주는 데" 있다고 밝히면서, 지원 사업 중에서 유일하게 바덴-뷔르템베르크 주에 남아 있는 교육대학과 대학교 사이의 교원양성 협력 프로그램을 선정한 것도 그러한 이유에서였다고 밝혔다. 이 로써 이 프로그램은 향후 독일의 교원양성제도의 구조를 결정지을 것으로 보이며, 개별 교원양성기관의 변화를 이끌어 낼 것으로 평가받고 있다. 이 사업은 10년간의 장기 프로젝트로서 두 단계(5+5년)로 재정을 지원한다. 그리고 독자적이고 혁신적인 교사양성 프로그램을 제안하는 대학을 2015년과 2016년 두 차례에 걸쳐 선정하여 지원하였다.

이 교원양성과정의 사업을 지원하기 위해 연방정부는 약 5억 유로를 투입하기로 하였다. 사업에 총 120개 양성기관이 지원하였는데, 과제 제출 이전에 미리 개별적인 상담 및 안내가 있었다. 첫 번째 선정사업(2015년)에서는 지원 과제 80개 중에서 19개 과제를 선정하였고, 두 번째 선정사업(2016)에서는 (첫 사업에서 탈락한 과제를 포함하여) 53개 지원과제 중에서 30개 지원과제를 선정하였다. 선정된 과제들 중에는 개별과제(Einzelprojekt)가 대부분이지만, 6개의 협동과제가 포함되어 있다. 협동과제란 2개 이상의 양성기관이 협력하는 사업을 가리킨다. 전체 16개 연방주에서 총 59개 사업과제가 선정되어 과제공모에 참여한 양성기관들 중에서 49%가 지원을 받게 된 셈이다. 사업 선정의 기준은 교직과정의 운영과 관련된 제반 여건과 양성기관의 장·단점에 대한 분석이었다. 전체 59개 세부과제들은 다음과 같이 몇 가지 주제영역으로 구분된다.

- 〈교사양성기관의 특화〉

  양성기관의 유리한 지역적 위치, 특정 전공 영역 등과 같은 양성기관이 가진 강점을 최대화 하려는 목표 설정
- 〈교직과정의 실습 강화〉

  Freiburg대학교의 'B/M 통합형' 교직과정처럼 전공과정의 이론수업과 교육 실제를 결합하려는 시도
- 〈교직진출자들을 위한 전문적인 상담 및 지도〉

  교직업무에 요구되는 문제해결이나 대인관계에서의 역량을 강화하는 상담 및 지도
- 〈전공교육과 학교실습에서 이질성과 포용〉

  포용적인 교육을 목표로 다양한 이질성을 교육적 소재로 활용하여 학교 현장에서 실천할 수 있게 하려는 시도
- 〈교수-학습에서 디지털 교수매체 활용〉

  첨단 미디어를 활용하는 교수법 역량을 키우는 데 집중
- 〈직업학교의 기술교과와 자연과학 및 수학 교사 양성을 위한 프로그램〉

  대체로 자연과학과 공학과 같은 전공 영역이 잘 갖추어진 대학의 교직과정 프로그램
- 〈전공, 전공교수법, 교육학 일반 사이의 협력〉

  교원양성과정의 전통적인 3요소인 전공, 교수법, 교육학을 균형 있게 운영하려는 시도

이 사업이 향후 독일 교원양성제도의 변화에 어떠한 방식으로

영향을 끼칠지 주의 깊게 지켜보아야만 하겠지만, 사업 운영을 주도하는 평가주체인 연방정부가 설정해 놓은 목표는 어느 정도 그 결과를 예상할 수 있게 해준다. 사업의 목표는 독일 교원양성 기관의 질 제고에 있지만, 사업의 효과는 좀 더 큰 맥락에 미칠 것으로 보인다. BMBF는 이 사업의 효과가 미치는 긴장 영역으로서 다음과 같이 세 가지를 들고 있다. 첫째, 연방의 정책적 접근과 연방주의 규정 사이의 긴장이다. 이는 교원양성제도의 통일화 및 표준화의 성패를 좌우하는 정치적, 행정적 문제와 관련이 있다. 둘째, 향후 등장할 교육적 이슈와 관련하여 대학과 초·중등학교 현장 사이의 긴장이다. 이는 미래의 교사를 양성하는 고등기관의 교육목표 및 운영방향과 현장 학교의 그것 사이에 존재하는 시차적 간극을 의미한다. 마지막으로, 대학에서 교직과정의 교육목표와 일반 전공교육과정의 교육목표 사이의 긴장이다. 이는 교원양성기관으로서 사범대학이 별도로 설치되어 있지 않고 초등교원을 양성하는 교육대학도 대학으로 통합된 상황에서 대학 내 학부들 간의 교육목표 사이의 차이와 관련이 있다. 교원양성의 유형으로서 개방형과 폐쇄형이 각기 교육적 목표설정에서나 운영에서 구분된다고 했을 때, 종합대학에게 어려운 과제라고 할 수 있다.

Ⅳ
쟁점과 시사점

교원양성제도에 대해 일반적으로 제기되는 비판들은 이미 앞에서 여러 가지 측면에서 언급하였고, 그 동안 추진되었던 다양한 제도 개혁은 그에 대한 응답인 셈이다. 그럼에도 여전히 논쟁적이고 해결되지 않은 문제는 남아 있다. 이를 좀 더 구체적으로 논하기로 하겠다.

첫째, 교사양성 과정의 학문성 결핍에 대한 문제 제기는 독일 대학교육을 지배하는 규준이라는 전제에서 보자면 아주 오래된 문제제기이다. 예컨대, 홈볼트의 인문주의적 이상과 같은 고전적 주장에서부터 야스퍼스(Jaspers)의『대학의 이념(Idee der Universität)』(1980)에 이르기까지 교사양성에서도 학문 중심 이념이 강했다. 이러한 과정을 거친 이후 교원양성 교육과정의 핵심 문제는 학문, 실습, 인성의 조화가 되었다. 결국 학문성, 실습능력, 인성이라는 목표를 모두 달성하는 것이 교원양성의 성패 기준이었던 셈이다. 한편 초등교원의 경우, 실습경험을 매개로 이론적 지식 습득이 이루어져야 한다는 주장이 더 설득력을 갖고 있다. 이는 중등교원양성기관에 대한 문제제기와는 다른 성격을 가진다. 독일의 교원양성과정의 역사를 보면, 대체로 학문화 경향 및 대학교육의 전공학문 강화 그리고 교육학 및 교수법의 약화가 전반적인 흐름이었다. 이에 최근에는 교원양성과정에서 전공교수법을 강조하는 주장이 자주 등장하고 있다. 현재 이 문제는 근본적으로 이론과 실습을 체계적으로 그리고 기술적으로 2단계화함으로써 초래된 문제임에 틀림없다. 또한 교사의 '반성적 사고능력'을 신장시키는 방향으로 교육학 수업의 목표를 설정하자는 해결책이 제기되기도 한다.

둘째, 중등교원 양성이 종합대학에서 이루어지고 있지만 전문성 고양을 위해 대학 내에 전담기관의 설치를 주장하는 의견이 있다. 이는 초등교원 양성이 종합대학으로 이관되면서 자주 등장하였지만, 교원양성제도가 개방형 체제인 경우에 전형적으로 제기되는 것이기도 하다. 양성과목별로 전공학문에 치우쳐 있어서 교원양성이 일종의 '서비스업무'로 전락해 버렸다는 비판이 그것이다. 이러한 상황에서 교사양성을 전담할 기구를 대학 내에 설치하자는 제안이 있었던 것이다. 하지만 여기서 전담기구란 각 대학별로 이름은 상이하지만 우리식의 사범대학과 같은 목적형 단과대학이 아니라, 교직과처럼 행정적인 업무를 전담하는 부서에 불과하다. 어쨌든 전담기구 설치를 주장하는 움직임은, 사범대와 교육대학이라는 별도의 '폐쇄형 양성기구'를 폐지하자는 의견도 등장하는 우리의 상황과는 정반대에 있다고 할 수 있다. 우리의 경우, 폐쇄형 양성체제를 폐지하여 대학 내의 연구 인력을 양성과정에 활용하자는 주장이 있으며, 교육대학을 종합대학처럼 규모를 크게 하여 전문성을 살리자는 주장도 있다. 우리의 입장에서 보자면, 독일의 교원양성방식은 중등교원에서뿐만 아니라 초등교원에서도 개방형, 즉 "열린 체제"에서 이루어지고 있다. 반면에 우리의 경우, 교육대학에서의 '폐쇄형 양성' 욕구가 극단적으로 나타나기도 한다. '양성과정의 잠재적 교육과정'을 근거로 초등교원의 동질적 전문성 및 인성교육을 강조하는 주장이 그것이다. 아울러 우리에게 초등과 중등을 오갈 수 있는 교사양성제도가 가능한가?라는 문제제기도 쉽게 답할 수 없는 것으로 보인다.

셋째, 독일에서도 활발히 연구되었고 교원양성과정의 목표설정으로 적극 활용되고 있는 역량중심 교사양성 방안의 문제이다. 핵심역량은 전통적인 단일 전공체제를 지양하여, 학제적이고 직업지향적인 역량을 함양하는 것을 의미한다. 이는 대학 졸업생들로 하여금 그들이 노동세계에서 생애 동안 끊임없이 상이한 직업적 요구들에 유연하게 부응할 수 있고 그에 잘 적응할 수 있도록 해주는 데 목표를 둔다. 이미 적지 않은 전공들에 핵심 자격증이 구비되어 있다. 모듈화 교육과정의 설계의 원리 또한 핵심역량 기반의 교육목표 설정이기도 하다. 특히 교직의 특성상 전공에서의 지식 소양 이외에 창의력, 책무성, 문제해결능력 등과 같은 업무관련성이 강조된다는 점에서 이는 자연스러운 현상으로 보인다. 전통적인 단일 전공 지향적인 지적·인성적 능력요인을 넘어 직업능력과 직접 관련이 있는 역량요인이 중요해졌다는 말이다. 결국 '직업 수행능력'과 같은 교육목표를 실현하는 데 핵심역량은 가장 중요한 위치를 점하고 있다. 최근 독일 대부분 교원양성기관들의 특화된 교사 프로그램들도 이러한 역량 기반의 교직양성을 지향하고 있다. 하지만 이러한 역량중심 교사양성은 역량 개념이 가지는 한계들, 이를테면 환원주의 경향, 인간능력에 대한 지나친 행동주의적인 가정, 이론과 실천의 이분법적 접근, 직업교육화 가능성 등에 대한 비판적인 논의들도 없지 않다.

넷째, 볼로냐 협약으로 도입된 교원양성제도 개혁의 핵심적인 요소인 교육과정의 모듈화와 학점교류시스템에 대한 비판적 논의이다. 양성을 담당하고 있는 대학 내의 학자집단에서도 제법 등장하는 입장이지만, 강단 교육학의 외부에서 주장하는 소리를 들어볼 필요가 있다. 예컨대 NGO기구인 〈자유로운 교육을 위한 행동연대(Aktionsbündnis für freie Bildung)〉의 비판이 그것이다. 먼저 교육과정의 모듈화와 ECTS가 학업시간을 증가시킴으로써 학생들에게 부담을 가중시키고 있다고 지적한다. 더욱이 불평등한 학교교육 시스템에서 늘어난 학업시간은 학업비용을 늘려 결과적으로 학업성취도에서의 계층 간 불평등을 초래할 것이라는 것이다. 또한 ECTS를 통한 유럽 내 교류활성화는 거의 환상에 불과하다고 비판한다. 그들의 주장에 따르면, 지금까지 독일의 국내에서나 해외에서의 대학 간 차이는 여전히 존재하여 동질적으로 평가할 수 있는 근거는 없다는 것이다. 이에 그들은 대학 교육과정의 모듈화로 인해 대학 간 학점 비교가 더욱 불가능해진 현실을 예로 든다. KMK의 권고인 "1학점(LP)=30시간 학업시간"이라는 기준으로도 대학

간 비교는 불가능하다. 결국 대학별 모듈화 전공에 대한 학점 기준이 모두 다르기 때문에 대학 이동시 비교는 불가능하다는 것이다. 예컨대, 주전공과 부전공 간의 학점 차이 등 변수들이 많다는 것이다. 따라서 학사 과정에서의 이동을 용이하게 할 것이라는 주장은 선동적인 동화(童話)이며, ECTS의 도입에 있어서 보다 질적인 손질이 선행되어야 한다는 것이다. 그렇지 않으면 학사과정에서의 복수전공은 예전의 전공이수체계 기준으로 본다면, 일종의 1/2학사 전공이므로 학사과정의 전공교육의 질은 급격하게 떨어질 것이라는 것이다. 또한 그들은 각 전공에서 핵심적인 연구주제를 다루는 데 요구되는 '노동시간 기준'이 모두 질적으로 다르기 때문에 이를 비교, 교환하는 것은 터무니없다고 한다. 이에 비유적인 풍자는 제법 흥미롭다. "ECTS 학점 포인트를 동질적으로 비교 가능한 것으로 간주하는 것은 스타벅스에서 마시는 커피와 펍에서 마신 맥주가 같은 가격이라면 동일하다고 보는 것과 같다(egal!)." 결국 ECTS의 기본적인 발상은 바로 자본주의 시장구조의 근본 구조를 대학의 교육에 심어놓은 것에 불과하다고 비판한다.

V

나가며

|

지금까지 독일의 교원양성제도의 현황과 개혁동향을 다루었다. 현황을 다루면서 독일 연방주들을 포괄하여 비교 가능한 방식의 자료를 보여주는 데 주안점을 두었다. 주별로 상이한 제도가 특징인 독일의 교원양성제도를 연방차원에서 조감하는 것은 향후 진행되는 연방-연방주의 교원양성제도의 통일화 방향을 가늠할 수 있다는 점에서 의의가 있다. 한편 지난 30년 전부터 독일 교원양성제도의 변화의 가장 핵심적인 동인은 신자유주의적 세계화 흐름에 독일이 편입되는 과정과 그 흐름에서 등장한 유럽적 표준화 요구인 볼로냐 협약이라고 할 수 있다. 현 시점에서 보자면, 이미 그 격동의 파고는 지나갔고 일정한 정도의 '착종시기'에 접어들었다고 평할 수 있다. 논문에서는 2015년 시점까지 우리 학계에 소개된 독일의 교원양성제도의 개혁동향에서 놓쳤거나 혹은 그 이후의 개혁 사례를 발굴하는 데 주력하였다. 이에 논문에서는 개혁동향의

최근 사례로 '포용의 요구'와 〈교사양성 질 제고〉 프로그램을 선정하였다. '포용의 요구'는 유엔 장애인권리협정에서 독일에게 요구한 포용적 학교시스템 개선에 대한 제언이다. 이 요구는 특수교육에만 제한되지 않는다. 다른 나라에 비해 독일의 학교유형은 구획화되어 있으면서 교직유형도 배타적으로 존재하기 때문에 포용적인 교원양성제도의 개혁은 만만치 않은 과제가 된다. 따라서 향후 독일 교육정책에서 학교개혁과 포용은 서로 긴장관계에 있을 것으로 보인다. 또 다른 교육개혁 사례인 '교사양성 질 제고' 프로그램은 연방과 연방주들이 합의하여 연방 정부의 재원으로 추진되는 10년간의 장기 교사양성과정 지원 정책이다. 이 프로그램은 우리의 고등교육 정책에서 쉽게 찾을 수 있는 일종의 '위로부터의 수월성 드라이브'에 가까우며, 독일적 전통에 비추어 본다면 다분히 신자유주의적 정책에 가깝다. 이 프로그램이 겨냥하는 교원양성기관에 대한 지원과 제재 그리고 선택과 배제의 효과가 전체 교원양성기관의 경쟁력과 생존에 직접 영향을 줄 것이라는 점에서, 이 정책을 앞으로 계속 추적, 관찰할 필요가 있다. 논문에서는 이 두 개혁동향을 간략하게 소개하는 데 그쳤지만 각각 별도의 연구가 필요한 주제로 보인다.

모든 교육제도의 변화과정은 상호 수정, 절충되면서 결국 서로 수렴해간다는 제도사가(制度史家) 아처(M. S. Archer)의 명제는 독일과 한국의 교원양성제도를 비교하는 데에서도 확인된다. 교원양성제도의 개혁 담론을 분석해보면, 독일과 우리는 서로 대척점에 있으면서 점차 수렴해가는 양상을 확인할 수 있다. 그 역동적인 과정에 대한 체계적인 연구는 논문의 범위를 넘어서는 것이지만, 비교의 차원에서 그러한 가설은 충분히 가능하다고 본다. 독일에서 교원양성제도에 대한 논의를 선도하고 있는 연구자들 중의 한 사람인 슈바아스(Schubarth)가 제시한 현재 독일의 교원양성제도를 둘러싼 핵심적인 7가지 테제를 보면 쉽게 확인할 수 있다.

① 현재 독일의 교사양성에서 현대적인 교사상이 결핍되어 있다. 교사양성과 관련된 이해당사자들 사이에서 합의를 찾기 어렵다. 전통적으로 전공지식을 강조하는 교사양성은 맥을 다했고, 역량중심과 인성강화가 추세이다.

② 교사양성은 정치적인 국면에 굴복하여 그 연속성과 장기지속성을 상실했다.

③ 교사교육은 대학에서 종속적이고 부차적인 역할을 하고 있다.

④ 교사교육은 대학에서 결코 중심적인 위치에 있지 않다. 교사양성의 파편화 문제는 전담 양성기구를 설치한다고 해결될 수 없다.

⑤ 교사양성은 어떤 교사모델도 없이 행해지고 있다.

⑥ 독일의 교사양성은 결핍된 실습 및 직업 관련성이라는 중병을 앓고 있다.

⑦ 실습을 강조하는 교사양성을 위해 통합적이고 체계적인 실습 방안이 요구된다. 하지만 많은 시도에도 불구하고 필수적인 조건들이 결여되어 있다.

슈바이스가 정리한 테제들이 우리의 교원양성제도에 적용해도 무방하지 않은가? 우리의 제도와 구조적으로 반대편에 있는 독일의 제도가 서로 수렴하면서도 비슷한 문제의식을 갖고 있다는 가설은 이 글에서 도출한 잠정적인 결론이다.

5장

독일의 환경정책[1] : 환경규제와 경제정책의 공존
Umweltpolitik in Deutschland: Koexistenz von Umweltregulierung und Wirtschaftspolitik

차명제 (Prof. Dr. Myeong Je CHA)
경기민주시민교육협의회 공동대표
Co-Chair of Association for Kyonggi Civic Education

I
들어가며

독일의 환경정책을 설명하기 위해서는 첫째로 독일의 전반적인 경제정책을 이해해야 한다. 국가의 모든 정책은 기후 보호의 관점에서 출발하기 때문이다. 둘째는 현재 우크라이나 전쟁이다. 러시아의 침략으로 발생한 이 전쟁은 2차 대전 이후 유럽 대륙에서 발발한 최초의 전쟁으로 러시아 대 나토와의 충돌로 확대되고 있으며, 이로 인한 피해는 전 세계로 심각하게 확산되고 있다. 이 피해는 원자재 가격의 급등과 경기 침체, 식량 부족, 군비경쟁 등으로 나타나고 있다. 독일도 유럽연합(EU)과 북대서양조약기구(NATO, 나토)의 회원국으로 예외 없이 이러한 피해를 고스란히 받고 있는 실정이다.

2022년 이후 독일의 정치지형은 크게 변화하였다.

1. 우크라이나 전쟁의 장기화: 2022년 2월 러시아의 우크라이나 침공으로 시작된 전쟁은 단기간에 종식될 것이라는 모두의 예

상을 깨고 2024년까지 지속되고 있다. 이로 인한 세계적인 혼란, 특히 무역망과 정치 질서의 혼란은 아직 계속되고 있다.

2. 급변하는 유럽의 정치: 전쟁으로 정치의 우경화가 두드러지고 있으며, 이는 국가와 민족이기주의를 우선시하는 (극)우파의 급속한 부상의 결과이다.

3. 독일 정치지형의 변화: 독일에서도 극우정당인 독일대안당(AfD)의 부상이 독일 정치에 큰 충격을 주고 있다. 20대 총선에서 대체적으로 네 번째 위치였던 AfD는 최근에는 제2의 정당으로 부상하고 있다. 여론 조사에서는 약 20-24%의 지지를 얻으며 중도 보수의 기민/기사당(CDU/CSU) 다음이다. 불과 1, 2년 사이에 사민당과 녹색당을 추월한 것이다.

4. 신호등 연정에 대한 지지도 감소: 2021년 말에 사민당, 녹색당, 자유당으로 구성된 연정은 출범 초기 높은 국민적 지지를 얻어 그들의 진보적이고 친환경적인 정책을 추진할 계획이었으나, 전쟁과 에너지 위기 등의 외부적인 요인과 높은 인플레이션, 동유럽과 중동에서 유입되는 수많은 난민, 지속되고 있는 불황 등의 내부 요인에 의해 국민들의 신뢰를 얻지 못하고 있다.

5. 환경정책: 환경정책은 연정합의서 대로 추진되고는 있으나, 효율을 중시하는 자민당(FDP)과 제1당인 CDU/CSU, 그리고 극우 성향의 AfD의 저항에 부딪혀 많은 논란이 야기되고 있다. 또한 극단적인 환경정책을 주장하는 사회단체인 "미래를 위한 금요일(Friday for Future)"과 "마지막 세대(Die letzte Gen-

eration)"의 요구도 강력하다. 연방전부는 그 사이에서 진퇴양
단의 상황에 놓여있고, 시민의 불만은 계속 높아지고 있다. 이
와중에 2022년 말까지 운영하기로 했던 3기의 원전은 4개월
연장 운영하고 계획대로 2023년 4월에 운행 정지되었다. 한
때 전력 생산량의 1/3을 차지했던 원자력 발전이 역사 속으로
사라진 것이다.

6. EU의 환경정책: 독일을 제외한 유럽의 다른 국가들은 에너지
확보와 지구온난화 방지를 위해 원자력을 통한 에너지 확보에
주력하고 있으며 온실가스 감소를 위한 정책은 지속적으로 실
시하고 있으나, 일부 회원국의 반발도 거세다. 예를 들어 2035
년까지 내연자동차에서 전기자동차로의 전환에 대해 기술종
속과 준비 부족 등의 이유로 실현이 불투명한 상황이다.

이 글에서는 먼저 독일의 환경정책이 경제정책으로 통합되어 변
화하는 과정을 간단히 설명하고, 최근 새로운 연방정부의 경제정
책을 연정 합의서를 통해 분석하고 소개할 것이다. 끝으로 현재 우
크라이나 전쟁으로 급속하게 변화하는 독일의 경제정책을 살펴보
고자 한다.

Ⅱ
독일 환경정책의 변화

독일 환경정책은 시기별로 구분이 가능하다. 다른 정책도 비슷하겠지만 특히 환경정책은 시민사회와 국제적인 압력과 여론에 영향을 많이 받는다. 또한 환경문제는 일국적이라기보다 다국적인, 국경을 넘나드는 경우가 허다하다. 그러므로 독일의 환경정책도 초기에는 정부가 중심이 되었지만, 시간이 지나면서 점차 시민사회의 압력과 여론에, 그리고 국제 환경레짐(regime)의 규범에 따르게 되었고, 나중에는 오히려 주도하게 되었다.

1. 1960년대

1961년 4월 당시 사민당의 수상 후보였던 빌리 브란트(Willy Brandt)는 선거운동 캠페인으로 "루르지방(Ruhr Gebiet)에 푸른 하늘을 되찾자"를 내세우고 "건강한 나라의 건강한 국민"이라는 비전을 제시했다. 이는 맑은 공기와 물, 그리고 소음 공해 해소를 통해 실현될 수 있다고 주장했는데, 이 지역은 심각하게 오염된 상황이었다. 당시 루르 지방은 2차 세계 대전 후 폐허가 된 독일을 재건하고 발전시킨 경제 발전(라인강의 기적)의 중심지였다. 석탄과 철광석을 비롯한 천연자원이 풍부하여 곳곳에 세워진 발전소에서는 독일 최대의 제철소를 비롯하여 자동차와 중화학 기업들에 충분한 에너지를 공급할 수 있었다. 그러나 약 80개의 용광로와 100개의 (석탄)발전소에서 매일 같이 아무런 여과장치 없이 매연과 분진과 이산화탄소를 포함한 온실가스를 배출하고 있었다. 그 결과 특정 지역에서는 세탁물을 야외에서 건조할 수 없을 정도였고, 겨울에는 회색 눈이나 심하면 검은 눈이 내릴 정도로 오염이 심했다. 그뿐만 아니라 백혈병과 각종 암, 호흡기 질환자가 속출하였고, 특히 어린 청소년 사이에도 이런 질병이 만연했다. 브란트는 당시 집권당인 아데나워 수상의 보수정당을 비판하면서 환경문제를 선거공약으로 채택하였다. 그 이듬해인 1962년에는 도르트문트에서 독일 최초의 민간 환경단체가 출범하기도 했다. 그러나 본격적인 민간의 환경운동은 1970년대에 출현하였다.

2. 1970년대

환경문제를 다룸에 있어 이 시기는 특히 중요한 의미를 갖는다.

첫째는 주민과 시민 중심의 환경운동이 매우 활성화된 시기였다. 둘째로는 국제환경레짐이 형성되어 국내/외의 환경정책에 큰 영향을 미치기도 하였다.

1) 환경운동

70년대 이전의 사회운동은 사회주의 성향의 체제 비판적인 노동과 농민운동이 중심이었다. 이러한 사회운동의 정점은 '68운동'이었다. 이 운동은 반자본주의적이고 사회주의적 성향이 매우 짙었으나, 여기에는 문화적인 요소도 강하게 배어있었다. 그러므로 이 운동은 노동자와 농민 중심의 전통적 사회운동이 시민 중심의 신사회운동으로 전환되는 계기가 되었다. 68운동의 주역 중 일부가 주민운동에 참여함으로써 특정 지역에 국한되었던 주민운동이 전국적인 의미를 갖게 되는 계기가 되었다. 당시 주민운동은 대개 원자력 발전소 건설 반대와 도로와 철도, 공항 건설 등이 대부분이었다. 이런 반대 운동이 타지역의 유사한 성격의 주민운동과 연대활동이 가능해짐으로 인해 전국적인 사회운동으로 확대되었다. 특히 원전 반대 운동은 반핵/평화운동과 연대하면서 독일 정부의 원전 중심의 에너지 정책에 커다란 영향을 미쳤다.

2) 국제환경레짐

지금까지 환경문제는 주로 오염문제로 이해했으나 70년대는 그런 인식을 확장시키는 여러 계기가 있었다. 1972년 스웨덴의 수도 스톡홀름에서 개최된 제1회 UN 인간환경회의는 UN이 국제적인 환경문제를 다룬 첫 번째 회의였다. 이 회의는 환경문제에 대한 국제적인 관심을 불러오는 계기가 되었다. 이 회의에서 채택된 "인간환경선언문"은 환경문제의 해결을 위해 국제적인 협력의 필요성을 강조하였고, 특히 학생과 성인에게 환경교육에 참여할 것을 권고하였다. 같은 해에 세계적인 유명인사들이 모여 포럼형식으로 운영되었던 로마클럽은 "성장의 한계"라는 보고서를 발표하여 석유, 석탄과 같은 화석연료 사용의 문제점을 지적했다. 당시 화석연료에 기반한 성장의 유한성을 지적하고, 이를 극복할 수 있는 대안이 마련되어야 함을 강조하였다. 이 보고서는 그 이듬해 전 세계를 강타한 1차 석유파동으로 그 유용성이 증명되기도 했다. "성장의 한계"로 각국의 정부는 에너지 절약과 대안 에너지 촉진 정책을 실시했으며, 환경운동도 대기와 수질, 토양오염과 같은 국지적인 문제에서 점차 식량, 에너지, 교통, 기후, 삶의 양식문제에 이르기까지 다양해지고 활동 범위도 국내에서 국제적으로 확대되었다.

3. 1980년대

1) 녹색당(Die Grünen)

독일 환경운동과 정책에 커다란 획을 그은 시기라 할 수 있다. 이는 비단 독일뿐만 아니라 전 세계적으로도 커다란 반향을 일으켰는데, 녹색당이라는 친환경 정당이 출현한 것이다. 1980년 1월 독일 칼스루어에서 다양한 사회운동 단체들이 모여 기존 정당과 다른 정당을 창당하였다. 그들은 이 정당을 반(反)정당, 혹은 (사회)운동정당으로 스스로를 규정했으며, 기존의 정당과의 차이점을 분명히 했다. 무엇보다도 국회의원의 특혜와 권력을 포기하려 했으며, 4년의 의원 임기를 순번을 정하여 2년마다 다른 당원으로 교체하는 것을 시도했다. 당내의 의사결정도 누구나 참여할 수 있게 문호를 개방하고 투명하게 진행하였다. 이외에도 월급의 일부를 환경기금으로 적립하여 필요시 공동으로 사용할 수 있도록 하였다. 1983년 총선에서 5.3%를 얻어 연방의회에 진출할 수 있었으며, 이는 전 세계 환경운동 진영에 신선한 충격과 희망을 갖게 해주었다.

녹색당의 출현으로 독일 정치는 다른 인접국가에 비해 환경문제가 주요 이슈로 부각되었다. 신생정당인 녹색당과 경쟁하기 위해서 기존의 다른 정당도 적극적으로, 혹은 선제적으로 환경이슈에 관심을 갖지 않을 수 없었다. 당시 가장 대표적인 환경정책은 원전 건설의 중지였다. 독일은 원자력 발전소 건설을 활발히 추진하고 있었으나, 1986년 발생한 체르노빌 원자력 발전소의 폭발사건으로 원전 정책을 포기하기에 이르렀다. 녹색당은 지지자와 함께 줄곧 반원전을 강력하게 주장해 왔으며, 연방정부의 원전 대신 신재생 에너지 정책으로 전환하는데 기여했다.

2) 우리 공동의 미래

일명 브른트란트 보고서라고도 불리우는 "우리 공동의 미래(Our Common Future)"가 1987년에 발간되었다. UN의 브른트란트 위원회는 약 3년 동안 세계 각지의 정치지도자, 언론인, 학자, 과학자, 기업인, 시민단체 활동가, 법조인을 포함한 다양한 직업군과의 인터뷰를 통해 현재의 환경문제를 경제발전과 연관지어 어떻게 해결할 것인가, 즉 인류의 공동 번영을 도모하면서 동시에 환경문제를 해결할 수 있을 것인가에 대한 대안을 찾았다. 이를 정리한 보고서가 "우리 공동의 미래"라는 제목의 책으로 출간되었다. 이 책에서 가장 강조된 부분은 "지속가능발전(Sustainable Development, SD)"이라는 개념이며, 35년이 지난 지금은 단지 환경문제가 아닌 인류가 추구해야 할 공동의 생존가치로 받아들여지고 있다.

4. 1990년대

1990년대 환경분야에 가장 큰 영향을 준 사건은 1990년의 독일 통일과 1992년 유엔환경재발회의(UNCED)이다.

1) 독일 통일

사회주의 국가였던 동독이 서독으로 흡수되었다. 이것은 사회주의 국가의 낙후된 환경문제를 서독이 떠안는 것을 의미한다. 통일 당시 동독지역의 환경오염은 주민의 건강과 복지를 심각하게 위협하는 수준이었다. 동독지역의 환경오염은 사회주의 체재의 계획경제가 실패했음을 보여주는 것이다. 통일 이전 동독 하천의 42%, 저수지의 24%는 정화 불능상태였다. 당시 서독의 기준으로는 단지

3%만이 양호한 수준이었다. 대기 오염도 동독은 서독의 8배에 달하는 이산화탄소와 매연을 배출했다. 이를 개선하기 위해 연방정부는 총 2,000억 마르크(약 100조 원)의 예산을 집행했다. 동독의 갈탄발전소를 폐쇄하고 100개의 풍력발전소를 세워 매연을 줄이기로 했다(한국일보, 1994년 11월 20일). 연방정부는 이런 정책들을 시행하여 동서독 사이의 환경 격차를 최소화한다는 목표로 생태계 정화작업을 추진했다. 낙후된 산업시설의 폐쇄, 오염지역의 정화, 오염처리 및 방지시설의 확충, 에너지 공급체계의 개선 등을 목표로 막대한 물량을 투입하였다. 또한 대부분의 건물은 당시 서독에서 금지했던 석면이 사용되었기 때문에 이를 재건축하거나 철거해야만 했다. 그 비용도 상당했다. 이 시기에 서독지역의 환경 관련 사업은 거의 정체된 상태였다.

그럼에도 동·서독 사이의 환경격차는 크게 완화되지 못했는데, 동·서독 사이의 환경인식이 너무나도 달랐기 때문이다. 특히 지난 40여 년 동안 공산당 정권하에서 억제되어왔던 동독인의 소비욕이 폭발적으로 표출되면서 탈물질주의가 팽배했던 서독과는 정반대의 상황이 되었다. 또한 환경문제도 시설의 외형만 현대화·첨단화로 탈바꿈하였기에 커다란 진전을 이룩하기에는 시기상조였다.

2) 유엔환경개발회의(United Nations Conference on Environment and Development. UNCED)

UN은 20년마다 환경과 인류발전이라는 주제로 글로벌 차원의

회의를 개최하고 있다. 유엔환경개발회의도 지난 72년 스톡홀름의 1차 회의에 이어 1992년 브라질의 리우에서 2차 회의가 열렸다. 이 회의에는 세계 185개국에서 약 8,500명이 참가하며 당시까지 최대 규모의 회의였고, 그 내용도 가장 실속이 있었다. 그 이유는 1990년대 소련연방을 포함한 거의 대부분의 공산권 국가가 해체된 상태였고, 이들 국가에서도 경제발전과 환경문제를 진지하게 받아들였기 때문이다. 냉전체제하에서 공산권 국가들은 환경문제를 자본주의 고유의 문제로 치부했고 그래서 자본주의가 아닌 국가에서는 환경문제가 없다고 선전하면서, 환경문제를 자본주의의 실패요인으로 지적하기도 했다. 그러므로 국제회의에서는 환경문제 해결을 위한 진지한 논의와 협력보다는 정치 쟁점화되어 결론 대신 공허한 말싸움으로 변질되기 일수였다.

이 회의는 독일을 포함하여 전 세계에 환경문제는 '하수관이나 굴뚝의 끝'의 결과가 아닌 그 이전 단계와 인간의 삶 문제까지 포괄하는 인류의 보편적 문제라는 인식을 각인시켜 주었다. 독일은 이 회의에서 환경 우선주의의 대표주자였다. 이 반대편에는 화석연료 사용을 주장하는 산유국과 미국이 자리잡고 있었다.

UNCED의 주제는 "인간과 자연환경 보존 경제개발의 양립"과 "환경적으로 건전하고 지속가능한 발전(ESSD)"이었다. 이 회의의 문제의식은 지구온난화가 촉진되고 이로 인해 기상이변과 장기적으로 기후변화가 발생한다는 데에 있다. 인간이 정상적으로 생존할 수 있는 기후의 유지는 필연적이며, 이 기후변화를 저지하기 위해서는 지구온난화 현상이 없어져야 한다. 이를 위해서는 이산화탄소를 포함한 온실가스 발생을 최소화해야만 한다. 이 온실가스를 억제하기 위해서는 화석연료(석탄, 석유, 천연가스)의 사용을 금지해야만 한다. 그러므로 현재 인류문명의 근간인 화석에너지의 사용을 어떻게 감축하느냐가 사실 이 회의의 핵심이었다.

독일은 70년대 이후 두 차례의 석유파동과 활발한 환경운동 덕분에 석탄과 석유의 사용을 억제하면서 매연과 온실가스의 방출을 감소시키는 기술을 발전시키고, 바람, 태양, 물, 바이오가스 등의 신재생에너지 사용을 위해 다양한 시설을 전국적으로 보급하고 있었다. 독일은 지속가능발전의 목표를 기후변화 방지나 완화로 잡고 화석연료 대신 신재생에너지 보급 활성화에 국가적으로 대응하고 있으며, 이 회의 이후 독일은 환경정책을 모든 국가정책에 통합시키기 시작했다.

UNCED는 세계 국제질서에 가장 큰 영향을 미친 회의 가운데 하나였다. 이 회의 이후 모든 국가는 "지속가능발전 목표"를 정하고 이의 실현을 위해 노력하고 있으며, 국제협력과 개발원조도 이 틀에서 실현되고 있다.

5. 2000년대 이후

현재 환경정책의 큰 틀은 1992년 UNCED의 후속 조치라 할 수 있다. UNCED의 참가국은 '의제 21'(Agenda21), 기후변화 방지를 위한 당사국 회의 개최, 생물종 다양성 협약, 산림협약에 합의하였다. 이중 기후변화 방지를 위한 당사국 회의는 1995년 베를린에서 1차 회의가 개최되었고, 이는 "유엔기후변화협약당사국회의(UN Framework Convention on Climate Change, UNFCCC)"가 주재하고 있다. UNFCCC의 사무국은 독일의 본(Bonn)에 있으며, 매년 6월에 본에서 그 해 11월에 열리는 당사국 회의 준비를 위한 실무회의가 열린다.

1) UN의 지속가능발전목표(SDGs)

2002년 브라질 리우에서 1992년 리우의 UNCED 20년을 기념하여 그 후속 회의가 열렸으며, 이 회의에서 UN은 지속가능발전 목표의 실현을 위해 노력할 것을 참가국에 권고하였다. 17개 항의 지속가능발전 목표(Sustainable Development Goals, SDGs)는 그 후 한국과 독일을 포함한 대다수 국가의 국가발전의 목표로 채택하고 있다.

2) 파리협약

2016년 11월에 발효된 파리협약은 2020년에 종결되는 교토의정서의 후속조치로 2021년부터 전 세계가 실현해야 할 기후변화 대응 협약이다. 이 협약은 2015년 12월 파리에서 열린 제21차 UN기후변화협약의 당사국 회의로 교토의정서가 주로 38개의 선진국에만 온실가스 감축목표를 제시하도록 한 반면, 파리협약에서는 195개의 국가가 기후변화에 대응하기 위한 온실가스 감축목표를 제시하도록 하였다. '공동의 차별화된 책임'의 원칙을 적용한 것이다.

파리협약의 주요 내용은 다음과 같다.

- 기온: 21세기 말까지 기온 상승치를 교토의정서의 2℃보다 작은 1.5℃를 실현시킨다.
- 자금: 매년 최소 1,000억 달러를 개도국 기후자금으로 지원한다.
- 감축목표: 2050년까지 "탄소배출 0"을 실현한다.
- 모든 국가는 2030년까지 탄소배출, 혹은 온실가스 목표액 제시: EU는 온실가스 배출량 55% 감축, 영국은 탄소 배출량 68%, 미국은 탈퇴, 한국은 2017년 대비 온실가스 24% 감축, 중국은 2060년까지 탄소 0 달성 주장.

그러나 이런 노력들이 실현 가능할지 의문이며, 현재 이미 1.1℃가 상승한 상태여서 앞으로 77년 동안 목표치 1.5℃ 달성은 불가능해 보인다.

2021년 사민·녹색·자민당의 연정합의서

현재 독일의 환경정책을 가장 체계적으로 이해할 수 있는 자료는 2021년 12월에 출범한 신호등 연정의 일정합의서이다. "더 나은 진보의 실현: 연대, 정의와 지속가능발전"이라는 177쪽의 이 연정합의서는 향후 4년의 국가발전 방향을 제시하고 있다. 연방정부의 모든 정책의 방향성이 정확하게 제시되어 있기 때문이다. 그러나 2022년 2월 24일 러시아의 우크라이나 침공으로 시작된 전쟁은 새롭게 출범한 독일 정부의 계획을 전면적으로 수정할 수밖에 없게 만들었다. 특히 에너지 정책에서 2022년에 폐쇄할 계획이었던 3기의 원자력 발전소의 수명을 4개월 연장했고, 2030년까지 완전히 폐쇄하기로 했던 석탄발전소의 수명도 연장할 계획이다. 만약 이런 계획이 현실화된다면, 앞 장에서 설명한 파리 협약에서의 EU 약속, 즉 2030년까지 온실가스 55% 감축하고 2050년까지 탄소 0은 실현가능하지 않을 것이며, 특히 녹색당이 줄곧 주장해 온 원자력 에너지 0사회의 실현은 요원하게 된다. 설상가상으로 EU는 공식적으로 원자력 발전을 청정 에너지로 규정하고 있어서 녹색당의 주장은 무색해지고 있다.

연정합의서는 '현대국가와 디지털 혁신', '사회생태적 시장경제 시대의 기후보존', '노동세계의 존중과 사회적 안정', '청소년과 가족에게 평생 동안 최고의 교육 기회 제공', '현대 민주주의의 자유와 안전', '평등과 다원성 보장', '독일의 유럽과 세계에 대한 책임', '미래에 대한 투자와 지속가능한 재정' 등으로 구성되어 있는데, 이 중 3장인 '사회생태적 시장경제 시대의 기후보존' 부분을 요약하여 소개하고자 한다.

독일 경제가 2020년대 당면한 근본적 도전과제는 1.5℃ 상한선 실현, 디지털 혁명과 인구변화이다. 경제성장을 위해서는 환경과 생태적인 책임성과의 조화가 중요하다. 그런 의미에서 UN이 제시한 17개의 지속가능발전목표(SDGs)는 정부 정책의 규범으로 자리 잡아야만 생태적 책임을 갖게 될 수 있다. 지속가능하고 경제적인 이동수단의 개발과 보급도 도시와 농촌과의 격차를 줄이는 데 중요한 역할을 한다.

〈경제〉

21세기 독일의 경제성장을 위해서는 더 많은 혁신, 더 많은 경쟁력, 더 많은 효율성, 좋은 일자리와 기후복지가 필요하다.

- 산업부분: 기후목표(1.5℃) 실현, CCfD(탄소차액거래제도) 실현, 녹색세탁(green washing) 명시, 탄소거래제 활성화, 수소 활용화

기술 확보와 수소 경제 인프라 구축, 기후친화적 상품 거래 활성화를 위한 시장 창출, 신재생에너지 시설 확충으로 기후(탄소)중립 실현, 배터리산업의 활성화와 폐배터리 재활용 기술 확보, 반도체 산업의 거점으로 발전, 유럽의 미래 기술과 산업의 핵심 지역으로 발전.

- 자동차 산업의 전환(내연기관 중심에서 전기자동차 중심으로): 자동차 산업에서의 기후 목표(1.5℃) 달성 촉진, 2030년까지 전기자동차 연간 150만 대 생산, 배터리 관련 기술과 산업 육성을 통해 유럽의 중심국 지위 확보.

- 항공우주 산업: 우주 쓰레기 감축과 회수 기술 발전, 기후 중립적인 항공 기술 육성, 지속가능한 연료 개발과 비행기의 소음 감소 기술 개발.

- 해양 경제: 저탄소 무공해 엔진 개발 보급, 선박 재활용 기술 확보와 확대.

- 자영업과 소상공인: 지속가능한 도심 개발을 통한 상가 활성화.

- 의료 산업

- 관광: 기후친화적이고 사회정의에 입각한 관광 활성화, 지속가능하고 자연에 피해를 주지 않는 관광(예를 들면 올레길 개발과 확산, 자전거 여행과 유람선 여행), 탄소중립적 관광 등의 지원.

- 스타트 업과 첨단산업: 여성과 이민자의 창업과 취업 지원, 인공지능, 수소 기술, 지속가능한 이동 수단, 순환경제 등의 지원.

- 공정한 경쟁

- 관료주의 극복: 경제적이고 친환경적인 사회적 복지를 국민이 누릴 수 있도록 노력.
- 전문인력: 여성, 노년층의 재교육과 직업교육을 통한 유휴 인력 이용, 이민자, 작업환경 개선을 통한 새로운 고용 창출.
- 증여권: 증여권을 기후와 환경에 대한 정교한 계산을 통해 행사
- 자원, 운송과 자유 무역, 지속가능한 자원 확보: 자원 재활용을 통한 경제와 환경적 가치 극대화, 공정한 사회적 · 환경적 · 인권에 기반한 자유무역체제 존중.
- 지역경제 활성화 지원: 지속가능발전과 탈탄소화 적극 지원.

〈환경과 자연보호〉

UN의 SDGs는 독일 정치의 원칙이자 규범이다. 이는 현재와 다음 세대의 자유와 기회를 보호해준다. (신호등 연정)은 기존의 지속가능발전 전략과 관련 정책을 계승 발전시킬 것이며, 이의 실현을 위해 거버넌스 구조를 정교하게 구축하려고 한다.

- 자연보호와 생물다양성
- 자연적인 기후보존
- 해양보존
- 기후적응
- 수자원 보호
- 대기보존
- 토양보존
- 화학물질

- 순환경제

〈농업과 식량〉

지속가능한 농업은 해당 기업뿐만 아니라 동물복지와 자연 모두에 이익일 뿐만 아니라 건강한 음식의 기본이 된다.

- 동물보호
- 유럽의 농업정책
- 농업과 해안보호를 위한 공동 과제 개선
- 식량
- 토양이용
- 농업의 디지털화
- 토지정책
- 어업
- 식료품 시장

〈이동〉

2030과 2045년에 연방정부가 정한 기후목표와 탈탄소화 실현을 위해 이동수단 정책은 매우 중요한 의미를 갖는다.

- 사회간접자본
- 철도교통
- 공공교통과 이동수단 제공
- 화물운송
- 자동차교통

- 교통질서
- 자전거 교통
- 선박 교통
- 항공교통

〈기후, 에너지, 전환〉

기후위기가 인간에 의해 초래되었다고 규정하고, 이 위기는 현재 인류가 공동으로 극복해야 할 최대과제로 정의하였다. 동시에 이런 위기는 독일을 새롭게 현대화하고 산업중심지로 변화시킬 수 있는 기회를 제공한다. 그런 노력과 그로 인해 발명되는 새로운 기술은 기후중립(Klimaneutral)을 실현하여 독일인의 복지를 향상시키고 좋은 일자리를 제공해 줄 것이다. 새로운 연방정부는 신재생에너지 확산을 위해 모든 가용 가능한 자원을 동원하여 기후변화 관련 목표를 달성하기 위해 노력할 것이다. 2045년까지 탄소중립 실현의 목표는 연방헌재의 판결과 같이 다음 세대의 자유를 보장해 주는 것이기도 하다.

- 기후보호법: 2022년까지 법을 개정하여 기후위기에 적극 대처할 것이며, 기후보호가 모든 정책을 포괄하는 통합적 성격을 갖도록 한다.
- 신재생에너지: 이 에너지의 확산을 신속하게 확대시키기 위해 이를 저해하는 모든 장애를 제거한다. 2030년까지 독일이 필요한 전력량은 680~750TW/h인데, 이 중 80%를 신재생에너지

로 충당할 것이다. 신재생에너지의 이용 가능지역을 꼼꼼히 조사하여 이를 설치할 것이며, 태양광 패널을 설치할 수 있는 건물 지붕을 전국적으로 조사하여 이를 신속하게 설치할 것이다. 태양광 발전량을 2030년까지 200GW/h 확대할 것이다. 독일 농지 면적의 2%를 풍력발전 시설에 허용하고 해양풍력발전을 획기적으로 확대한다. 풍력의 전기생산량은 2030년까지 30GW/h, 2035년까지 40GW/h, 2045년까지 70GW/h로 확대한다. 바이오에너지의 생산도 전 농가에서 생산할 수 있도록 구체적인 계획을 제시하려고 한다. 난방에 사용되는 에너지의 50%를 2030년까지 신재생에너지로 생산하기 위해 노력한다.

- 탈석탄정책: 신속한 탈석탄 발전을 추진하여 연방헌법재판소의 권고에 따라 2030년까지 기후 목표 달성을 위해 노력한다. 대신 가스발전소의 현대화를 통해 증가하는 전기와 에너지 수요를 충족시킨다.

- 가스와 수소 산업: 신재생에너지와 수소산업의 활성화를 통해 21세기 경쟁력을 확보할 수 있다. 2022년에 수소산업을 발전시켜 시장에서 경쟁력을 가질 수 있도록 노력한다. 전기차 기반시설을 2030년까지 10GW/h 확충시킨다.

- 전력망: 신재생에너지와 수소에너지 공급 확산을 위해 전력망을 2022년에 신속히 확충할 계획이다.

- 전기시장의 재정비: 기후위기 극복을 위한 전기시장의 재편이 필요하며, 이는 신재생에너지 비중을 대폭 확대하는 방향임을 강조 한다.

- 사회적 형평성에 입각한 에너지 가격: 탄소거래의 활성화가 에너지 전환의 핵심임을 강조하고, 이산화탄소 가격의 현실화가 이를 촉진시킬 것으로 전망하고 있다. 연방정부는 EU 집행위에서 탄소거래와 에너지 사안을 다룬 "fit for 55"(2030년까지 1990년 대비 이산화탄소 방출량을 55% 감축시키자는 계획) 프로그램에 적극 참여하고, 신호등 연정에서 적합한 형태로 수정할 의도를 갖고 있다.
- 기후와 에너지 외교정책
- 신경제 체제: 독일은 기후위기 상황을 극복하여 세계 시장에서 경쟁력 확보할 기회로 인식하고 있다.
- 원자력: 독일은 기후문제 해결을 위해 확실하게 신재생에너지가 그 대안임을 확신하고 있다. 국제적으로 원자력 에너지가 청정 에너지로 인정받아도, 방사능 폐기물 처리비용이 원자력 발전의 이점을 완전히 상쇄시킨다는 점을 원자력을 이용하는 국가들은 인정할 필요가 있다. 독일은 방사능 폐기물 최종 보관 장소를 지역 주민과의 지속적인 대화를 통해 빠른 시일 내에 결정하려고 한다.

이상 2021년 12월에 출범한 신호등 연정의 연정합의서에서 언급된 환경정책을 간단하게 살펴 보았다. 1990년대 이후 독일정부의 환경정책은 지속적으로 "지속가능발전"을 추구하고 있으며, 그 목표는 기후안정이다. 그러므로 기후안정의 실현은 온실가스를 배출하여 기후위기의 원인이 되고 있는 화석연료의 사용을 최소화하고, 이를 대체할 수 있는 신재생에너지의 확대가 근간이 된다. 독일이 세계에서 유일하게 탈원전 정책을 강력하게 추진하고 있는데, 여기에는 녹색당이 결정적인 역할을 했다. 그러므로 이 신호등 연정의 환경정책은 독일정부의 모든 정책을 관통하는 주요 이슈가 되고 있고 특히 경제정책의 근간이 되고 있다.

2021년 독일 전기생산의 에너지원별 비중은 신재생에너지(45%), 석탄(28%), 가스(15%), 원자력(12%) 등이다. 또한 2020년 온실가스 감축량은 1990년 대비 42.3% 감소했는데, 이는 중간목표인 40%를 초과달성한 것이다.

만약 2022년 러시아가 우크라이나를 침공하여 전쟁이 발생하지 않았다면, 독일은 EU에서 선도적 역할을 하면서 계획대로 2050년에 탄소중립 사회를 실현할 수 있었을 것이다. 그러나 여전히 계속되는 전쟁으로 이 모든 계획은 불가피하게 변경할 수밖에 없게 되었다. 수많은 군사 무기가 동원되어 우크라이나 전역을 파괴하고, 인명을 살상하며 지구온난화를 촉진시키고 있다. 독일은 러시아에서 공급되던 천연가스와 석유가 대폭 감소하면서 에너지 수급에 많은 어려움을 겪고 있다. 이에 따라 감축하거나 폐쇄할 예정이었던 석탄과 원자력 발전소에 대한 기존 계획을 재고하자는 사회적 요구가 점차 커지고 있다.

Ⅳ
유럽은, 지금

|

유럽인은 2022년 여름 이후에 닥친 삼중고를 힘겹게 견뎌내고 있다. 지독한 기후변화로 인한 폭염과 가뭄 등의 천연재해, 전쟁으로 인한 심리적인 불안감, 그리고 가격 폭등으로 인한 인플레이션 등이 그것이다.

1. 기후변화

독일을 비롯하여 많은 EU국가는 선도적으로 기후변화에 대응하는 프로그램을 실행해 왔으며, 최근에는 "fit for 55" 프로그램을 도입하여 실행 중이다. 그러나 기후위기 상황은 매년 악화 일로에 있으며 파리협약도 사실 실현 불가능한 상황이다. 특히 독일은 EU 국가 중 가장 선도적으로 강력한 기후위기 대응 프로그램을 운영하고 있고, 신호등 연정이 출범하면서 더욱 강력하게 추진하려 했으나 뜻하지 않은 전쟁으로 방향성을 잃고 있다. EU에서는 프랑스 주도로 원자력을 청정 에너지로 분류하여 원자력 발전 계획을 속속 도입하고 있다. 독일도 2022년말까지 마지막 3기의 원자로를 폐쇄할 계획이었으나 4개월 연장하였다. 폭염과 가뭄으로 전력사용량은 늘어만 가지만 러시아의 화석연료에 의존도가 높은 유럽에서는 절전을 강조하고 있다. 사실 국가가 절전과 에너지 절약을 권고하지만, 이미 일반 국민은 절전과 절약을 할 수밖에 없는 상황이다. 전기와 천연가스 요금은 2023년에만 3배 가량 인상되어 일반 시민이 체감하는 경제적 압박은 실제보다 훨씬 크다.

원래 기후변화로 인한 폭염과 천연재해에 대한 독일의 대응전략은 정당하고, 독일이 상정했던 2050년까지 탄소중립 사회의 건설도 가능했겠으나, 현재는 청정연료와 오염연료를 따질 수 있는 상황이 아니다. 이러한 기후변화 현상은 매년 반복되고 있으며, 매년 더욱 악화된 형태로 나타나고 있다. 2021년 여름에는 독일 중부에 100년 이래 최대 폭우가 쏟아져 100억 유로 이상의 재산피해와 198명의 사망자가 발생했다. 올해에만 이미 약 2,000여 명의 사상자가 남부유럽에서 발생하였다. 기후변화의 악영향은 고위도 지역, 즉 남극과 북극 등의 극지방에서 뚜렷하게 나타났지만, 이제는 지역을 가리지 않고 동시다발적으로 발생하고 있다. 이미 지구의 이산화탄소 농도는 420ppm인데, 이는 20년 전의 390ppm보다 높고, 1750년대의 산업혁명 초기보다 무려 170ppm이 높다. 온실가스 중에 대표적인 이산화탄소의 농도가 높아짐에 정비례하여 지구온난화도 빨라지고, 기상이변도 이에 비례하여 촉진되고 있다.

2. 우크라이나 전쟁

2022년 2월 24일 러시아의 침공으로 시작된 전쟁은 2023년 12월에도 계속되고 있다. 사망자 수는 아직 정확히 알 수는 없으나, 미 국방부의 추산으로 러시아 병사만 무려 31만 명 이상이 전사했을 것으로 추정하고 있을 정도로 지난 2년 동안 양측의 군인과 민간인 사망자 수는 100만 명 이상이 될 것이라고 예측하고 있다. 뿐만 아니라 우크라이나 전역과 러시아 일부가 파괴되었고, 적어도 500만 명 이상의 난민이 고향을 등지고 전 유럽으로 피난처를 찾아 정처 없이 헤매고 있다. 이 전쟁은 인명피해뿐만 아니라 석유와 천연가스 부족 현상, 원자재 가격과 농산물 가격의 폭등을 불러왔다. 특히 유럽은 천연가스와 석유자원에서 러시아 의존도가 매우 높다. 특히 독일의 천연가스 의존도는 50~70%에 이르고, 석탄은 50%, 석유는 30~40%에 이르는 실정이다. 천연가스 의존도가 이렇게 높은 이유는 독일의 강력한 탈탄소 정책과 관계가 있다. 탄소중립 정책을 강력하게 추진하기 위해서는 기존의 석탄과 석유 발전과 원자력 발전의 비율을 획기적으로 줄여야 하는데, 신재생에너지는 이런 발전을 대체할 정도로 성숙하지 못한 상황이다. 따라서 동일한 화석연료이지만 청정 에너지라 할 수 있는 천연가스의 비중을 확대할 수밖에 없었고, 러시아가 가스관을 통해 손쉽게 독일에 천연가스를 공급할 수 있었다. 그러므로 특히 메르켈 연방총리 시기에 천연가스의 러시아 의존도는 급속히 높아졌다. 그러나 우크라이나 전쟁 이후 서방의 대러시아 보복조치로 서유럽국가가 러시아와의 무역을 획기적으로 축소함에 따라 서유럽국가도 러시아로부터 더 이상 이 자원을 공급받을 수 없게 되었다. 현재는 원래 공급량의 20~30% 수준으로 축소되어 독일은 심각한 에너지난을 겪고 있다. 또한 에너지 가격도 급등하고 있어서 일반 국민의 경제적 부담은 매우 커지고 있다. 연방정부는 실내 체육시설이나 수영장 등의 사용을 금지하고, 일반 가정의 실내온도도 20도 이하로 유지할 것을 권고하고 있는 실정이다.

이와 함께 대기 오염의 주범이 되는 석탄발전소 가동을 검토 중에 있다. 독일은 자체적으로 충분한 정도의 갈탄을 생산할 수 있으나, 환경오염과 기후 문제 때문에 갈탄발전소를 지속적으로 폐쇄하고 있었다. 그리고 석탄발전은 주로 수입 석탄을 사용하고 있었는데, 현재와 같은 상황에서는 독일이 자체 생산 가능한 갈탄 발전이 불가피해 보인다. 또 다른 가능성은 셰일가스의 이용이다. 독일에도 충분한 양의 셰일가스가 매장되어 있다고 한다. 하지만 이를 채굴하는 데에는 많은 양의 물 소비와 함께 주변 환경을 심각하게 훼손하게 된다. 그래서 독일은 이를 금지했는데 추운 겨울을 어떻게 견딜지 혹은 환경을 파괴하면서 "fit for 55"의 목표를 포기할 것인지 현재로서는 알기 어렵다.

현재 연방정부의 쟁점은 첫째, 신속한 재생에너지로의 전환, 둘째, 석유와 천연가스 사용 확대, 셋째, 에너지 수입원의 다변화, 넷째, 전력 수입 확대, 다섯째, 원자력 발전의 재가동(독일 제1당인 보수정당에서 원자력 사용을 공식화 했음) 등이 있을 것 같다.

V

나가며

지금까지 독일의 환경정책을 역사적으로 돌아보고, 당면 과제도 검토하였다. 이런 배경에서 축적된 지식과 경험으로 보면, 독일의 환경정책은 지금까지 전 세계의 모범이 되곤 했으며, 때로는 다른 나라가 부담스러울 정도로 획기적이기도 했다. 아마 이러한 독일만의 경험이 없었다면 이러한 환경정책은 실현하기 어려웠을 것이다. 특히 녹색당의 존재가 독일의 환경정책에 핵심적인 영향을 주었다고 본다. 무엇보다 1980년대 독일과 인접 국가인 프랑스의 환경정책이 달라진 것은 녹색당 존재 유무가 크게 좌우했기 때문이다.

그러나 현재와 같은 전시 상황에서는 지난 60여 년 동안 노력해왔던 것들이 완전 수포로 돌아갈 수 있다. 전쟁이 길어질수록 그 피해는 고스란히 우리 인류의 몫이 될 것이다. 전쟁과정에서 막대한 양의 온실가스가 배출될 것이며, 자연은 파괴될 것이다. 또한 많은 나라가 자원의 자급을 위해 봉인된 원자력 발전, 석탄 채굴, 셰일가스 개발 등의 조치를 취하지 않을 수 없게 될 것이며, 그 과정에서 배출되는 오염물질과 생태계 파괴는 지구온난화를 감당하기 어려울 정도로 촉진시키게 될 것이다. 현재 인류가 경험하는 기후위기는 지구 평균 온도가 겨우 1.1℃의 상승에 따른 것이지만 그 영향은 인류의 생존을 위협할 정도로 심각하다. 그런데 만약 금세기말에 3~4℃ 상승한다면 전쟁이나 코로나와 같은 질병이 아니더라도 기후변화만으로도 인류의 생존을 불가능하게 될 것이다. 그런데 현재 인류가 겪는 삼중고, 즉 전쟁, 에너지 위기와 기후위기를 극복할 수 있는 희망의 단초는 어디에도 없는 것처럼 보인다.

그나마 지금까지 독일은 그들의 환경정책을 통해 우리에게 많은 해법을 제시했으나, 이제 그 독일도 우크라이나 전쟁의 영향을 직접 받게 되면서 그 매력과 유용성이 대폭 감소되었다. 그 동안의 탈원전정책과 신재생에너지로의 전환, 그리고 지속가능발전 실현을 위한 노력이 무의로 돌아갈 수 있는 가능성도 농후하다. 석탄발전을 더욱 확대시킬 예정이며, 러시아산 액화 천연가스(LNG)와 원유 대신에 그것을 중동과 미국에서 수입하고 있다. EU차원에서는 2035년까지 내연자동차 생산을 전면 중지할 계획이라고 한다. 또한 이집트에서 11월초에 열린 제27차 기후변화 당사국 회의(COP 27)에서도 개도국 탈탄소 정책 지원을 위한 재정에 대해서는 긍정적인 합의가 이뤄졌지만, 파리협약에서 합의한 1.5℃ 허용 온도에 대해서는 참가국 대부분이 난색을 표명했고 이를 위한 참가국 사이의 합의는 전혀 이뤄지지 못했다.

우크라이나 전쟁이 끝난다고 해도 일촉즉발의 전쟁 위기 상황은 세계 곳곳에 도사리고 있고, 2023년 10월에는 이스라엘과 하마스와의 전쟁이 발발했다. 이와 함께 전 세계에 드리운 경제불황으로 대공황의 그림자가 점차 짙게 확산되고 있고 독일을 비롯한 유럽도 이 경제불황의 여파에서 좀처럼 헤어나오지 못하고 있다. 자연재해와 해수면 상승, 식량과 에너지 위기 상황은 인류가 지금까지 지속적으로 직면해 왔고 이를 극복하기 위해 다양한 환경정책을 실시해 오고 있었으나, 현재와 같은 이중 삼중의 복합 위기는 인류가 일찍이 경험해 보지 못했던 상황이며 그마저 완화될 기미가 보이지 않고 있다. 오히려 완화되기는커녕 더욱 악화되고 있는 것 같다.

자연과 인간이 함께 우리의 생존을 위협하고 있는 상황이어서 그 동안 환경 모범국이자 선도국이었던 독일마저도 이러한 상황에 효과적으로 대처하지 못하고 있는 것 같다. 한가지 분명한 것은 현재의 위기 상황은 한 개별 국가가 단독으로 극복할 수는 없다는 점이다. 따라서 독일도 유럽연합을 비롯하여 다양한 형태의 국제환경레짐에 더욱 적극적으로 참여할 수밖에 없을 것이다.

6장

독일 통일과 성평등의 전진[1]

Die deutsche Wiedervereinigung und die Förderung der Gleichstellung der Geschlechter

전태국 (Prof. Dr. Tae Kook JEON)

강원대학교 사회학과 명예교수

Professor Emeritus, Dept. of Sociology, Kangwon National University

I

들어가며

민주주의는 모든 시민을 동등하게 대우하고, 다름과 이질성을 인정하는 것을 본질로 한다. 사회의 모든 구성원에게 그들의 배경과 무관하게 동등한 기회를 보장하기 위해 사회적 배제나 불평등과 싸우는 과정이 민주주의의 특징이다. 불이익이나 배제를 낳는 경제적, 사회적, 문화적 장벽의 제거는 많은 나라에서 성, 인종, 계급, 세대, 지역의 차이를 없애는 데 상당한 결실을 거두고 있다.

성평등은 민주주의의 핵심 가치이다. 대표적 '귀속 지위'인 '남성'과 '여성'이 조금이라도 사회적 차별의 근거로 작동한다면, 그 사회는 민주사회라고 말하기 어렵다. 선거를 통해 정치지도자를 선출하고, 모든 국민이 동등하게 선거권을 갖는다고 해서 그 사회를 민주사회라고 말하기는 이르다. 선거는 필요조건이지만 충분조건은 아니다. 성평등이 사회의 각 분야에서 어느 정도 진전되었는가 하는 점이 그 사회의 민주주의 성숙의 정도를 나타내는 지표라고 할 수 있다.

선진 민주주의 사회에서는 생활세계의 숨겨진 영역에서 은밀하게 작동하는 성차별과 억압에 대해 예민한 눈길을 보낸다. 젠더 민주주의 인식이 고양되면서, 성별에 대한 전통적 시각은 시대에 뒤떨어진 '아날로그'로 조롱받는 신세를 면치 못한다.

독일은 성평등의 진전에서 세계 10위권의 선진국이다. "여자이기 때문에" 받는 불이익과 차별은 독일에서 찾아보기 어렵기 때문이다. 사회의 각 부문에서 여성의 역할과 지위가 남성과 거의 차이가 없다. 유명한 전 연방총리 메르켈(Angela Merkel)과 현 연방의회 의장 바스(Bärbel Bas)를 비롯하여 주요 정당의 대표도 여성인 경우가 많다. 대학 교수, 과학자, 국회의원, 기업인에도 여성이 남성에 못지않게 많다. 여성해방 혹은 페미니즘은 그동안 성취한 성평등의 진전에 비추어 진부한 용어가 된 지 오래다.

II

독일에서 전통적 성역할 관념이
거의 사라졌다

성평등의 사회적, 실제적 진전은 독일인의 높은 성평등 의식에 기초한다. 독일인의 높은 수준의 성평등 의식은 무엇보다도 '세계가치관조사(World Values Survery)와 독일종합사회조사 '알부스(Allbus)'에서 증명된다. 오늘날 독일인은 전통적 성역할 관념을 단호히 거부하고 있다. 사회조사의 결과는 독일인의 가치와 지향이 한국인과 극명한 대조를 이룬다는 것을 보여준다.

1. '세계가치관조사'에서 나타난 한국인과 독일인의 차이

2017년에 실시된 제7차 '세계가치관조사'에 의하면, 한국인과 독일인은 성평등에 대해 매우 상반된 시각을 갖고 있음이 드러난다.

첫째로, "여성이 남성과 동일한 권리를 갖는 것"을 "민주주의의 본질적인 특성"으로 보는 비율이 독일인은 열명 중 아홉명(87.1%)에 달하는데 비해 한국인은 열명 중 한명(11.9%)에 불과했다. "민주주의의 본질적 특성이 아니다"를 1점, "민주주의의 본질적 특성이다"를 10점으로 할 때 평균점이 독일인은 9.58에 달했는데, 한국인은 7.46에 그쳤다. 한국인은 남녀 동등권을 민주주의와 무관한 것으로 보는 경향이 강한데 비해, 독일인은 민주주의 본질적 특성으로 보고 있는 것이다.

둘째로, "전반적으로 남자는 여자보다 더 나은 정치 지도자가 된다"는 의견에 독일인은 열명 중 아홉명(89.6%)이 반대하고 찬성은 두명이 채 안되는데(16.4%) 비해, 한국인은 열명 중 다섯명(52%)이 찬성하였다. 여성 정치지도자는 한국인에게는 아직 낯선 관념이지만, 독일인에게는 통상적이다.

셋째로, "일자리가 부족할 때는 남성이 여성보다 직업에 대한 권리를 더 많이 가져야 한다"는 의견에 독일인은 열명 중 여덟명 가까이(77.5%)가 반대하고 찬성은 극수수(5.2%)인데 비해, 한국인은 반대가 두명 정도(19.7%)에 불과했고, 찬성이 과반수(53%)를 차지했다. 직업기회를 남성 우선으로 생각하는 전통적 시각이 한국인에게서는 아직도 강고하게 자리잡고 있는데 비해 독일인에게서는 그러한 전통적 시각은 거의 사라졌다.

넷째로, "여성이 남편보다 소득이 더 많으면 문제다"는 의견에 독일인은 열명 중 일곱명(71.8%)이 반대하고 찬성은 두명이 못되었다(15.2%). 한국인은 열명 중 세명 정도(32.5%)가 찬성하고 세명 정도(32.1%)가 반대했다. 주된 소득은 남성이 버는 것이라는 전통적 시각이 한국인에게서는 아직도 강고하게 자리잡고 있지만, 독일에 게서는 거의 사라졌다.

다섯째로, "대학교육은 여자아이보다 남자아이에게 더 중요하다"는 의견에 독일인은 거의 모두(95.3%)가 반대하는 데 비해, 한국 인은 열명 중 여섯명 남짓(66.3%)이 반대하고 세명 남짓(33.7%)이 찬성했다. 고등교육에서 성차별이 한국인에게서는 아직도 강력하 게 남아있는데 비해 독일인에게서는 완전히 사라졌다.

2. 독일의 종합사회조사 'Allbus'와 한국의 사회조사 에서 나타난 차이

전통적 성역할 관념이 독일에서 거의 사라졌음을 독일종합사회 조사 Allbus가 증언한다.

1) 전통적인 '남성 생계부양자' 관념이 거의 사라졌다

"남자의 일은 돈을 버는 것이고, 여자의 일은 집안과 가족을 돌보 는 것이다"라는 전통적 '남성 생계부양자' 관념에 대해 1994년 조 사에서 찬성이 서독에서는 37.2%였고, 동독에서는 11.2%에 불과 했다. 전국적으로 보면 찬성이 28.8%였는데, 8년 후인 2012년에는 18.2%로 10% 포인트 감소했다. 최근에 와서는 이러한 전통적 관념 의 지지자는 더욱 쪼그라들었다. 2018년에는 10.9%에 불과했다.

한국인과 비교하면 독일인의 특성이 극명하게 드러난다. '한국 종합사회조사'에서 '남성 생계부양자' 의견에 찬성이 2003년 조사에서 34.2%, 2006년 조사에서 42%, 2008년 38%, 2012년 33.2%였다. 10년의 세월이 흘렀지만, 전통적인 '남성 생계부양자' 관념의 지지는 변함없이 30%대를 유지하였다. 그리고 한국여성정책연구원의 '양성평등 실태조사 조사'도 비슷한 결과를 보여준다. 2021년 조사에서 '가족의 생계는 주로 남성이 책임져야 한다'에 동의(그렇다+매우 그렇다)하는 비율이 29.9%로 5년 전보다(42.1%) 12.2% 줄었다. 전통적 '남성 생계부양자' 관념을 지지하는 한국인의 비율이 최근에 와서 많이 감소하였지만, 독일인 보다 3배나 더 많다. 전통적 관념을 지지하는 사람이 독일인은 10명 중 1명에 불과한데 한국인은 10명 중 3명이나 된다. 독일은 한국과는 달리 전통적 '남성 생계부양자' 관념이 거의 사라졌다.

2) 전통적인 '여성 주부' 관념이 거의 사라졌다

"직장을 갖는 것도 좋지만 대부분 여성이 진정으로 원하는 것은 집과 아이들이다"라는 전통적인 '여성 주부' 관념에 대해서 통일 초기에는 동-서독인이 뚜렷한 대조를 보였다. 그러나 시간이 지나면서 수렴하였다. 1994년에 전통적인 '여성 주부' 관념에 찬성이 전국적으로 30.3%였고, 반대가 55.7%였다. 동서독 별로 보면, 서독인은 35.3%가 찬성했고, 반대가 47.9%였다. 이에 비해 동독인은 찬성이 19.8%에 불과했고, 반대가 71.2%에 달했다. 즉 통일 초기에는 서독인에게 아직도 전통주의가 강하게 남아 있었다. 이에 비해 동독인은 10명 중 7명이 전통적인 '여성 주부' 관념에 반대하였다. 이후 시간이 지나면서 서독인은 동독인의 현대적 여성상에 접근하였다. 2000년대에 들어와서는 인식이 더욱 급진화했다. 2012년에 찬성이 전국적으로 23%였고, 반대는 64%였다. 이제는 전통적인 '여성 주부' 관념을 지지하는 독일인은 10명 중 2명 남짓에 불과하다.

한국의 조사(한국종합사회조사)에서 "여성이 취업하는 것도 괜찮으나 대부분 여성이 진정으로 원하는 것은 집에 머무르며 자녀를 키우는 것이다"라는 전통적 '주부 여성' 관념에 찬성이 2003년에 41.4%, 반대가 36.4%였다. 2012년에는 찬성과 반대가 각각 39.4%로 같았다. 전통적 '여성 주부' 관념이 한국인에게서 여전히 강력하게 견지되고 있는 데 비해 독일인에게서는 거의 사라졌다.

3) 전통적인 '여성의 가정 책임' 관념이 거의 사라졌다

"부모가 모두 직장을 가지고 있더라도 가정과 자녀에 대해 주된 책임은 여성에게 있는 것이 더 좋다"라는 전통적인 '여성의 가정 돌봄 책임'에 대한 독일인의 반대가 시간이 지나면서 더욱 강화되었다. 2012년 조사에서 반대가 68.3%였다. 2016년에는 75.5%, 2021년에는 85.5%였다. 오늘날에는 독일인 10명 중 9명 가까이가 전통적 관념에 반대한다. 독일인은 거의 모두가 가정과 자녀 돌봄의 평등한 분배를 지향하고 있다(Allbus, 2012년, 2016년).

한국의 조사(서울대학교 사회발전연구소)에서 "맞벌이 부부라도 집안일은 여자가 맡아야 한다"는 의견에 찬성이 1996년에 21.8%, 반대가 51.5%였고, 2003년 조사에서 찬성이 11.1%, 반대가 66.3%였다. 2016년 조사(한국여성정책연구원)에서 "여성은 자신의 직장 생활보다는 어린 자녀를 돌보는 것을 더 우선해야 한다"는 의견에 찬성(그렇다+매우 그렇다)이 53.8%이었다. 그러나 2021년 조사에서 '직장 생활을 하더라도 자녀에 대한 주된 책임은 여성에게 있다'는 인식은 17.4%로 크게 하락했다. 전통적인 '여성의 가정 돌봄 책임'에 동의하는 한국인은 이제 10명 중 2명 정도로 줄어들었다.

한국인의 의식 속에 아직도 전통적인 '여성의 가정 책임' 관념이 사라지지 않은 데 비해 독일인에게서는 거의 찾아보기 어렵다. 독일인의 현대적 사고가 극명하게 나타난다.

4) 전통적인 '여성은 남편 경력 보조자' 관념이 거의 사라졌다.

"여성은 자기 경력을 쌓는 것보다 남편의 경력 쌓기를 돕는 것이 더 중요하다"는 의견에 1992년에 서독인은 41.5%가 찬성했고, 반대가 58.5%였다. 2000년 조사에서 서독인의 찬성은 34.2%, 반대가 65.7%였다. 동독인의 찬성은 28.4%, 반대가 71.5%였다. 전국적으로 보면 1996년에 찬성이 33.7%, 반대가 66.3%였고, 2008년에는 찬성이 24.8%, 반대가 75.1%였다. 2016년에는 찬성이 16.9%로 더 줄어들었고, 반대가 83.1%로 많이 늘어났다(Allbus, 1992년, 1996년, 2000년, 2008년, 2012년). 여성을 '남편의 경력 보조자'로 보는 전통적 시각은 독일인에게서는 거의 뿌리를 잃었다.

한국의 조사(한국종합사회조사)에서 "아내는 자기 경력을 쌓기보다는 남편이 경력을 쌓을 수 있도록 도와주는 것이 중요하다"는 의견에 찬성이 2006년에 50.8%, 반대가 35%였고, 2008년에는 찬성이 60.6%, 반대가 22.2%로 감소했다. 한국인은 과반수가 여전히 부인을 '남편 경력 보조자'로만 생각하는 데 비해 독일은 10명 중 1~2명에 불과했다. 독일인은 한국인과 극명한 차이를 보였다.

5) 여성의 취업에 부정적인 시각이 거의 사라졌다

(가) "취업하고 있는 어머니도 취업하지 않은 어머니와 마찬가지로 자녀와 따뜻하고 신뢰 있는 관계를 맺을 수 있다"라는 의견에 1992년 조사에서 서독인은 10명 중 7명 정도(74.4%)가 찬성했고, 동독인은 거의 모두(92.6%)가 찬성했다. 동서독인 간의 차이가 18% 포인트였다. 1994년에는 서독인의 찬성은 75.3%로 조금 올랐고, 동독인의 찬성은 92.2%로 거의 변화가 없었다. 이후 시간이 지나면서 서독인에게서 찬성률이 높아져 2000년 조사에서는 10명 중 8명(79.6%)이 찬성했다. 동독인의 찬성률 93.9%이었다. 동서독인 간의 차이가 14% 포인트로 6년 전보다 많이 좁혀졌다. 전국적으로 보면 대체로 증가추세가 1994년에 찬성률이 80.8%, 2000년에 84.6%, 2008년에 84.3%로 증가추세를 보였고, 2012년에는 85.8%였고, 2016년에는 87.1%이었다. 어린아이를 둔 엄마의 취업은 이제 독일인 모두에게 극히 자연스러운 현상이 되었다.

한국의 조사에서도 취업 엄마를 두둔하는 견해가 우세하였다. 동일한 질문의 조사(한국종합사회조사)에서 찬성이 2003년에 60.7%, 반대가 25.2%였다. 2012년 조사에서 찬성이 66.4%, 반대가 21.4%

였다. 다른 조사(신광영, 2000)에서도 비슷한 결과가 나왔다. "직장여성도 집에 있는 어머니처럼 자녀들과 원만한 관계를 맺을 수 있다"는 의견에 2000년 조사에서 찬성이 77.4%, 반대가 21.2%였다. 그리고 2006년 조사(서울대학교 국제학연구소)에서도 비슷한 결과가 나왔다. 찬성이 78.8%, 반대가 21.3%였다. 한국인은 10명 중 6명 정도가 취업 엄마를 두둔하는데 비해 독일인은 10명 중 9명에 가깝다. 한국인에게서는 보수적 시각이 아직 완전히 청산되지 못하고 있지만, 독일인은 거의 모두가 여성의 취업을 비호하고 있다.

(나) "대체로 여성이 전일제로 일하면 가정생활이 어려워진다"라는 전통적 의견에 대해 통일 초기에 동-서독이 뚜렷한 대조를 보였다. 서독인은 보수주의 경향이 강한데 비해 동독인은 이미 현대적 지향을 보였다. 통일 후 시간이 지나면서 서독인의 보수적 경향이 쇠퇴하고, 동독인의 현대적 태도에 수렴하였다. 1994년 조사에서 전통적 의견에 찬성이 전국적으로 51.6%였고, 반대가 34%였다. 즉 과반수가 전통주의적 태도를 지지했다. 동서독 별로 보면, 서독에서는 찬성이 61.6%, 반대가 24%였다. 이에 비해 동독에서는 찬성이 30.5%였고, 반대가 55.3%로 과반수를 차지했다. 동-서독이 서로 정반대의 경향을 보인 것이다. 그러나 8년이 지난 2012년 조사에서 서독의 찬성은 34.9%로 쪼그라들었고, 반대가 52.3%로 많이 증가했다.

한국의 조사(한국종합사회조사)에서 "여성이 전일제로 취업하면 가정생활은 상당히 어려움을 겪게 된다"라는 의견에 2003년 조사에서 찬성이 64.1%, 반대가 16.7%였다. 9년이 지난 2012년 조사에서도 여전히 찬성이 60% 이상(60.2%)이었고, 반대가 21.5%였다. 한국인은 10명 중 6명 이상이 여성의 취업을 부정적으로 보는 전통적 시각을 갖고 있는 데 반해 독일인은 10명 중 3명 남짓이다. 이처럼 극명한 차이를 보였다.

(다) "어린아이는 엄마가 직장에 다니면 분명히 고통을 겪을 것이다"라는 보수적 시각이 통일 초기에는 특히 구 연방주(구서독 지역)에서 우세했다. 그러나 통일 후 시간이 지나면서 보수적 시각은 소수로 전락하고, 동서독이 수렴하고 있다. 1992년 조사에서 이 보수적 시각에 서독인은 10명 중 7명 이상(75.8%)이 동의했고, 동독인은 절반 정도(52.3%)가 동의했다. 동-서독 격차가 25% 포인트 이상에 달했다. 8년이 지난 2000년 조사에서 서독인들의 찬성률이 72.2%로 조금 내려간 데 반해, 동독인의 찬성률은 큰 폭으로 감소하여 10명 중 4명(40.7%)으로 내려갔다. 동서독 격차가 30% 포인트 이상으로 커졌다. 동독인은 서독인보다 훨씬 더 현대적이고, 서독인은 여전히 보수적이었다. 전국적으로 보면, 보수적 시각에 대한 찬성률이 뚜렷한 감소 추세를 보였다. 1996년에 찬성이 70.9%였는데, 2000년에는 61.1%로 줄었고, 2008년에는 50.8%로 더 내려갔다. 2012년에는 마침내 절반 밑으로 내려갔다(45.9%). 2016년에는 10명 중 4명(40.8%)으로 내려갔다. 2021년에는 10명 중 3명 정도만이 보수적 시각에 찬성(35.3%)할 뿐이다. 이제 보수주의는 소수의 시각이 됐다.

한국의 조사(한국종합사회조사)에서 "어머니가 취업하면 취학 전 자녀는 상당히 어려움을 겪게 된다"라는 의견에 2003년 조사에서 찬성이 73.4%, 반대가 12.7%였다. 2012년 조사에서 찬성이 67.5%, 반대가 16.5%였다. 여기서도 한국인은 10명 중 7명 가까이가 여성의 취업을 부정적으로 보는 전통적 시각을 가졌는데 비해, 독일인은 10명 중 3명 남짓이었다. 독일인은 한국인과 커다란 차이를 보였다.

6) 성별은 사회적 성공의 조건이 아니다

고양된 성평등 의식하에서 성별은 더 이상 사회적 성공의 조건으로 인식되지 않는다. 사회조사에 의하면 "독일에서 인생에 성공하기 위해서 '남자로 태어나거나 여자로 태어나는 것'이 얼마나 중요하다고 생각합니까?"라는 질문에 '중요하지 않다'(별로+전혀)라고 응답한 사람이 통일 직후인 1992년 조사에서 동독인은 67.6%, 서독인은 66%에 달했다. 동독인이 서독인보다 약간 더 높지만 본질적으로 동-서독인 10명 중 6명 이상이 '중요하지 않다'라고 보았다. 2010년 조사에서도 '중요하지 않다'라고 응답한 사람이 10명 중 6명 이상(63.8%)이었다.

한국의 조사(한국종합사회조사)에서도 비슷한 결과가 나왔다. 2009년 조사에서 "귀하는 인생에서 성공하는 데, 성별이 얼마나 중요하다고 생각하십니까?"라는 질문에 '중요하지 않다'(별로+전혀)라고 응답한 사람이 10명 중 6명 이상(62.3%)이었다. 2014년 조사에서도 마찬가지로 6명 이상(62.8%)이었다.

성별이 사회적 성공에 '중요하지 않다'라고 본다는 점에서 독일과 한국은 비슷하지만, '전혀 중요하지 않다'라고 보는 비율에서는 독일이 한국보다 10% 이상 더 높았다. 1992년에 서독인은 37.7%, 동독인은 39.7%가 '전혀 중요하지 않다'라고 응답했고, 2010년에는 독일인 전체의 33.4%가 '전혀 중요하지 않다'라고 생각했다. 이에 비해 한국은 2009년에 21%, 2014년에 20.1%였다. 이는 약 10년의 시차를 두고도 독일인이 한국인보다 훨씬 더 강력하게 성별을 사회적 성공의 조건으로 보지 않는다는 것을 말한다.

7) 독일에는 성 갈등이 심하지 않다

성 갈등의 인식에서 독일인은 한국인과 큰 차이를 보인다. 2021년 조사에서 독일인의 75%가 남자와 여자 간의 갈등이 '심하지 않다'(갈등이 '전혀 없다' 9.2%, '미약하다' 65.8%)라고 보았으며, '심하다'라고 보는 사람은 25%('매우 심하다' 5%, '꽤 심하다' 20%)에 불과했다.

한국인은 다른 인식을 하고 있다. 과반수가 갈등이 심하다고 보고 있다. 같은 해에 실시된 조사(한국행정연구원)에서 성 갈등이 '심하다'라고 응답한 한국인은 절반을 넘었다(51.7%) ('매우 심하다' 9.9%, '약간 심하다' 41.8%). 반면에 '심하지 않다'라고 보는 한국인은 절반이 안 되었다('전혀 심하지 않다' 5.6%, '별로 심하지 않다' 42.7%).

따라서 성 갈등이 '심하다'(매우+약간)라고 보는 한국인의 비율이 독일인의 2배에 이르고 있다. 이는 독일에서는 본질적으로 성평등이 관철되어 성 갈등이 거의 사라졌지만, 한국에서는 여전히 성차별이 강고하게 존속하고 있어 갈등으로 분출되고 있다는 것을 말한다.

실제로 한국 사회에서 성차별을 경험한 여성이 여전히 적지 않음이 조사에서 드러난다. 2022년 조사(한국행정연구원)에서 "귀하는 지난 1년 동안 남자 또는 여자의 이유로 부당한 대우나 불이익을 경험하신 적이 있습니까?"라는 질문에 '경험했다'라고 응답한 여성이 10.9%에 달했고, 특히 20대 여성은 12.2%에 달했다. 즉 한국 여성은 10명 중 1명이 성차별을 경험했고, 특히 젊은 여성에게서 성차별 경험이 더 많다고 말할 수 있다.

이상에서 보면 독일인의 성평등 의식은 한국인과 극명한 대조를 보이고 있다. 특히 동독인은 일찍부터 현대적, 평등주의 의식을 가졌다. 이에 비해 서독인은 매우 상반된 생각을 가졌다가, 통일 후 시간이 지나면서 동독인의 평등주의 의식에 점차 수렴하였다. 이제 독일인에게서 전통적 시각은 찾아보기 어렵다. 현대적 평등주의가 지배적 유형으로 자리 잡고 있다. 이에 비해 한국인의 의식 속에는 전통적 성역할 관념이 여전히 뿌리를 내리고 있다.

통일이 독일을 '성평등 사회'로 끌어올렸다

독일의 이러한 높은 성평등 의식은 실제로 성평등이 현실에서 고도로 실현된 것에 기초한다. 독일에서 성평등의 실질적 진전은 무엇보다도 통일의 효과라고 볼 수 있다. 통일이 독일을 '성평등 사회'로 끌어올리는 데 큰 역할을 한 것이다. 통일 전까지 서독에 서는 〈남성 부양자/여성 주부〉의 전통적인 보수적 성역할 체계가 공고하게 정착하고 있었다. 1977년까지만 해도 서독에서 여성은 남편의 동의가 없으면 일할 수 없었고, 남편은 아내의 취업을 금지할 수 있었다. 여성에게 가정 살림을 맡을 의무가 법적으로 규정되어 있었기 때문이다. 1970년에 여성 고용률은 45.9%에 그치고 있었다. 1972년에 여성 정치가 렝거(Annemarie Renger, SPD)가 처음으로 서독의 연방의회 의장이 되었을 때, 연방의회의 여성의원은 6%에 불과했다(ZDF, heute, 2021/9/29).

독일이 성평등을 고도로 달성할 수 있었던 데에는 무엇보다 통일 후 동독의 성평등 정책을 계승한 것에 기인한다. 일과 가정을 양립할 수 있게 한 구동독의 잘 구축된 전국적 아동 돌봄 체계와 높은 여성 취업률이 통일 후 서독 지역을 자극하여 돌봄 체계가 확충되고 여성의 취업률도 높아졌다. 그리하여 서독 사람들이 구동독의 일하는 엄마들에 대해 어린아이를 돌보지 않고 일에만 몰두하는 매정한 엄마라는 의미에서 비난하기 위해 사용했던 '까마귀 엄마'(Rabenmutter)가 이제는 독일의 보편적인 여성상이 되었다. 이러한 진전과 함께 서독인들의 전통적인 성역할 의식에 커다란 변화가 일어났다. 통일 전에 서독에서 지배적이었던 전통적인 성역할 관념은 이제 극소수만이 견지할 뿐이고, 대부분의 서독인은 동독인들의 평등주의 모델을 지향하고 있다.

이러한 성 인식의 변화는 일련의 새로운 법 제도의 도입으로 강화되었다. '부모시간' 및 '부모수당'이 도입되어 자녀 출산 후의 소득감소와 경력 단절을 방지하였고, '할당제'가 도입되어 공공 및 민간 부문의 고위 관리직에 여성 비율이 일정 수준을 유지하도록 규정하였다. 이제 독일에는 페미니즘이 더 이상 필요하지 않다고 말해질 정도로 성평등이 고도로 실현되고 있다.

IV
통일 전 동독은 성평등의 기반을 구축했다

그러면 통일 후 독일을 성평등 사회로 전진시킨 구동독의 현실은 어떤 모습이었는가? 동독 여성들의 평등한 삶은 어떻게 가능했나?

통일 후 "사회주의 통일당 독재의 규명을 위한 연방 재단(Bundesstiftung zur Aufarbeitung der SEDDiktatur)"의 소장이자 『동독의 여성』(2016)의 저자로 유명한 카민스키(Anna Kaminsky)는 베를린 장벽 붕괴 30주년을 맞아 '노이에 취리히 신문(Neue Zürucher Zeitung)'에 기고한 글 〈무엇이 평등을 이루는가?〉(2019.10.17)에서 동독 여성들은 구호에서만이 아니라 실제로도 남성과 동등한 권리를 가졌다고 회고했다:

"1990년 이후 동독에서의 삶이 비판적으로 평가되었을 때, 동독의 제도는 거의 아무것도 남지 않았다. 그러나 동독과 서독의 사람들이 대체로 동의하는 것이 하나 있었다. 비록 많은 것이 좋지 않았지만, 적어도 독일민주공화국(DDR), 즉 동독에서는 여성들이 남성과 동등한 권리를 가졌다는 점이다. 누구나 여성이 충분한 자격을 갖추고 있다고 생각하였고, 여성의 직업 활동은 존중되었다. 그리하여 '동독에서 가장 좋은 점'이 여성이라는 결론에 도달한 사람들도 있었다. 1980년대에 동독 여성의 92% 이상이 일자리를 가지고 있었다. 엄마들은 충분히 확충된 육아 인프라를 이용할 수 있었고, 임신하더라도 훈련이나 학업을 중단할 필요가 없었다. 오히려 그들은 자녀를 조기에 국립 돌봄 시설 중 한 곳에 맡기도록 장려되었다. … 아이들을 돌보기 위해 집에 머물러 있는 여성은 뒤떨어진 가엾은 존재로 그려졌다."(Kaminsky, 2019)

동독 시절이 여성에게 좋았던 점은 적어도 다음의 세 가지였다.

(1) 일과 가정을 양립할 수 있게 한 아동 돌봄 체계의 구축
(2) 출산 장려와 '가정의 날'의 도입
(3) 성별 소득격차의 미미함

1. 일과 가정의 양립

성평등은 여성이 소위 '가족적 노예화'에서 벗어나고 남성에 대한 경제적 의존에서 벗어나 독립적인 경제적 주체로서 사회적 생산에 참여할 때만 달성될 수 있다고 동독의 집권당 '사회주의 통일당(SED)'은 믿었다. "생산 과정에 동등한 권리를 갖고 참여"하는 것이

남녀평등권의 기초이다. 그리하여 노동 세계에서 남녀의 공식적 평등이 정책의 중심에 서게 되었고, 여성을 직장 생활에 통합시키는 것이 국가의 중점 과제로 추진되었다. 물론 이러한 조치는 미성숙과 타율로부터 자유롭게 한다는 의미에서 해방과는 거의 관련이 없었다. 국가는 간단히 말해 여성의 노동력이 필요했고, 그러기 위해서 여성은 남편에 대한 의존에서 벗어나 일터에 나갈 수 있어야 했다.

여성들의 취업은 무엇보다 아동 돌봄 문제가 해결되어야 가능하다. 이에 동독 정부는 광범위한 아동 돌봄 체계를 구축하는 데 매진했다. 구동독에서 아이 엄마의 높은 취업률은 아동 돌봄 체계가 잘 갖추어졌기에 가능했다. 아동 돌봄 체계는 아동의 연령에 따라 구분된다. 3세 미만의 아동은 어린이집(Kinderkrippe), 3세~6세 아동은 유치원(Kindergarten), 그리고 7세 이상의 초등학교 어린이는 '호르트(Hort)'에서 돌봄을 받는다. '중부독일방송'(MDR)의 기획보도 "아동 돌봄은 독일민주공화국에서 보장되었다"에 의하면, 동독의 아동 돌봄 체계는 세 가지 면에서 잘 갖추어졌다고 평가된다. ⑴ 어린이집과 유치원의 공급, ⑵ 초등학교 어린이를 위한 '호르트' 설치. ⑶ 육아 휴가제 시행.

먼저, 구동독에서는 아동 돌봄 체계가 1950년대부터 일관되게 확장되었다. 1980년대에는 10명 중 8명이 어린이집을 다녔다. 몇 가지 예외를 제외하고 어린이 돌봄 시설은 모두 국영이었다. 어린이가 매일 10시간씩 어린이집이나 유치원에 가는 것은 드문 일이 아니었다. 아침 6시에 엄마나 아빠의 손을 잡고 어린이집이나 유치원 문 앞에 서 있는 것은 흔히 보는 광경이었다. 돌봄 시설은 오전 6시부터 오후 6시까지 부모가 안심하고 일할 수 있도록 개방되어 있었다. 돌봄 기준은 6명의 아동 당 보육교사 1명이었으며, 아동 돌봄 비용은 무료였다. 다만 점심 식대로 부모가 소액의 급식비를 내면 되었다. 어린이집은 1일 1.70마르크, 유치원은 1일 0.35마르크, 학교는 1일 0.55마르크였다.

둘째, 초등학교 어린이를 위한 '호르트'가 운영되었다. 학교 어린이는 학교가 끝난 후 오후를 돌봄 시설 '호르트'에 맡겨졌다. 1학년에서 4학년까지의 어린이는 학교 수업 시작 전과 방과 후에 숙제를 포함하여 훈련된 교육전문가에 의해 보살핌을 받을 수 있었다. '호르트'는 오전 6시부터 오후 5시까지 운영되었다.

셋째, 유급 육아 휴가제가 1976년부터 실시되었다. 1976년에는 둘째 자녀부터, 1986년부터는 첫째 아이 출산과 함께 '육아휴가' (Babyjahr)를 신청할 수 있었다. 어머니는 첫 아이를 낳은 후 6개월 동안, 그리고 나중에는 12개월 동안 임금의 80%를 청구할 수 있었다. 매번 추가 출산 후에 12개월 동안 재정적으로 보장받으며, 직장 근무에서 면제될 수 있었다. 세 번째 아이의 출산 후에는 18개월로 연장되었다. '육아휴가'가 끝나면 직장으로 복귀가 보장되었다 (Opielka, 2002).

구동독에서 아동 돌봄 체계가 잘 갖추어져 여성들이 가족 밖에서 직업 활동에 아무런 장애 없이 종사할 수 있었지만, 그러나 가족 안의 생활세계에서 여성이 집안일과 자녀 돌봄을 책임지는 것은 변함이 없었다. "성평등은 생계 참여를 통해 달성되어야 한다는 것을 의미했지, 가족의 의무에 대해서는 고려하지 않았다." 자녀

양육과 가사노동은 공식적, 법적으로는 부부에게 공동으로 책임이 있었지만, 실제로는 그렇지 않았다. 현실에서 젠더 문화는 상당한 '부등가성'이 지배하고 있었다. 직업과 가족의 양립이 국립 아동 돌봄 시설의 전국적 네트워크의 수립으로 크게 수월해졌지만, 자녀 돌봄과 가족노동은 여전히 여성의 몫이었다. 동독의 성평등 정책은 Ute Gerhard가 말한 바와 같이, 일차적으로 가족 내의 성평등에 관한 것이 아니라, 무엇보다도 사회주의 국가의 제도와 사회화 심급으로서 가족의 기능화에 관한 것이었다(Gerhard, 1994).

2. 출산 장려와 '가정의 날' 도입

가족의 재생산 기능에 영향을 미치는 일련의 조치들이 동독이 막을 내릴 때까지 확장되었다. 여성은 독일민주공화국 노동법 244조에 따라 출산 전에 6주간의 '임신 휴가'를, 출산 후에는 20주간의 '산후 휴가'를 가졌다. '임신 휴가'와 '산후 휴가' 동안에 여성들은 '임신 수당'과 '산후 수당'을 받았다. 여성들에게 산후 휴가 후에 직장 복귀가 보장되었다. 1972년부터는 모든 신생아에 대해 부모는 일정 금액의 축하금을 받았다. 첫 자녀에 대해 1,000마르크를, 추가 자녀당 최대 2,500마르크를 받았다. 그러나 돈을 지급하는 데는 몇 가지 조건이 붙었다. 임신 9개월 동안 정기적인 임신 검진과 치과 방문이 그것이다(MDR, 2009).

또한 1952년부터 '가정의 날'(Haushaltstag)이 도입되었다. 이날

노동자는 별도의 휴가를 신청할 필요 없이 집에서 집안일을 할 수 있었다. 원래 나치가 1939년에 군수 산업에서 일하는 여성들을 위해 '세탁일'(Waschtag)을 도입한 것에 연원을 두었다. '세탁일'은 비유태인 여성에게만 적용되었다. 그 후 1943년에는 14세 미만의 자녀를 돌봐야 하는 모든 비유태인 취업 여성에게 적용되었다고 한다. 2차대전 후 동독에서 나치의 '세탁일'을 계승하여 1952년에 기혼 여성을 위해 '가정의 날'이 법정 유급 휴일로 도입됐다. 일하는 여성은 매월 '가정의 날'을 이용할 자격이 있었다. 1965년부터 18세 미만의 자녀를 둔 비혼여성에게도 적용되었고, 1970년부터 모든 취업 여성과 독신 남성이 '가정의 날'을 요구할 수 있게 되었다. 1977년에 자녀가 없는 40세 이상의 비혼여성, 홀로 자녀를 키우는 남성에게도 적용되었다. '가정의 날'을 통일 후 1991년 12월에 동독 여성들이 마지막으로 이용할 수 있었다(MDR, 2021).

통일 전 서독에서도 브레멘, 함부르크, 노르트라인-베스트팔렌주에서 여성들에게 '가정의 날'이 실시되었다. 그러나 1979년 연방헌법재판소는 남녀에 대한 불평등한 대우를 이유로 '가정의 날'이 헌법에 어긋난다고 판결했다. 통일 후 1994년에 모든 연방주에서 「노동시간법」(Arbeitszeitgesetz)의 도입으로 '가정의 날'이 폐지되었다.

최근에 '가정의 날'의 재도입을 주장하는 목소리가 늘어나고 있다. 작센주의 통합부장관 쾨핑(Petra Köpping, SPD)은 동독의 가정의 날이 "통일 이후 없어진 많은 좋은 것 가운데 하나였다"라며 동독의 가정의 날을 다시 도입하자고 주장했다. 연방의원 슈나이더(Carsten Schneider, SPD)도 '가정의 날'을 재도입을 주장했다(Evangelisch.de, 2019).

3. 성별 소득격차의 미미함

구동독에서는 여성의 취업이 일반적이었다. 여성의 90% 이상이 일했다. MDR의 보도에 따르면, 동독에서 거의 모든 여성이 직업 활동을 했지만, 여성의 월 평균 소득은 남성보다 최대 30%까지 낮았다. 그러나 성별 소득격차 30%는 오늘날의 시각에서 보아도 결코 큰 격차는 아니다. 통일 후 15년이 지난 2005년에 독일의 노동자와 사무직에서 남성과 여성의 소득격차는 평균 약 27%이었다(Döge, 2008). 오히려 21세기의 대표적인 나라들에서 성별 소득격차가 몰락한 동독보다 높은 것으로 나타났다.

'세계경제포럼'이 분석한 2022년 근로소득 성평등 비율(남성 근로소득에 대한 여성 근로소득의 비율)에 의하면, 한국은 여성의 소득이 27,900달러이고, 남성 소득은 56,710달러였다. 따라서 한국 여성의 소득은 남성 소득의 49%에 불과하다. 일본 여성의 소득은 남성 소득의 57%였고, 영국은 61%, 미국도 67%에 그쳤다. 이들 나라는 모두 몰락한 동독보다 높은 성별 소득격차를 보인다. 다만 독일은 예외이다. 독일은 73%로, 프랑스(75%), 노르웨이(74%), 핀란드(72%), 스웨덴(83%)과 함께 소득의 성평등 비율이 매우 높은 나라에 속한다(World Economic Forum, 2022).

한 가지 흥미로운 사실은 통일 전 동독에서 국가의 공식적인 발표와는 달리 실제로는 남성 직업과 여성 직업이 불평등하게 평가되었고, 성별로 분리된 노동시장과 성별로 구별된 직업 선택이 존재했다는 사실이다. 양성평등의 국가적 선언과는 달리 동독의 노동시장은 여전히 성별로 분절화되어 있었다. 여성이 남성과 동등한 권리를 갖고 노동 세계에 참여하고 있었지만, 여성의 소득이 상대적으로 낮았다. 여성이 집중적으로 고용된 직종, 이를테면 서비스 부문 일자리는 그렇지 않은 직종에 비해 저평가되어 소득이 낮았다. 대다수 여성은 서독과 다르지 않게 여성 전형 직업에서 일했다. 여성은 특히 사회 서비스, 의료, 교육, 과학, 상업, 우편 서비스, 은행 및 통신 분야 등 주로 서비스 부문에서 일했다. 이를테면, 1988년에 기술 과학 분야 대학생의 약 27%가 여성이었다. 국제적으로 비교해 비율이 매우 높았다. 그러나 1987년에 졸업한 여학생의 60%가 16개 특정 직종에 집중되었으며 여성 비율은 85% 이상이었다. 그리고 사회 서비스에서 여성의 비율은 92%에 달했고, 보건 서비스에는 83%였고, 교육 서비스에는 77%였다(Döge, 2008). 반면에 산업, 수공업, 건설 및 운송 부문에서는 뚜렷하게 과소 대표되었다. 그리고 산업에서도 여성은 주로 섬유 및 전기 산업에 고용되었으며, 거기서도 여성은 관리직에 있는 경우가 매우 드물었다. 여성은 산업에서 남성보다 임금이 낮은 직위, 불리한 근무 조건, 남성 동료보다 낮은 급여를 받았다(BMFSFJ, 2015: 21).

V

통일 후 성평등의 전진

통일 후 독일은 세계에서 성평등이 고도로 실현된 나라로 인정받고 있다. 세계경제포럼이 2006년 이후 매년 발표하는 『세계 성격차 보고서』(The Global Gender Gap Report)에 따르면, 독일은 2006년부터 2022년까지 16년 동안 '세계 10대 성평등 국가'에 여러 차례 들어갔다. 이러한 발전은 통일 전에는 생각하기 어려운 일이다. 서독은 오랫동안 '남성 부양자/여성 주부'의 전통적 성역할 관념이 지배하고 있었다. 이런 독일이 성평등 사회로 급진전한 데에는 통일이 큰 몫을 했다. 당시 성평등이 고도로 실현되었던 동독 모델이 통일 후 독일의 성평등 정책의 기반으로 도입되었기 때문이다. 통일 후 독일의 성평등 진전에는 무엇보다도 동독 모델의 영향이 컸다고 볼 수 있다.

동독 모델의 영향은 출산을 장려하는 '부모수당' 도입, 일과 가정을 양립할 수 있게 하는 기반 구조로서 아동 돌봄 체계의 확충, 어린아이를 둔 엄마의 취업 증가, 동독에서 보였던 높은 이혼율이 통일 후 서독에서 고스란히 나타났다는 데서 확인할 수 있다.

1. 출산율 증가와 '부모수당' 도입

통일 후 독일의 정치적, 경제적, 사회적 불안정에 당면하여 동독 여성은 의식적이든 무의식적이든 매우 특별한 방식으로 반응했다. 출산율이 갑자기 뚝 떨어진 것이다. 1953년에 서독의 출산율은 여성(15~49세) 1인당 2.08명이었고, 동독은 2.4명이었다. 1964년에 동독과 서독은 최고의 출산율을 보였다. 서독에서는 2.54명이었고, 동독에서는 2.51명이었다. 1970년대 초에 양 지역에서 출산율이 감소했지만, 서독에서 감소 정도가 더 심했다. 1974년에 서독은 1.51명, 동독은 1.54명이었다. 1980년에 서독의 출산율은 계속 하강하여 1.45명이었는데, 동독의 출산율은 오히려 증가하여 1.94명이었다. 1985년에는 서독의 출산율은 1.28명으로 역대 최저치를 보였고, 당시 동독은 1.73명이었다. 통일 직전인 1989년에 동독의 출산율이 1.57명으로 서독의 1.41명보다 높았고, 통일의 해인 1990년에 동독의 출산율은 1.52명으로서 서독의 1.45명보다 높았다 (Statista, "Entwicklung der Fertilitätsrate in der BRD und in der ehemaligen DDR von 1950 bis 1990").

그렇게 높던 동독의 출산율이 통일 1년 후인 1991년에 0.98명으로 갑자기 뚝 떨어졌다. 이후 계속 떨어져 1994년에는 0.77명으로서 역대 최저치를 보였다. 1990년대 초반에 이처럼 출산율이 사상 최저수준으로 떨어진 것은 Anna Kaminsky에 의하면, 아이가 있거나 임신한 후에는 더 이상 노동시장의 요구에 응하지 못하여 일자리를 얻지 못하리라는 두려움 때문이었다(Kaminsky, 2019). 통일 직후 동독지역에서 일어난 이른바 '고용 벌채(Beschäftigungskahlschlag)'가 출산율 급감의 주된 원인으로 작용한 것이다. '고용 벌채'란 마치 삼림의 나무를 베어내듯이 일자리가 대규모로 일시에 철폐되는 것을 말한다.

고용 벌채는 탈산업화(Deindustrialisierung)와 동반 현상으로 나타났다. '탈산업화'란 산업이나 공업이 파괴되는 것을 말한다. 통일 직후 동독의 전 지역에서 산업 기반이 붕괴하는 '탈산업화'가 일어났다. 통일 이전인 1989년에 동독에서 취업자의 50% 가량이 산업 부문에서 일하고 있었는데, 통일 1년 후인 1991년에는 그 비율이 26.6%로 대폭 감소했다(Bidder · Kulf,, 2019). 1989년부터 1991년까지 동독의 제조업 부문 일자리 수가 330만 개에서 170만 개로 수축했다(Ragnitz, 2020). 1990년에서 1995년까지의 시기에 동독 취업 인구의 약 80%가 일시적 또는 영구적으로 일자리를 잃었다. 실로 '고용 벌채'가 일어난 것이다.

'탈산업화'와 '고용 벌채'는 특히 50~60세의 여성들에게 큰 타격을 주었다. 그들은 노동시장에서 갑자기 사라진 최초의 집단이었다. 유능한 젊은 여성은 대거 서독으로 일자리를 찾아 떠났다. 1990년대 전반기에 서독의 "유혹"을 따라 서독에서 일자리를 찾은 약 75만 명의 젊고, 잘 훈련되고, 의욕적인 사람은 압도적으로 여성이었다. 동독에 남은 여성은 주부와 어머니의 역할에 순응해야 했다. 당시 서독에서 만연했던 역할 유형이 갑작스레 동독에 파고든 셈이다(MDR, 2022).

통일 직후 동독지역에서 일어난 '고용 벌채'에 대한 특수한 반응으로 출생률이 급감하였지만, 이후 통일 후유증이 어느 정도 진정되자 출생률이 다시 증가하기 시작했다. 그렇지만 서독보다 출산율이 낮았다. 그러나 2008년 이후 동독의 출산율이 서독을 다시 능가하기 시작하였고, 2016년에는 1.64명으로 통일 후 최고 수준에 달하여 서독의 1.6명보다 더 높았다. 그러다가 2019년에는 동독과 서독의 출산율이 1.56명으로 같은 수준을 보였고, 이후 다시 역전하여 서독의 출산율이 동독보다 약간 더 높았다. 2021년에 서독의 출산율은 1.6명이고 동독의 출산율은 1.54명이다. 독일 전체를 보면, 2021년에 1.58명으로 통일 후 역대 최고치를 보였다(Statista, "Entwicklung der Fertilitätsrate in Deutschland von 1990 bis 2021").

통일 후 독일 정부는 출산 장려와 일하는 부모를 위해 과거 동독의 출산 장려 정책을 계승하고 확대하는 조치를 취했다. 2006년 12월에 「부모수당 및 부모시간법(Gesetz zum Elterngeld und zur Elternzeit)」이 제정되었고, 최근에 2022년 5월에 개정되었다. 이 법은 '부모시간(Elternzeit)' 동안에 고용주로부터 급여를 받지 않는 대신에 '부모수당'(Elterngeld)을 신청할 수 있게 했다. '부모수당'은 아이가 태어난 후 일시적으로 일을 덜 하거나 전혀 일하지 않을 경우에 보상하는 국가의 재정 지원이다. 부모가 출생 후 자녀와 함께 있기를 원하여 자신의 직업노동을 중단하거나 제한하는 경우 발생하는 소득 부족을 보충한다. 이혼하여 따로 사는 부모도 '부모수당'을 받을 수 있다. '부모수당'의 크기는 아이를 돌보는 부모가 자녀 출산 이전에 얼마나 많은 소득을 가졌는가, 출산 후 소득이 얼마나 떨어졌는가에 좌우된다. 소득이 높은 부모는 종전 소득의 65%를, 소득이 낮은 부모는 100%를 받는다.

부모수당에는 '기본 부모수당(Basiselterngeld)', '부모수당 플러스 (ElterngeldPlus)'와 '동반자 관계 보너스'(Partnerschaftsbonus)가 있다. 부모 양쪽이 모두 돌봄에 참여하여 소득이 떨어져 나갈 때, 부모는 공동으로 총 14개월의 '기본 부모수당'을 받을 자격이 있다. '기본 부모수당'은 자녀의 생후 14개월 이내에만 받을 수 있다. 자녀가 생후 14개월이 넘었을 때는 '부모수당 플러스' 또는 '동반자 관계 보너스'를 받을 수 있다. '부모수당 플러스'는 일과 가정의 양립을 강화하고, 특히 부모수당을 받는 동안에 다시 시간제로 일하고 싶은 사람이 신청할 수 있다. '부모수당 플러스'는 '기본 부모수당'보다 수령 기간을 2배나 길게 할 수 있다. 한 달의 기본 부모수당이 두 달의 부모수당 플러스가 된다. 소득에 따라 '기본 부모수당'은 월 300~1,800유로이다. '부모수당 플러스'는 월 150~900유로이다. 부모가 자녀를 위한 시간을 더 많이 갖기 위해 주 24시간에서 주 32시간 사이에 (2021년 9월 1일 이전에 출생한 자녀의 경우 25시간에서 30시간 사이에) 시간제로 노동한다면, 추가로 최대 4개월간 '부모수당 플러스'의 형태로 '동반자 관계 수당'을 받을 수 있다. 연방가족부(BMFSFJ)에 의하면, 2021년 1/4분기에 '부모수당'을 신청한 부모 중 37.5% - 일부 지역에서는 최대 46.2% - 가 '부모수당 플러스'를 선택했다. 그리고 '부모수당 플러스'를 신청한 아버지의 최대 42.2%가 '동반자 관계 보너스'를 선택했고, 전국 평균은 28.4%였다(BMFSFJ, 2022.10.18).

2. 구동독의 아동 돌봄 체계가 훌륭했다고 서독인들이 인정

아동 돌봄은 아동의 연령대에 따라 세 가지로 나뉘어 실시되었다. 3세 미만 아동은 어린이집, 3~6세 아동은 유치원, 그리고 초등학교 1학년에서 4학년까지는 학교호르트(Schulhorte)가 맡는다. 잘 구축된 아동 돌봄 시스템은 여성과 남성 모두의 취업 활동을 보장하는 기반이다. 통일 전 동독에서 아동 돌봄의 시스템이 매우 잘 구축되었고 이에 기반하여 여성이 광범위하게 일할 수 있었다. 이는 동독의 여성상 - 근로자이자 어머니로서 여성 - 을 형성했다. 이에 비해 서독에서는 아동 돌봄 제공이 매우 미약했다. 이는 오랫동안 지배했던 여성상 - 주부와 어머니 - 과 일치했다.

연방가족부가 2015년에 통일 25주년을 맞아 동-서독 주민들에게 통일전 동-서독의 아동 돌봄에 대해 설문조사를 실시하여 조사 결과를 『독일통일 25주년. 동독과 서독의 성평등과 성정의』라는 보고서로 발표했다. 이 보고서에 의하면, 오늘의 동독 주민은 물론이고 서독 주민도 통일 전 동독의 아동 돌봄 체계가 서독보다 훨씬 나았다고 평가했다.

- 오늘날 동독의 여성과 남성은 93%가 "통일전 동독의 돌봄 시스템이 좋았다"라고 평가했다.

- 서독의 대다수 여성과 남성도 예전 동독에 광범위한 아동 돌봄의 공급이 있었다고 인정했다. 6세까지의 모든 아동에게 유치원 자리(79%), 초등학교 어린이에게 호르트 자리(74%), 부모의 직장 근무 시간 동안 아동 돌봄(70%), 돌봄 시설에서의 점심 식사 제공(75%)이 높이 평가됐다. 전반적으로 서독 인구의 70%가 동독의 아동 돌봄 시스템을 자릿수와 개방 시간의 면에서 훌륭했다고 평가했다.

- 이에 비해 1989년까지 서독에 살았던 주민은 통일전 서독의 아동 돌봄이 매우 부족했다고 회상했다. 70%가 서독의 보육 시스템이 동독의 시스템보다 훨씬 열악했다고 평가했다. 당시 서독에서는 일하는 여성과 남성의 요구에 맞춰져 있지 않았으므로, 77%가 어린 자녀의 돌봄을 위해 정기적으로 부모, 형제자매, 친구, 이웃의 도움에 의존했다고 회상했다(BMFSFJ, 2015: 49).

1) 통일 전 동독의 아동 돌봄 비율

『독일통일 25주년』 보고서는 통일 전 동서독의 아동 돌봄 상황에 대해 상세한 통계자료를 담고 있다. 이에 따르면, 동독에서 '어린이집'이 1980년대까지 꾸준히 증가했으며 통일 전 몇 년 동안 아동 돌봄이 매우 높은 수준을 유지했다. 1986년에 3세 미만 아동 1,000명당 811개의 어린이집 자리가 제공되었다. 돌봄 비율이 81.1%에 달했다. 서독의 경우 통일 전에는 1986년의 통계만 있는

데, 이에 의하면 3세 미만 아동 180만 명을 위해 어린이집 자리가 28,353개가 설치되어 있었다. 이는 아동 1,000명당 평균 16개에 불과하다. 따라서 돌봄 비율은 1.6%이다. 1986년에 동독과 비교하여 서독은 98%의 돌봄 정도 격차를 보였다.

3세에서 6세 사이의 아동 돌봄을 위한 '유치원'의 경우, 동독은 1989년에 747,140명의 어린이를 위해 13,452개의 유치원이 설치되어 있었다. 원하는 부모는 모두 자녀를 유치원에서 돌봄을 받게 할 수 있었다. 어린이 1,000명당 약 940개의 돌봄 자리가 있었다. 1986년에는 93.4%, 1989년에는 95.1%에 달했다. 이에 비해 서독은 1986년에 3세에서 6세 사이의 아동 2,125,886명을 위해 유치원 자리가 1,438,383개 있었다. 돌봄 수준이 아동 1,000명당 677개, 67.7%였다.

통일 이전에 서독에서 3세에서 6세 아동을 위한 돌봄 공급은 3세 미만의 어린이집 나이의 아동을 위한 것보다 훨씬 좋은 편이었지만, 1986년 서독 유치원의 돌봄 정도는 동독에 비해 현저히 낮았다. 동독과 비교하여 서독의 '돌봄 비율 격차'는 28%에 달했다.

학교 호르트는 동독에서 초등학교 1~4학년(보통 10세까지) 학생들을 위한 돌봄 시설이다. 아이들은 오후에 호르트에서 숙제하고 자유 시간에 돌봄을 받았다. 1989년에 동독에는 760,740명의 학생이 호르트에서 돌봄을 받았다. 이는 81%의 돌봄 비율이다. 그리고 동독에서 모든 유치원 어린이와 초등학교 어린이는 매일 따뜻한 점심을 제공받았다. 1988년에 학생의 86%가 이 점심 식사에 참여했다. 서독에서는 1986년에 6~10세 아동 230만 명을 위해 102,874개의 호르트 자리가 있었다. 따라서 아동 1,000명당 44개였으며,

이는 4.4%의 비율에 해당한다. 1986년에 동독의 학교 호르트 돌봄 정도(아동 1,000명당 833명)와 서독의 돌봄 정도(아동 1,000명당 44명) 간에 '돌봄 정도 격차'는 94%에 달했다(BMFSFJ, 2015: 54-55).

〈표 1〉통일 전 동-서독의 아동 돌봄 시설(해당 연령 아동 1,000명당)

	동독			서독		
	어린이집	유치원	호르트	어린이집	유치원	호르트
1986	811	934	833	16	677	44
1987	806	936	824			
1988	799	940	818			
1989	802	951	812			

(자료: BMFSFJ, 2015: 54-55.)

2) 통일 직후 동독에서 어린이집의 대폭 감소와 서독에서 유치원의 증가

통일 당시 동독과 서독의 아동 돌봄 체계는 크게 달랐다. 서독에서는 미취학 아동의 보살핌은 주로 가족의 사적인 영역이었고, 아이들은 집에서 어머니의 보살핌을 받았다. 돌봄 비용은 모두 부모가 부담해야 했다. 동독과 달리 서독의 공공 돌봄 체계는 반나절 돌봄에 한정되어 있었기 때문에 점심 급식은 드물었다(Böttcher, 2020).

통일 직후 동독에서 3세 미만 아동을 위한 어린이집 돌봄 비율이 대폭 줄었다. 통일 전인 1989년에 아동 1,000명당 802개 자리가 있었는데, 통일 후인 1991년에는 542개로 심하게 감소했다. 이는 48%의 감소에 해당한다. 기존 어린이집의 광범위한 해체는 통일 독일에서 동독 여성에게 이제 자신의 취업 활동에 새로운 높은 장애물을 갖게 되었음을 의미했다. 반면에 3~6세 아동의 돌봄에서는 신 연방주(구동독지역)에서는 실로 과잉 공급의 상태였다. 623,803명의 아동을 위해 713,306개의 유치원 자리가 있었다. 아동 1,000명당 1,143개 자리가 있는 셈이었다. 1989년의 돌봄 수준을 1991년의 돌봄 수준과 비교하면, 독일통일의 격변으로 동독에서는 즉각적으로 어린이집 자리가 침식되었지만, 유치원은 그렇지 않았다.

서독에서는 1986년부터 1990년까지 어린이집에 의한 돌봄 정도는 거의 변화가 없었다. 1986년에 어린이 1,000명당 16개가 있었고, 1990년에도 증가 없이 마찬가지였다. 그러나 유치원의 경우는 변화가 있었다. 아동 1,000명당 677개 자리(1986년)에서 799개 자리(1990년)로 늘었다. 이는 비교적 짧은 기간에 18% 증가를 나타낸다(BMFSFJ, 2015: 56).

3) 동독의 뛰어난 아동 돌봄 체계를 서독에 서둘러 도입

동독지역에서 통일 직후 문을 닫은 돌봄 시설이 속출했지만, 여전히 서독지역보다 돌봄 시설의 수가 많았다. 3세 미만 자녀의 돌봄 비율은 1995년에 서독 지역이 4.2%이었지만, 동독지역은 50.6%였다. 여전히 동-서독의 차이가 10배 이상 났다.

큰 문제는 서독지역에서 여성의 전일제 취업이 어려웠다는 점이다. 서독 지역에서 유치원은 오전에만 돌봄을 제공하였기 때문에 여성의 전일제 취업은 불가능하였다(임종헌/한형서, 2011: 205). 이에 일하는 여성을 위해 돌봄 시간을 조정(종일 돌봄, 점심 식사 제공)하는 것을 목표로 하는 아동 돌봄의 확대가 서독 지역에서 모색되면서 통일전 동독의 어린이집 인프라가 주목받기 시작했다. 서독의 전문가와 부모는 동독에서 이미 실현된 것에 놀랐고, 불행히도 통일 후 인계되어 계속되지 않았다는 사실에 경악했다.

그리하여 동독의 뛰어난 아동 돌봄 체계가 통일 후 서독에 서둘러 도입되기에 이르렀다. 1990년대 말 이후부터 서독의 주와 자치단체가 종전의 정책을 전환했다. 1996년부터 만 3세 아동은 초등학교 입학 때까지 '유치원 자리를 요구할 권리'가 도입되었고, 2013년 8월 1일부터는 만 1세부터 모든 아동이 주간 돌봄 시설에서 영유아 지원을 요구할 '아동 돌봄 권리'가 도입되었다(Deutscher Bildungsserver). 그리하여 서독지역에서 공공의 어린이 돌봄이 대폭 확충되었다.

보고서 『독일통일 25주년』에 의하면, 2014년에 전국적으로 3세 미만의 전체 아동 중 660,750명이 아동 돌봄 시설에서 돌봄을 받았다. 이는 이 연령대의 전체 아동의 32.3%에 해당한다. 동-서독으로 나누어 보면, 서독은 돌봄 비율이 27.4%였고, 동독은 52.0%였다. 동서독의 돌봄 비율 격차가 24.6%였다. 통일 직후인 1991년에는 이 격차가 훨씬 더 컸었다. 당시 동독의 돌봄 비율은 54.2%, 서독의 돌봄 비율은 1.8%로, 동서독의 돌봄 비율의 격차가 52.4%에 달했다. 돌봄 격차가 1991년 52.4%에서 2014년 24.6%로 대폭 감소한 것이다. 이는 동서독의 점진적 접근을 말한다.

서독에서 오랫동안 2% 미만으로 정체되었던 어린이집 나이 아동의 돌봄 비율이 통일 이후 오히려 동독보다 훨씬 빠른 속도로 증가했다. 서독의 돌봄 비율은 특히 2007년경부터 증가했다. 2007/2008년 세계 경제 및 금융 위기로 인해 많은 여성이 가족의 생계 소득을 위해 경제 활동을 하도록 강제되어 가족 부양자의 역할을 맡게 되었기 때문이다. 2007년에 10% 가까이 상승했고, 2012년에는 20%를 웃돌았으며, 2014년에는 27.4%로 올라갔다. 이에 반해 동독에서는 아동 돌봄 비율이 급속히 감소하여 2007년에는 40.7%로 최저수준을 보였다. 이후 조금씩 증가하여 2014년 50%를 넘었다. 따라서 서독의 돌봄 비율이 많이 증가했지만, 동독과의 격차는 여전히 컸다. 2014년에 동독의 절반 정도에 그치고 있다 (BMFSFJ, 2015: 57).

〈표 2〉 3세 미만 아동의 돌봄 비율의 증가, 1986-2014, (%)

	1986	1989	1990/91	2007	2010	2012	2014
동독	81.1	80.2	54.2	40.7	46.6	49.0	52.0
서독	1.6	1.6	1.8	9.8	17.3	22.3	27.4

(BMFSFJ, 2015: 57.)

3세에서 6세 사이의 유치원 아동의 경우, 2014년 돌봄 정도는 동-서독의 모든 주에서 90%가 넘는다. 동독이 95.4%이고, 서독은 93%였다.

그러나 7시간 이상의 종일 돌봄 비율은 동서독 별로 크게 차이가 났다. 종일 돌봄은 여성의 취업 기회와 생계 보장 소득에 결정적으로 중요하다. 여성의 전일제 취업이 가능한지를 미리 결정하기 때문이다. 유치원 아동의 7시간 이상의 종일 돌봄 비율이 동독에서는 평균적으로 72.6%에 달하고 있다. 특히 튀링겐주는 91.1%에 달했다. 이에 비해 서독에서는 34.1%에 그치고 있고, 심지어 바덴-뷔르템베르크주는 19.8%에 그쳤다(BMFSFJ, 2015: 59).

최근 독일언론의 보도에 따르면, 독일의 보육 시설은 불평등하게 분포되어 있다. 사회적으로 취약한 가정의 아이는 접근이 어렵다. 많은 어린이집이 독일식 이름을 가진 아이를 선호하여, 외국 이름을 가진 아이는 어린이집 자리를 얻을 가능성이 매우 낮다. 전체적으로 1~3세 미만 아동의 10명 중 5명이 어린이집을 이용하고 있다. 그러나 빈곤 위험에 처한 가정의 경우에는 그 비율이 26%로, 전체 평균의 절반에 불과하다. 집에서 독일어를 사용하지 않는 가족에서는 10명의 아동 중 3명만이 어린이집을 다니고 있고, 저학력층 가족에서는 10명의 아동 중 4명이 어린이집을 다닌다. 오늘날 독일에서 빈곤의 위험에 처한 가족, 집에서 독일어를 사용하지 않는 가족, 교육 수준이 낮은 가족에게 아동 돌봄의 필요성이 매우 절실하다.

3. 어린 자녀를 둔 엄마의 취업률 증가

통일 이후 동독의 영향으로 서독 사회가 큰 변화를 보인 대표적인 사례가 여성의 취업률이다. 1980년대에 동독에서는 여성의 90% 이상이 직업 활동을 했는데 반해 서독에서는 절반 정도에 불과했다. 동독의 이러한 높은 여성 취업률은 페미니즘에 따라 동기화된 것이 아니라 노동시장 정책의 결과였다(MDR, 2022/3/3). 대부분의 동독 여성은 평생 계속하여 전일제로 일했다. 취업을 통한 여성의 경제적 독립이 동독에서는 성평등의 기반이 되었다.

1) 통일 전 동독의 부부 취업과 서독의 '남성 외벌이'

연방가족부의 분석에 의하면 통일 전 동독에서 취업 여성의 비율이 계속해서 증가하여 1989년에는 세계 최고 수준인 91.3%에 이르렀다. 당시 서독에서는 51%이었다. 다른 나라의 여성 취업률이 동독에 훨씬 못 미쳤다. 1986년에 영국은 61%, 미국은 64%, 스웨덴은 78%였다.

몰락한 동독의 통계자료에 의하면, 2차대전 후 1949년 국가 창건 다음 해인 1950년에 여성 취업자는 288만 명으로 전체 취업자 719만 6,000명의 40%를 차지했다. 1960년에는 45%로 증가했고, 1970년에는 48%를 웃돌았다. 1980년에는 전체 취업자의 절반을 차지했다. 남성 취업자와 여성 취업자의 수가 거의 같았다. 몰락하기 직전인 1989년에는 여성 비율이 약간 감소하여 49%를 차지했다(DDR, Statistisches Jahrbuch der DDR 1989). 통일 이전 몇 년 동안 동독에서 15~64세 취업자 중 거의 절반이 여성이었으며, 이에 비해 서독에는 약 1/3이 여성이었다(BMFSFJ, 2015: 21).

〈표 3〉 통일 전 동독의 취업자 중 여성의 비율

	취업자 전체	여성 취업자	여성 비율(%)
1950	7,196,000	2,880,000	40.0
1960	7,686,000	3,456,000	45.0
1970	7,769,000	3,750,000	48.3
1980	8,225,000	4,106,000	49.9
1989	8,547,000	4,178,000	48.9

(자료: DDR, Statistisches Jahrbuch der DDR 1989: 17; BMFSFJ, 2015: 21.)

독일의 한 연구에 의하면, 1979년에서 1989년까지 10년 동안에 동독 여성의 평균 90%가 직업 활동하고 있었지만, 서독에서는 그 비율이 60% 정도에 불과했다. 동독에서는 여성 취업자의 73%가 정규직으로 고용되어 있었고, 어린아이의 엄마도 예외가 아니었다. 모든 일하는 어머니의 72.4%에서 84.6%가 전일제로 고용되어 있었다. 반면에 서독에서는 이 비율이 29.9%에서 36.9%에 불과했다(Heisig · Zierow, 2020). 서독에서는 '남성 외벌이'의 전통적 모델이 견지되고 있었다. 아동 돌봄 체계의 미흡은 서독 여성에게 직장 생활로부터 일시적 또는 전면적 철수를 강제했고, "주부의 삶"을 살도록 강요했다. 전통적 시각은 오히려 여성 취업이 가족 결속을 위태롭게 할 것이라 우려하기도 하였다(Münch 1990: 161f, 172ff). 그리하여 부부의 취업은 동독에서는 정상이었던 반면에, 서독에서는 특히 자녀가 있는 경우 예외로 취급했다.

또 다른 연구에 의하면, 1950년에서 1970년 사이에 동독 여성(15세에서 65세)의 취업률이 51.9%에서 80.9%로 29% 증가했고, 1989년에는 89%로 다시 8% 증가했다. 반면에 서독에서는 전체 기간 여성 취업률이 약간만 증가했다. 1950년 43.7%에서 20년 후 46.2%로 2.5% 증가하는 데 그쳤고, 1989년에는 55.5%로 동독(89.0%)보다 훨씬 낮았다. 게다가 서독에서 여성 취업자의 비율이 미미하게나마 증가할 수 있었던 것은 주로 여성의 '미니잡'과 '시간제' 고용이 증가한 덕택이었다(Böttcher, 2006: 6).

2) 통일 전 동독에서도 '시간제' 취업이 여성에게 집중

통일 전 동독에서 국가의 공식적인 발표에서 남성과 여성의 취업률이 거의 같은 수준으로 높았지만, 현실에서는 여성은 남성과는 달리 종종 '시간제'로 취업했다. 전통적인 가사책임은 변함없이 여성의 몫이었기 때문이다. '시간제'는 통일 전 동독에서도 서독과 마찬가지로 '여성의 영역'이었다. 1989년에 서독에서 모든 취업 여성의 30%가 '시간제'로 일했고, 이에 비해 취업 남성의 경우 '시간제'는 겨우 1.5%였다. 동독에서도 '시간제' 취업은 여성에게 집중되었다. 1989년에 동독에서 모든 취업 여성의 27%가 '시간제'로 고용되었다. 대부분이 주당 25시간에서 35시간 사이였다. '시간제' 고용의 비율은 70년대 초와 비교하여 약 8% 감소했다고 분석된다(BMFSFJ, 2015: 22).

3) 통일 후 서독의 여성 취업률이 동독 수준에 근접

통일 후 서독의 여성 취업률이 많이 높아져 동독과의 격차가 많이 좁혀졌다. 통일 초기 몇 년 사이에 동독에서 여성과 남성의 취업률이 급격하게 떨어졌지만, 2005년 이후 다시 강력하게 증가했다.

〈그림 1〉 동-서독 취업률 추이, 15세~65세 미만, 1991-2020

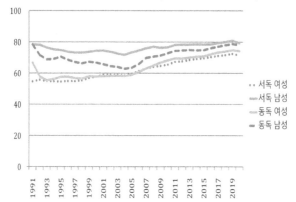

(자료: WSI. "Erwerbstätigenquoten und Erwerbsquoten 1991-2020".)

2020년에 동독 여성의 취업률이 74.2%로, 서독 여성의 취업률 71.4%보다 약간 높았다. 동독 남성의 취업률도 2005년 이후 다시 상승세를 탔으며 2020년에는 78%를 기록하여 1991년 정점(78.5%) 수준에 다시 올라갔다. 서독 남성의 취업률은 79.3%였다.

그리하여 1991년부터 2020년까지 30년 동안에 동독 취업률의 성별 격차는 서독보다 훨씬 적었다. 경제사회과학연구소(WSI)의 분석에 의하면 2020년에 동독의 성별 격차(3.8%)는 서독(7.9%)의 절반에 불과했다(WSI, "Erwerbstätigenquoten und Erwerbsquoten 1991-2020").

4) '시간제'와 '미니잡'의 증가

'시간제'가 이미 통일 전에 '여성의 영역'으로 등장했는데, 통일 후에 이 경향이 더욱 강화되었다. 1989년에는 '시간제'가 전체 취업 여성의 30%를 넘지 않았는데, 2020년에는 일하는 엄마의 3분의 2(65.5%)가 '시간제'로 일했다. 같은 상황의 아빠는 7.1%에 불과했다. 이 양상은 10년 전에도 비슷했다. 2010년에 엄마의 '시간제' 비율은 64.2%, 아빠의 '시간제' 비율은 5.4%였다.

2020년에 12세 미만 자녀를 한 명 이상 두고 있는 여성의 취업률은 70.7%로 EU 평균(68.2%)보다 높았고, 이들의 69.3%가 '시간제'로 근무했다. EU 평균은 33.9%에 불과했다. EU 27개국 중에서 일하는 엄마의 '시간제' 비율이 가장 높은 나라는 네덜란드(82.3%)였고, 독일은 2위를 차지했다(Statistisches Bundesamt, Pressmitteilung Nr. N 012, 2022/3/7).

또 많은 여성이 '미니잡'에서 일하고 있다. '미니잡'이란 최대 월

급여가 520유로(2022년 10월 1일부터)이거나 연간 최대 근무 시간이 70일인 소규모 고용을 말한다. 경제사회과학연구소(WSI)의 분석에 의하면, '미니잡' 근로자 수가 2004년에 512만 명이 넘었고, 2009년에는 531만 명 이상으로 최고치에 달했다. 이후 감소하기 시작하여 2017년에 494만 명으로 내려갔고, 2020년에는 443만 명으로 줄었다. 여기에는 코로나 팬데믹이 노동시장에 크게 영향을 미쳤기 때문이다. 이들 443만 명의 '미니잡' 근로자는 전체 취업자의 12%에 해당한다. 평균적으로 남자는 11명 중 1명이, 여자는 6명 중 1명이 '미니잡' 근로자이다. 여성이 남성보다 훨씬 더 많이 '미니잡'에 고용되어 있다. 2020년 전체 '미니잡' 종사자 중 여성이 60.2%를 차지한다.

최근에 나타나고 있는 한 가지 특징은 여성 '미니잡' 근로자가 매년 감소한다는 점이다. 2004년 여성 비율이 67.5%였는데, 2009년 66%로 내려갔고, 2015년 62.8%, 2020년에는 60.2%였다. 여성 '미니잡' 근로자 수도 2004년의 339만 명에 비해 2020년에 267만 명으로 21% 감소했다. 그렇지만 미니잡 고용은 여전히 여성 지배적이다.

미니잡 근로자의 대부분은 서독 지역의 근로자이다. 서독의 미니잡 근로자가 독일 전체 미니잡 근로자의 85% 이상을 차지한다. 2004년 434만 6천 명으로 전체의 86.5%를 차지했고, 2009년 85.8%, 2015년 87%, 2020년에는 87.1%를 차지했다. 서독 미니잡 근로자 전체의 60% 이상이 여성이다. 2004년 서독의 여성 미니잡 근로자가 294만 8천 명으로 서독 지역의 전체의 67.8%를 차지했고, 2009년 67.4%, 2015년 64%, 2020년에는 61.3%를 차지했다.

그러나 동독지역은 양상이 아주 다르다. 동독에서는 미니잡 근로자가 얼마 되지 않는다. 2004년 75만 4천 명, 2009년 74만 6천 명, 2015년 65만 6천 명, 2020년 56만 9천 명으로, 동독에서 미니잡은 2004년에서 2020년 사이에 전반적으로 급격한 감소세를 보인 고용 형태이다. 물론 동독에서도 여성이 미니잡 고용에서 과반수를 차지하지만, 여성 비율은 2004년에서 2020년 사이에 57%에서 53%로 계속 감소했다. 그 숫자도 2004년에 42만 7천 명이었는데, 2020년에는 30만 1천 명으로 줄었다. 거의 30% 감소한 셈이다. 남성도 많이 줄었다. 2004년에 32만 7천 명이었는데, 2020년에 26만 8천 명으로 줄었다. 18% 감소한 셈이다(WSI, 2021).

'미니잡'은 성평등에 커다란 장애이다. 미니잡은 '시간제'와는 달리, 사회복지 청구권, 임금 협약상의 수당 등 다양한 측면에서 높은 불안정성을 갖고 있다(김태원, 권정미, 이슬기, 2014: 106). 성 격차를 줄이고 성평등을 실현하는 길은 기업의 경영관리직과 이사회에 여성이 진출하는 문제만이 아니다. 비자발적 시간제나 미니잡은 당장에 가족의 생계를 보장하지 못할 뿐만 아니라 노후의 빈곤으로부터도 보호받을 수 없게 한다. 성평등을 향한 전진의 발걸음이 넘어야 할 새로운 장애이다.

5) 가족 단계별 여성 취업률의 변화

연방가족부의 보고서 『독일통일 25년』에 의하면, 어린아이를 둔 어머니의 취업률이 통일 후 동서독에서 증가했다. 하지만 동독 여성의 취업률이 모든 가족 단계에서 서독보다 더 높았다. 3세 미만 (어린이집 연령), 3~6세(유치원 연령), 그리고 6~10세(초등학교 연령) 의 자녀를 둔 어머니의 취업률 비교가 흥미롭다.

- 3세 미만의 자녀가 있는 경우, 여성의 취업률은 2013년에 동독 이 61%이었고, 서독은 50%이었다.

- 3~6세의 자녀가 있는 경우, 동독이 76%, 서독이 70%이었다.

- 6세에서 10세 사이의 자녀를 둔 경우, 동독이 81%, 서독이 76%이었다.

유치원 연령의 아동을 둔 동독 어머니의 취업률이 76%인데, 서 독에서는 초등학교 연령의 자녀를 둔 어머니가 이 비율에 도달했다 (BMFSFJ, 2015: 42).

3세 미만의 자녀를 둔 어머니의 취업률은 1996년 이후 줄곧 동 독이 서독보다 더 높았다. 1996년부터 2013년까지 동독에서는 48%에서 61%로, 서독에서는 43%에서 50%로 증가했다. 2006년까 지 취업률은 동서독 간에 약 4%의 격차로 비교적 안정적으로 유 지되었지만, 2006년 이후에는 동독에서 훨씬 더 강력하게 증가했 으며, 그 결과 동독과 서독 간에 여성 취업률의 격차가 커졌다. 그 리하여 2011년 이후 동독이 서독보다 11% 더 높았다. 이 격차는 2006년의 두 배에 달했다.

전일제와 시간제의 비율은 동독과 서독이 뚜렷한 대조를 보였 다. 동독에서는 3세 미만의 자녀를 둔 취업 여성 중 전일제 고용 비 율이 1996년에서 2013년 사이에 73%에서 55%로 감소했다. 이에 상응하게 시간제 비율이 27%에서 45%로 증가했다. 그 결과 시간제와 전일제의 비율이 동독에서는 거의 같은 수준으로 수렴했다. 반면에 서독에서는 1996년에 전일제 비율이 58%, 시간제 비율이 42%였는데, 그 이후 시간제 비율이 큰 폭으로 증가하여 2013년에 63%(+21%)에 달하였고, 전일제 비율은 감소하여 37%이었다. 그리하여 서독에서는 3세 미만의 자녀를 둔 취업 엄마의 시간제 비율이 전일제 비율보다 더 커졌다(BMFSFJ, 2015: 43-44).

〈그림 2〉 3세 미만 자녀를 둔 일하는 엄마의 시간제와 전일제 비율 (1996-2013), (%)

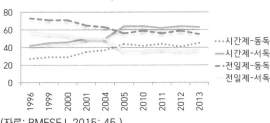

(자료: BMFSFJ, 2015: 45.)

　3세에서 6세까지의 자녀를 둔 어머니의 취업률은 다른 양상을 보여주었다. 2005년 이후 동독과 서독 간의 격차가 크게 좁혀졌다. 2005년에 동독 여성의 취업률은 65%였으며 이후 11% 증가하여 76%를 기록했다. 서독에서는 2005년에 56%였으며 그 이후 14% 증가하여 70%에 달했다. 2005년부터 2013년까지의 기간에 3~6세의 자녀를 둔 어머니의 취업률에서 동-서독 간의 격차가 9%에서 6%로 감소했다(BMFSFJ, 2015: 43).

　전일제와 시간제의 비율을 보면, 1996년에 동독에서는 유치원 나이의 자녀를 둔 취업 여성의 69%가 전일제로 일했고, 31%는 시간제로 일했다. 2005년까지 전일제의 비율이 지속해서 감소했고 시간제의 비율은 그에 따라 증가하여, 2005/2006년경부터 전일제와 시간제의 비율이 거의 같아졌다.

이에 반해 서독에서는 초기 상황은 비슷했지만, 전개는 완전히 달랐다. 1996년에 3~6세까지의 자녀를 둔 일하는 엄마의 전일제 비율은 29%, 시간제 비율은 71%였다. 이후 전일제는 계속 하강하여 2007년에는 18%로 최저수준으로 떨어졌고, 반면에 시간제는 계속 상승하여 2007년에 82%로 역대 최고치에 도달했다. 시간제는 그 이후로는 약 80%로 비교적 일정하게 유지됐다. 전일제의 비율은 그 후 계속 20% 이하의 수준을 유지했다(BMFSFJ, 2015: 46).

〈그림 3〉 3세~6세까지의 자녀를 둔 일하는 엄마의 시간제와 전일제 비율(%)

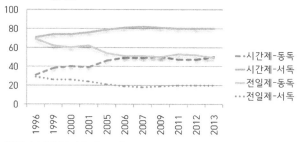

(자료: BMFSFJ, 2015: 47.)

일하는 엄마의 시간제 비율이 높은 것은 직업 활동 시간의 감소에 기반한 〈일과 가정의 양립〉에 기인한다고 볼 수 있다. 1996년 Allensbach의 설문조사에 따르면, 여성의 46%가 '엄마가 되어 시간제로 일하는 것'을 선호했고, 33%는 '전적으로 주부와 어머니가 되는 것'을 선호했다. 이는 주로 나이 든 세대의 여성이 선호했다. 서독 여성의 8%만이 '전일제로 일하는 엄마'가 되기를 원했고, 9%

는 아이가 없는 '전문직 여성'이 되기를 원했다(Opielka, 2002).

4. 이혼율의 증가와 자녀 부양

예전 동독은 몰락하기 마지막 10년 동안 세계에서 가장 높은 이혼율을 기록했다. 인구 1만 명당 이혼 건수가 1986년 31.5건, 1989년에는 30.1건이었다. 통일 후 서독에서도 이혼율이 급증했다. 이것 또한 동독의 영향이라 할 수 있다.

통일 전 동독에서 여성의 높은 취업률은 '평등주의적 역할 이해'에 기초하고 있는 데 비해, 서독에서는 '남성 생계부양자'의 전통적 모델이 지배하고 있었다. 이러한 정향의 상이는 동-서독 간에 결혼 안정성의 차이를 발생시켰다.

한 연구자는 여성의 취업이 이혼 위험과 결부되어 있다는 흥미 있는 연구결과를 발표했다. 통일 전 동독에서 이혼율이 높았는데, 통일 후 여성 취업률이 떨어지자, 이혼율도 떨어졌다. 서독에서는 통일 전 여성 취업률이 미약했고 이에 상응하여 이혼율도 낮았다. 그러나 통일 후 서독에서 여성 취업률이 상승하자 이에 상응하여 이혼율도 상승했다(Böttcher, 2006).

〈그림 4〉는 동·서독 양 지역의 이혼율을 나타낸다. 여기서 이혼율이란 주민 1만 명당 이혼 건수를 말한다. 동서독 양 지역에서 이혼의 지속적 증가가 나타났지만, 통일 전까지 동독의 이혼율이 서독보다 뚜렷하게 높았다. 1984년에 동독은 30.2건이었고, 1989년

에는 30.1건이었다. 서독은 이혼율이 1950년에 16.9건(인구 1만 명
당)이었고 1960년에 8.8건으로 내려갔다. 이후 증가추세를 보여
1970년에는 12.6건, 1980년에는 15.6건, 1984년에는 21.3건을 기록
했고, 1989년에는 20.4건이었다. 계속하여 동독 수준에는 미치지
못했다. 서독의 이혼율이 1970년대 말에 급락한 것은 1977년 이혼
법 개정과 이와 결부된 절차 규정의 변경으로 인해 지연이 발생하
였기 때문이었다.

⟨그림 4⟩ 동-서독의 이혼율, 인구 1만 명당 이혼 건수, 1950-2020

(자료: Bundesinstitut für Bevölkerungsforschung. Rohe Ehescheidungsziffer
für West- und Ostdeutschland, 1950-2020.)

　　통일 후에는 상황이 역전됐다. 통일되자 갑자기 동독의 이혼율
이 대폭 줄었다. 통일 전에 30건(인구 1만 명당) 이상이었던 이혼
건수가 1991년에 7.9건, 1992년에 8.8건으로 역대 최저치를 기록
했고, 1993년에는 약간 상승하여 13.4건이었다. 서독은 1991년에
19.7건, 1993년에 20.9건이었다. 이후 증가추세를 보여 2003년에
독일 전체의 이혼 건수가 21만 4,000건으로 절정에 달했다. 이 해

에 서독의 이혼율은 26.5건으로 역대 최고 수준에 이르렀고, 동독의 이혼율도 23.7건으로 통일 이후 최고 수준을 보였다. 이후 하강 추세를 보여 2010년에 서독은 23.6건, 동독은 20.0건이었고, 2020년에는 독일 전체의 이혼 건수가 14만 3,800건이었고, 서독의 이혼율이 17.7건, 동독이 15.5건이었다. 2021년에는 이혼 건수 14만 2,800건으로 전년에 비해 0.7% 줄었다.

이에 따라 이혼으로 갈라서기까지 평균 혼인 기간도 늘어났다. 2021년에 전체 이혼 부부의 16.1%인 약 2만 2,900쌍이 결혼한 지 25년 이상 된 부부였다. 평균적으로 결혼 기간은 14년 6개월이었다. 25년 전에는 혼인 기간이 평균 12년 2개월 만에 끝났다(Statistisches Bundesamt, Pressemitteilung Nr. 301, 2022).

코호트 분석은 흥미 있는 결과를 보여주었다. 통일 이전 서독에서 1950년에 결혼한 부부는 25년 후에 약 10%가 이혼했지만, 1965년에 결혼한 부부의 경우 25년 후에 이혼율이 19%로 증가했고, 1975년 결혼한 부부는 이혼율이 거의 30%에 달했다. 동독의 결혼 안정성은 서독보다 더 취약했다. 동독에서 1970년에 결혼하여 결혼 기간 16년이 지난 부부의 경우 4분의 1이 이혼하여 갈라졌다. 결혼 연도가 같고, 혼인 기간이 같은 동독 부부의 이혼율은 서독 부부의 경우보다 6.5% 더 높았다. 통일 이전 동독의 이혼 수준이 모든 시점에서 서독보다 높았다(Böttcher, 2006: 9).

이혼으로 남겨진 미성년 자녀가 행복하게 성장할 수 있게 하는 것이 주요한 사회적 과제로 제기되었다. 2008년 '부양권 개혁법' (Unterhaltsrechtsreformgesetzes)은 이혼한 부부의 자녀의 양육 문제를 해결하기 위한 것이었다. 이 법은 무엇보다 아이의 행복을 우선으로 규정하였다. 미성년 자녀의 양육비 청구는 부양 의무자의 소득이 자기 부담 공제 후 모든 청구를 충당하기에 충분하지 않은 경우, 다른 것보다 우선권을 갖게 되었다. 이전에는 이혼한 배우자와 현재 배우자의 청구가 자녀의 청구와 동등한 권리를 가졌지만, 이제 성인의 청구는 항상 종속적으로 되었다. 부양권 있는 성인의 순위에서도 이제는 아이의 복지가 우선이다. 아이를 함께 혹은 혼자 키우는 부모는 결혼 여부와 관계없이 우선권을 가졌다. 오랜 결혼생활을 한 부부는 같은 순위를 가지며, 비교적 짧은 기간 결혼생활 중 이혼한 부부는 순위에서 꼴찌이다.

어린 자녀의 양육을 위해 이혼 부모의 한쪽이 다른 한쪽에게 '돌봄 부양비(Betreuungsunterhalt)'의 청구는 특별한 사유가 없는 한 통일적으로 3년으로 기한이 한정되었다. '돌봄 부양비'란 혼자서 자녀를 돌봐야 해서 자신의 생계 부양이 어려운 이전 배우자에게 다른 한쪽의 이전 배우자가 지급해야 하는 재정적 지원을 말한다. 홀로 아이를 키우는 한쪽 부모에게 일하도록 강제하기보다는 생후 3세까지의 어린아이를 준거인(Bezugsperson)이 맡는 것이 더 중요하다고 보기 때문이다. 이전 배우자(Ex-Partner)의 재정 지원을 얻기 위해 별도로 진술하거나 증명할 필요가 없다.

2023년부터는 이혼한 부모 중 자녀를 데리고 있지 않은 쪽은 자녀가 6세 미만이면 매월 최소 437유로(부양 의무자의 순소득이 1,900유로 이하)에서 최대 874유로(부양 의무자의 순소득이 9,501-11,000유로인 경우)를 양육비로 지급해야 한다. 자녀의 나이가 많을수록 더 많이 지급해야 한다. 자녀가 6~11세인 경우 매월 최소 502유로에서 최대 1,004유로를 지급해야 한다. 자녀가 12~17세인 경우 최소 588 유로에서 최대 1,176유로를, 자녀가 18세 이상이면 최소 628유로에서 최대 1,256유로를 지급해야 한다. 부양비를 내면서 일해야 하는 사람은 적어도 자신을 위해 1,160유로를 공제할 수 있다(Justizportal Nordrhein-Westfalen, 2023).

5. 성평등을 향한 제도적 전진

베를린 장벽이 무너진 후 동독 여성은 '까마귀 엄마(Rabenmut-ter)'라고 욕먹었다. 통일 전 동독에서 여성이 많은 영역에서 혜택을 받았지만, 이제는 비난에 노출된 것이다. 어린 자녀를 팽개치고 자신의 직업 활동에 몰두하는 매정한 엄마라고 욕먹는 것이다.

'까마귀 엄마'라는 용어는 구약 성경을 번역한 마르틴 루터에게로까지 거슬러 올라간다. '욥기'와 '시편'에 어린 까마귀가 등장한다:

- "어린 까마귀가 먹을 것이 없어 신께 호소하고 방황할 때 누가 그 까마귀에게 먹을 것을 마련해주는가?"(욥기 38장 41절)
- "그리고 동물에게도 먹이를 준다 ─ 어린 까마귀가 달라고 까욱까욱 울면 그 어린 까마귀에게도 준다."(시편 147장 9절)

루터의 성경 번역이 1534년에 비텐베르크(Wittenberg)의 한스 루프트 출판사에서 발행된 이후, 16세기 중반부터 부정적인 의미를 지닌 '까마귀 엄마'란 용어가 수많은 교육 안내서에 등장했다고 한다. 까마귀는 새끼를 버리거나 둥지 밖으로 던져 버린다고 생각되었다. 따라서 '까마귀 엄마'는 무정하고 사랑이 없으며 자녀를 돌보지 않는 부모를 가리키는 데 사용되었다.

통일 직후 동독의 여성이 제일 먼저 일자리를 잃었다. 여성은 새로운 역할 상을 숙고해야 했다. 여성은 예전 동독에서 금지되었던 삶, 즉 주부의 삶을 살아야 했기에 종전의 취업 성향을 버릴 것으로 예상되었다. 그렇지만 이것은 대다수 여성에게서 일어나지 않았다. "아궁이로 돌아가라"라는 요구는 많은 여성에게는 상상조차 할 수 없는 것이었다. 조사에 의하면 1990년에 여성의 약 4%만이 주부로서 삶을 상상할 수 있다고 진술했다(Kaminsky, 2019). 동독 여성은 서독인의 몰이해에 시달려야 했다. 1990년에 서독의 정치가는 대부분 여성이 집에 있어서 따로 자녀 돌봄이 필요 없다고 자랑스럽게 뽐냈다.

집안일이 여전히 여자의 몫이었던 것은 비단 독일만의 상황은 아니었다. "대다수 가족에서 집안일에 대한 책임은 여성에게 있으며, 반면에 남성의 참여는 집안일을 돕는 것으로 해석"되었다. 통일된 독일에서뿐만 아니라 다른 나라에서도, 심지어 더 현대적이라고 여겨지는 스칸디나비아 국가들에서도 마찬가지였다. 거기서 남성은 가정의 날에 자신이 참여하는 것을 '자발적 봉사', '사랑의 증표'로 여겼다(Frese, 2020).

그러나 통일 후 시간이 지나면서 서독이 동독 모델에 접근하였다. 오랫동안 서독에서는 3세 미만 아동의 공공 돌봄 비율이 낮았지만, 통일 전 동독에서는 3세 미만 아동을 집 밖의 돌봄 시설에 맡기는 것이 자명한 일이었다. 통일 후 동-서독 간에 차이가 점점 작아졌다. 동독의 여성이 서독의 여성에 비해 자기 자녀를 더 이른 나이에 아동 돌봄 시설에 맡기지만, 서독 여성도 이제는 어린아이를 돌봄 시설에 맡기는 비율이 증가하였다.

2005년 「종일 돌봄 확충법」(Tagesbetreuungsausbaugesetz, TAG)과 2008년 「아동촉진법」(Kinderförderungsgesetz, KiföG)을 통해 아동 돌봄 공급의 확대를 위한 법적 기반이 마련되었고, 2007년에는 연방, 주, 지자체가 2013년까지 전국적으로 3세 미만 아동의 35%에게 돌봄 제공을 창출할 것에 합의했다. 이에 기반하여 3세 미만 아동의 돌봄 비율은 2017년까지 33%로 증가했다. 그러나 서독에서는 3세 미만 아동의 돌봄 비율이 여전히 동독에 비해 훨씬 낮다. 2017년에 서독은 28.8%, 동독은 51.3%이었다.

그렇지만 3세에서 6세 사이의 아동 경우는 전혀 다르다. 동-서독 간에 거의 차이 없이 대부분 아동이, 10명 중 9명 이상이 공공 아동 돌봄 시설에 다닌다. 구 연방주는 93%, 신 연방주는 95%이었다 (Menke · Klammer, 2020).

〈표 4〉 유치원과 어린이집에 다니는 아동의 비율, 2007-2017, (%)

년도	전체		서독		동독	
	3세 미만	3~6세	3세 미만	3~6세	3세 미만	3~6세
2007	15.5	89.0	9.8	88.1	40.7	93.6
2012	27.6	93.4	22.3	92.9	49.0	95.6
2017	33.1	93.4	28.8	93.0	51.3	94.8

* 해당 연령집단의 모든 아동 중에서 돌봄받는 아동의 비율.
(자료: Katrin Menke/ Ute Klammer, "Gender-Datenreport", 2020.)

오늘날 일하지 않는 엄마는 매우 드물고, 어린아이는 대부분 어린이집(3세 미만)이나 유치원(3~6세)에 맡겨진다. 통일 전 동독의 여성에 대해 어린 자녀를 돌보지 않고 자신의 직업 활동에만 몰두한다는 비방적 의미로 사용된 '까마귀 엄마'가 통일 후 오늘의 현대 독일 사회의 일반적 여성상으로 자리잡았다. 아동 돌봄 시설의 확충으로 어린 자녀를 둔 여성은 오늘날 집 밖에서 직업 활동이나 시민단체 활동을 마음껏 펼치고 있다.

VI

이제 페미니즘은 더 이상 필요하지 않다

통일 후 동독 모델의 영향으로 전개된 일련의 진전에 따라 페미니즘과 젠더 민주주의 주제는 이제 독일에서 시대에 뒤떨어진 구식이고 불필요한 것으로 되었다는 주장까지 등장한다. '힘있는 남자'와 '힘없는 여자'의 단순한 이분법은 이미 현실을 말하지 않게 되었다. 특수하게 위계 서열로 조직된 젠더관계는 자신의 규범적 토대 – 성특수적 분업 – 을 상실했기 때문이다(Unmüßig, 2007). 젊은 여성은 특별한 차별의 경험 없이 성장했다.

1. 교육의 성평등

특히 교육에서 괄목할 만한 변화가 일어났다. 과거에는 특정한 인구 집단 – 노동자층 출신의 자녀, 농촌 출신의 자녀, 그리고 소녀

들－에게는 고등교육에 참여할 기회가 미미했다. 1965년에는 대학입학자격 '아비투어'(Abitur)를 취득한 남학생이 여학생보다 거의 2배 많았다. 그러나 1975년에는 여학생이 남학생과 같은 비율이었으며, 오늘날에는 '대학입학자격'을 얻는 여학생이 명백하게 더 많다. 2018년에 남학생이 12만 8,094명에 불과한 데 비해, 여학생은 15만 4,455명이었다. 연방통계청의 최근 보도자료(Statistisches Bundesamt, Pressemitteilung Nr. 079, 2022)에 따르면, 2021년에 39만 5,000명의 학생이 '대학입학자격'을 취득했는데, 이는 전년보다 3.5% 증가한 것이다. 이 가운데 여성의 비율은 2021년에 54.1%였다. 2020년에는 53.7%였다. 2020년 25~44세 여성의 53%가, 같은 나이의 남성은 49%가 전문대학 혹은 대학에 진학할 자격이 있었다. 독일에서 '대학입학자격'을 취득한 여성의 비율이 남성을 넘어선 지 거의 50년이 된다.

〈표 5〉에서 보듯이 2020년 대학졸업 비율은 65세 이상의 고령층에서는 남성이 여성보다 10% 이상 더 많고, 45~64세의 경우에도 마찬가지로 남성이 여성보다 3% 더 많다. 그러나 25~44세의 경우에는 여성이 남성보다 4% 더 많다.

〈표 5〉 연령별 성별 학력, 2020

	남성			여성		
	25~44세	45~64세	65세 이상	25~44세	45~64세	65세 이상
대학졸업 또는 전문대학 졸업	49%	35%	26%	53%	32%	15%
실업학교 '레알슐레' 졸업 또는 이와 동등한 자격 (Realschul- oder gleichwertiger Abschluss)	28%	34%	24%	30%	42%	29%

| 직업학교 '하우프트슐레' 졸업
(Hauptschulabschluss) | 18% | 28% | 46% | 12% | 22% | 52% |
| 일반적 학력 없음
(ohne allgemeinen
Schulabschluss) | 5% | 4% | 4% | 4% | 4% | 5% |

(자료: Demografie Portal, Allgemeiner Schulabschluss.)

　20대 젊은 여성과 남성의 대학입학자격을 보면, 이미 1990년대 후반부터 줄곧 여성이 남성을 추월했다. 1997년에는 여성 비율이 32.2%로 남성(31.3%)보다 많았다. 2012년에는 20대 여성의 절반 가까이가 대학입학 자격을 취득했고, 2017년에는 56.9%로 과반수를 넘어섰다. 남성의 경우는 2017년에 와서야 절반을 차지했다.

　독일에서 성평등 정책이나 심지어 페미니스트적 접근도 이미 오래전부터 시대에 뒤떨어진 것으로 여겨지고 있다. 젊은 여성에게 직업과 가족 또는 사생활을 양립할 수 있게 하는 자기 결정적 역할이 주어지고 있다. 그동안 남성 영역으로 인식되었던 외교와 국방에서도 장관은 물론이고 전문가 집단에 여성의 진출이 두드러진다. 이제 독일에서 페미니즘은 자신의 역사적 과제를 완수했고 자신의 목표를 달성했기에 더 이상 필요하지 않다는 주장이 나오고 있다.

　남성도 전통적인 성 역할과는 다른 평등주의적 견해에 강력하게 기울고 있다. 전통적 역할로부터의 해방이 현대 독일 사회의 개인화와 생활양식의 분화의 한 본질적 요소가 되었다. 이 모든 것이 (젊은) 남성과 여성의 태도에 반영되고 있다. 특수하게 위계 서열로 조직된 젠더 관계는 점점 더 내부로부터 해체되었다. 왜냐하면 그

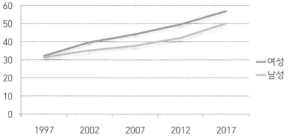

〈그림 5〉 20~29세의 젊은 여성과 남성의 대학 및 전문대학 입학자격

(자료: Katrin Menke/ Ute Klammer, "Gender-Datenreport", 2020.)

러한 젠더 관계가 자신의 규범적 토대인 성별 분업을 상실하였기 때문이다.

2. 유리 천장과 할당제

그러나 이러한 진전에도 불구하고 독일은 유럽과 비교할 때 여전히 '근대화 결핍'을 노정하고 있는 부문이 있다. 바로 '유리 천장'이다.

통일 전 동독에서 관리직의 여성 비율이 높았다고 많은 동독인이 기억하고 있다. 동독인의 74%가 여성이 고위 관리직을 맡을 좋은 기회가 있었다고 말한다. 그러나 연방 가족부의 분석에 의하면, 실제로는 그렇게 높지 않았다. 이 비율은 1988/1989년에 서독의 수준보다 약간 높았을 뿐이다.

동독에서 '인민소유경제'의 관리직에 있는 여성의 비율은 전체적으로 (즉 모든 관리 수준에서) 31.5%였으며, 산업 분야에서는 21%

에 불과했다. 하지만 자격을 갖춘 여성조차도 맨 꼭대기의 관리직에 있는 경우는 극히 드물었다. 그 비율은 산업 분야에서 2% 미만, 고등교육 분야에서 3% 미만이었다. 자격을 갖춘 여성의 대부분은 하위 및 중간 관리자 수준까지만 출세했다.

'유리 천장'이 국가 선전과는 달리 동독에서 여성에게 고위 관리직으로 직업적 상승을 차단했다. 여성은 중간 관리직부터 남성보다 경력을 쌓을 기회가 적었다. 의료 분야에서 대학/전문학교 자격을 갖춘 여성의 비율이 매우 높았지만(90% 이상), 하위 관리직에 여성은 50% 미만이었고, 고위 관리직에는 10%, 최고위직에는 1% 미만이었다. 일반교육 부문에서 일하는 여성 중 90%가 대학 또는 전문학교 자격을 가지고 있었지만, 고위 관리직에는 30% 미만이었다. 고등교육에서는 고위 관리직에 여성은 더 적었다. 대학 교수직의 15%만이 여성이었다. 전체 고등교육 시스템에서 상위 관리자 수준(총장, 부총장, 부서장)에 있는 여성의 비율은 약 3%였다. 이는 고등교육 운영에서 필요한 자격을 갖춘 여성의 비율보다 훨씬 적은 비율이었다(BMFSFJ, 2015: 23).

통일 후 '유리 천장'을 타파하고자 먼저 공공기관의 지도적 지위를 일정 부분 여성에게 할애하는 '할당제'가 본격적으로 실시되었다. 「성평등법 및 여성진흥법(Landesgleichstellungs- bzw. Frauenför-dergesetze)」이 각 연방주에서 통일 후 제정되기 시작했다. 1990년 브레멘이 제일 먼저 이를 도입했고, 1993년 헤센과 작센-안할트주가 도입했다. 이어서 작센과 브란덴부르크와 슐레스비히-홀슈타인주가 1994년에 도입했다. 바이에른은 1996년, 베를린은 2002년에 도입했다. 이 법을 기반으로 할당제가 확정되면서 지도적 지위에 여성의 진출이 늘어나고 있다.

정당에서도 할당제가 80년대에 도입되었다. 1988년 사민당(SPD)은 모든 직위와 의원직에 '40% 여성 할당'을 결정했다. 1993년 이래 녹색당은 모든 비례대표 리스트와 위원회에 남성과 여성을 동등한 비율로 채웠다. 독일 역사상 첫 여성 연방총리를 배출한 기민당(CDU)은 1996년에 '정족수 규정'에 합의했다. 여성이 모든 위원회와 직위에서 최소 3분의 1이어야 한다는 이 규정은 2001년에 최종적으로 문서로 확정되었다.

그리하여 연방의회의 여성의원 비율은 각 정당의 할당제에 힘입어 1998년 선거 이후 계속 30%를 넘고 있다. 2021년의 연방의회 여성의원의 비율은 34.9%이다. 여성의원의 비율이 가장 많은 정당은 녹색당(59.3%)과 좌파당(53.8), 사민당(41.7%)이다. 이어서 자유당(25%), 기민/기사당(23.4%), 독일대안당(13.8%) 순이다. 2017년 연방의회 선거에서 여성의원의 비율은 30.7%였다. 여성의원 비율이 가장 높았던 때는 36.5%로 2013년 선거에서였다. 할당제가 시행되기 전에는 여성의원의 비율이 극히 미미했다. 1983년 선거까지는 계속 10% 미만이었다.

주의회 선거에서도 할당제가 도입되었다. 2019년 1월 브란덴부르크가 최초로 주의회에서 소위 「동등법(Paritätsgesetz)」을 통과시켰다. 이 법은 2024년 주의회 선거에 참여하는 모든 정당은 후보 리스트를 남성과 여성을 교대로 채워야 한다고 규정하고 있다. 튀링겐에서도 이러한 법이 2019년 7월의 주의회에서 통과되었다. 일부 유럽 국가(벨기에, 프랑스, 포르투갈, 스페인, 슬로베니아)에서는 후보 목록의 성별 할당에 관한 법률이 전국적 차원에서 적용되고 있다(DIW, 2019).

최근에는 기업의 경영진에도 할당제를 적용하고 있다. 종전에는 독일 기업의 경영진에서 여성이 차지하는 비율이 다른 유럽 국가에 비해 매우 낮았다. 2004년 대기업 관리직의 약 8%만이 여성으로 채워져 있었고, 100대 기업의 이사회에는 685명의 남성에 더해 여성은 겨우 4명에 불과했다. 다른 나라에서는 기업의 이사회에 법정 여성 할당제를 이미 성공적으로 시행하고 있다. 노르웨이는 2003년에 세계에서 최초로 모든 상장 기업과 국가 소유 기업에 할당제를 도입했다. 뒤이어 2007년 스페인이 유럽연합에서 처음으로 거대 상장 기업에 할당제를 도입했다. 이후 아이슬란드, 벨기에, 프랑스, 이탈리아, 네덜란드가 이를 도입하고 있다. 독일은 이러한 발전에 뒤처져 있었다. 2015년에 와서야 해당 법률이 통과되었고, 2016년부터 독일의 상장 기업은 30%의 할당량에 도달할 때까지 감독 위원회의 모든 공석을 여성으로 채워야 한다. 이와 유사한 법률이 1년 후인 2017년에 오스트리아와 포르투갈에서도 통과되었다(DIW, 2019).

회사의 경영위원회에 여성 비율을 법적으로 규정하고 있는 모든 유럽 국가 중에서 독일은 최하위이다. 독일은 2020년까지만 해도 이 규정이 107개의 상장 기업에 대해서만 구속력이 있었다. 독일노총(DGB)은 비상장회사의 이사진에 대해서도 고정된 할당제를 도입할 것을 요구하고 있다. 독일노총 부회장 한낙(Hannack)은 "30% 할당제가 적용되는 '감독이사회'에서는 여성 몫이 달성되었지만, 경영이사회의 90%가 여전히 순수한 남성 클럽이다"라고 비판했다(DGB-Vize Hannack, 2020).

동독 지역의 기업에서는 경영진에 여성 진출이 어느 정도 나타나고 있다. '중부독일방송(MDR)'과 '베를린-브란덴부르크 방송 (RBB)'의 공동 연구에 따르면, 2019년에 독일 DAX 기업의 이사진에 동독 여성은 한 명도 없었다. 그렇지만 동독의 100대 기업의 168명의 고위인사 중 15명이 여성이었다(9%). 그리고 동독인이 운영하는 기업에서는 여성 비율이 25%에 달했다(MDR, 2022/3/3).

최근에 독일 기업의 경영진에 여성의 진출이 두드러지게 증가했다. 독일경제연구소(DIW)의 분석에 의하면, 2021년 독일에서 매출이 가장 높은 200개 회사의 이사회에서 여성의 비율이 전년의 11.5%에서 거의 15%로 증가했다(DIW, 2022).

독일 컨설팅 회사 EY가 DAX, MDAX, SDAX, TecDAX의 명단에 오른 160개 회사의 이사회 구조를 분석한 바에 따르면, 2022년 7월 1일 현재 독일 상장 기업의 이사진에서 여성이 차지하는 비율은 계속 상승세를 이어가고 있다. 160개 기업에서 여성 이사가 101명으로 반년 전보다 5명이 더 늘었다. 여성 최고 경영자 수도 4년 만에 약 2배로 늘었다. 회사의 이사회에서 101명의 여성이 614명의 남성과 마주하고 있다. 여성 비율은 14.1%이다.

이러한 진전에도 불구하고 독일 대기업 이사회는 대체로 남성의 영역으로 남아 있다. 상장 기업들의 이사회는 현재 51%가 배타적으로 남성들에 의해 채워져 있고, 여성 이사가 최소 2명 이상 있는 회사는 9분의 1에 불과하다. 이들 160개의 기업에서 상반기에 총

23명의 신규 이사가 임명되었고, 그중 여성은 9명이었다(EY, 2022).

이러한 여성 비율의 증가는 무엇보다 법률의 효과이다. 2015년 발효된 「관리직에 관한 법(Führungspositionen-Gesetz)」에 이어 2021년 8월 「제2차 관리직에 관한 법」이 시행됐기 때문이다. 이 법은 3명 이상의 구성원을 가진 상장 기업의 이사회에는 적어도 1명의 여성이 반드시 있어야 한다고 명시하고 있다. 이후 기업은 이사회에 왜 여성이 없는지 혹은 여성을 초빙하지 않는지 반드시 그 근거를 제시해야만 한다. 이 법을 준수하지 않는 회사는 엄중한 처벌을 받아야 한다.

3. 임금 격차의 감소

남성과 여성 간 임금 격차는 현대사회에서 사회적 불평등의 전형적 표시이고, 임금 격차의 감소는 성평등의 진전을 나타내는 핵심 지표이다. 통일된 지 30년이 지난 지금도 동-서독 간에는 상당한 차이가 존재한다. 그 차이는 임금과 소득에서 존재한다.

동-서독 간 임금 격차가 많이 줄었지만, 여전히 크다. 연방경제에너지부가 펴낸 『2021 독일 통일 상태에 대한 보고서』에 의하면, 구서독 지역(구 연방주)과 구동독 지역(신 연방주) 간의 시간당 평균 명목임금의 격차가 2007년 28%에서 2020년 23%로 줄었다. 신연방주(베를린 제외)의 시간당 평균 임금이 현재 20.28유로이고, 구연방주(베를린 포함)에서는 26.26유로이다. 구연방주와 신연방주 간의 격차는 여성과 남성 간의 임금 격차(Gender Pay Gap)에서도 나타 났다. 2019년 기준으로 성별 임금 격차를 지역별로 살펴보면, 신연 방주에서는 성별 격차가 전혀 없는 지역이 23개 시·군에 이르고, 8.8% 이하인 시·군도 51개이다. 이에 반해 서독 지역에서는 많은 시·군이 20% 이상의 성별 격차를 보였다(BMWi, 2021: 66).

서독에서는 여성의 임금이 남성의 임금에 비해 21% 낮은 데 비 해 동독에서는 격차가 7% 미만이다. 경제사회과학연구소(WSI)에 의하면, 2019년 10월 현재 서독에서 여성의 시간당 임금이 17.93유 로이고, 남성은 22.82유로이다. 성별 임금 격차가 4.89유로에 달한 다. 이에 비해 동독에서는 여성이 16.11유로이고, 남성은 17.76유로 이다. 성별 임금 격차는 1.65유로이다. 따라서 동독의 여성은 서독 의 여성에 비해 직업상으로 남성과 동등한 상태에 놓여 있다(DIW, 2019).

성별 소득격차도 독일은 다른 나라들에 비해 극심하지 않다. 세 계경제포럼(World Economic Forum)의 『글로벌 성격차 보고서』에 의하면, 독일은 근로소득의 성평등 점수(남성 소득 대비 여성 소득) 가 북유럽 국가보다는 낮지만, 영국과 미국보다는 높다. 2022년에 독일의 성평등 점수는 0.73(남성 소득 59,390달러, 여성 소득 43,620달 러)으로 세계 순위 29위였다. 노르웨이는 0.74(남성 72,990달러, 여성 53,910달러)로 28위이고, 스웨덴은 0.83(남성 55,740달러, 여성 46,090달 러)으로 세계 9위였다. 프랑스가 0.75(남성 48,540달러, 여성 36,490달 러)로 26위였다. 미국은 0.67(남성 72,070달러, 여성 48,010달러)로 61 위였고, 영국은 0.61(남성 53,270달러, 여성 32,320달러)로 91위였다.

일본은 0.57(남성 51,730달러, 여성 29,260달러)로 100위였고, 한국은 0.49(남성 56,710달러, 여성 27,930달러)로 120위였다(World Economic Forum, 2022).

4. 돌봄노동의 평등 분배

돌봄 노동은 자녀의 양육과 보살핌, 혹은 노인이나 병약자의 건강 돌봄과 간호처럼 '사회적으로 필요한 노동'을 말한다. 그렇지만 돌봄 노동은 종종 무급 또는 저임금이고, 인정을 거의 받지 못하고, 압도적으로 여성에 의해 수행되고 있다. 반면에 남성은 대체로 유급의 직업노동에서 일한다(Menke · Klammer, 2020). 남성은 여성보다 매일 거의 2배 많은 시간을 직업노동에 투자하는 데 반해, 여성은 소비한 시간의 약 3분의 2가 가사 노동과 가족 노동, 자녀 돌봄이다(Döge, 2006: 55ff.).

연방가족부(BMFSFJ)가 2017년에 펴낸 『제2차 성평등 보고서』는 남성과 여성이 매일 무급 돌봄노동에 사용하는 평균 시간의 차이를 '성별 돌봄 격차(Gender Care Gap)'로 제시하고 있다. 성별 돌봄 격차는 남성과 여성이 돌봄노동에 매일 소비하는 시간의 상대적인 차이를 의미한다. 그것은 여성이 하루 평균 돌봄노동에 소비하는 시간이 남성의 평균 일일 돌봄 노동 시간을 초과하는 비율을 나타낸다. 성별 돌봄 격차가 클수록, 여성이 돌봄노동에 소비하는 평균 시간이 남성이 소비한 시간보다 더 길다. 보고서에 의하면, 독일의 성인 여성은 남성보다 하루 평균 87분 더 길게 돌봄노동을 하며, 이는 52.4%의 성별 돌봄 격차에 해당한다.

상기 보고서에 의하면, 여성은 남성보다 돌봄노동에 1.5배 더 많은 시간을 소비한다. 가장 큰 성별 돌봄 격차는 34세에서 나타났다. 무려 110.6%에 달했다. 여성은 하루 평균 5시간 18분의 돌봄노동을 하는 반면, 남성은 2시간 31분만 일한다. 남성은 나이가 들수록 돌봄노동에 더 많은 시간을 할애하는 반면, 여성은 나이 들수록 돌봄노동 시간이 조금 줄어든다. 그리고 연령에 관계없이 혼자 사는 여성은 혼자 사는 남성보다 돌봄노동에 더 많은 시간을 할애한다. 대부분의 돌봄노동은 – 주로 자녀 돌봄으로 인해 – 자녀가 있는 부부가구에서 이루어진다. 어머니는 아버지보다 매일 2시간 30분 더 많은 돌봄노동을 하므로, 자녀가 있는 부부 가구에서 성별 돌봄 격차가 83.3%에 달했다(BMFSFJ, 2017: 96).

돌봄노동과 관련하여 한 가지 흥미로운 사실이 발견되었는데, 여성과 남성의 일상이 같아지는 추세가 발견된 것이다. 1991/1992년에 비해 여성과 남성 모두가 이제는 돈벌이 직업노동에 더 많은 시간을 보내고, 무급 돌봄노동에는 더 적은 시간을 보낸다. 돈벌이 직업노동을 위한 주당 시간이 2001/2002년에서 2012/2013년까지 11년 동안 여성의 경우 13:19에서 16:09으로 3시간 증가했으며, 남성의 경우 24:44에서 25:23으로 약 30분 증가했다. 이와 대조적으로 이 기간에 무급 돌봄노동 시간은 여성의 경우 주당 32:56 시간에서 29:29 시간으로, 남성은 20:41 시간에서 19:21 시간으로 감소했다(Menke · Klammer, 2020). 비록 여성이 여전히 무급 돌봄노동의

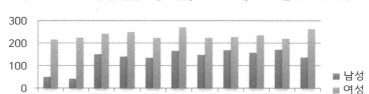

〈그림 6〉 주요국의 무급 돌봄노동 시간, 15~64세, 2022년(단위: 분/ 일당)

(자료: OECD.Stat, Time spent in paid and unpaid work, by sex)

훨씬 더 큰 부분을 떠맡고 있지만, 여성과 남성의 일상은 서서히 같아지고 있다고 할 수 있다.

OECD 자료에 의하면 남성이 하루에 무급 노동에 보내는 시간 은 OECD 평균 136.5분이고, 여성은 OECD 평균 263.4분이다. 여 성이 보낸 시간이 남성보다 1.93배 더 많다.

OECD 국가 중에서 무급 돌봄 노동시간의 성별 격차가 가장 큰 나라는 일본(5.5배)과 한국(4.4배)이다. 일본에서 여성은 하루에 무 급 가사 노동에 224분을 소비하는 데 비해 남성은 고작 40분 정도 를 소비한다. 여성이 남성보다 5배 이상 더 많이 쓴다. 한국도 마찬 가지이다. 여성은 하루에 215분을 소비하는 데 비해 남성은 고작 49분을 소비한다. 여성이 남성보다 4배 이상 더 많이 쓴다. 독일의 격차는 1.61배로, 남성이 150.4분, 여성은 242.3분이다. 미국(1.64배) 과 프랑스(1.66배)가 독일보다 격차가 약간 더 크다. 격차가 가장 작 은 나라는 스웨덴(1.29배)과 노르웨이(1.35배)이다. 핀란드와 캐나다 는 1.5배이다.

5. 성평등을 향한 제도적 전진

통일 이전 서독에서 성평등을 향한 초보적 전진이 있었다. 1977년 〈부부와 가족법〉이 개정되어, 그동안 법적으로 규정되었던 남성과 여성 간의 역할 분배가 철폐되었다. 남성은 더 이상 가장이 아니며, 교육 문제에서 최종 결정권이 없어지게 되었다. 여성은 더 이상 주부의 역할에 얽매이지 않게 되었다. 가정을 돌봐야 할 법적 의무가 사라지게 된 것이다. 개정된 법에는 "배우자는 상호 합의에 따라 가사를 책임진다"라고 명시되었다.

특히 '68운동' 이후 서독 사회에 커다란 변혁이 일어났다. 사회의 민주화, 자유화와 함께 새로운 여성운동의 등장으로 많은 여성이 직업노동에서 자신의 해방 가능성을 찾았다. 전통적으로 자기 가족에게 전적으로 헌신하는 여성은 '일하지 않는 자(Nicht-Arbeitende)'로서 혹평을 받았다(Pfau-Effinger, 2000: 121). 반대로 정부는 여성 취업 활동의 급증을 걱정스러운 눈으로 바라보기도 했다. 『두 번째 가족 보고서』(1974)에서 연방정부는 '기혼 여성 취업 활동의 유감스러운 증가'에서 가족의 '사회화 장애'를 우려하기도 했다(Opielka, 2002).

통일 후에 성평등을 향한 본격적인 발걸음이 취해졌다. 먼저 1994년 〈기본법〉 3조 2항이 개정되어 양성 평등권이 국가 목표로서 기본법에 자리하였다. 이전에는 "남성과 여성은 동등한 권리를 갖는다"라고만 규정되었는데, 지금은 이 규정에 덧붙여 "국가는 여성과 남성의 평등한 권리의 실제적 관철을 촉진하고 기존의 불이익을 제거하기 위해 노력한다"라는 조항이 추가되었다. 성평등 요구가 국가의 과업으로 정착하였고, 국가는 성평등을 관철할 의무를 지게 된 것이다.

두 번째 발걸음은 유럽 공동체의 틀 안에서 1997년 10월에 체결된 '암스테르담 조약'이다. 이 조약은 성 불평등의 철폐를 명시하고 있다. "이 조항에 언급된 모든 활동에서 공동체는 불평등을 제거하고 남성과 여성 간의 평등을 촉진하기 위해 노력한다." 이제는 성평등을 촉진하는 것이 EU의 대외관계 및 발전 정책의 본질적인 측면이 되었다.

세 번째 발걸음은 2006년에 제정된 〈일반적 평등 취급법〉이다. 이 법은 제1조에 규정하고 있듯이 "인종 또는 민족, 성별, 종교 또는 세계관, 장애, 나이 또는 '성적 정체성' 때문에 차별하는 것을 방지하거나 철폐하는 것"을 목표로 하고 있다. 이 법은 특히 기업의 차별 없는 운영 관행 책임을 규정하고 있다.

네 번째 발걸음은 2015년에 제정된 〈민간경제와 공공서비스의 관리직위에 여성과 남성의 동등한 참여를 위한 법〉이다. 2015년 4월에 연방의회에서 가결된 이 법에 따라 2016년부터 상장 기업과 공동결정제를 시행하는 기업(감독이사회가 사용자와 노동자 측에서 동수의 위원으로 구성)의 감독이사회에 30%의 성별 할당제가 의무적으로 적용되었다. 30%의 의무적 성별 할당제는 100개 기업에서 시행되며, 감독이사회의 자리를 새로 채울 때 적용되어야 한다. 성별 할당제를 적용받는 회사가 감독위원회에 여성이 30% 미만인 경우, 30%에 도달할 때까지 공석을 계속해서 여성에게 양도해야 한다. 그렇지 않으면 감독이사회의 자리는 공석으로 남는다. 2016년 해당 감독이사회의 여성 비율이 27%였지만, 2020년 가을에는 36% 로 증가했다. 할당제가 적용되지 않는 다른 기업에서는 감독이사회의 여성 비율이 별로 늘어나지 않았다. 이것은 성별 할당제의 효과를 보여준다. 2021년에 이 법률의 개정안이 발효되었다. 개정된 법률안의 핵심은 독일 대기업에서 3명 이상의 구성원을 가진 '이사회'에는 최소한 여성 1명 이상이 참여해야 한다는 규정이다. 이 규정은 상장 및 공동결정제 기업의 3명 이상 이사회에 적용된다 (BMFSFJ, 2021/8/12).

Ⅶ

나가며

독일 통일은 흔히 '만회적 근대화'를 가져왔다고 평가된다. 사회주의 유산의 비능률적 요소가 제거되고, 서독의 근대적 제도가 신속히 이전되는 것이 동독의 성공적인 근대화로 이해되었다(전태국, 1998: 251). 그러나 몰락한 동독이 근대화가 결핍된 독재 체제였던 것만은 아니었다. 독자적으로 발전시킨 성평등의 장점이 있었고, 통일 독일은 이 장점을 놓치지 않고 계승하여 성평등 사회를 향해 힘차게 전진할 수 있었다. 이런 점에서 '만회적 근대화'와는 반대로 '동독이 서독을 변화시켰다'라고 말할 수 있다.

무엇보다도 일과 가정의 양립을 가능케 하는 아동 돌봄 시설이 확충되어 여성의 취업이 일반화되었다. 동독 여성에 대해 어린아이를 돌보지 않고 일에만 몰두하는 매정한 엄마라고 비난했던 이른바 '까마귀 엄마'가 통일된 독일에서 여성의 일반적 삶의 핵심을 이루게 되었다.

이러한 진전과 함께 서독인의 성평등 의식에도 커다란 변화가 일어났다. 통일 전 서독에서 지배적이었던 전통적인 성역할 관념은 이제 극소수만이 지지하고, 대다수 독일인은 동독인이 견지하던 평등주의 모델을 지향하고 있다. 성평등의 성공적 진전은 무엇보다도 일련의 새로운 법과 제도의 도입에 기초하였다. '부모시간' 및 '부모수당'이 도입되어 자녀 출산 후의 소득감소와 경력 단절을 방지하였고, '할당제'가 도입되어 공공 및 민간 부문의 고위 관리직에 여성 비율이 일정 수준을 유지하도록 규정하였다. 이제 독일에서는 페미니즘이 더 이상 필요하지 않다고 말해질 정도로 성평등이 고도로 실현되고 있다.

세계경제포럼이 2006년부터 매년 발표하는『글로벌 성격차 보고서』(Global Gender Gap Report)에 의하면, 세계에서 가장 성 평등한 나라는 아이슬란드이다. 아이슬란드는 2008년까지는 4위였다가 2009년에 1위가 되었고, 이후 현재까지 13회 연속으로 세계 1위 자리를 놓치지 않고 있다. 2006년부터 2022년까지 한 번도 빠지지 않고 10위 안에 들어간 나라는 아이슬란드, 노르웨이, 스웨덴, 핀란드의 북유럽 4개국과 아일랜드이다. 이들 5개국은 실로 세계 최고의 '성평등 국가'이다. 덴마크도 강력한 성평등 국가라고 볼 수 있다. 2014년까지 줄곧 상위 10개국에 들었다. 독일은 2022년까지 10위 안에 4번 들었다.

독일이 고도의 성평등을 실현하고 있지만, 이러한 진전은 여러 불협화음에 의해 동반되었다. 시간제와 '미니잡'이 전형적인 여성 직업으로 굳어졌고, 기업의 이사진에 여성은 여전히 과소 대표되고 있다.

기본법 3조의 확대, '부양권', '돌봄 부양비', '부모시간' 및 '부모수당', '가사 노동의 공평 분담', '아동 돌봄의 체계적 구축', '성별 소득격차의 미미함', '할당제' 등은 한국 사회가 독일의 성취로부터 배워야 할 기본적인 성평등 정책이다.

7장

독일의 이민행정[1]
Migrationsverwaltung
in Deutschland

허준영 (Dr. Joon-Young HUR)

한국행정연구원 국정데이터조사센터 소장

Director, Center for Policy Data and Survey Research,
Korea Institute of Public Administration

I
들어가며

　최근 법무부를 중심으로 이민청 설립 논의가 화두가 되고 있다. 해당 부처의 업무보고에 따르면 저출생고령화에 대응하는 인구정책 대안 중 하나로 이민자에 대한 문호를 보다 적극적으로 개방하여 경제활력을 제고하겠다는 취지인데(법무부, 2022), 전체인구의 약 5% 정도 체류 이민자들의 적응·사회통합을 고려할 필요성과 새 정부 출범 초기 통상 높은 지지율을 바탕으로 새로운 정책추진이 상대적으로 용이할 수 있다는 시의성 면에서 논의에 탄력을 받고 있다.

　본 연구는 이렇듯 최근 붉어지고 있는 한국의 이민전담기구 논의의 맥락에서 우리와 유사하게 단일혈통중심의 외국인 관리 정책을 오랫동안 견지해 오다 비교적 최근 개방적인 이민정책으로 변모한 독일의 이민행정을 역사적·관리적 측면에서 살펴보고 함의를 도출해 보고자 한다.

현재 독일은 20% 이상의 인구가 본인이나 부모세대에 이주내력을 가지고 있는 사실상(de facto) 이민국가다(Wilmes, 2018). 그런데 독일은 1950년대 중반 이후부터 다양한 형태의 이주민 유입이 본격화되었음에도 미국, 캐나다, 호주, 뉴질랜드 등 이민자로 이루어진 전통적인 이민국가들과 대비하여 이민자 논의 자체는 그야말로 최근의 일이라 할 수 있다. 이러한 현실을 받아들이는 것이 상당히 어려웠던 이유는 독일인이라는 혈통(blood)을 우선시하는 이민족을 차별-배제하는 이민정책을 고수해온 탓이다. 즉 독일사회는 혈연·민족에 강조점을 두어 온 나머지 이민자라 하면 통상적으로 독일 혈통이 아닌 외국인으로 이해하며, 동구권 출신이라도 독일 혈통 이민자는 독일인과 다르지 않은 집단으로 구분해 왔다(허준영, 2012).

그러나 저출생고령화로 인한 노동인력 수급 문제, 이민자들의 지속적인 유입과 이들로 인한 다양한 갈등으로 인한 사회적 파장 등으로 인해 독일사회 내부에서도 다문화사회에 걸맞는 새로운 이민정책으로의 전환이 꾸준히 요구되어 왔고 결국 독일은 2000년대 이후부터는 이민국가임을 인정하고 이민자의 통합을 강조하는 정책으로 전환 중이다.

이렇듯 민족이라는 혈통주의에 근거한 통제·관리지향적인 이민행정을 수행해 온 독일의 경우 비교적 최근 다양한 시대적 요구에 대응해 보다 적극적인 통합정책으로 전환 중이라는 점을 볼 때 점차 이민자 비율이 증가하고 생산활동, 적응과 통합 등 다양한 이민문제에 대한 행정적 대응을 위한 이민전담기구에 대한 논의가 촉발되고 있는 한국의 상황에서 이민행정에 유익한 시사점을 발견할 수 있을 것으로 본다. 특히 한국의 경우 최근 예멘사태를 겪으면서 이민자에 대한 거부감이 커졌고 이로 인한 사회갈등이 극단적으로 치닫기도 했었다는 점에서 보수적인 이민정책을 구사했던 독일이 어떻게 원활하게 정책전환을 하면서 이민난민청(BAMF)과 같은 이민전담기구에 중요한 역할이 부여될 수 있었는지에 대해 역사적·관리적 맥락을 살펴보는 것은 최근 본격화되고 있는 우리나라의 이민행정 관련 전담기구 논의에 있어서 유익한 벤치마킹이 될 것으로 본다.

Ⅱ
이민의 역사적 맥락 및 이민자 유입

1. 독일 이민행정의 역사적 맥락과 환경 변화

독일로 유입되는 이민은 시기별로 상이한 역사와 맥락을 가져왔으며 이러한 양상은 독일 국내외적인 수요와 인식에 상당한 영향을 끼쳐 왔다. 아울러 최근 이민환경과 관련해 인구, 정치, 경제, 사회문화적 측면의 영향이 커지고 있다.

1) 역사적 맥락

독일 이민은 2차 대전 이후 본격화되었는데 유입유형에 따라 시기적으로 나뉘며 이에 따라 대응하는 이민행정도 영향을 받게 되었다. 대응기조 및 실무적인 총괄기관인 연방 이민난민청의 변천을 중심으로 살펴보면 다음과 같다.

(1) 1시기(2차 대전 후~1950년대 초반): 재외동포 귀환

2차 대전 후 1950년대 초까지 독일 주변국에서 1,400만 명 이상의 독일혈통 난민들이 서독으로 이주하였는데 이들은 히틀러의 동방팽창정책에 의하여 독일 점령지역인 구소련연방, 폴란드, 체코슬로바키아, 헝가리, 유고슬라비아 등으로 강제 이주했던 독일인들로 승전국 점령군에 의해 다시 독일로 추방당했는데 1950년 기준으로 구동독 지역으로 400만 명, 그리고 서독 지역으로 790만 명에 이르렀다(박명선, 2007: 274). 1953년 체결된 제네바 협약에 기초해 난민인정 절차를 운영할 '외국난민인정연방사무소'(Bundesdienststelle für die Anerkennung ausländischer Flüchtlinge)가 40명의 직원으로 1953년 1월 12일 설치되었다.

(2) 2시기(1950년대 중반~1980년대 후반): 외국인 노동자 수입과 가족재결합

전후 독일은 자원의 황폐화 외에 전사자로 인해 노동력 또한 부족한 형편이었는데 1950~60년대 경제 붐으로 인해 노동력이 부족해지자 산업계와 기업들의 외국인 노동자 도입의 요구는 점차 확대되었다. 1955년에 이탈리아, 1960년에 그리스와 스페인, 1961년에 터키, 1963년 모로코, 1964년 포르투갈, 1965년 튀니지, 1968년 유고슬라비아 등 1973년까지 약 260만 명에 이르는 대규모 초청노동자(Gastarbeiter)를 고용하였는데(Hanewinkel & Oltmer, 2017: 2-3) 이들 중 80%는 제조업이나 건설업, 그리고 20%는 서비스업에 종사하였고 주로 단순노동을 담당하였다(정재각, 2010).

당시 독일의 외국노동자 정책은 일종의 '순환'(Rotation) 개념에 따라 일시적으로만 거주하기로 되어 있었지만, 60년대 후반부터 70년대 초반까지 이들 노동자들의 가족재결합으로 인해 대규모 이주가 시작되었다(European Commission, 2022). 실제 그들의 체류는 계속 되었고, 순환제도는 결국 1973년에 종료되었다. 그러나 급격하게 늘어난 외국인 노동자 수로 인해 1983년 귀국 촉진법을 제정하여 귀국 정착금 지원을 통해 외국인 노동자의 귀국을 장려하고 귀국하지 않는 경우에는 독일 사회에 통합시키려는 노력을 취하게 되었다.

당시 정부는 기업들을 위한 외국인 노동자 영입 수행기관으로서 이들의 입국, 체류, 취업 통제에 집중하였고 폭넓은 조정권한이 인정되는 등 행정편의주의적 국가개입이 이루어졌다. 따라서 외국인 노동자의 생활 상황은 불안정하게 되었고 경기 변동 등 외부환경과 맞물려 불안정한 지위에 처할 수밖에 없었다(Straubhaar, 2008: 8-9; 장선희, 2014: 34-35에서 재인용).

이렇듯 독일은 이주민을 일시적 노동 이민자로 간주하였기 때문에 1990년대 까지 이들을 통합하고자 하는 전국적 차원의 정책은 존재하지 않았다. 이렇듯 정주를 부인하면서 사회 통합에 대한 담론이 부재했기 때문에 정치적 참여 혹은 선거권에 대한 사회적 합의 또한 이루어질 수 없었다.

한편 1965년 4월 21일 외국인법(Ausländergesetz) 제정 후 기존의 '외국인난민인정 연방사무소'는 '연방외국난민인정청'(Bundesamt für die Anerkennung ausländischer Flüchtlinge, BAFI)으로 조직이 확대

되면서 연방내무부에서의 위상이 승격되었다(BArch B 325-ORG). 이후 1980년 들어 난민의 증가에 따른 업무증가로 인해 연방청 근무자는 240명으로 확대되었다. 1978년에는 연방 정부에서 외국인 노동자와 그들 가족의 통합을 위한 위원(commissioner)을 임명함으로써 임시 외국인 근로자들이 영구적으로 정착했다는 점을 인정하기에 이른다(European Commission, 2022).

(3) 3시기(1980년대말-1990년대): 독일 통일과 독일혈통이주민

1989년 이래 동구권과 동독의 몰락으로 정치시스템이 변화하면서 유럽의 이민유형도 크게 뒤바뀌게 되었는데 독일의 경우 1988년 10만건이었던 망명신청 건수가 1989년 12만 건으로, 1990년 19만 건, 1992년에는 44만 건에 이르게 되었다. 망명신청자 외에 독일혈통이주민이 1980년대 후반부터 1990년대 초반까지 상당히 증가하였는데 이들은 1953년 제정된 연방실향민법(Bundesvertriebenengesetz, BVFG)에 의해서 독일 국민으로 인정받게 되어 1950년부터 1975년까지 80만 명, 1976년부터 1987년까지 61만 6천 명이상의 이주민들이 정착을 하였다. 1987년 이후 15년간 3백만 명이상이 독일로 이주해 왔는데 1950년부터 2016년까지 계산해 보면 약 4백 5십 만에 이른다(Hanewinkel & Oltmer, 2017: 3).

이렇듯 난민증가로 인해 난민신청의 과정을 보다 신속히 처리하는 행정조직과 인력조직의 변화가 이루어져 연방외국난민인정청(BAFL)은 1993년 기준으로 직원은 4,000명으로 외청(Außenstellen)은 48개로 확장되었다.

(4) 4시기(2000년대-현재): 고급인력 유치, 난민 증가 및 이민법
　　시행

통일 이후 독일에서 이민자수는 1992년 가장 높은 수치를 기록
한 이래 이민자 수는 상당히 감소하였는데 2008년과 2009년의 경
우 독일은 이민으로 유입보다 유출이 더 많다가 2010년 이래 유
입이 다시 증가되었으며 2015년에는 대량의 망명신청자 유입으
로 인해 독일 역사상 가장 많은 이민자 유입(214만 명)을 겪게 된다
(Hanewinkel & Oltmer, 2017: 3).

1970년대부터 1990년대에 이르기까지 외국인정책(Ausländer-
politk)은 이민자 추가 유입 예방에 주로 집중해 왔으나(Hanewinkel
& Oltmer, 2017: 4) 개정 국정법이 2000년부터 발효되어 부분적으
로 '출생지주의'를 적용하면서 전통적인 '혈통주의' 원칙도 수정되
었고 주요 정당들 사이에서 독일은 이민국이 되었다는 컨센서스
를 통해 2005년 정부의 첫 대규모 이민제도 개혁과 체계적인 통합
정책의 수립을 위한 토대를 마련하게 되었다(European Commission,
2022).

2000년대를 지나면서 IT분야 고급인력유치를 위한 녹색카드
(Green card, 2012년 8월부터는 블루카드) 신청 기회가 제공되는 등 숙
련 이민자(qualified immigrants) 유치를 위한 적극적인 정책들이 제
시되기 시작하였고 2005년 이민법을 계기로 이민자와 그 자녀들
에 대해 처음으로 통합 지원이 정부업무로 자리매김되었다(Hane-
winkel & Oltmer, 2017: 5).

이렇듯 이민법(Zuwanderungsgesetz)이 시행됨에 따라 종래 연방

외국난민인정청(BAFL)은 연방이민난민청(BAMF)으로 개명되었고 여러 부처에 산재했던 이민자 사회통합과제들이 이민난민청의 소관으로 정리되어 사회통합에 대한 권한을 갖고 업무를 수행하게 되었다. 즉 통합에 대한 기본정책, 통합과정 프로그램 개발과 집행, 외국인의 자발적 귀국을 위한 귀국지원(Rückkehrförderung) 등의 과제를 담당하게 되면서 통합사무의 담당을 위해 통합국이 설치되었고 이민난민에 대한 종합적인 학술연구과제 수행 역할도 맡게 되었다. 이로써 연방이민난민청은 이민과 사회통합의 중심기관(Kompetenzzentrum)으로 변모하게 되었으며 망명, 이민, 통합 분야를 중심으로 행정상의 보안과 디지털화, 국제업무 등의 역량강화도 병행하여 추진하고 있다.

2) 이민행정의 환경변화

2000년을 기점으로 독일 이민정책이 상당한 방향 전환을 하게 된 이유는 당시 제출된 이민 독립위원회 보고서에서 밝히고 있는 대로 이민행정 환경의 급속한 변화 때문인데 인구구조, 국가경쟁력, 노동시장, 사회통합, 국제인권적 측면 등에 적극적으로 대응할 수 있는 전략이 필요하다는 위기의식의 산물이었다(Unabhängige Kommission "Zuwanderung", 2001; 허준영, 2017: 164-166).

첫째, 인구구조적 측면에서는 고령화·저출생에 따른 전체 인구의 감소가 특징적이다. 기대수명 증가와 가구당 출산아동 수 감소 등 저출생 고령화가 뚜렷이 나타나는 독일의 인구구조를 고려할 때 국가경제 발전과 고용시장 인력공급뿐만 아니라 사회보장

제도 유지에도 큰 위협요인이 될 수 있다(Unabhängige Kommission "Zuwanderung", 2001).

둘째, 국가경쟁력 측면에서는 고급인재 유치를 위한 세계적 경쟁의 심화를 꼽을 수 있다. 세계화의 진전으로 각 국가의 혁신역량은 글로벌 경쟁 속에서 우위를 점하기 위해 중요성이 지속적으로 강조되고 있다. 국가차원에서 R&D 촉진을 위한 대대적인 노력을 기울이고 직종 간·공간적 이동성(Mobilität) 증진노력에도 불구하고 국가적 수요충족에는 미치지 못하게 마련이다. 따라서 국가간 경쟁이 심해지는 상황에서 국가간 인재유치는 첨예한 전쟁이 되고 있으며(war for talented) 외부로부터 고급인력의 유치를 통해 혁신역량을 키우고 경쟁력을 강화시킬 필요가 있다(Unabhängige Kommission "Zuwanderung", 2001).

셋째, 노동시장 (공급) 측면에서는 노동시장에서의 인력 부족이 지적되는데, 노동시장에서의 인력부족은 물리적인 총 일자리 수뿐만 아니라 구체적으로 지역별, 산업별로 차이가 있다. 현재 노동시장의 일자리에 적합한 자격이 부족한 경우나 해당 일자리가 자국 노동자들에게 매력적이지 않는 경우에도 또한 이민자의 공급이 필요하다는 점에서 이를 위해서는 산업별·분야별로 상당히 구체적으로 접근할 필요가 있다(Unabhängige Kommission "Zuwanderung", 2001).

그러나 저숙련 노동자가 사회의 하부에 위치하는 사회구조화로 인해 이민자들이 독일인의 하위층(Unterschichtung)에 속하면서 사회갈등이 부각될 측면도 존재한다(Hur, 2011).

넷째, 사회통합 측면에서는 이민자로 인한 사회갈등을 해소할 필요성이 제기된다. 이민자 유입으로 인해 외국인 근로자와 동반 가족 등 이민배경 인구가 전체의 20% 이상을 차지할 정도로 증가하면서 이로 인한 불법체류자 양산의 가능성으로 자국민의 시각이 좋지 않으며 이들의 경제적 · 사회적 통합이 보다 중요해지고 있다. 정부에서도 사회적 통합을 점차 이민정책의 중심과제이자 이민자 수용성을 위한 전제조건으로 설정하는 인식 변화가 이루어지고 있다. 다양한 인구집단이 서로 간에 관용과 존중의 정신을 증진할 수 있도록 수용국은 이민자들에게 통합의 기회를 제공하고 이민자들은 이러한 통합의 기회에 참여하도록 하고 있으며 이러한 측면에서 독일어 습득, 독일 기본법, 법규의 가치와 법체계 이해 등을 위한 통합교육 참여는 통합의 전제조건이 되고 있다(Bundesregierung, 2007; Unabhängige Kommission "Zuwanderung", 2001).

다섯째, 국제정세 측면으로 난민 유입의 급속한 증가로 인한 불안정성 심화는 상당한 영향을 미쳤다. 제3세계 분쟁이나 구소련과 유고슬라비아 해체시 전쟁난민의 대규모 발생이 있었는데 독일의 경우 전후 제2차 세계대전 중의 반인도적 범죄 속죄 의도에서 매우 개방적인 내용의 난민법령이 제정된바 있다(Unabhängige Kommission "Zuwanderung", 2001). 2010년대 중반에도 대규모 난민행렬로 인해 시리아, 코소보 등에서 발생한 백만 명 이상의 유럽 난민을 받아들이기도 하는 등 국제정세에 따라 난민유입 편차가 크게 작용해 왔다.

2015년 이래 독일은 인도적 측면을 내세워 대량의 난민수용을 수용하고 있는데 이를 통해 EU 및 국제사회에서의 발언권을 강화하는 한편 대내적으로는 난민들의 분배와 관련 연방주들의 반발에 직면하는 등 딜레마에 빠져있다. 결국 연방정부의 무제한적인 수용방침은 철회되었으나 이러한 배경에서 극우파가 득세하고 현 수상의 정치적 위상도 흔들리는 등 타격이 상당한 것도 사실이다. 바이에른 주 선거(2018.10.14.) 결과에 따르면, 독일 기독사회당은 50여년 만에 텃밭에서 참패하면서 포용적 난민정책을 추진해 오던 메르켈 총리는 위기를 맞게 되었다.

2. 독일의 이민자 개념 및 유입 현황

1) 이민자 개념

독일에서는 이민자를 일정 기간 이상 본국을 떠나 다른 국가에서 체류하는 외국인이라는 통상의 개념에 더해 외국인이 아니더라도 이민내력(background)을 가진 사람까지 포함하는 보다 광의적 개념으로 활용한다(Hanewinkel & Oltmer, 2017: 4). '이민내력(Migrationshintergrund)' 인구란 현재의 국적에 상관없이 당사자 혹은 부모 중 한쪽이라도 비독일 출신인 사람을 뜻한다. 독일 통계청에서 정의한 이민내력인구는 첫째, 1949년부터 현재까지 해외에서 독일연방지역으로 이주한 자(출생국가 기준), 둘째, 독일에서 태어난 외국인(국적기준), 셋째, 독일에서 태어났고, 부모의 어느 한쪽이 외국인인 사람(외국인의 자녀세대)을 뜻하며, 이러한 인구정의는 이민 1세대는 물론이고 2세대까지 포괄한 넓은 개념이다(Statistisches Bundesamt, 2017).

2016년에 실시한 마이크로센서스에 따르면, 독일 거주 중인 1천 8백 6십만 명 이상의 사람들이 이민내력을 가지고 있는데 이들은 독일 전체 인구 중 22.5%에 해당한다. 9백만 명에 이르는 외국 국적자들(10.9%)과 9백 6십만 명에 이르는 독일 국적자들(11.7%)로 구성되어 있다. 가장 많은 이민내력인구는 터키(15.1%), 폴란드(10.1%), 러시아 연방(6.6%) 출신 순이었다. 지역적 분포는 상이한데 구서독 도시주들인 브레멘, 함부르크, 베를린과 연방주인 헤센, 바덴-뷰어템베르그, 노르트라인 베스티팔렌은 전체에서 26%의 이민내력인구 비율을 차지했고 반대로 구동독지역 주들에서는 적은 비율을 차지했다(Hanewinkel & Oltmer, 2017: 4)

한편 독일 이민행정은 체류와 관련하여 이민자의 출신에 따라 크게 세 가지 유형으로 분류하여 적용되는데, 이민자가 ① 유럽 연합(EU), 유럽 경제 지역(EEA) 또는 스위스의 시민권자인지, ② 제3국 출신인지, ③ 후기 이주민(Spätaussiedler)인지 여부에 따라 상이한 점이 특징적이다.

첫 번째 집단의 경우 "유럽시민의 일반적인 거주이전자유법"(Gesetz über die allgemeine Freizügigkeit von Unionsbürgern)에서 다루고 있는데 EU 회원국 국민들은 회원국 내에서 자유롭게 이동할 권리가 있으며 각 회원국에 입국하여 체류할 수 있다. 특히 EEA(EU와 아이슬란드, 리히텐슈타인, 노르웨이)와 스위스의 경우 무비자로 입국할 수 있는 권리가 있으며 최장 3개월 동안 머무를 수 있다. 또한 EU

시민은 회원국 내 국민과 동일한 조건 하에서 경제활동을 할 수 있도록 보장되는데 예를 들면 근로자의 거주이전 자유, 서비스 제공의 설립 자유 등 구체적인 거주이전의 자유 측면에서 차별 대우를 받지 않는다.

두 번째 집단의 경우 "체류, 영리활동 및 독일연방 내 외국인 통합에 대한 법률"(이하 체류법)(Gesetz über den Aufenthalt, die Erwerbstätigkeit und die Integration von Ausländern im Bundesgebiet, AufenthG)의 규제를 받는다.

세 번째 집단인 후기이주민(Spätaussiedler) 집단은 "연방실향민법"(Bundesvertriebenengesetz, BVFG)에서 규정한다. 후기이주민은 특별 입국 절차를 통해 독일에 체류하는 구소련 및 동유럽 국가의 후계 국가 출신의 독일 국민인데 이들은 자동으로 독일 국적을 인정받게 된다. 연방 행정청(Federal Office of Administration)이 실시하는 입국 및 인증 절차에서 결정적인 것은 독일 인종(deutsche Volkszugehoerigkeit) 여부다. 가족구성원의 경우 후기이주민과 함께 독일로 재정착 할 수 있는데 이를 위해서는 독일어에 대한 기본 지식이 요구된다.

2) 유입 현황

최근의 외국인 출입국 동향을 살펴보면, 2007년부터 2009년까지 비교적 일정한 수준을 유지하다 2009년부터 2014년까지 완만하게 상승하는데 2015년에 이르러 폭발적인 증가세를 나타낸다. 이는 시리아 난민 등 망명신청자의 증가에 기인하는 것으로 2015년 약

〈그림 1〉 독일 이민자 유출입 현황(2010-2020)

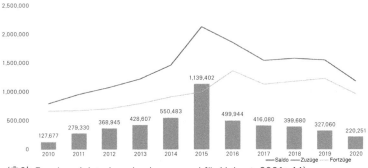

(출처: Bundesministerium des Innern und für Heimat, 2021: 44)

2백만 명 정도의 외국 국적자들이 독일에 유입되었고 2016년에는 약 170만 명이 유입되었다(OECD, 2018: 242).

이후 이민자 유입은 지속적으로 감소하게 되는데 이는 2016년 722,390건의 난민신청 건수가 2017년 198,317건, 2018년 161,931건, 2019년 142,509건, 2020년 102,581건으로 지속적인 감소하는 상황을 반영한 결과다. 2020년 외국인(난민 포함) 체류 현황을 살펴보면, 유입의 경우 약 119만 명, 유출의 경우 96만6천명으로 나타나 순증은 32만 7천 명으로 전년(2019년) 대비 유입인구는 24%, 유출인구는 22% 감소했는데 이는 코로나19 감염병 여파로 인한 전 세계적인 여행제한에 기인한 것으로 보인다(Bundesministerium des Innern und für Heimat, 2021: 11).

Ⅲ
이민행정 추진체계의 구조와 운영

---

1. 이민행정의 구조

독일은 연방정부와 주정부 수준에서 수직·수평적으로 다양한 기관들에 의해 주요한 이민행정 즉 여권 및 비자 관리, 외국인 출입국 관리, 불법 체류자 단속 및 관리, 난민 심사 및 관리, 우수 외국인 유치 등 이민행정이 기획·집행되며 이를 위해 유럽연합, 시민사회 및 해외기구와 적극적으로 협력하고 있다.

1) 연방수준

연방수준의 주요 기관을 꼽자면, 이민관련 주요한 정책결정은 연방내무부(BMI)에서 맡고 있으며 실제 집행은 연방이주난민청(BAMF)에서 관할하며 이민자의 노동 문제와 관련해서는 연방노동사회부(BMAS)와 산하 연방고용청(BA), 비자와 출입국은 외무

〈그림 2〉 독일의 이민행정체계

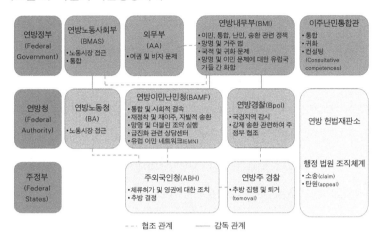

(출처: Federal Office for Migration and Refugees, 2018: 4; European Migration Network, 2020를 바탕으로 저자 재구성)

부(AA)와 각 외교공관 및 행정청(BVA), 이주정책 관련 자문 및 법안 등 내각에서 부처 간 조율과 정책형성에 참여하는 이주 난민통합 특임관(Beauftragte der Bundesregierung für Migration, Flüchtlinge und Integration), 그리고 국경통제 관련 연방경찰청(BPol) 등이 있다. 아울러 연방수준의 다양한 협의체들이 존재한다.

구체적으로 살펴보면 첫째, 연방내무부는 이주와 난민에 대한 기본정책, 비자문제, 거주 권리, 망명관련 정책을 총괄하며 이민 관련 EU 국가들 간의 조정과 국제관계 사안을 담당한다(Bundesamt für Migration und Flüchtlinge, 2018). 한편 연방 내무부 소속으로 송환 및 전국 소수자 연방 담당관(Die Beauftragte für Aussiedlerfragen und nationale Minderheiten)도 포함되어 있는데 동 담당관은 본국으로 송환된 독일 민족 관련 법안 조율, 독일 소수 민족 관련 정부 위원회의 공동 의장직 수행 및 보조 법안 조정, 전국 소수 민족들의 중앙 연락 담당, 송환된 본국에 거주중인 독일 민족의 연락 담당 등의 역할을 수행한다(Bundesamt für Migration und Flüchtlinge, 2018).

둘째, 연방이민난민청(Bundesamt für Migration und Flüchtlinge, BAMF)은 이주와 통합 및 난민의 실무를 담당하는 연방기관으로 독일 연방의 난민문제를 관장한다. 청 소속으로 정보센터, 지역사무소 및 결정 센터 등을 갖추고 있어 망명심사 절차를 진행한다. 아울러 연방이민난민청은 이민자 통합을 위한 통합과정(Integration-skurs)을 이민 당국, 지방 자치 단체, 이민자 서비스 및 구직자 관련 단체들과 협력하여 수행한다. 연방이민난민청은 이민행정의 집행 외에도 중장기적 관점에서 기획·조정기능 및 연구·정책개발 기능을 수행하며 관련 보고서와 브리프를 수시·정기적으로 생산하고 관련 국내외 전문가들과의 네트워크를 통해 협력연구 수행뿐만 아니라 관련 통계자료의 신속한 분석·배포도 담당하고 있다.

셋째, 연방 노동사회부(Bundesministerium für Arbeit und Soziales, BMAS)는 연방내무부와 협업하여 외국인 고용에 대한 법적 기준 마련 및 노동시장의 직업별 통합 촉진 업무를 담당한다. 구체적으로는 이주민의 경제적 자립을 위해 노동시장 편입, 직업자격 획득, 직업재교육 등을 수행하며, 출신국에서 확보한 직업자격증의 인정을 위해 요구되는 언어와 기술교육을 제공한다. 아울러 이주민의 직업 통합 지원을 위한 독일 전역을 아우르는 정보 및 상담네트워크 구성 지원도 고유 업무다. 연방 노동사회부 산하의 연방고용청 (Bundesanstalt für Arbeit)은 연방 전역에 걸친 취업 센터와 지부를 운영하며 노동 시장 접근(취업, 직업 훈련, 인턴), 취업 허용 과정, 지원 혜택 접근, 훈련 및 자격 증명 제공에 대한 책임을 진다(Bundesamt für Migration und Flüchtlinge, 2018).

넷째, 연방외무부(Auswärtiges Amt, AA)는 여권 및 비자 관련 외교적 사안을 감독하며 독일로 입국하고자 하는 외국 국적자들이 독일연방정부 중 처음으로 접촉하는 기관이다(Bundesamt für Migration und Flüchtlinge, 2018).

다섯째, 연방행정청(Bundesverwaltungsamt, BVA)은 이민자의 입국 및 리셉션 절차에 대한 총체적인 관리책임과 중앙 등록 포털 운영을 담당한다. 구체적으로는, 비자 정보 시스템(Visa Information System, VIS) 접근허가를 권한있는 담당자에게 제공하는 등의 시스템 관리와 비자에 대한 전반적 데이터베이스가 포함되어 있는 중앙 외국인등록(AZR) 기록 확인 등을 수행한다(Bundesamt für Migration und Flüchtlinge, 2018).

여섯째, 연방이민난민통합담당관(Die Beauftragte der Bundesregierung für Migration, Flüchtlinge und Integration)은 연방가족부 소속으로 출범하여 연방정부의 이주·난민과 사회통합 관련 정책을 지원하다가(2002-2005년), 2005년 메르켈 수상에 의해 수상실에 설치되었으며 독일 내 외국인의 지위향상 관련 업무를 수행한다(Bundesamt für Migration und Flüchtlinge, 2018). 독일 체류법(Aufenthaltsgesetz) 제92-94조에 따르면 1) 이민자의 통합 촉진, 2) 이민자와 독일인의 조화로운 삶을 위한 적정한 환경 조성, 3) 상호 이해의 촉진, 4) 외국인에 대한 적대감 및 불평등 억제, 5) 외국인의 이해를 적절히 고려하도록 지원, 6) 귀화의 법률적 가능성에 대한 정보 제공, 7) 독일 내에 거주하는 유럽연합국적자의 거주이전 자유 보장 등의 업무가 부여되어 있다.

일곱째, 연방내무부의 감독을 받는 연방경찰(Bundespolizei, BPOL)은 불법 입국 및 밀수로부터 독일 연방영토 수호임무를 부여받고 있다. 임무와 관련, 연방 경찰법과 거주법, 망명법 등 다수의 법령 규정에 근거를 두고 있는데 특히 거주자의 권리에 근거한 연방경찰의 임무는 입국 거부, 불법 입국에 따른 국경 근처 외국인 퇴거, 특정 사안에 있어 비자 거부와 이에 따라 발생하는 법안들의 실행 등이다. 연방 경찰은 해외 당국을 비롯한 다양한 책임자와 협력의 필요성이 존재하는데 강제 귀국과 영토 내 불법 거주하는 제3세계 국적자들을 항공을 이용해 귀국시키는 과정의 조율 책임도 맡고 있기 때문이다(Bundesamt für Migration und Flüchtlinge, 2018).

여덟째, 독일에서 이민 분야 관련 연방 전체의 회의체로 내무장관회의, 노동 및 사회 장관 회의, 통합장관회의 등을 꼽을 수 있다. 우선 내무장관회의(Innenministerkonferenz, IMK)는 연방 내무 장관이 고문 자격으로 참여하며 격년마다 개최되는 회의에서 결정되는 안건은 연방, 주 행정부와 입법부의 의사 결정에 상당한 영향력을 끼친다. 다음으로 노동 및 사회 장관회의(Arbeits- und Sozialministerkonferenz, ASMK)는 노동 이민과 노동 시장에서의 이민자 통합 문제를 다루며 노동·사회 정책 관련 연방주의 이해관계를 조율한다. 통합장관회의(Integrationsministerkonferenz, IntMK)는 앞서 두 가지 장관회의(IMK와 ASMK)와 유사하게 통합 책임을 지닌 주정부

장관과 의원들이 정기적으로 모여 통합 정책 프로젝트에 대해 논의한다(Bundesamt für Migration und Flüchtlinge, 2018).

2) 주정부 수준

주정부 수준의 주요 이민행정 기관을 꼽자면, 체류관련 권한을 행사하는 외국인관리청(Ausländerbehörde), 이민 및 통합 정책 형성 및 조율을 담당하는 이민·통합특임관(Beauftragte für die Migration und Integration), 그리고 주 경찰(Polizei)을 들 수 있다.

첫째, 주 외국인관리청(Ausländerbehörde)은 추방 관련 결정, 추방 장애요인들에 대한 조사를 포함하여 체류법에서 규정하고 있는 모든 합법적 거주 및 여권발급 절차들을 실질적으로 담당한다(체류법 제 71①조).

둘째, 주 이민 및 통합을 위한 특임관(Beauftragte für die Migration und Integration)은 주의 이주 및 통합 정책 형성, 내각과 타 행정부처와의 조정 도모 역할을 수행한다. 이민자 통합문제의 해결을 위해 다양한 기능을 복합적으로 수행한다는 점에서 정치 및 모든 행정부처가 동등하게 책임을 지되 이민 및 통합 특임관은 주정부 전체 이민·통합 정책 전반에 대한 조율을 담당한다. 우수외국인 유치 관련 이민자 유입·체류관리 등을 위해 주정부 직속 특임관을 별도로 설치(베를린 주)하거나 혹은 사회 관련 부처 장관이 관리를 통합하여 겸직하기도 한다.

셋째, 주정부 경찰(Polizei)은 주로 불법 체류관리를 담당하는데 통상 주정부 외국인청에서 유입된 외국인 및 난민신청자와 인정된자의 체류를 관리하되 실제적인 집행은 경찰이 맡는 구조이다. 연방경찰이 국경관리(boarder control)를 담당하고 주 정부 경찰과 세무당국이 불법체류자를 단속한다.

3) 지방정부 수준

출입국 관리의 경우 연방의 전속관할로 주정부 역시 행정적 지원의 역할에 그치고 있으며 지방정부 또한 다르지 않다. 그러나 이민법에 따르면 이민자 거주, 정착, 통합 관련 지방정부도 이민 담당 행정사무소나 관리 부서를 설치·운영할 수 있는 등 상당한 역할을 담당한다. 지방정부들은 이민자들의 거주 및 정착문제의 해결 및 연방 주도의 범정부적 사회통합코스들을 수행하기 위해 연방과 다른 지방정부 간 협력 외에도 다양한 시민사회 단체들과 긴밀한 관계를 유지하고 있다. 예를 들어 베를린시 노이쾰른 구의 경우 난민의 경제, 사회통합을 지원하는 프로그램(교육, 주거, 언어 및 소통, 노동, 문화와 레저 등)을 제공하며 집행은 주로 각종 시민단체 및 시민들의 자원봉사로 이루어진다.

4) 유럽연합

독일은 유럽연합의 일원이라는 점에서 이민정책 또한 자연스레 유럽연합의 기본원칙에 귀속된다. 유럽의회는 지난 1997년 제 3국 국민이 유럽공동체 회원국민들에 비견할 만한 권리와 의무를 가진다는 점을 선언했으며 유럽의회 소속의 이민·통합과 고용에 관한 유럽연합위원회(Commission of the European Communities, 2003:

17-18)는 통합(integration)을 EU회원국과 회원국에 법적으로 거주하는 제3국적 국민에 대한 동등한 권리와 의무에 기초한 상호과정으로 정의한 후, 국가는 이민자의 노동시장 편입 및 교육·언어·주거·건강·사회서비스 기회 제공뿐만 아니라 사회·문화적 환경 연계, 국적과 시민권 취득, 다양성 존중 등에 노력해야 한다고 밝혔다. 2003년에 이르러 유럽의회는 회원국들에게 회원국 사이의 통합정책이 원활하게 이루어지도록 요구했으며, 2004년 11월에 유럽연합위원회는 '유럽연합의 이민자 통합정책을 위한 공동 원칙(Common Basic Principles: CBP)'을 확정하고, 유럽의 이민과 통합에 관한 보고서를 매년 발간하고 있다.

5) 시민사회 및 해외기구

연방과 주 및 지방정부 수준에서 다양한 형태의 연합(Verein), 교회 등 종교집단, NGO, 자원봉사자 등이 정부기관과 긴밀한 협력관계를 유지하고 있다. 연방 이민난민청을 중심으로 유엔 난민 고등 판무관실(UNHCR) 및 국제 이주기구(IOM)와 같은 망명 및 난민 보호 관련 국제 공인기관들과 정기적으로 협의한다(Bundesamt für Migration und Flüchtlinge, 2018).

2. 이민행정의 운영

1) 주요 운영사례 선정 맥락

앞서 살펴본 이민행정체계는 기관 차원에서 본연의 업무 수행 및 정부조직 내 정책 조정을 통해서 행정이 집행되는 과정을 거치게 된다. 한편 점차 새로운 행정문제가 등장하고 문제 성격의 복잡성이 증대됨에 따라 해결하기 어려운 문제들(wicked problem)의 증가는 이민행정에 있어서도 마찬가지로 큰 도전이 되고 있다. 이러한 문제에 대응해 행정 전문성의 제고뿐만 아니라 점차 행정대상을 포함한 민간의 참여를 통한 해결사례가 증가하고 있다는 점에서 관련 운영 사례들을 찾아 상세히 살펴볼 필요가 있다.

2) 통합정상회담 운영사례

이민자의 증가 및 이로 인한 통합 문제가 점차 사회문제가 되면서 독일 정부는 이민자 통합을 위한 구체적인 실행을 구상하게 되는데 2006년 7월 앙겔라 메르켈 수상은 이민자 단체와 연방주 및 지방 정부 당국 담당자들 뿐만 아니라 사용자 단체, 노조, 종교단체, 매스미디어, 복지기관, 학자 등이 망라한 대규모 회의를 소집하여 첫 번째 통합정상회담(Integrationsgipfel)을 개최하였다. 통합정상회담은 정부 담당자들이 정책대상인 이민자들과 직접 만나 이민자 통합정책을 상의하는 것으로 일회적 행사가 아닌 이민자의 국가통합이라는 지향점을 같이 마련하고 지속적인 협력을 통한 집행을 도모하고 있다. 이는 독일 이민 역사 최초로 이민자를 국가적 논의의 장에 공식 초청한 것으로 참여자들은 "이민자 통합을 위해 어떻게 나아가야 하나"라는 주제에 대해 논의하였다. 두 번째 회의는 2007년 7월에 개최되어 국가 통합 계획(Nationaler Integrationsplan: NIP)이 발표되었는데 해당 계획은 통합을 위한 400개 이상의 제안과 자발적 참여안을 포함한다(Bundesregierung, 2007). 2008년 11월에 개최된 세 번째 회의에서 정부는 국가 통합 계획의 구체적 적용안을 발표하였다(Miera, 2009: 20).

2012년에는 제5차 통합 정상 회담이 개최되었으며 각 계 이민자 관련 단체들이 참여하여 명확하고, 법적구속력이 있는 목표를 설정한 국가 실천 계획(National Action Plan for Integration)을 수립하였다(최낙준·최서리, 2018: 8). 국가 실천 계획의 핵심은 통합 목표 달성을 지표화하여 측정하는 것이다.

통합정상회담은 공식적인 투표권이나 정치적 참여 기회 제공을 핵심 활동으로 삼지는 않으나 통합정상회담 자체가 정치적 참여와 대화의 장을 제공한다는 의미가 있다(Miera, 2009: 20).

통합정상회담 정책의 주요 운영 성과는 다음과 같이 제시될 수 있다. 첫째, 대화와 인정의 중요성 인식이다. 이민 배경을 가진 사람들의 성공적인 통합을 위해서는 상호 존중, 이민자들의 성과에 대한 존중, 타인에 대한 열린 태도와 함께 일하고자 하는 의지가 중요한 것이다. 둘째, 시민사회의 역할 확대이다. 복지 단체, 교회 및 이민자 커뮤니티 단체, 체육·교육·문화 단체들은 지역 차원에서 면대면 관계를 기반으로 통합을 증진시키기 위해 노력하고 있고 이 과정에서 필요한 곳에 지원이 제공되고 문제가 해결된다.

시민참여는 지역 차원의 통합 증진에 기여하기 때문에 중시된다. 셋째, 이민자 커뮤니티 조직 형성 촉진이다. 성공적인 통합은 대화를 필요로 하는데, 이는 이민자들과 함께 대화하는 것을 의미하지 그들을 배제한 채 그들에 관해 논의하는 것은 아니다. 공공 영역의 모든 부분에서 이민자를 대표하는 이민자 단체들은 통합을 증진시킨다는 새로운 책임을 갖게 되었는데 특히 교육이나 직업 훈련의 측면에서 이들의 역할은 강조된다. 이러한 조직들은 이민자 커뮤니티의 이익을 위한 활동뿐만 아니라 정책 입안자들 및 사회 전체와의 소통 창구의 역할도 담당한다. 넷째, 통합에 있어서 복지 단체가 지니는 중요성이 강조되었다. 복지 단체들은 통합 영역에서 상당한 경력과 경험을 보유하고 있으며 국가 통합 계획과 밀접하게 관련되어 있고 헌신적으로 노력해 왔다. 국가 통합 계획에 제시된 아이디어들에 대한 응답으로 비법인 복지 서비스 제공자들은 간문화적 개방성 확대를 위해 노력할 것이다(Beauftragte der Bundesregiering für Migration, Flüchtling und Integration & Forum Integration, 2008: 2-3).

이후 2016년 5월 연방 내각에서 채택한 통합에 관한 메세베르그 선언(Meseberg Declaration on Integration)은 정부정책을 양방향 원칙에 근거해 제안하였는데, 한편으로 외국인에게 지원, 훈련 및 취업 기회를 제공하지만 다른 한편으로는 이민자들에게 언어습득 및 독일 사회이해 노력을 요구하고 그들의 의무를 강조(Fördern und Fordern)한다. 제공된 서비스는 모듈식으로 다양한 이민자 그룹을 대상으로 하며 고용, 교육 및 사회 통합을 위한 거의 모든 연방 부처를 포함한다(European Commission, 2022).

3) 국가통합계획 및 실행계획 입안 사례

이민자의 포용을 촉진하기 위해 독일 정부는 통합정상회담을 통해 다음의 통합 계획을 수립해오고 있다. 첫 번째 2007년 국가통합계획이 교육, 훈련, 고용 및 문화 통합을 위한 방향 설정이라면, 2012년 국가통합실행계획은 앞서 입안한 국가통합계획에서 제시한 정책의 성과를 실제 측정할 수 있는 방안을 제시했다. 여기에는 일반 목적(general objective), 기간 및 설정된 목표의 달성을 확인하기 위한 지표가 포함되었다. 설정된 목표는 1) 젊은 이민자들에게 제공되는 개별 지원 최적화, 2) 외국 학위의 인정 향상, 3) 연방 및 주 정부의 공무원에서 이민자의 비율 증가, 4) 이민자들에게 의료 및 보살핌 제공 등이다(European Commission, 2022).

우선 국가통합계획은 이민자 통합촉진을 위한 실행목표를 정한 사회·정치적 공약으로 정부와 사회 각 대표자 376인이 계획 작업에 참여하여, 10개 주제에서 분야별 실무그룹(working group)을 통해 실행 조치를 확정했다. 동 그룹에 의한 권고사항과 프로젝트 아이디어 외에 출신국적별 이민자협회, 독일의 재계 및 노조, 복지기구, 사회문화단체, 언론·방송·출판단체 등 시민사회의 다양한 참여자들이 관련 영역에서 실행할 400여개의 구체적인 실천계획이 포함되었다.

국가통합계획에서는 정부수준별로 담당 역할도 정하고 있는데, 먼저 연방정부의 역할은 통합촉진의 개발 및 지원조치들의 실행을 위해 통합지원 방향성에 따라 주정부와 지방자치단체가 구체적 통합조치를 이행할 수 있도록 직간접적 자금지원을 하는 것이다. 다음으로 주정부는 '통일된 목표 – 다양한 수단(Einheit im Ziel – Vielfalt der Wege)' 원칙 하에 연방정부 및 시민사회와 긴밀하게 협력하고 주정부간 '통합장관회의'를 통해 통합조치의 우수사례 전파 등 정보공유 역할을 담당한다. 지자체의 경우 통합지원에서 가장 실질적인 조치를 담당하게 되는데 지방자치단체연합(Bundesvereinigung der kommunalen Spitzenverbände) 주도로 각 지자체들은 소속 자치단체 간 통합업무의 조정체계를 구축하고 지역사회 전략을 개발함과 동시에 상호문화역량을 갖춘 실무진을 행정업무에 증원한다. 한편 상기 통합조치에 이민자의 사회적 참여는 물론 일반시민의 참여를 제고하여 다양한 인구 집단들이 공존할 수 있는 환경조성이 요청되었다.

국가통합계획이 다루고 있는 구체적인 영역은, ① 초기 독일어 교육의 강화, ② 통합코스의 개선, ③ 교육과 직업훈련, 노동시장의 연계, ④ 이주여성의 생활여건 개선과 평등의 실현, ⑤ 지역 에서의 통합지원, ⑥ 문화적 접근을 통한 통합, ⑦ 스포츠를 통한 통합, ⑧ 미디어와 다양성을 이용 한 통합, ⑨ 시민참여와 동등한 참여강화를 통한 통합, ⑩ 학문과 문호의 개방을 통한 통합지원 등이다(Bundesregierung, 2016).

다음으로 '국가통합 실행계획(Nationaler Actionsplan Integraton: NAP-I)'은 국가통합계획에서 제시된 정책의 구체적인 성과를 파악하기 위해 제5차 통합정상회의에서 제안되었다. 동 실행계획은 통합을 실행하는 기관들이 검증 가능한 명확한 목표에 합의하고 계획된 일정에 따라 목표달성 여부를 모니터링하려는 목적으로 만들어졌다는 점에서 계획의 수립 외에도 실제적인 집행을 위해 독일 정부가 지속적으로 노력하고 있다는 점을 엿볼 수 있다.

이어 2018년 통합을 위한 국가 실행 계획은 2018년 10차 통합 정상회의의 일부로 확장되었는데 여기서 이주 및 통합의 5단계가 다음과 같이 상세하게 제시되었다(European Commission, 2022).

1) 이민 전 단계: 기대치 관리 – 오리엔테이션 제공

2) 초기 통합 단계: 도달 촉진 – 가치 전달

3) 통합 단계: 참여 가능 – 성과 요구 및 촉진

4) 함께 성장하는 단계: 다양성 형성 – 통일성 확보

5) 결속의 단계: 결속 강화 – 미래 형성

또한 2019년과 2021년 사이에 연방 정부는 이민 및 통합 분야의 광범위한 주제를 다루기 위해 통합 능력을 위한 기본 조건에 관한 전문가 위원회(Facjkommission Integraionsfähigkeit)를 발족했다. 위원회 활동 결과로 제출된 보고서에서는 통합 분야의 역할을 명확히 하고, 사회 전체를 위한 이익으로서의 통합에 대한 이해를 옹호하며, 정책 입안자와 다른 사람들이 이민 사회를 더 잘 형성하기 위해 협력할 수 있는 방법에 대한 풍부한 제안들을 포함한다(European Commission, 2022).

4) 연방 이슬람 회의 및 베를린 이슬람 포럼

최근 독일은 상당한 종교적·문화적 다양성을 경험하고 있다.

이러한 변화는 무슬림 이민자의 증가와 함께 더욱 두드러지고 있다. 현재 대략 450만 명의 무슬림이 독일에 거주하고 있으며 이는 전체 인구의 5.5%에 달한다. 그들 중 상당수가 독일 시민권을 가지고 있다. 유럽의 1세대 무슬림 이주민들은 주로 제2차 세계대전 이후 유럽으로 유입된 식민지 국가의 국민들이거나 국가 간의 계약으로 인해 유입된 초청노동자(Gastarbeiter)들로 구성되었는데 20세기 후반에 이르러 무슬림 이주민들은 유럽의 정치, 사회적으로 커다란 영향을 미칠 수 있을 정도로 증가하였다. 무엇보다도 2001년 9.11 사건 이후 발생한 테러 등의 영향이 컸는데 스페인 마드리드 열차 폭파사건(2004년), 영국 런던 지하철 폭파사건 및 프랑스의 무슬림 청년들의 방화사건(2005년)은 유럽에서 무슬림들의 정치사회적 불만을 간과할 수 없도록 만들었다. 특히 유럽문화와는 상이한 이슬람 문화, 그리고 이슬람 문화의 핵심을 이루는 종교로서의 이슬람은 집중적인 관심의 대상이 되었다(김대성, 2010: 66).

이렇듯 다수 무슬림 이민자의 정착과 통합을 위해 독일 연방내무부는 2006년 9월 27일 독일 이슬람 회의(Islam Konferenz)를 발족하였다. 이는 연방 정부가 무슬림 단체와 제도적 대화의 장을 만든 최초의 장(場)이었다. 대화의 목적은 무슬림의 종교적·사회적 참여 증진, 현재 독일 사회에 무슬림들의 기여를 재조명, 그리고 정부와 이슬람 단체들의 대화와 협력 강화이다. 또한 독일 종교법과 이에 따른 실질적 종교 문제에 대한 해결책을 모색하려는 목적도 가지고 있다. 최근에는 무슬림 난민들의 증가로 인해 무슬림 자조 단체들의 난민에 대한 지원 및 봉사 활동을 보조하기도 한다.

논의 주제는 참여 단체들에 의해 선정되며 헌법적 사안, 시민권, 평등과 다양성 등 관련된 주제에 대해 논의한다. 이를 계기로 주정부 차원의 이슬람 포럼들이 출범하기 시작하였으며 그중에서도 베를린 이슬람 포럼은 참여자들의 높은 대표성으로 인해 주목받는다(The Change Institute, 2008: 68). 베를린 주정부는 이슬람 포럼을 2005년에 출범했는데, 관내 이슬람 사원 15곳 외에도 내무부 장관(the Senator of the Interior), 통합담당관(the Commissioner on Integration), 헌법 수호청(Verfassungsschutz)장 등 주정부의 고위관계자들이 다수 참여하기 때문에 여러 지역포럼들 중에서도 중요성이 상당히 크다고 할 수 있다. 포럼 대표는 베를린주 이민통합담당관과 독일 무슬림 아카데미 소장이 공동으로 맡고 있다.

베를린 이슬람 포럼은 독일 내 무슬림 집단을 대표하여 정부당국과 파트너십을 통한 조언과 자문을 하며, 무슬림 시민사회조직과 이슬람 성직자인 이맘(Imam)들로부터 피드백을 받으면서 정치시스템, 사회보장, 건강보험, 교육, 직업훈련 같은 실제적인 이슈들을 다룬다(The Change Institute, 2008: 77).

이슬람 포럼은 무슬림과 정부 간 협의를 통해 정책과정에서 영향을 발휘할 수 있는 정기적인 의사소통 채널을 만들었다는 점이 중요하다. 하향식(Top-Down) 의사결정 구조로는 목표그룹인 이민자에게 도달하기 어렵고 하부에서 시작할 경우 정부와 의사소통이 용이하지 않다는 점에서 정부는 NGO와 협업시 중간단계의 구조를 만들어 왔다. 이를 통해 정부는 이민자들과의 대화를 통해 통합정책 관련 정보를 얻을 수 있고, 여기에서 정치적 엘리트 교육이 자연스레 이루어지면서 적절한 카운트파트를 찾을 수 있는 이점이 있다.

베를린 이슬람 포럼에 속한 무슬림 단체 및 공공기관들 참여자들은 상호 의사소통할 수 있는 기회로 인식하여 긍정적으로 평가했는데 동 포럼은 2008년 EU 의회에 의해 참여 단체의 다양성과 대표성 측면에서 높은 평가를 받아 독일의 이민자 정책 모범사례(best practice)로 선정되기도 했다.

독일에도 무슬림 이주민 인구가 많으나 영국이나 프랑스에서처럼 무슬림들이 개입한 대규모 돌발사건은 발생하지 않아왔는데(김대성, 2010) 독일에서 이민자 차별 완화에 대한 논의는 1990년대 후반에야 본격화될 정도로 늦었으나 그 이면에는 베를린 이슬람 포럼 운영과 같이 무슬림을 수용사회로 원활하게 통합하는 기제들이 지속적으로 모색되고 있다는 점은 이민자로 인한 사회갈등의 완화 기제로 작용하고 있다고 볼 수 있다.

Ⅳ
이민행정의 특징과 시사점

1. 행정대상에 대한 인정 및 참여의 제도화

긴 이민의 역사만큼이나 독일에서 이민자의 경제, 사회, 정치 등 다양한 분야에서의 기여가 있었고 국가적 차원에서 이민자 집단의 참여를 제도화하려는 노력이 이루어져 왔다.

라인강의 기적 등 역사적으로 이민자들이 경제성장에 긍정적인 영향을 미쳤던 독일은 이민자 관련 자국민들의 긍정적 인식이 상당한 영향을 미쳐왔다. 최근의 상황만 두고 보더라도 2010년 중반 이래 폭증한 난민유입에 대응하여 저출생·고령화에 따른 노동력 필요 및 국가경쟁력 제고를 염두에 두고 적극적인 수용을 해왔으며 독일 국민 상당수는 이렇듯 유입된 이민자로 인해 자국의 노동시장이 활성화되고 정부 펀드의 유입 및 난민 지원으로 인한 독일 경제에 대한 기여 측면에서 긍정적으로 보고 있다. 2017년까지 약

500억 유로에 달하는 등 막대한 난민정착 비용을 이유로 우려하는 연구결과도 있으나 이런 정착지원 비용은 대부분 소비를 통해 시장으로 다시 환원된다는 점에서 경제활성화에 긍정적인 측면을 중시하기도 한다(이승현, 2016: 79).

이렇듯 경제적 논리 중심의 국익에 따른 이민행정의 부산물로 내국인 대상의 외국인 혐오, 극우주의, 인종주의 극복 등 적극적 사회통합에 대한 과제도 동시에 안고 있다. 독일 정부는 이러한 점을 고려하여 이민자에 대한 지원(fördern)과 동시에 적극적인 참여 요구(fordern)를 통해 이민자 스스로 사회통합에 적극적으로 따르도록 한다. 즉 이민자에게 독일의 언어, 법질서, 문화, 역사교육을 제공하여 사회통합 촉진에 기여하는 통합프로그램은 중요성이 크며 독일정부는 이민자들에게 통합의 전제조건으로서 적극적 참여를 의무사항으로 규정하고 있다. 물론 통합프로그램의 그간 성과에도 불구하고 통합프로그램을 통하여 이민자들을 독일사회에 동화시키고자 하는 입장이 상당히 반영되어 있어 통합보다는 통제수단으로 이용될 가능성에 대한 문제제기도 마찬가지로 존재한다(Stadler, 2011: 33).

독일 정부는 이민자들이 원활한 정착을 위해 그들의 자조조직을 만들고 서로 도와가며 독일 사회에 통합이 될 수 있도록 다양한 참여기제를 마련해 왔고 지속적으로 함께 상의하고 의견을 수렴하여 정책을 마련하고자 한다.

우선 이민서비스 제공 관련 다양한 국가별, 세대별 이민자 집단 전체를 중시하면서도 이질적인 문화로 융화가 쉽지 않은 이슬람 이민자들을 중요한 대상집단으로 상정하는 투트랙 전략을 활용한다. 특히 이슬람 이민자들을 위해 연방차원에서 이슬람 회의, 주정부 차원에서 이슬람 포럼 등 정부수준 별로 이들의 참여기회를 마련하고 통합정상회담을 통해 다양한 이민자 자조집단의 참여를 제도화하고 있다. 아울러 정부의 지원 또한 초기에는 국적별 이민자 집단에서 점차 국적, 지역, 세대 등이 섞인 융합집단에 대한 지원을 강화하면서 자연스레 이민자 사회통합 기회를 부여하고 있다.

이러한 배경에는 이민자 통합의 문제는 일시적인 특별 업무가 아닌 지속적 과제라는 독일 정부의 인식이 자리잡고 있는데 통합 정상회담의 개최를 통해 이민자 정치참여 분야를 포함한 각 통합 분야에서의 실질적인 진전을 기대하고 있다(박해육·윤영근, 2016: 64). 즉, 이민자들과의 회합에서 그치는 것이 아니라 국가전반의 이민자 통합계획을 함께 구상하여 제시하고 연방 – 주 – 지방정부에 이르는 구체적인 적용안 또한 상의하여 수립하는 등 이민자들을 통합정책과정의 실질적인 파트너로 인정하여 관련 정책의 주요 이해관계자로 인정하고 정책을 함께 수립해 나가고자 한다.

아울러 참여의 방식과 관련하여, 정부와 다양한 이민자 집단 간 공식적인 대화채널인 통합정상회담(Integrationsgipfel)뿐만 아니라 이슬람 이민자 집단을 위한 이슬람 회의나 이슬람 포럼 등의 정례적 채널도 중시하며 연방뿐만 아니라 주정부 등 정부 수준별로도 다각적으로 개최하고 있다. 독일 정부는 이러한 채널을 단순한 회의나 일회성 행사 정도의 형식적 운영에 그치지 않고 회의 결과를 통합계획(Integrationsplan)에 반영하고 이에 대한 실행계획을 독일 연방, 주, 지방 정부와 함께 실행해 나가는 등 실효성을 확보하려는 노력을 기하고 있다.

2. 기능중심의 체계적인 거버넌스와 조정

독일의 이민행정체계는 연방–주–지방정부 수준을 포괄하는 체계적인 시스템을 구축하여 효율성을 제고하고 있다. 연방 내무부 산하 연방이민난민청 중심으로 통일적인 집행시스템을 구축하고 중장기적 측면에서 기획·조정 및 연구와 정책개발 관련 기능을 강조하고 있으며 아울러 연방, 지방, 민간 간 다양하고 활발한 협업구조를 유지하고 있고 이로 인한 수직적, 수평적 관계의 조화가 이루어지고 있다.

비록 연방 내무부의 정책결정과 연방이민난민청의 정책집행이라는 수직적 이민행정 구조가 중요한 역할을 차지하고 있으나 이외에도 노동, 가족, 교육 등 다양한 부처들이 수평적으로 기능을 발휘하며 원활한 이민서비스 전달이 이루어지고 있다. 또한 이민자 수용의 일선에 서있는 주정부와 지방정부들이 연방정부의 정책 기획 및 결정 단계에서 미처 논의되지 못했던 세부적인 문제들이나 현장에서 예기치 않게 발생한 문제들에 시민단체 및 자원봉사자 등 시민사회와 협력하여 체계적으로 대응하면서 대량의 난민 등 이민자 유입에 직면해서도 시스템 붕괴없이 대응하는 행정역량을 보여주었다. 다시 말해, 독일의 이민행정체계는 수직적으로는 연방, 주, 지방 수준에서 그리고 수평적으로는 각 수준의 부처간 · 민관간 다양한 협력관계가 공존함으로서 원활하게 작동한다.

이렇듯 종래 국가중심적인 노력에서 다양한 정책영역 및 행위자들을 포괄하는 거버넌스의 다중심주의적 방식은 주류화(mainstreaming) 논의로도 제시되고 있는데(Scholten et al., 2017), 이민의 주류화는 최근 유럽의 이민자통합정책에서 활발히 논의되고 있는 추세다(Maan et al., 2014). 주류화는 정책의 대상자가 늘어나더라도 대상에 맞추어 기능을 분절화시키는 것이 아니라 기존의 기능을 활용하는 접근법이라 할 수 있는데(허준영, 2017: 53) 비록 연방 이민난민청이 이민자에 대한 실무적인 총괄기능을 하더라도 노동, 교육, 문화 등 이미 존재하던 정책기능을 담당하는 기관이 새로운 정책대상에 적용하는 것이다. 물론 내무부의 기획 · 조정 기능 및 이민난민청 등의 이민정보 수집, 분석, 평가, 시나리오 예측, 각국 이민정책 분석 등 연구 · 정책개발기능이 상당히 중요하다.

3. 증거 · 성과기반의 행정관리

독일의 이민정책을 추진하는 근간은 증거기반(evidence-based)의 통계와 자료지원이 바탕이 되고 있다. 이민자와 그 가족의 현실이 사회조사와 통계에서 반영될 수 있도록 노력하고 있으며 상세한 정보를 통해 정부정책 마련에 기여하고 있다. 지자체 관할 구역 내라도 이민자 집단 거주분포 차이가 상당한 까닭에 보다 상세한 정보의 산출은 정책의 품질을 제고하는 초석이 되고 있다.

연방의회의 지시에 따라 정부는 매년 이민보고서를 작성하여 제출하게 된다. 보고서에서는 광범위하고 포괄적인 이민유출입 개관이 제시될 뿐만 아니라 이민 유형별, 출신별, 성별, 연령별 등 다양한 인구학적 배경에 따라 상세한 통계를 내고 있다. 정책입안시 중요한 근거자료는 상세한 통계라는 점에서 가능하면 최신의 광범위하고 충분한 이민현황에 대한 상세한 통계 제공은 상당히 중요하다(2020 Migrationsbericht, 2021: 6).

아울러 국가통합계획에 따라 연방, 주, 지자체 수준에서의 사업들을 유기적으로 진행하고 그 실적은 국가통합실행계획에서 도출한 지표 등을 통해 성과들을 점검하고 수정보완 사항이나 새로운 방향에 대한 논의를 통해 이민자 사회통합이 현실적으로 이루어질 수 있도록 통합적인 성과관리를 실시하고 있다는 점이 인상적이다.

V
한국의 이민전담기구 논의에 주는 함의

앞서 살펴본 독일의 경험에 비추어 이민전담기구 논의에서 고려해야할 사항을 행정대상으로서 이민자 관리측면, 행정조직으로서 거버넌스 조직 측면, 행정관리의 방편으로서 증거·성과주의 측면에서 제시하면 다음과 같다.

첫째, 행정대상으로서 이민자 관리를 살펴보면, 한국의 경우 이민자들의 경제적·문화적 기여는 과소평가되는 측면이 존재하고 일자리를 뺏고 사회갈등을 부추기거나 잠재적 범죄자라는 부정적 인식 또한 일각에 존재하는 것이 사실이다. 그러나 독일사례처럼 이민자가 수용사회에 기여하는 부분에 대한 적극적인 인식 및 이에 대한 정당한 인정이 필요하다. 서독의 경제 기적 달성에 있어 외국인노동자는 상당한 공헌을 한 것으로 평가되며 이러한 기여의 역사는 내국인의 다문화 수용성 제고에도 일정 정도 역할을 했다고 본다. 이러한 경제적인 부문 외에도 아울러 이민자가 가진 이중

언어능력 등 문화자본에 대한 정보를 수집하여 이들의 문화자본을 통한 기여도 생각해 볼 수 있다. 종래 지원의 대상자 위주로만 부각되어 온 이민자 유입의 파급효과에 대해 이들의 다양한 기여 가능성에 대해서도 적극적으로 발굴하고 기회를 제공하는 것은 이민자 유입의 정당성 확보를 위한 일반 국민 설득에도 유리할 것이다.

이렇듯 지속적인 대국민 인식개선과 동시에 이민자에 대한 의무 부여가 필요하다. 저출생 고령화 시대 이민자의 경제·문화 활동 등을 통한 다양한 기여, 세금 납부 등 국가재정 기여 부분에 대한 대국민 인식이 개선될 필요가 있다. 아울러 내국인 대상의 외국인 혐오, 극우주의, 인종주의 문제 등에 대한 교육 및 캠페인이 제공될 필요가 있다. 사회통합 제고를 위해 이민자 스스로 언어, 문화 습득을 위한 사회통합 프로그램에 적극 참여하도록 의무를 부과하는 방향도 고려할 필요가 있고 동 프로그램에 대한 평가가 지속적으로 누적될 필요가 있고 효과성에 대해 면밀히 살펴보고 피드백을 통해 교육내용, 강사 등에 대한 개선 필요가 있으며 IT 인프라를 통해 모바일을 활용한 교육 또한 제공할 필요가 있다.

아울러 독일의 사례에서처럼 이민자 집단에 대한 대응은 투트랙(two-track)으로 접근할 필요가 있다. 즉 이민자 집단 중 다수를 차지하거나 역사·문화적 특성 등으로 인해 사회통합이 용이하지 않은 집단의 경우 조직화를 지원하고 대화 파트너를 삼을 필요가 있으며 이외 집단의 경우, 국적별 집단보다는 세대별, 지역별 등 전체를 대상으로 지원하는 등의 전략적 고려가 필요하다. 한국의 경우 외국인 노동자나 결혼이민자들을 중심으로 다수 이민자 집단인 동남아 국가별 협력이 일선 외국인지원센터 등에서 이루어지기도 하나, 이슬람 이민자처럼 종교나 문화 등을 매개로 한 집단에 관해서는 관심이 적었고 이로 인해 이슬람혐오증(Islamophobia) 등 각종 사회문제가 노출되었던 것이 사실이다. 결국 국적별 집단 위주의 관리에서 한 단계 더 나가 종교, 문화, 사회적 관심 등 다양한 주제별로 이민자 융합조직을 장려하고 이민자들 간의 참여와 협력을 통해 사회통합을 견인해 나갈 수 있도록 관심을 쏟을 필요가 있다. 아울러 중앙, 지방 등 정부수준별 참여 확대를 통해 정책결정, 집행 등 수준별로 이루어질 필요가 있는 정책사안에 대한 실질적인 참여와 이를 통한 성과 창출이 보장될 필요가 있다.

둘째, 행정조직으로서 거버넌스 측면에서 수준별로 보다 다양한 기관들이 참여하는 기능중심의 유기적인 연계가 필요하다. 수준별로 나누어 살펴보면, 부처 수준에서는 관련 부처 간 중복 지원 등 비효율 문제에 대한 적극적 대응이 필요한데 거시적 방향과 목표를 포함한 포괄적 계획(Grand design) 내에서 조정을 고려해 볼 수 있다. 사실 이민정책 전담조직은 부, 처, 청 등 다양한 형태가 가능하며「행정기관의 조직과 정원에 관한 통칙」에서 나타나듯이 업무 내용의 독자성과 계속성, 차별성, 타당성에 대한 판단이 필요하기 마련이다. 그런데 현재 외국인정책위원회, 외국인력정책위원회, 다문화가족정책위원회 등 분산된 위원회와 법무부, 고용부, 여가부, 행안부 등 다양한 소관 부처들에서 추진하는 정책의 중복 문제는 조정이 필요한 상황이며 이는 현재 논의되는 수준의 이민전담기구가 설립되더라도 문제해결이 쉽지 않다. 청 수준의 이민전담기구는 집행기관이 될 수는 있더라도 다부처 관련 정책결정까지 담당하는 이민정책의 총괄적인 컨트롤타워의 역할을 하는 데는 한계가 있기 때문이다. 따라서 각 부처별로 분산된 이민행정 역량을 집중하여 이민정책의 거시적 방향과 목표를 포함한 포괄적 계획을 마련하고 이에 따라 적정 인력에 대한 판단을 전제로 외국인력수급 계획, 이민자 사회통합 실행계획 등을 구체화하면 실무를 집행하는 기구가 이민전담기구가 될 것으로 본다.

한편 이민정책 거버넌스에서 전담기관이 차지하는 부분은 전체의 일부라는 점에서 큰 그림과 함께 이에 따른 전담기구에 대한 기능과 역할에 대한 논의가 진행될 필요가 있다. 그런데 만약 이민전담기구부터 논의하고 결정하게 되면 전체 이민정책 거버넌스라는 큰 그림이 오히려 이에 제한받는 상황이 생길 수 있고 결국 현재의 업무범위가 유지되는 선에서 미시적인 국경관리적 측면의 개선에 그칠 수 있다는 우려가 있다. 따라서 이해관계자들의 충분한 협의를 바탕으로 중앙의 관련 부처, 지자체, 시민사회 수준에서 어떤 기능과 역할을 해야할지 전체적인 밑그림, 구체적인 실천계획 마련과 이에 대한 성과관리(performance management) 시행을 통해 지속적으로 모니터링하고 책임성을 확보하는 노력이 필요하다.

아울러 이민전담기구에서 추진할 정책 중 법무부 외 타 부처들이 담당하고 있는 정책, 예를 들어 우수인재 유치(과기부, 산업부), 국내 유학생 활용(교육부) 등의 경우는 관계 기관과의 충분한 사전 협의가 필요하다. 현행 제도의 면밀한 성과분석을 통해 문제점을 도출하고 소관기관이 법무부로 바뀌었을 때 전문성의 개선 등 구체적인 장점이 제시될 필요가 있다. 사실 해당 기능은 현재 기관에서 더 잘 할 수 있다는 점에서 업무소관의 변경보다는 협업과 지원의 형태가 더 바람직하다고 판단된다.

이렇듯 기획 · 조정이 실제 원활하게 이루어질 수 있도록 이민전담기관에서는 관련 기관들의 고유 기능을 인정하는 주류화를 중시하면서도 개별 기관에서는 수행이 쉽지 않은 관련 통계 등 정보 확보 · 연구 · 지원 · 평가 기능을 통해 유기적인 협업이 이루어질 수 있도록 하는 것이 중요하다. 아울러 이러한 기능을 중심으로 전체 이민자 수요/공급, 정착/통합 등 중장기적인 관점에서 이민계획을 마련하고 거버넌스의 각 행위자들이 협력하여 추진할 수 있도록 하는 것이 필요하다.

다음으로 지자체 수준에서는 중앙부처에서 소관 이민자 유형별 지원이 내려오는 문제를 해결하기 위해 지자체 수요에 부합하는 이민정책이 허용될 필요가 있다. 이민자는 입국 후 일정 지역의 주민으로서 생활을 유지하며 한국사회에 적응하게 되는데 이들이 거주하는 지역에 따라 대학소재 지역, 농어촌, 산업단지 등 지자체별로 거주 이민자 유형이 상당히 차별적이라는 점을 볼 때 지자체별로 관내 이민자들에 대한 대응과 사회통합 노력은 상이할 수밖에 없다. 이민자들은 통상 납세의무를 진다는 점에서 주민에 상응하는 지원수준을 고려할 필요가 있으며 결혼이민자나 외국인노동자 등 특정 이민자유형별로 제한하지 않고 거주 이민자 전체를 대상으로 재원을 활용할 수 있도록 지자체에 재량을 부여할 필요가 있다.

셋째, 행정관리의 효율성을 제고하기 위해 증거주의 및 성과관리를 적극 활용할 필요가 있다. 독일의 경우 2006년 정부 · 시민사회 대표자들이 통합정상회담(Integrationsgipfel)을 개최하여 이를 통해 2007년 통합계획(Integrationsplan)을 마련하고, 이후 동 계획의 목표 달성 점검을 위해 2012년 국가통합실행계획(Nationaler Aktionsplan Integration)을 통해 실행계획에 따른 성과지표를 제시하고 모니터링을 실시해 오고 있다는 점에서 이해관계자들과 심도있는 논의 및 구체적이고 목표를 합의하고 달성하기 위한 노력을 경주하는 부분은 타산지석으로 삼을 수 있다.

독일 사례처럼 한국 이민행정에서도 실행목표에 대한 구체적인 지표를 마련하는 등 성과관리를 체계화하여 목표달성을 점검하고 모니터링하는 관리가 필요하다. 이때 이민자들의 목소리를 정책에 반영하면서 그들의 사회 소속감과 통합의식도 제고될 수 있다. 이러한 참여를 통한 결정과 집행은 이민자들의 정책 수용성을 제고하고 정책 만족도를 고양시킬 수 있기 때문이다.

이를 위해서는 한국에서도 기존의 일회성 행사 위주에서 탈피하여 장기적인 시계에 따라 연속성을 갖는 프로그램 위주로 구성할 필요가 있다. 이를 통해 참여 진척 정도의 변화추이를 살펴볼 수 있고 관련 지표들의 체계적인 성과관리를 통해 실제적인 이민자 사회참여 제고 관리가 가능해질 수 있을 것으로 본다.

아울러 지자체별로 상이한 이민자 구성을 고려하여 기초자치단체 수준까지 상세한 이민자 통계 제공을 통해 증거기반(evidence-based)의 이민행정 관리 토대 마련이 필요하다. 그리고 국회 및 대국민에 대한 책임성을 제고하기 위해 정부는 이민현황 및 이민정책의 실행 결과에 대해 매년 국회에 보고서 제출을 통한 민주적 통제에 대한 고려가 필요하다. 아울러 보고서를 일반인들에게 공개함으로써 이민 현황 및 정책실적에 대한 책임을 진다.

현재 한국사회가 직면하고 있는 저출생고령화 등 다양한 복합문제의 해결을 위해서는 이상의 개선방안을 면밀히 검토하여 이민행정체계 개선이 이루어질 필요가 있다. 한편, 이민전담기구는 정부조직법 개정이 필요한 입법사항으로 지난 10년 이상 논의를 지속해 왔으나 관련 부처들의 반발, 정치적 반대 등으로 인해 구체적인 결실을 맺지 못하는 등 다양한 입법갈등을 겪어왔다. 따라서 향후 국민을 포함하여 다양한 이해관계자들의 공감대 형성 및 충분한 설득을 통한 추진은 필수적이라 하겠다.

8장

Deutsche Wiedervereinigungspolitik und deutsche Wiedervereinigung: gibt es noch Lehren für Korea?

독일의 통일 정책과 독일 통일: 한국을 위한 교훈은 여전히 존재하는가?

저자: 베른하르트 젤리거 (Prof. Dr. Bernhard J. SELIGER)

한스 자이델 재단 한국사무소 대표

Repräsentant der Hanns-Seidel-Stiftung Büro Korea

역자: 김영수 (Young Soo KIM)

한스 자이델 재단 한국사무소 사무국장

Projektmanager der Hanns-Seidel-Stiftung Büro Korea

I

Einleitung: Deutsche Wiedervereinigung und koreanische Wiedervereinigung – die strapazierten Parallelen

Wenn in der Wissenschaft eine Lücke in der Forschung entdeckt wird, ein Thema, das noch nicht sehr gut erforscht worden ist, spricht man von einem „untererforschten" Thema. Genauso gut gibt es aber Themen, die immer wieder in das Zentrum der Forschung rücken und sozusagen „übererforscht" sind. Ein Thema, das ganz sicher dazu gehört, ist die deutsche Wiedervereinigung und die möglichen Parallelen zwischen der jetzt schon über 30 Jahre zurückliegenden deutschen Wiedervereinigung und der möglichen kommenden koreanischen Wiedervereinigung. Hunderte von Dissertationen wurden, hauptsächlich von Koreanern, über alle möglichen Aspekte der Wiedervereinigung angefertigt, von den „großen" politischen Themen (wie Privatisierung und Demokratisierung) bis hin zu fast obskur erscheinenden Randthemen (der Wiedervereinigung der Wetterdienste beider Länder etc.). Das sagt einerseits viel über die südkoreanische Gesellschaft und den Wunsch nach einer Wiedervereinigung Koreas aus und, mehr noch, den Wunsch, diese anders als Deutschland gut vorbereitet durchführen zu können. Andererseits ähnelt es auch dem Suchen nach einem „Stein der Weisen", mit dem die Alchemisten im Mittelalter in Europa das Geheimnis finden wollten, minderwertige Materialien zu Gold zu machen. Er wurde natürlich nie gefunden und es ist fraglich, ob auch die scharfsinnigsten koreanischen Forscher und Akademiker in der deutschen Wiedervereinigung das Rezept finden, Korea (friedlich und unter südkoreanischer Dominanz, das versteht sich von selbst) wiederzuvereinigen. Aber so, wie der Stein der Weisen zwar nie gefunden wurde, aber dafür eine Reihe revolutionärer Erfindungen mit der Alchemie einhergingen (etwa das Erfinden des Geheimnisses, wie man Porzellan macht, durch Böttcher, der den Aufschwung einer eigenen europäischen Porzellanindustrie in Meißen in Sachsen einleitete), so könnte die ausführliche koreanische Beschäftigung mit der deutschen Wiedervereinigung doch etwas Gutes haben.

Ganz sicher hat sie schon jetzt dazu beigetragen, dass

die Unterschiede in Politik und Ökonomie, Geopolitik und Geoökonomie, zwischen Europa und Asien, Deutschland und Korea, genauestens erfasst und diskutiert wurden.[1] Mehr noch, man könnte vielleicht einige Grundbedingungen herausfinden, die die deutsche Wiedervereinigung langfristig ermöglicht haben. Das wäre zwar kein „Rezept" mit Garantie für eine Wiedervereinigung, wäre aber doch ein wichtiger Schritt, um die südkoreanische Wiedervereinigungsdebatte zu beleben. Dabei muss natürlich beachtet werden, dass es neben dem akademischen und wissenschaftlichen Interesse an der Wiedervereinigung auch handfeste politische Interessen gibt. So waren die 1990er Jahre, nach der ersten Euphorie über die deutsche Wiedervereinigung und der Erwartung eines raschen Nachziehens der koreanischen Halbinsel, in der zweiten Hälfte in der koreanischen Debatte vor allem von Skepsis über die Kosten der Wiedervereinigung und mögliche soziale Verwerfungen geprägt. Unter Kim Dae-Jung war dann das Interesse an der „neuen Ostpolitik" besonders ausgeprägt, während unter Lee Myung-Bak und Park Geun-Hye die nun sehr sichtbaren Erfolge der deutschen

---

1 S. Kelly (2011), Frank (2016a und 2016b). Auch die interkulturellen Unterschiede spielen dabei eine wichtige Rolle (Seliger 2006).

Wiedervereinigungspolitik wieder in den Vordergrund rückten. Daran ist nichts verkehrt, jedes Land schaut nach Vorbildern im Ausland. Aber das führte oft dazu, dass Themen nur verkürzt und sehr unter dem Gesichtspunkt der innenpolitischen Opportunität betrachtet wurden und dabei wichtige Aspekte weggefallen sind. Da in Südkorea ein enger Zusammenhang zwischen Politik und Wissenschaft besteht, oft zum Vorteil, aber manchmal auch zum Nachteil der letzteren, führte die politische Debatte auch zu einem starken Fokus der jeweiligen akademischen Forschung auf dieselben Themen.

Dieser Artikel versucht nicht, die deutsch-koreanische Wiedervereinigungsdebatte in all ihren Schattierungen nachzuzeichnen. Das wäre nicht möglich und würde ein langes Buch erfordern. Stattdessen sollen hier in aller Kürze einige wichtige Aspekte der deutschen Wiedervereinigung diskutiert werden, die bei der allgemeinen „Übererforschung" der deutschen Wiedervereinigung vielleicht noch wenig belichtet wurden, sozusagen „untererforscht" sind. Dabei geht es um den Zusammenhang von Wiedervereinigungspolitik (sozusagen der unabhängigen, veränderbaren Variablen) und tatsächlicher Wiedervereinigung. Dabei muss beachtet werden – auch das geschieht in Südkorea oft nicht

– dass es eine Wiedervereinigungspolitik bzw. eben keine in beiden Teilen eines geteilten Landes gibt. Dementsprechend können auch die besten Absichten nicht immer zum gewollten Ergebnis führen – die Politik der Moon Jae-In Regierung ist ein beredtes Beispiel dafür. Im zweiten Teil wird ein kurzer Rückblick auf die westdeutsche und ostdeutsche Wiedervereinigungspolitik gegeben. Der dritte Teil befasst sich speziell mit der Rolle der Nation in Westdeutschland, weil das distanzierte Verhältnis zur eigenen Nation ungewollt ein wirksamer Faktor in der Vorbereitung der Wiedervereinigung war. Der vierte Abschnitt beleuchtet demgegenüber die wichtige Rolle des „privaten", nichtstaatlichen Handelns für die Erhaltung der Einheit eben dieser Nation, gefolgt von einem Ausblick, der die Implikationen für Korea diskutiert.

Westdeutsche und ostdeutsche Wiedervereinigungspolitik im Überblick

Eine Diskussion über die Rolle von Staat und Individuum in der Wiedervereinigungspolitik kommt nicht ohne einen Überblick über die Wiedervereinigungspolitik aus. Wenn dies hier holzschnittartig geschieht, um eine gedrängte Darstellung zu erreichen, möge man gewisse Verkürzungen verzeihen. Grob kann man die Wiedervereinigungspolitik beider deutscher Staaten in fünf Phasen unterteilen (schon dies ist eine Vereinfachung, da eigentlich eine Darstellung für Ost und West getrennt angestellt werden müsste). Die Phase vor der staatlichen Einheit von Ost und West (1945-1949), die Phase der Etablierung beider Staaten (1949-1961), die Zwischen-phase vom Mauerbau bis zur sozialliberalen Koalition (1961-1969), die Phase der neuen Ostpolitik und ihr langsames

Auslaufen (1969-1982) und schließlich die Phase der neuen, modernen konservativen Wiedervereinigungspolitik unter Helmut Kohl (1982-1989).

Die erste Phase (von der Kapitulation im Mai 1945 bis zur Gründung beider deutscher Staaten 1949) sah die deutschen Regionen im Wesentlichen als Spielball der vier Siegermächte, aber schon hier bereitete sich die künftige Wiedervereinigungspolitik vor und die jeweiligen Akteure positionierten sich, u.a. in den neu gegründeten politischen Parteien. Für die DDR hörte diese Phase übrigens streng genommen nie ganz auf, weil sie – nicht nur in der Polemik des Westens, sondern auch tatsächlich – weitgehend die „Sowjetisch Besetzte Zone" oder SBZ blieb. Ostzone, SBZ, oder „DDR" (in Anführungsstrichen) waren im Westen bis 1989 Ausdrücke der Negation des eigenständigen politischen Charakters der DDR, die als Marionettenregime der Sowjetunion gesehen wurde. Am deutlichsten war dies im gescheiterten Aufstand vom 17. Juni 1953 zu sehen, den sowjetische Panzer niederschlagen mussten. Die Aufständischen des 17.6. schwenkten deutsche Flaggen ohne die bei vielen verhassten Symbole des Kommunismus (Hammer und Zirkel), und folgerichtig wurde der Tag in Westdeutschland fortan als Nationalfeiertag begangen.

Vor der staatlichen Neugründung 1949 gab es keine handlungsfähigen deutschen Staaten, sondern nur Länder.[2] Allerdings darf man nicht vergessen, dass das in der deutschen Geschichte nicht unbedingt ungewöhnlich war – die meiste Zeit hatte diese Situation seit dem Mittelalter existiert, unter dem Schirm des sehr losen Heiligen Römischen Reiches Deutscher Nation und später im Deutschen Bund. Erst seit der kurzen Zeit von 1871 an hatte es einen deutschen Nationalstaat gegeben. Allerdings war dieser fest etabliert und die Zersplitterung erschien Politikern aller Couleur als Elend. Die Hoffnung auf eine Einigung der Siegermächte auf eine Wiederbegründung eines geeinten Deutschlands war groß. Dabei darf nicht vergessen werden, dass in dieser Zeit ein Drittel des Reichsgebiet im Osten an Polen und die Sowjetunion abgetrennt wurden und insgesamt 12 Millionen Volksdeutsche aus diesen Gebieten, aber auch aus ganz Osteuropa flüchteten oder vertrieben wurden und integriert werden mussten, der Hauptteil davon in Westdeutschland. Direkt in die Anfangszeit nach der Kapitulation 1945, in die Phase noch vor der staatlichen Neugründungen 1949 fällt übrigens die vielleicht folgen-

---

2 Für die Wiedervereinigungspolitik der Alliierten bis 1949 s. Benz (2005).

reichste Entscheidung überhaupt zur späteren Wiedervereinigung, nämlich die Teilung Berlins. Wäre Berlin nicht geteilt gewesen und später Westberlin ein ständiger Stachel im Fleisch der DDR gewesen, wer weiß, wie die Geschichte verlaufen wäre? Allerdings war das zunächst irrelevant, da alle Seiten (gemäß dem Potsdamer Abkommen) von einer nur kurzen Phase der Besetzung ausgingen. Aber schon 1948 dämmerte der Sowjetunion, welchen Fehler sie da gemacht hatte und sie blockierte die Zuwege zu den Westsektoren Berlins; nur dank der Luftbrücke, der Versorgung der Westteile Berlins durch die Luft durch amerikanische Flugzeuge, konnte diese von Westberlin überlebt werden.

Für die Sowjetunion bot der Anreiz der Wiedervereinigung die Chance, wie in der Einführung sozialistischer Staaten in der Tschechoslowakei, Ungarn, Polen, Rumänien und Bulgarien und weiterer Staaten auch ganz Deutschland zu einem sozialistischen Staat zu machen. Das war kein kleines Ziel, denn in der ersten Phase der sozialistischen Oktoberrevolution 1917 in Russland war Lenin noch fest davon ausgegangen, dass die eigentliche Revolution vom industriell viel weiter entwickelten Deutschland aus ihren Siegeszug antreten würde, eine Vorstellung, die auch Stalin gut bekannt war. Stalin ging mit einer Mischung aus Zwang (wie etwa der Berlin-Blockade 1948) und Lockangeboten vor.[3] Die Stalin-Initiativen für ein wiedervereinigtes Deutschland wurden jedoch sowohl von den Westalliierten wie auch von den Politikern des neuen westdeutschen Staats ab 1949 abgelehnt. Zu groß war das Misstrauen gegenüber die Versprechungen Stalins, das Land zu neutralisieren. Der Aufstand des 17.6. direkt nach Stalins Tod bestätigte diese Haltung und führte im Westen zu einer umso stärkeren Politik der Westintegration.

Diese war insgesamt sehr erfolgreich: nicht nur der wirtschaftliche Wiederaufstieg wurde schnell erreicht und durch die Europäischen Wirtschaftsgemeinschaft, die sich später zur EG und dann EU wandelte, dauerhaft gestärkt. Auch politisch war die Westintegration ein voller Erfolg, und Deutschland wurde in der NATO und EG , dort vor allem zusammen mit Frankreich („Achse Paris-Berlin") zum führenden Staat. In der DDR führte der Aufstand des 17.6. zu einer Politik der politischen Konsolidierung, und die DDR bzw. Sowjetunion verloren dauerhaft das Interesse an einer aktiven Wiedervereinigungspolitik. Diese schien angesichts der Konsolidierung des westdeutschen Staates als wenig

---

3   Siehe ausführlich Steininger (1990).

erfolgversprechend. Und politisch wie wirtschaftlich wurde auch jetzt schon immer klarer, dass die DDR den Systemvergleich verlieren würde. Bis zum Mauerbau im August 1961 flüchteten mehr als zwei Millionen Menschen von Osten nach Westen, während es umgekehrt weniger als ein Zehntel war, das Richtung Osten wanderte – die Abstimmung mit den Füßen war unmissverständlich. Im Westen wiederum war das Wirtschaftswunder („wir sind wieder wer") eine Zeit der politischen Selbstzufriedenheit und es schien keinen Sinn zu machen, den neuen Wohlstand und die neue Freiheit für eine zweifelhafte Konföderation aufzugeben. In dieser Phase versuchte Westdeutschland, seine Stärke auch in einer Politik der exklusiven diplomatischen Beziehungen auszudrücken: wer diplomatische Beziehungen zu Westdeutschland haben wollte (und das waren die meisten Staaten außerhalb des sozialistischen Blocks), konnte nicht gleichzeitig Beziehungen zum Osten haben. Diese nach ihrem Schöpfer benannte Hallstein-Doktrin war letztlich der diplomatische Ausdruck der von Adenauer geprägten Politik, dass Freiheit und Demokratie absoluten Vorrang vor Wiedervereinigung hatten, also auch keine friedliche Koexistenz möglich war.

Der Bau der Mauer am 13.8.1961 war die logische Folge des Massenexodus aus dem Osten. Er war zwar einerseits ein beredtes Zeugnis vom Versagen der DDR, aber er wurde in Westdeutschland auch als ein Versagen der Adenauerschen Politik gesehen. Gegenüber dem jungen, dynamisch auftretenden Bürgermeister von Berlin, Willy Brandt, wirkte Adenauer nun alt und kraftlos. Letztlich war das der Beginn des Endes von der Fiktion einer schnellen deutschen Wiedervereinigung und ein zutiefst deprimierendes Ereignis. Wohl keiner hat die unmenschliche Atmosphäre dieser Zeit besser beschrieben als John le Carré in seinem Debutroman „The Spy who came in from the cold". Für Willy Brandt wurde der Mauerbau aber zum Beginn seiner politischen Karriere, die ihn schließlich in das Kanzleramt führen sollte. In dieser Zeit wandelte sich auch seine Einstellung zum Thema der Wiedervereinigung, wie die vieler Deutscher. Künftig schien Wiedervereinigung als Ziel immer illusorischer, dagegen die Frage der Koexistenz und der Humanisierung der innerdeutscher Beziehungen immer drängender.

Zwar hatte schon die Regierung von Ludwig Erhard, dem zweiten deutschen Kanzler, der wie Adenauer der CDU angehörte, das erste Passierscheinabkommen über Besuche zwischen West- und Ostberlin gebracht. Aber ihre Kulmination fand die „neue Ostpolitik", die auf Verhandlungen

und Verträge mit den ehemals als Marionettenstaat abge-
tanen Vertretern der DDR setzte, erst in der Phase der sozi-
alliberalen Koalition unter Führung von Willy Brandt und
später Helmut Schmidt von 1969-1982. Vor allem in die
ersten Jahre dieser Zeit fallen die wichtigsten Verträge und
Entscheidungen, mit Polen und der Sowjetunion, vor allem
aber der Grundlagenvertrag beider deutscher Staaten. In
diesen Jahren wurde die Politik, die im Bundestag heftig
umstritten war und eigentlich keine Mehrheit hatte (ein Miss-
trauensvotum dazu konnte Willy Brandt nur überleben, weil die Sta-
atssicherheit der DDR zwei Abgeordnete bestochen hatte, für ihn zu
stimmen), von der Bevölkerung mitgetragen, wie der nach-
folgende Wahlsieg Brandts 1972 zeigt. Hier entstand eine
völlig neue Grundlage auch für die westdeutsche Wiederv-
ereinigungspolitik, denn jetzt ging es nicht mehr vorrangig
um Wiedervereinigung, sondern um das Zusammenleben
beider Teile Deutschlands.

Nach der ursprünglichen Konzeption wäre das sogar der
Endpunkt jeder westdeutschen Wiedervereinigungspolitik
gewesen, denn man sah ausdrücklich die Anerkennung der
DDR und der DDR-Staatsbürgerschaft vor, zusammen mit
dem gemeinsamen UN-Beitritt. Nur Dank der Initiative des
CSU-Chefs Franz-Josef Strauß, der vor das Bundesverfas-

sungsgericht zog, wurde vom Verfassungsgericht eine Art Wiedervereinigungsvorbehalt geschaffen: zwar waren die Ostverträge verfassungskonform, aber keine Regierung konnte sich anmaßen, das Ziel der Wiedervereinigung aufzugeben.

Für die DDR war die neue Situation ein großer moralischer Sieg – endlich war sie nicht nur ein Marionettenstaat, sondern wurde weitgehend auch von den Westmächten und international von den vielen neuen Staaten, die nach dem Ende des Kolonialismus entstanden, anerkannt. Doch sie brachte ein neues Dilemma, denn wirtschaftlich entwickelte sich der Osten und Westen immer weiter auseinander. Die Gründe für die Flucht aus der DDR, die zum Mauerbau geführt hatten, waren auch geblieben, wenn jetzt auch wirtschaftliche Gesichtspunkte gegenüber politischen stärker wurden. Dies führte einerseits dazu, dass die DDR zwar einer gewissen Öffnung zustimmte, diese aber sehr einseitig war. So konnten etwa Westbürger, die im Grenzbereich wohnten, im „kleinen Grenzverkehr" relativ leicht und visumsfrei in die DDR reisen, umgekehrt galt das aber nicht. Zweitens fällt in diese Zeit auch die völlige Abkehr der DDR von einer Politik der Wiedervereinigung (unter sozialistischen Vorzeichen) zu einer Zweistaatenpolitik. Die Erfindung zweier deutscher Nationen, einer westdeutschen, kapitalistischen und revanchistischen, und einer ostdeutschen, sozialistischen, die außer der Sprache und alten Kultur nichts gemein hätten, begründete diese neue Politik. Die DDR-Nationalhymne, die in der ersten Strophe das „Deutschland, einig Vaterland" besang, wurde fortan ohne Text gespielt. Wie im Westen der Wechsel von Adenauer zu Brandt (über Erhard und Kiesinger als „Zwischenschritte") war auch in der DDR der Politikwechsel auch eine Folge des Generationenwechsels, von Walter Ulbricht zu Erich Honecker.

Die neue Ostpolitik brachte so zwar manche Erfolge, aber nach der Unterzeichnung des Grundlagenvertrags blieben viele Verhandlungen stecken. Die Umsetzung in fachbezogenen Abkommen (wie Kulturabkommen oder Umweltabkommen) erfolgte oft erst viel später, 1987, aber war die neue Ostpolitik schon Geschichte. Etwas grundlegendes hat die neue Ostpolitik aber erreicht: während auf staatlicher Ebene manche Hoffnungen schnell aufgegeben werden mussten, konnten die privaten Beziehungen zwischen Ost und West weiterleben und vielfach sogar aufblühen. Das war das eigentlich revolutionäre und (im Rückblick) erfolgreiche dieser Politik. Verwandte konnten sich weiter besuchen, der

Postverkehr (und mit viel Einschränkungen, sogar Telefonverkehr) beider Seiten auf privater Ebene blieb bestehen. Millionen Westdeutsche reisten im Laufe der Jahre nach Osten, und immerhin Hunderttausende aus dem Osten nach Westen. Damit hatte sich die DDR gewissermaßen ihr eigenes Grab gegraben: denn mit der sehnlich erwarteten Anerkennung aus dem Westen gab es jetzt auch staatlich regulierte, aber doch „normale" Beziehungen zwischen zwei Staaten. Dies führte, zusammen mit dem Status von Westberlin (von wo aus der RIAS, der Sender im amerikanischen Sektor, täglich auch Richtung Osten funkte) zur Möglichkeit eines konkreten Vergleichs von Ost und West durch die Bürger im Osten.

Der Systemvergleich, dem sich die DDR eigentlich erst durch den Mauerbau und dann durch die Zweistaatentheorie entziehen wollte, kam jetzt zurück. Die DDR musste – vor allem im Vergleich zu den östlichen Nachbarn, die solche Probleme nicht hatten – viel mehr Konsumausgaben tätigen, um die Bürger zufriedenzustellen, und doch reichte es nie an das Westniveau heran. Der Propaganda-Spruch „Überholen, ohne Einzuholen", der im Westen für dauernden Spott sorgte, stammt aus dieser Zeit.

Ende der 1970er Jahre hatte nicht nur die neue Ostpolitik, sondern auch die Innen- und Wirtschaftspolitik der sozialliberalen Regierung viel von ihrem Glanz verloren. Der Einmarsch der Sowjetunion in Afghanistan und die Stationierung neuer Mittelstreckenraketen, die vor allem Westdeutschland bedrohten, führten nach dem Wahlsieg Ronald Reagans in den USA zu einer kräftigen Antwort: dem NATO-Doppelbeschluss. Eine jüngere Gruppe von radikalen Sozialdemokraten aus der Jugendorganisation, den Jusos, darunter die späteren Kanzler Gerhard Schröder und Olaf Scholz, lehnten diesen ab und führten schließlich zum Sturz der sozialliberalen Regierung. Sie hielten jede Wiedervereinigungspolitik für reaktionär und historisch nicht begründet und suchten enge Beziehungen zum SED-Regime, um den von Egon Bahr, dem Architekten der neuen Ostpolitik, beschworenen „Wandel durch Annäher-ung" zu erreichen. Die Wiedervereinigungspolitik selbst spielte allerdings keine wichtige Rolle beim Ende der so-zialliberalen Koalition. Aber mit Helmut Kohl kam erneut ein Konservativer an die Regierung. Würde er die Deutsch-landpolitik der Zeit vor 1969 wieder reaktivieren, wie das manche von ihm erwarteten?

Kohl versuchte sich, statt einer radikalen Neuausrich-tung, an einem klugen Mittelweg: Unter dem bedauernden Motto „pacta sunt servanda" (Verträge muss man einhalten, ein wichtiger römischer Rechtsgrundsatz) lehnte er eine Aufkündigung der Verträge der neuen Ostpolitik ab und führte sie weiter. Gleichzeitig scheute er sich nicht, mit der DDR strittige politische Punkte klar anzusprechen, etwa die Menschenrechtslage in der DDR, vor allem die Schüsse auf flüchtende DDR-Bürger an der innerdeutschen Grenze, die jedes Jahr zu Verletzten und Toten führten. Er führte den „Bericht zur Lage der Nation" wieder ein, der der DDR ein Dorn im Auge war, die ja von zwei unabhängigen Nationen ausging und unterstützte das von den Bundesländern gestartete Projekt der „Zentralen Erfassungsstelle Salzgitter" für Menschenrechtsverletzungen in der DDR. Gleichzeitig blieb die Politik flexibel: Ausgerechnet der vielfach als Reaktionär gescholtene Franz-Josef Strauß handelte mit der DDR 1983 den Milliardenkredit westdeutscher Banken aus, der die DDR zwar kurzfristig wirtschaftlich entlastete, aber auch dauerhaft an den Westen band.[4] Es gab keine offensichtliche Gegenleistung für diesen Kredit (das hätte die DDR als zu große Erniedrigung abgelehnt), aber nur kurze Zeit später gab es erhebliche humanitäre Erleichterungen im innerdeutschen Reiseverkehr. Diese Politik war nicht

---

4   Für die Umstände und die nachfolgende westdeutsche Debatte s. Spittmann (1983).

risikolos für Strauß und Kohl, da die treuesten CDU- und CSU-Wähler sie stark ablehnten. Aber sie war alternativlos und vor allem langfristig erfolgreich. Denn jetzt konnte in vielen Bereichen der innerdeutsche Austausch viel weiter vorangetrieben werden, als das Ende der 1970er Jahre möglich schien. Vor allem der Besuch Honeckers in Bonn 1987, bei dem er wie jeder andere Staatschef mit Hymne, Flagge und militärischen Ehren empfangen wurde, brachte eine Flut neuer Erleichterungen für den privaten Austausch, die Lösung humanitärer Fälle (schon lange gab es die Fälle des Freikaufs ostdeutscher politischer Gefangener durch den Westen) und neue Abkommen, die den Grundlagenvertrag mit neuem Leben erfüllten.

Und so wurde der innere Druck auf die DDR immer stärker, und 1989 kam schließlich eine Dynamik in Gang, die letztlich zum überraschend schnellen und friedlichen Ende der DDR führte. Die Geschichte der Wiedervereinigung selbst ist oft erzählt worden und soll hier nicht nochmals aufgerollt werden.[5] Sicherlich spielten die wirtschaftliche Rückständigkeit und die wirtschaftliche Abhängigkeit vom Westen eine Rolle. Aber die Rolle der politischen Frei-

---

5 Siehe etwa Turner (1992), Vollnhals (2012).

heit sollte nicht unterschätzt werden, denn auch hier war der Unterschied von Ost und West riesig. Und diese Unterschiede waren bekannt, bekanntgemacht nicht durch Propaganda des Westens, auch nicht alleine durch das Westfernsehen, das viele Ostdeutsche täglich guckten, sondern auch durch die persönlichen Erfahrungen hunderttausender DDR-Bürger, die in den Westen reisen durften vor der Wiedervereinigung und millionenfacher Kontakte, die durch Reisen von Westbürgern in den Osten entstanden, nicht zuletzt nach Ostberlin, die Hauptstadt der DDR.

Die Rolle der Nation in der westdeutschen Wiedervereinigungsdebatte

In der obigen kurzen Darstellung ist schon klargeworden, dass es eine Spannung zwischen staatlicher Wiedervereinigungspolitik und privaten Kontakten gab bei der Erhaltung der (gedachten und gefühlten) Einheit in Zeiten der Teilung. In diesem Abschnitt soll zunächst der erste Teil dieses Spannungsbogens diskutiert werden, die Rolle der Nation und des Nationalismus in der westdeutschen Wiedervereinigungsdebatte. Für die DDR war (zumindest bis zur neuen Ostpolitik, aber in der Propaganda auch noch danach) die Sache klar: Westdeutschland war ein Land der Revanchisten, der Revisionisten (die eine Revision der Verhältnisse nach dem zweiten Weltkrieg wollten), der Militaristen, Kriegstreiber und alten Nazis. Dies wurde mit dem Aufstieg früherer NSDAP-

Mitglieder und Wehrmachtsoffiziere in politische Stellen der Bundesrepublik und der neuen Bundeswehr belegt; wo die Belege nicht reichten, um jemanden zu diskreditieren, wurden sie auch schon mal vom Staatssicherheitsdienst gefälscht. Karrieren ehemaliger NSDAP-Mitglieder in der eigenen Politik wurden geflissentlich übersehen.

Im Westen war die Lage jedoch ganz anders: Konrad Adenauer selbst war keineswegs ein Nationalist, ja, er wurde sogar von seinen politischen Gegnern diskreditiert, weil er angeblich (1923, während einer besonders schwierigen Zeit nach dem ersten Weltkrieg, mit Hyperinflation und der Rheinlandbesetzung durch französische Truppen) als Separatist verdächtigt, der als Kölner Oberbürgermeister angeblich eine unabhängige Rheinrepublik gefordert habe. Tatsächlich war dem alten Zentrumspolitiker, der von den Nationalsozialisten mehrfach verhaftet wurde, übersteigerter Nationalismus fremd.[6] Das war einer der Gründe, warum Adenauer in der Frage der neuen westdeutschen Hauptstadt das beschauliche Bonn, nahe seiner Heimat, dem politisch viel prestigeprächtigen Frankfurt (hier wurden bis 1806 die Kaiser

---

6   Das Zentrum war die Vertretung des politischen Katholizismus seit dem deutschen Kaiserreich (ab 1871). Sie stand zunächst in starker Opposition zum preußischen protestantischen Staat und wurde erst allmählich mit der Reichseinheit unter Bismarck versöhnt.

des Heiligen Römischen Reichs Deutscher Nation gekrönt) vorzog. Adenauer wollte die Wiedervereinigung, aber nicht um den Preis der Freiheit.[7] Gleichzeitig war der „natürliche" Patriotismus zu dieser Zeit noch viel stärker als später, als die 1968er-Generation mit aller Gewalt versuchte, jeden Diskurs über das Nationale als rechtsextrem zu brandmarken, eine Politik, die bis heute stark in Deutschland nachwirkt. In den Anfangsjahren war es kurioserweise die SPD unter Kurt Schumacher, die es schaffte, gleichzeitig anti-kommunistisch zu sein (man wollte nicht dasselbe Schicksal wie die SPD in der DDR erleiden, die mit Versprechungen und teilweise Zwang eine Vereinigung mit der Kommunistischen Partei zur neuen Sozialistischen Einheitspartei Deutschlands eingegangen war) und national zu denken. Dieses nationale Denken war allerdings überhaupt nicht mit einer Akzeptanz etwa der nationalsozialistischen Propaganda zu verwechseln. Überhaupt ist es erstaunlich, wie die allmächtige Partei von 1933-1945 völlig zusammenfiel. Eine einzige kleine Neugründung alter Kader, die Sozialistische Reichspartei, wurde bald in Westdeutschland verboten. Nationaldenkende, vor allem Nationalliberale, sammelten sich am ehesten in der FDP und teilweise auch

---

7   Siehe Buchstab (2000).

im Bund der Heimatvertriebenen und Entrechteten (BHE), der politischen Vertretung von Millionen Flüchtlingen und Vertriebenen, der allerdings auch eine starke sozialdemokratische Färbung hatte.[8]

Die CDU und CSU, die von 1949 bis 1969 und dann wieder ab 1982 die Politik der Bundesrepublik dominierten, vertraten im Wesentlichen einen aufgeklärten Nationalismus. Wie bei Adenauer war das teilweise der starken regionalen Identität geschuldet. Andererseits sahen sie sich als Vertreter eines ganzen Deutschlands (als moralischer Anspruch, wenn nicht politische Wirklichkeit) an. Beispielhaft kommt das im Ausspruch Franz-Josef Strauß' zum Ausdruck, als er gegen die Anerkennung der DDR-Staatsbürgerschaft (und damit Aufgabe einer einheitlichen deutschen Staatsbürgerschaft) vor das Bundesverfassungsgericht zog: Notfalls müssten die Bayern (zu denen er gehörte, und die eine außerordentlich starke politische regionale Identität haben) die letzten Preußen sein. Ganz klar war die Verteidigung der Freiheit vom Kommunismus wichtiger als die mögliche Wiedervereinigung unter sozialistischen Vorzeichen. Daraus wurde

---

8 Erst viel später, nach den Ostverträgen, sollten die Vertriebenenvertreter fast alle in die CDU und CSU gehen; dort sind sie meistens bis heute beheimatet, auch wenn schon längst die „Erlebnisgeneration" abgetreten ist.

die Parole von der „Einheit in Freiheit", die die Politik der CDU und CSU bis 1989/1990 geprägt hat. Sei schloss obskure Föderationskonstruktionen beider deutscher Staaten aus, wie sie anderswo geträumt wurden und ja auch in Korea eine wichtige Rolle spielten.

Auf der linken Seite des politischen Spektrums, das mit einer starken nationalen Färbung startete, wurde ein Föderation dagegen immer wieder diskutiert, vor allem nachdem die Vorkriegsgeneration, die die Entmachtung der SPD in der DDR und die Einführung der Diktatur in allen osteuropäischen Staaten miterlebt hatte, abgetreten war. Man hoffte sich, daraus könnte später quasi-automatisch eine Demokratisierung erfolgen – Wandel durch Annäherung, wie Egon Bahr es formuliert hatte. Ganz kurz wurde das nochmals aufgenommen in dem ursprünglichen Zehn-Punkte-Plan Helmut Kohls, als die Mauer schon gefallen war, aber noch keine Rede von einer künftigen schnellen Wiedervereinigung war. Allerdings war da schon klar, dass eine solche Konföderation ganz stark vom Westen geprägt würde. In den 1950er und 1960er Jahren war das überhaupt nicht klar gewesen.

Ereignisse wie der 17. Juni 1953, als ein Volksaufstand die DDR erschütterte, und ursprünglich wirtschaftliche

Forderungen schnell zu einer Forderung nach Wiedervereinigung und Demokratie wurden, oder wie der Mauerbau vom 13. August 1961 machten auf brutale Weise die Unvereinbarkeit beider politischer Systeme klar. Gleichzeitig führten sie aber auch zu der Erkenntnis, dass eine schnelle Wiedervereinigung in weite Ferne gerückt war und ein friedliches Zusammenleben mit dem Osten der einzige akzeptable Weg war, die Zeit bis zu einer Wiedervereinigung in weiter Ferne zu überbrücken. So führten diese Ereignisse einerseits zu einem geschärften Blick für den Unrechtsstaat DDR, und zu nationaler Selbstverortung der Westdeutschen in ihrem Staat. Gleichzeitig wurde das Ziel der Wiedervereinigung damit als politisches, praktikables Ziel aufgegeben. Fortan ging es um das „Management der Teilung". Dennoch blieb das Ziel der Wiedervereinigung zunächst nicht angetastet.

Dies geschah erst mit den Ostverträgen. Mehr noch als die politischen Verträge selber war es aber die gesellschaftliche Situation die sich in Westdeutschland grundlegend änderte. In dem Ausbruch eines weltweiten Generationenkonflikts, (Antikriegsproteste gegen den Vietnamkrieg in den USA, Studentenunruhen in Paris), forderten die Studenten eine völlige Neubewertung der als reaktionär und muffig empfundenen Bundesrepublik. Eines der Opfer dieser Zeit wurde auch der Nationalgedanke. War schon durch die Niederlage der Nationalsozialisten, die den Nationalgedanken unmäßig überhöht und im Rassismus geradezu pervertiert hatten, das westdeutsche Verhältnis zur Nation stets eher distanziert gewesen, so wurde es nun in intellektuellen Kreisen rundweg abgelehnt, überhaupt patriotische Gefühle zu zeigen. Allenfalls der „Verfassungspatriotismus", d.h. der Stolz auf die (tatsächlich sehr erfolgreiche) demokratische Verfassung des Grundgesetzes, wurde noch erlaubt.[9] Später kam noch der „DM-Nationalismus", d.h. der Stolz auf eine stabile Währung, die besser als die meisten anderen die währungspolitischen Stürme der Post-Bretton-Woods-Zeit überlebte, hinzu. Bis weit nach der Zeit der Wiedervereinigung war das in anderen Ländern übliche Flaggenschwenken und Zeigen von Nationalfarben, etwa bei Sportereignissen, kaum üblich.

Wie in Südkorea, wo „Wiedervereinigungsbildung" im Grunde ein Trend ist, der auf eine Apathie der jüngeren Bevölkerung reagiert, wurde auch in Westdeutschland, vor allem auf Seite der Konservativen, die sich jetzt durch-

---

9 Zu diesem Konzept des Politikwissenschaftlers Dolf Sternberg in der Debatte um deutschen Patriotismus s. Kronenberg (2006).

weg in der CDU/CSU fanden, versucht, auf Bildungsmaß-
nahmen zu setzen, um den Gedanken an die deutsche
Einheit wach zu halten. Das Kuratorium 'Unteilbares
Deutschland'(in etwa dem NUAC vergleichbar), führte viele
solcher Diskussionen durch.[10] Fahrten zur innerdeutschen
Grenze, nach Berlin und in die DDR wurden vom Gesamt-
deutschen Institut (in etwa dem KINU vergleichbar, aber weniger
forschungsorientiert, mehr praxisorientiert) finanziell unterstützt.
Doch das konnte im Westen das Desinteresse vor allem
bei jungen Leuten nicht wesentlich ändern. Der „Tag der
deutschen Einheit" am 17. Juni wurde weitgehend als Tag
von „Sonntagsreden", inhaltsleeren Formeln, empfunden.
Allerdings darf man nicht vergessen, dass die deutsche
Teilung „nur" vierzig Jahre andauerte und die Zeit nach
dem Mauerbau gerade mal etwas mehr als eine Generation
(28 Jahre). Die meisten Deutschen hatten also 1989 noch die
Zeit vor dem Mauerbau erlebt und ein erheblicher Teil die
Zeit vor der Teilung 1945/1949. Das konnte auch die Kul-
turrevolution von 1968 nicht vergessen machen. Zwar gab
es keine besonders aktive Wiedervereinigungsbewegung im
Volk, doch als die Wiedervereinigung vom Osten gefordert

---

10 S. Kreuz (1979).

wurde, war der Westen schnell bereit, sie zu akzeptieren. Nicht zu vergessen sind dabei die millionenfachen menschlichen Beziehungen, die weiter unten diskutiert werden.

Am interessantesten ist es, dass letztlich auch die DDR, die ab Anfang der 1970er Jahre von der Fiktion zweiter deutscher Nationen (nicht nur Staaten) ausging, sich letztlich nie wirklich durchsetzen konnte, weder bei ihren Bürgern, noch in der eigenen Politik. Die Sonderbeziehungen zum Westen waren unweigerlich welche zur Bundesrepublik, nicht etwa zu Staaten wie Italien oder Frankreich, in denen die DDR insgesamt vielleicht sogar positiver gesehen wurde. Der Wiederaufbau alter Kulturdenkmäler, wie des Dresdner Zwingers, auf den die DDR sehr stolz war, führte immer wieder zurück in eine Geschichte Deutschlands, nicht der DDR. Noch klarer war das bei der „Preußenrenaissance" unter Erich Honecker in Ostberlin, am sichtbarsten vielleicht in der Aufstellung des Reiterdenkmals Friedrich des Großen unter den Linden.[11] Aber auch hier, in der DDR, war es letztlich die Bevölkerung, die – nachdem sie einmal die Freiheit gekostet hatte, die Angst vor sowje-

---

11 Für eine Diskussion der oft widersprüchlichen, nicht einheitlichen DDR-Politik gegenüber Preußen s. Keil (2016).

tischen Panzern verloren hatte und die Mauer gefallen war – sich lautstark und unwiderstehlich für die Wiedervereinigung einsetzten. Und dies bringt uns zum letzten und vielleicht entscheidenden Punkt: der Rolle des Privaten, des Menschlichen, für die Wiedervereinigung.

IV
Die Rolle des „Privaten" für die Wiedervereinigung

Nachdem am 9. November 1989 die Berliner Mauer fiel, geschah etwas, in den Augen vieler Beobachter, Unglaubliches: obwohl schon klar war, dass die DDR-Bürger ihr eigenes politisches System ablehnten und Reformen wollten, war bisher von der Wiedervereinigung nicht die Rede gewesen. Aber in nur wenigen Monaten schlug die Stimmung um – aus den Rufen „wir sind das Volk" wurden die Rufe „wir sind ein Volk" und in Rekordzeit, in weniger als einem Jahr, wurde die Wiedervereinigung erreicht. Wie war das möglich? Der Erfolg hat bekanntermaßen viele Väter, die Rolle der Bürgerrechtler in der DDR, der mutigen Demonstranten in Leipzig und anderswo, der Sowjetunion und besonders von Michael Gorbatschow, von Helmut Kohl, der neuen Ostpolitik, der wirtschaftlichen Abhängigkeit vom Westen durch Milliardenkredite und mehr wurden in der Literatur ausführlich erwähnt und gewürdigt. Erstaunlicher ist aber vielleicht das große Vertrauen, das die Menschen in Ost wie West im Prozess der Wiedervereinigung hatten. Die DDR-Bürger mussten sich einem völlig neuen politischen und wirtschaftlichen System ausliefern, ohne dass ihnen bekannt war, wie dieses ihre individuelle Lebensgestaltung ändern würde. Und die Westbürger mussten die wirtschaftliche Solidarität aufbringen, einen maroden Staat mit immerhin 16 Millionen Bürgern zu sanieren. Wo kam dieses Vertrauen her? Es ist wohl keine Übertreibung zu sagen, dass es nicht zuletzt eine Folge nie abgerissener verwandtschaftlicher und freundschaftlicher Beziehungen war.

Putnam und viele andere Forscher verweisen auf die Rolle des Vertrauens als entscheidenden Faktor für die Stabilität eines Gemeinwesens. Gemessen daran war das Vertrauen in Ost und West in den neuen Staat – trotz aller Klagen, Proteste und Radikalisierungen, die zu erwarten waren – groß. Die Grundlagen dafür waren lange vorher gelegt worden, in der gelebten Solidarität und der Aufrechterhaltung menschlicher, vor allem familiärer Kontakte durch die ganze Zeit der Teilung. Dies war keinesfalls eine Folge der neuen Ostpolitik, auch wenn diese manches erleichtert hat. Die Grundlage wurde bereits in der Solidarität der 1950er Jahre gelegt. Die wirtschaftliche Lage der DDR war zu Zeiten der Gründung der DDR besonders kritisch. Die Sowjetunion hatte – als Kriegsentschädigung – weitreichende Reparationen durch Demontage eingefordert. Die alten industriellen Zentren in Berlin, Sachsen-Anhalt und Sachsen waren zerstört. Den westlichen Besatzungszonen und später der Bundesrepublik ging es deutlich besser. Hier hatten schon kurz nach dem Krieg, als die Not groß war, „Care-Pakete" aus den USA für Abhilfe gesorgt – ein wichtiges Zeichen der Solidarität mit einem Land, mit dem man vor kurzem noch im Krieg war. Nun versuchte der Westen Deutschlands, es ähnlich mit dem feindlichen Bruder DDR zu machen. „Dein Päckchen für drüben" war eine Aktion der sogenannten Osthilfekreise, die viel Aufmerksamkeit der Medien bekam. Die DDR war froh, so eigene Versorgungslücken zu überwinden, sah aber das Zersetzungspotenzial, das in der Aktion lag: es machte die wirtschaftliche Überlegenheit des Westens für jeden deutlich. Ab 1954, als die größte Not in der DDR vorbei war, wurde deswegen das Paketwesen deutlich eingeschränkt. Künftig durfte man nur noch Familienmitgliedern oder Freunden, aber keinen Fremden, Pakete schicken. Jedes Jahr waren maximal 12 Pakete erlaubt und es war verboten, Geld, Zeitungen und andere Medien wie Bücher oder Kassetten, Kriegsspielzeug, Lebensmittel in Dosen oder Medizin zu versenden. Für gebrauchte Kleidung brauchte es ein „Desinfektionszertifikat". Dennoch waren die Westpakete für viele im Osten bald unverzichtbar: Kaffee, Kakao, Schokolade, Tabak und Seife, Kosmetik, Nylonstrümpfe und feine Unterwäsche, Tütensuppen, Füller und Tintenkiller fanden so den Weg in den Osten, wo sie einen kleinen Luxus bedeuteten. Insgesamt wurden pro Jahr ungefähr 25 Millionen Pakete in den Osten geschickt, mit über 1000 Tonnen Kaffee und fünf Millionen Kleidungsstücken. Das war eine wichtige wirtschaftliche Größe, mit der die DDR bald auch regelmäßig in ihrer Planwirtschaft kalkulierte. Die Bürger wiederum konnten sich einen kleinen Luxus gönnen und viele Güter wurden auch wieder in der Tauschwirtschaft der Bürger untereinander eingesetzt, etwa Kaffee. Die westdeutsche Regierung unterstützte die Pakete durch die Möglichkeit, jedes Paket mit 30 DM bei der Steuer abzusetzen. Was für den Staat aber ein Propagandaerfolg bzw. im Osten eine wirtschaftliche Hilfskonstruktion war, war auf menschlicher Ebene etwas anderes, nämlich gelebte Solidarität in der Familie und unter Freunden. Hier ging es nicht um politische Auswirkungen, sondern einfach um eine grundsätzliche menschliche Reaktion.

Die DDR versuchte einerseits, die Rolle der Pakete herunterzuspielen in der Propaganda und durch Bereitstellung eigener Güter, oft zu einem hohen Preis im notorisch devisenarmen Osten, etwa wenn es um die Bereitstellung von Kaffee ging. Andererseits wollte sie die westliche Spendierbereitschaft weidlich ausnutzen. Dazu wurde 1956 der Geschenkdienst -und Kleinexperte GmbH (Genex) gegründet, in dem westliche Verwandte für ihre östlichen Verwandten nicht nur Lebensmittel und Luxusgüter, sondern sogar Möbel, Werkzeuge, Campingwagen, Motorräder und Autos, darunter DDR-Produkte wie Trabant und Wartburg, aber auch Fiat Uno, Renault 9 oder VW Golf kaufen konnten. Dieser Service war bald sehr populär: so wurden 1973 ungefähr 6800 Wartburg bei Genex gekauft. Die Lieferzeit betrug vier bis sechs Wochen, während DDR-Bürger normalerweise bis zu zehn Jahre auf ein Auto warteten. Zwischen 1967 und 1989 wurden so 3,3 Mrd. DM umgesetzt.[12]

Ein unbeabsichtigter, aber nicht unbedeutender Nebeneffekt dieser Solidarität war, dass es nun eine Zweiklassengesellschaft in der klassenlosen DDR gab: diejenigen mit Westverwandten, und diejenigen ohne. Westverwandtschaft, für die Staatspartei SED ein politischer Makel, wurde hier stattdessen zu einem Statussymbol. Durch spezielle Läden in der DDR, wo man nur mit Westgeld einkaufen konnte, wurde diese Zweiklassengesellschaft noch gestärkt. Auch sie hat zum Schluss zum Zusammenbruch der DDR beigetragen, obwohl das zunächst nie die Intention der westlichen Politik war.

Natürlich ging es bei den zwischenmenschlichen Beziehungen von Ost und West nicht nur um materielle Güter. Viel wichtiger war das Fortbestehen von Freundschaften und Familienbeziehungen. Stellen wir uns vor, es gäbe jedes Jahr Millionen Südkoreaner, die nach Nordkorea reisten und immerhin hunderttausende Nordkoreaner, die ihre Verwandten im Süden besuchen dürften! Dann wäre wohl auch hier eine ganz andere Lage vorhanden. Nach den Lockerungen der Ostpolitik war es am Ende der DDR-Zeit

---

12 S. Volze (1991). Insgesamt war über die ganze Phase der Teilung der private Beitrag (in DM gemessen) größer als der staatliche. Für eine Diskussion s. Seliger (2016):

so, dass Westbesuche sich fast ganz frei im Osten bewegen konnten und sich lediglich überall bei der Polizei anmelden mussten. Natürlich gab es genug Schikanen und oft genug Ärger mit der Polizei, aber auch hier – ein völlig anderes Bild für Besuche in Nordkorea, die selbst für ausländische Besucher (geschweige denn für Südkoreanern) nach einer starr vorherbestimmten Choreographie ablaufen. Diese menschliche Aspekt des Teilungsmanagements, der Familienbeziehungen und Freundschaften immer aufrecht erhalten hatte und der später bis in die entferntesten Teile der DDR Westbesucher brachte, darf nicht unterschätzt werden. Es ging dabei nicht um Besuche von organisierten Gruppen wie Schülern oder Studenten, sondern um freie Entscheidungen freier Bürger im Westen. Und dies ist ein Punkt, der bisher in Korea eher weniger beachtet wurde in der akademischen Forschung und überhaupt noch nicht in die Politik Einzug gehalten hat – die Politik der „Bürger-Wiedervereinigung", sozusagen.

V

Ausblick: Welche Lehren gibt es noch für Korea?

Das zuletzt gesagte weist schon darauf hin, wo der vielleicht entscheidende Unterschied von Korea und Deutschland in der Wiedervereinigungspolitik liegt. Das betrifft im Einzelnen vier Punkte: Erstens geht es um eine Politik, die nicht die Wiedervereinigung selbst, sondern das Management der Teilung in den Vordergrund stellt. Als die Franzosen 1871 nach dem deutsch-französischen Krieg das Elsass und Lothringen an Deutschland verloren, prägte ein Politiker den Spruch „Immer daran denken, aber nie davon reden…" Das war sehr erfolgreich, denn die französische Politik der Revanche war schließlich vergessen, wurde aber im entscheidenden Moment, dem ersten Weltkrieg, wieder aktiviert. Für Korea heißt das, dass man sich

künftig von der Politik der „Wiedervereinigung" verbal ve-
rabschieden müsste und beispielsweise das Wiedervereini-
gungsministerium in ein innerkoreanisches Ministerium
umbenennen könnte. Das hat nicht nur semantische Unter-
schiede, sondern sollte auch zum Ausdruck bringen, dass
es zunächst wirklich nur um ein Management der Teilung
geht.

Der zweite Punkt betrifft den Vorrang des Privaten vor
dem Staat in der Wiedervereinigungspolitik. In Südkorea
wird die Macht des politischen vor dem Privaten ohnehin
als sehr stark eingeschätzt, etwa in der Handels- und In-
dustriepolitik. Für die Wiedervereinigungspolitik sollte der
Staat sich zurücknehmen und nur die Rahmenbedingungen
für privates Handeln schaffen, und diese möglichst lose fas-
sen, um möglichst viel Eigeninitiative zuzulassen. Egal ob
konservative oder liberale Regierungen, in Südkorea war
stets der Wunsch vorhanden (besonders stark bei den letzten
beiden Präsidenten, Park Geun-Hye und Moon Jae-In ausgeprägt),
alles im Bereich der Wiedervereinigung staatlich vorzuge-
ben und zu kontrollieren.

Damit zusammen hängt ganz eng der nächste Punkt:
der Wunsch nach starker Kontrolle war ja nichts als Angst
vor einem Kontrollverlust, weil man letztlich den eigenen

Bürgern nicht traute. Das Vertrauen in die eigenen Bürger aber sollte die Grundlage jeder modernen „Wiedervereinigungspolitik". Westdeutsche konnten in die DDR fahren, ohne sich im Westen eine Erlaubnis zu holen, konnten sie die Zeitung „Neues Deutschland" (Äquivalent zur Rodong Sinmun) lesen, und konnten sogar, wenn sie das wollten, in die DDR übersiedeln. Kommunistische Propaganda wurde zum synonym für Langeweile und führte nicht etwa (außer in obskuren studentischen Zirkeln, die nicht zuletzt mit Geld von der DDR unterstützt wurden und 1989 sofort zusammenbrachen) zum Erfolg. In Südkorea heißt das, man müsste die Sperre für nordkoreanische Medien im Internet (die durch VPN-Nutzung ohnehin leicht zu umgehen ist) aufheben, und das Nationale Sicherheitsgesetz umfassend modernisieren. Vermutlich könnte man es – ohne irgendeinen Verlust an nationaler Sicherheit – sogar ganz abschaffen. Ironischerweise kann dies in Südkorea nur eine konservative Regierung; denn würde eine linke Regierung es machen, stünde sofort der Vorwurf der Kollaboration mit dem Feind im Raum. Ob die jetzt ins Amt kommende Regierung das machen will, ist höchst zweifelhaft. Aber auch alle Vorgängerregierungen haben sich nicht gewagt, daran zu rütteln, obwohl es de facto jede bürgerschaftliche Eigeninitiative verhindert.

Schließlich geht es um Familie, Familie, Familie...Die Regierung sollte es den Familien freistellen, sich (in Nordkorea, in China oder wo immer) zu treffen, und sie allenfalls finanziell unterstützen für solche Initiativen. Dabei geht es nicht um von Nordkorea orchestrierte Großveranstaltungen in Kumgangsan, sondern um wirklich private Treffen.

Kritiker mögen einwenden, dass das alles ja schön und gut ist, aber das es sowieso an Nordkorea scheitern würde, weil Nordkorea das alles nicht zulässt. Zum Teil stimmt das. Es ist aber kein Grund, eine gute Politik vom Süden aus nicht zu machen, weil der Norden nicht mitmacht. Und es wäre zumindest moralisch ein nicht unwichtiger „Sieg", auch in den Augen der eigenen Bürger, wenn der Süden eine freiheitliche Wiedervereinigungspolitik macht, der Norden aber blockt. Das würde den Regimeunterschied umso mehr vor Augen führen. Und schließlich könnte es durchaus sein, dass Nordkorea, das ja auch an massiven Wirtschaftsproblemen leidet, zwar keine staatliche südkoreanische Förderung akzeptiert, durch die man in direkte Abhängigkeit geraten kann, wohl aber Leistungen einzelner, per se ungefährlicher Südkoreaner. Damit wäre eine kleine Grundlage für das Fortbestehen eines Nationalgedankens auf beiden Seiten gegeben.

Würde Korea einer solchen Politik folgen, dann würde es tatsächlich einmal ganz andere „Lehren" ziehen aus der Wiedervereinigung als üblich. Ob es aber dazu in der Lage ist?

I

들어가며: 독일 통일과 한반도 통일
– 과도한 유사점 찾기

학술 분야에서 어떤 주제에 관한 연구가 부족한 경우가 있는 반면, 특정 주제는 늘 반복적으로 연구의 대상이 되어 지나친 경우가 있다. 이렇듯 과도한 연구 주제에 속하는 대표적인 사례가 이제는 벌써 30여 년이 지난 독일 통일과 아직 실현되지 않은 한반도 통일 사이의 가능한 유사점에 관한 내용이다. 주로 한국 사람들이 쓴 이러한 수백 편의 논문들은 통일과 관련된 거의 모든 내용들을 다루고 있는데, 민주주의나 민영화 등과 같은 '커다란' 정치적 주제들로부터 예를 들면 독일과 한국의 기상 업무 통합 등과 같이 사람들의 주목을 거의 받지 못하는 주변 주제들에 이르기까지 다양하다. 이는 한편으로는 한반도의 통일을 바라는 한국 사회의 단면을 보여주는 동시에 나아가서 독일과는 달리 통일 대비를 잘 하고자 하는 바람의 표시이기도 하다. 하지만 이는 또한 마치 중세 시대 유럽에서 연금술사들이 하찮은 재료들을 가지고 금을 만들려고 했던 비법을 발견하기 위해 '지혜의 돌'을 찾으려했던 것과 비슷하다. 물론 지혜의 돌은 없었으며 제아무리 유능한 한국의 연구자들과 학자들이라도 독일 통일의 경험으로부터 한국 통일(물론 통일이 한국의 주도 하에 평화롭게 이루어진다는 점은 자명하다.)을 위한 비방을 발견할 수 있을지는 의문이다. 지혜의 돌을 찾지는 못했지만 연금술을 통해 일련의 혁명적인 발명들이 이루어졌는데, 예를 들면 통 만드는 장인들을 통해 도자기를 만드는 비법이 밝혀졌으며, 이를 통해 작센의 마이센에서 독자적인 유럽 도자기 산업이 융성하기 시작했다. 이와 같이 한국이 독일 통일에 관해 철저하게 연구함으로써 얻는 소득은 분명히 있을 수 있다.

이미 이렇듯 철저한 연구를 통해 유럽과 아시아 간 그리고 독일과 한국 간의 정치, 경제 및 지정학과 지경학 상의 차이들을 상세히 파악하고 논의했다.[1] 나아가 장기적으로 독일 통일을 가능하게 했던 기본 조건들을 알아내는 것이 가능했다. 이는 통일을 보장하는 '비법'은 아니지만 한국의 통일 논의를 활성화하는 중요한 수단의 역할을 할 수 있다. 그리고 여기에서 통일에 관한 학술적인 관심 이외에도 큰 의미를 지니는 정치적 관심이 존재한다는 사실에 주목해야만 한다. 1990년대 초반에는 독일 통일의 환희와 그에 따른 한반도 통일의 기대감이 충만했지만 이후 1990년대 후반에는 통일 비용과 사회적 거부감으로 인한 회의적인 시각이 팽배했다. 김대중 대통령 시절에는 '신동방 정책'에 대한 관심이 매우 컸으며 이명박 대통령과 박근혜 대통령 재임 시기에는 독일 통일 정책의 가시적인 성과들이 강조되었다. 물론 잘못된 점은 없다. 모든 국가는 외국의 모범 사례를 참고하기 마련이다. 하지만 이러한 접근 방식은 종종 해당 내용을 지나치게 단순화하고 국내 정치에 유리한 방향으로 해석하여 정작 중요한 내용은 빠져버리는 경우가 발생한다. 한국에서는 정치와 학문이 밀접한 연관성을 갖기 때문에 유리한 측면도 많지만 이것이 단점으로 작용하는 경우도 가끔 생긴다. 예컨대 정치적인 논의가 해당 주제에 관한 학술적 연구 내용에 지나치게 의존하는 사례가 종종 발생한다.

이 글에서 한국과 독일의 통일 논의와 관련하여 모든 공과(功過)를 다루고자 하는 것은 아니다. 그것은 가능하지도 않을 뿐더러 그렇게 하려면 긴 책을 한 권 써야 할 것이다. 대신 이 글에서는 지금까지 통상적으로 '과도하게 다루어진' 독일 통일 주제들이 아닌 잘 조명되지 않은 '부족하게 다뤄진' 독일 통일에 관한 내용을 간단하게 기술해 보려 한다. 통일 정책과 실제 통일 간의 상관관계가 그 주요 내용이다. 한국에서는 종종 그렇지 않기도 하지만 주목할 필요가 있는 점이, 통일 정책이 존재하지만 남북 양측을 놓고 보면 동상이몽이다. 따라서 선의가 언제나 의도한 결과로 이어지는 것은 아니며, 문재인 정부의 정책은 그에 해당하는 대표적인 사례이다. 세 번째 장에서는 서독과 동독의 통일 정책을 살펴볼 것이며 네 번째 장에서는 서독에서 국가와 국민이라는 개념이 어떤 역할을 했는지 고찰해 보도록 하겠다. 서독은 공식적으로 동독 사람들도 같은 국민으로 생각했지만, 분단이라는 특수성으로 인해 거리를 둘 수밖에 없는 관계는 통일을 준비하는 데 있어서 의도치 않게 영향을 미치는 요소로 작용했기 때문이다. 제 5장에서는 '민간'의 중요한 역할에 관해 조명해 보겠다. 민족의 통합과 통일을 이끌어낸 '민간 분야'의 결정적인 역할에 관한 이야기이며, 마지막으로 한국을 위한 함의에 관해 짧게 적으며 마무리 하겠다.

II
서독과 동독의 통일 정책 개요

통일 정책과 관련된 국가와 개인의 역할을 논하기 위해서는 우선 통일 정책을 살펴볼 필요가 있는데, 그것을 간결하게 서술하기 위해 여기에서 아주 단순하게 정리하자면 동서독의 통일 정책은 다음과 같이 크게 다섯 개의 시기로 나눌 수 있다. 첫 번째 시기는 종전 이후부터 동서독 국가 수립까지(1945~1949)이며, 두 번째 시기는 동서독 체제가 자리를 잡는 시기(1949~1961)이다. 그 다음은 베를린 장벽이 생긴 후부터 서독에서 사민당-자민당 연정이 구성되는 시기(1961~1969)이며, 네 번째 시기는 신동방 정책이 시작되어 이행되던 때(1969~1982)이고, 마지막 다섯 번째 시기는 헬무트 콜 서독 연방 총리가 정권을 잡은 이후 새롭고 현대적인 보수주의 통일 정책을 구사하며 베를린 장벽이 무너지던 시점까지의 기간(1982~1989)을 일컫는다.

1945년 5월 독일이 2차 대전 패전국으로 항복하면서부터 1949

년 서독과 동독이 각각 국가를 수립하기까지의 첫 번째 시기에 독일 지역은 기본적으로 4대 전승국들의 철저한 관리 하에 놓여 있었지만, 이미 이때부터 미래의 통일 정책을 준비하기 시작했으며, 그 주체들이 자리를 잡은 기간으로 새로운 정당들이 생겨났다. 그런데 엄밀하게 보면 동독에서는 이 시기에 지녔던 특성이 계속해서 지속되었다고 봐야 하는 것이, 서독이 제기한 논쟁은 차치하더라도 동독은 실제로 계속해서 '소련 관리 지역(SBZ: Sowjetisch Besetzte Zone)'으로 유지되었기 때문이다. 동쪽 지역이나 소련 관리 지역 또는 '동독(DDR)'이라는 명칭은 1989년까지 서독에서는 동독의 정치적 성격을 독자적인 국가로 인정하지 않고 소련의 꼭두각시 정권으로 간주하는 표현 방식이었다. 이러한 상황이 가장 극명하게 드러났던 사건이 1953년 6월 17일에 동독에서 발생했지만 실패로 끝난 민주 항쟁이었으며 이 항거는 소련이 전차를 앞세워 무력 진압하면서 끝이 났다. 당시 시위 참가자들은 많은 동독 사람들이 혐오했던 공산주의의 상징인 망치와 컴퍼스가 없는 서독국기를 흔들었으며 서독에서는 동독 주민들의 이 항쟁을 기념하고자 6월 17일을 국경일로 지정하였다.

1949년 국가를 새로 수립하기 전에는 정식 독일 국가는 존재하지 않았으며 주(州)들만 있었다.[2] 하지만 이것은 독일 역사에 있어서는 특별한 사실이 아니란 점을 유념해야 한다. 이러한 상황은 중세 이후 독일의 역사에서 대부분 그러했으며, 이러한 상태에서 신성로마제국이 아주 느슨한 형태로 전체적인 통합 역할을 했으며, 그 이후에는 독일 연합이 그 역할을 맡았다. 1871년이 되어서야 진정한 의미의 독일 국가가 탄생하였으며, 이렇게 생겨난 독일은 국가로서 확고하게 자리를 잡았고 더 이상의 흩어짐은 모든 진영의 정치인들에게는 매우 큰 고난으로 인식되었다. 2차 대전 전승국들이 통일 독일을 지지해 줄 것을 희망하는 바람은 컸다. 이 시기에 이전 독일이 소유하고 있던 영토의 1/3에 달하는 동쪽 부분이 폴란드와 소련으로 귀속되게 되었으며, 도합 1,200만 명에 달하는 독일인들이 이 떨어져 나간 지역과 다른 동유럽 국가들로부터 추방당하거나 이주하여 그 중 대부분은 구 서독 지역에 정착하였다. 1945년 독일이 항복하고 난 직후부터 1949년 서독과 동독이 생기기 전까지의 기간 동안에 이미 이후 독일 통일과 관련하여 가장 중대한 결정이 내려지는데, 그것은 다름 아닌 베를린의 분단이다. 이때 베를린이 분단되지 않아서 나중에 서 베를린이 동독의 입장에서 지속적인 골칫거리로 작용하지 않았더라면 역사의 흐름이 어떻게 달라졌을지 알 수가 없다. 하지만 그것은 처음에는 그렇게 중요한 문제가 아니었다. 모든 전승국들이 포츠담 협약에 의거하여 그러한 베를린의 처리 방식은 임시방편에 불과하다고 여겼기 때문이다. 그러나 불과 얼마 지나지 않은 1948년에 소련은 자신들이 실수를 했다고 판단을 했으며 서 베를린으로 통하는 모든 길을 봉쇄했다. 오직 서 베를린으로 통하는 하늘 길을 통해서만 서 베를린 시민들은 생필품을 공급받을 수 있었으며, 미군 군용기들이 실시한 물자 수송을 통해서 서 베를린 시민들은 살아남을 수 있었다.

소련의 입장에서 독일 통일이라는 요소는 체코슬로바키아나 헝가리, 폴란드, 루마니아와 불가리아 등과 같은 동유럽 사회주의 국가들과 마찬가지로 독일 전체를 사회주의 국가로 만들 기회가 된다는 점에서 큰 관심거리였다. 이는 커다란 목표에 속했는데, 1917년 10월 러시아에서 일어난 사회주의 혁명 초기에 레닌은 본래 공산주의 혁명은 산업이 훨씬 많이 발전한 독일에서 성공할 것이라고 확신하고 있었으며, 이러한 내용을 스탈린도 숙지하고 있었다. 스탈린은 강경책(예: 1948년 베를린 봉쇄)과 솔깃한 제안들을 함께 구사했다.³ 그러나 서방 동맹국들과 1949년에 새로 건국한 서독의 정치인들은 독일 통일과 관련한 스탈린의 제안들을 거부했다. 통일 독일을 중립화 하겠다는 스탈린의 약속에 대해 가지는 불신이 너무나 컸기 때문이다. 스탈린 사망 직후에 발생했던 동독에서의 6.17 민주 항쟁을 통해 소련의 진의를 확실하게 파악할 수 있었으며, 이 사건 이후 서독의 서방 동맹국들과의 연대 강화 정책은 더욱 가속화되었다.

이러한 서방과의 연대 강화는 전체적으로 매우 성공적이어서 단지 경제적인 재도약이 신속하게 이루어진 것뿐만 아니라 나중에 유럽 공동체 그리고 유럽연합으로 발전한 당시의 유럽경제공동체를 통한 협력이 지속적으로 강화되었다. 더불어 서방 동맹국들과의 정치적 통합 역시 큰 성공을 거두어 서독은 북대서양조약기구(NATO)와 유럽 공동체 내에서 특히 프랑스와 함께 주도국이 되었다. 반면 동독에서는 6.17 민주 항거 이후 체제 공고화 작업이 진행되면서 동독과 소련은 통일 정책에 대한 관심을 지속적으로 상실하였다. 더욱 안정을 찾아가는 서독의 상황과 비교해서 동독은 그다지 성공적이지 못한 양상을 보였으며, 경제 그리고 정치 분야에서 모두 동독이 서독과의 체제 경쟁에서 뒤떨어지는 모습이 더욱 확연해졌다. 1961년 8월에 동독이 베를린 장벽을 세울 때까지 200만 명 이상의 사람들이 동독에서 서독으로 탈출했던 반면에 그 반대로 옮아간 사람들의 숫자는 10분의 1에도 못 미쳤다. 상황의 전개를 사람들이 행동으로 입증한 것이다. 서독에서는 또한 경제 기적이라고 일컫는 강력한 경제 부흥을 바탕으로 정치적인 자신감을 갖게 되었으며, 미심쩍은 연합을 하기 위해 새로 얻은 경제적 번영과 자유를 포기할 이유가 없었다. 이 시기에 서독은 자신의 강점을 바탕으로 외교 분야에서도 정책으로 반영하는 시도를 했다. 즉 서독과 수교를 맺으려는 국가들(실제로 사회주의 국가들을 제외한 모든 국가들이 이에 해당되었다.)은 동독과의 외교 관계를 동시에 맺는 것을 금지하는 외교 정책으로서 해당 정책 입안자의 이름을 따서 할슈타인 원칙이라 명명했으며, 이는 자유와 민주주의는 통일을 절대적으로 능가하는 우선순위를 지니며 현실적으로 동독과의 평화 공존이 가능하지 않다는 아데나워 총리가 가진 외교 철학의 표현이었다.

1961년 8월 13일에 동독이 베를린 장벽을 설치하기 시작한 것은 동독 주민들의 대량 탈출이 지속된 결과였다. 베를린 장벽 설치는 한편으로는 동독의 실패를 단적으로 보여주는 사례이기도 했지만 다른 한편으로는 아데나워 정책의 실패로 보는 시각도 존재했다. 젊고 역동적인 모습으로 비춰지는 빌리 브란트 베를린 시장과는 달리 아데나워는 노쇠해 보였다. 이 무렵 조속한 독일 통일의 비현실성을 인정하기 시작했으며 그것은 매우 실망스러운 사건이었다.

당시의 엄혹한 분위기를 가장 잘 묘사한 소설이 있는데 존 르 카레가 쓴 '추운 나라에서 온 스파이'이다. 베를린 장벽 설치가 빌리 브란트에게는 개인적으로 정치적 부상(浮上)의 계기가 되었으며, 브란트는 후에 결국 연방총리의 자리까지 오르게 된다. 이 즈음 통일 문제에 관한 브란트의 입장은 크게 바뀌었으며 이는 많은 서독 사람들의 경우에도 마찬가지였다. 통일이란 목표는 점점 더 멀어져 가는 듯했으며 통일보다는 공존과 동서독 관계의 정상화가 더욱 시급한 문제로 대두되는 상황이었다.

서독의 두 번째 연방 총리였으며 아데나워 총리와 마찬가지로 기민당 소속이었던 루드비히 에르하르트 정부에서 서 베를린과 동 베를린 간의 방문을 위한 최초의 통행 협정이 체결되었다. 서독 측에서 '신동방 정책'을 실시하면서 동서독 교류의 정점에 도달하게 되었는데, 그 이전까지는 꼭두각시 국가여서 상대하지 않던 동독 협상 대표들과의 대화와 협약을 진행하게 되었으며, 이는 빌리 브란트 서독 연방 총리 집권 시의 사민당-자민당 연정 때부터 시작하여 헬무트 슈미트 후임 총리 때까지인 1969년부터 1982년까지 지속되었다. 특히 이 시기의 초반에 폴란드 및 소련 등과 가장 핵심적인 협정이나 결정 사항들이 체결되거나 정해졌으며, 무엇보다 동서독 간의 기본 조약이 체결되었다. 이 시기에 빌리 브란트 총리의 신동방 정책은 서독 연방 의회 내에서 격렬한 논쟁의 중심에 놓여 있었으며, 본래는 다수의 지지를 얻지 못했지만, 동독의 슈타지가 두 명의 서독 연방 의회 의원들을 매수하여 이 사람들이 브란트 총리의 불신임 투표에서 신임 지지표를 던짐으로써 빌리 브란트 총리가 기사회생할 수 있었으며, 이후 1972년에 치러진 서독 총선에서 브란트 총리는 유권자들의 선택에 힘입어 승리하게 된다. 이러한 일련의 과정에서 향후 서독 통일 정책을 위한 완전히 새로운 토대가 생겨나게 되는데, 더 이상 통일이 절대적인 우선순위를 가지는 것이 아니라 동서독의 공존에 더욱 무게가 실리게 되었다.

본래의 구상에 따르면 상술한 아이디어는 서독 통일 정책의 최종 단계에 포함되는 내용이었는데, 동독과 동독 주민들을 승인하고 동서독이 함께 유엔에 가입하는 것을 상정하고 있었기 때문이다. 프란츠-요셉 슈트라우스 기사당 총재가 발의하여 서독 연방 헌법 재판소에 헌법 소원을 함으로써 일종의 통일 유보 조항이 생겨났는데, 동독과의 협약은 위헌이 아니지만, 모든 서독 정부는 절대로 통일이라는 목표를 포기해서는 안 된다는 내용이었다.

이렇게 바뀐 새로운 상황은 동독의 입장에서는 규범적 측면에서 커다란 승리였다. 동독은 더 이상 꼭두각시 국가가 아니라 서방 국가들과 2차 대전 종전 이후 식민지에서 해방된 신생 국가들로부터 국제적으로 인정받게 되었다. 하지만 동시에 새로운 딜레마도 생겨났는데, 서독과 동독 간의 경제 격차가 더욱 크게 벌어졌기 때문이다. 정치 요인에 비해 경제 요인의 비중이 높아지면서 동독 정권이 베를린 장벽을 세울 수 밖에 없게 만들었던 동독 주민들의 동독 탈출 이유는 사라지지 않고 존속했다. 동독 또한 특정 형태의 개방에는 동의했지만, 그 방식은 매우 일방적인 형태였다. 즉 동서독 간 경계선 인근에 거주하는 서독 사람들은 '경계 지역 소규모 왕래 프로그램'의 일환으로 사증 없이 비교적 손쉽게 동독을 방문할 수 있었던 반면에, 그 반대의 경우는 가능하지 않았다. 또한 이 시기에 동독은 통일 정책을 포기하고 동서독 양국 체제를 표방했다. 언어와 전통 문화를 제외하고는 공통점이 없는 자본주의 체제의 서독과 사회주의 체제인 동독의 두 개 독일 국가(國家)를 인정했다. 이에 따라 1절에 '독일, 통일 조국'이라는 가사가 나오는 동독 국가(國歌)는 그 이후 가사 없이 멜로디만 연주되었다. 서독에서 아데나워 총리로부터 에르하르트 총리와 키징어 총리를 거쳐 브란트 총리로 교체된 것과 같이 동독에서도 세대가 바뀌면서 발터 울브리히트로부터 에리히 호네커로 정치 수뇌부의 교체가 이루어졌다.

신동방 정책으로 인해 몇몇 성과가 있기는 했지만, 동서독 기본 조약 체결 이후 많은 협상들은 진전을 보지 못했으며, 문화 협약이나 환경 협약과 같은 구체적인 부문별 협약의 실행은 많은 경우에 훨씬 이후인 1987년에 이루어졌다. 이때는 이미 신동방 정책은 역사가 되었던 시점이다. 그러나 신동방 정책은 기본적인 몇몇 사항들을 이루어 냈는데, 국가적 차원에서 일부 희망 사항들은 얼마 가지 않아 포기해야만 했던 반면에 동서독 간 민간 분야의 관계는 지속되었으며 많은 경우에 매우 활성화되었다. 이는 참으로 획기적인 성과였으며, 돌이켜 보면 신동방 정책의 가장 성공적인 요소였다. 가족 및 친척들 간의 왕래가 가능했으며, 서신 교환과, 많은 제한이 있긴 했지만, 심지어는 전화 통화도 허용되었다. 수년간 수백만 명의 서독 사람들이 동독을 방문했으며, 그보다 숫자는 훨씬 적었지만 그래도 수십만 명의 동독인들이 서독을 방문했다. 결과적으로 이는 동독이 스스로 제 무덤을 판 꼴이 되었는데, 동독이 갈망하던 서독의 동독 승인과 함께 국가가 통제하지만 실제로는 '정상적인' 동서독 관계가 형성되게 되었으며, 이는 서 베를린(분단 시절 서 베를린의 미국 관리 지역에는 RIAS라는 방송이 있었으며 매일 동독으로 전파를 송출했다.)이라는 특수한 존재와 함께 동독 주민들이 동서독 간의 상황을 아주 구체적으로 비교할 수 있는 계기가 되었다.

동독이 장벽 설치와 두 나라 체제를 통해 피해 가려 했던 동서독 체제 비교가 눈앞에서 실현되게 된 것이다. 이러한 경쟁 구도를 가지고 있지 않았던 동유럽 사회주의 국가들과는 달리 동독은 주민들을 만족시키기 위해 소비 지출을 대폭 늘려야만 했으나 결코 단 한 번도 서독의 수준에 근접한 적이 없다. '따라잡지 말고 앞지르자!'라는 동독의 선전 문구는 이 시기에 나왔으며 서독에서는 조롱의 대상이 되었다.

1970년대 말이 되자 신동방 정책뿐만 아니라 서독 사민당-자민당 연합 정부의 국내 정책과 경제 정책 또한 활력을 잃게 된다. 소련이 아프가니스탄을 침공하고 새롭게 중거리 미사일을 배치함으로써 서독을 위협하자, 대선 승리와 함께 대통령에 취임한 미국의 로널드 레이건 대통령은 나토의 이중 결정을 통해 소련에 강력하게 대응하였다. 서독 사민당의 청년 조직(Jusos) 중 강경파 그룹(여기에는 나중에 연방 총리가 되는 게르하르트 슈뢰더와 올라프 숄츠도 포함되어 있었다.)은 이러한 정책에 반대하였으며 이러한 내부 갈등의 결과 사민당-자민당 연정은 실각하게 된다. 이들 젊은 강경파들은 모든 통일 정책은 반동이며 역사적 근거가 없다고 비판하며 신동방 정책을 설계했던 에곤 바가 내세운 '접근을 통한 변화'를 달성하기 위해 동독 사회주의 통일당 정권과의 긴밀한 관계를 모색했다. 그러나 사민당-자민당 연정의 종식에 통일 정책 자체가 결정적인 역할을 한 것은 아니었다. 이후 보수주의 정치인인 헬무트 콜 연방 총리가 권력을 잡게 되었는데, 콜 총리는 당시 일부 사람들이 예상했던 것과 같이 1969년 이전의 보수적인 대 동독 정책으로 다시 회귀했을까?

콜 총리는 모든 것을 새로 바꾸는 급진적인 변화 대신에 영리하게 중도의 길을 선택했다. '계약은 지켜야 한다.'('Pacta sunt servanda.': 로마의 중요한 법률 원칙)는 원칙 아래 콜 총리는 신동방 정책 관련 협약을 파기하지 않고 계속 유지했으며, 동시에 동독과 쟁점이 되는 정치적 사안들을 논의하는 데 있어서도 주저함이 없었다. 동독의 인권 현황이 그 대표적인 사안이었는데, 특히 동독에서 서독으로 탈출을 시도하다 내독간 경계선에서 동독 국경 수비대 병사들의 총격을 받아 부상을 입거나 사망한 동독 주민들에 관한 내용이 주요 의제였다. 서독에서는 '국가 상황 보고서'를 발간하기 시작했는데, 이 보고서는 동독에게는 눈엣가시였다. 동독과 서독이라는 2개의 독립적인 체제로 존재하고 있는 상황에서 서독의 연방주들이 주도하여 '잘츠기터 중앙 수집소'를 설치하여 동독의 인권 침해 사례들을 수집하는 동시에 정치는 유연한 태도를 유지했는데, 하필이면 심한 보수 정치인으로 비난 받던 바이에른 주 총리인 프란츠-요셉 슈트라우스가 1983년에 동독 측과 협상을 해서 서독 은행들로부터 십 억 마르크의 차관을 동독에 제공하기로 했다. 이 차관은 단기적으로는 동독에게 경제적으로 도움이 되었을 수 있지만 중장기적으로는 동독의 대 서독 의존도를 높이는 결과로 이어졌다.[4] 해당 차관에 대해 동독 측이 제공해야 할 표면적인 대가는 없었지만(공식적으로 대가를 요구했더라면 동독은 자존심이 상해서 서독 측의 차관 제공 제안을 거절했을 것이다.) 얼마 가지 않아 동서독 간 인적 교류에 있어서 동독 측의 기존 제한들이 대폭 완화되었다. 동독에 대한 차관 제공 시도는 슈트라우스와 콜 총리에게 큰 모험이었는데, 충성도가 매우 높은 기민당과 기사당의 많은 유권자들이 그에 반대했기 때문이다. 하지만 그 정책은 매우 필요했으며 장기적으로 보면 성공적이었다. 해당 차관 제공 이후 여러 분야에서의 동서독 교류가 1970년대 말에 가능해 보였던 것보다 훨씬 원활하고 폭넓게 진행될 수 있었기 때문이다. 무엇보다 1987년에 호네커는 서독의 수도인 본(Bonn)을 방문하였으며, 이 때 여느 국가 원수들과 같이 의전을 갖춰 환영 의식을 치렀고, 이후 민간 분야 교류는 더욱 수월해 졌을 뿐 아니라 동독 정치범에 대한 서독 측의 프라이카우프(Freikauf)가 이미 오래 전부터 진행되어 왔는데, 그 외의 인권 관련 개선이 따랐던 동시에 동서독 기본 조약의 연장선상에서 많은 새로운 협정들이 체결되었다.

이러한 일련의 과정을 거치면서 동독 내부의 압력이 고조되어 1989년이 되자 역동적인 변화의 흐름이 나타났으며 마침내 매우 빠르고 평화로운 방식으로 동독이 해체되었다. 통일 과정 자체는 많이 소개가 되었기 때문에 여기에서 언급하는 것은 생략하기로 한다.[5] 통일로 가는 과정에 있어서 동독의 경제적 낙후성과 서독에 대한 의존이 역할을 한 것은 물론 사실이지만, 그렇다고 해서 정치적 자유를 향한 열망이 과소평가되어서는 안 된다. 동서독 간에는 경제적 차이뿐만 아니라 정치적 차이도 컸기 때문이다. 이러한 정치적 차이는 이미 알려져 있었는데, 이는 서독의 선전에 의한 것이 아니었으며, 많은 동독 사람들이 보았던 서독 TV를 통해서 알려졌고, 이 밖에도 통일 이전 서독 방문이 가능했던 수십만 명에 달하는 동독 주민들의 개인적인 경험과 서독 사람들이 동독의 수도였던 동 베를린을 비롯하여 방문했던 동독 주민들과의 수백만 건의 접촉을 통해 알려지게 되었다.

Ⅲ

서독의 통일 논의에 있어서의
국가의 역할

상술한 내용들을 통해 분단 시절에 통일을 이루는 과정에서 국가 차원의 통일 정책과 민간 부문의 접촉 사이에 상충 가능성이 있다는 점을 알 수 있었다. 이번 장에서는 우선 이러한 긴장 관계에 관해 논의해 보겠다. 서독의 통일 논의에 있어서 국가와 국가주의의 역할에 관한 내용이다. 이 주제와 관련하여 동독의 입장은 명확했다(서독의 신동방 정책 실시 때까지 그리고 그 이후의 선전 내용에서도 마찬가지였다.). 동독이 보기에 서독은 보복주의자들과 수정주의자들(2차 대전 이후의 형세를 수정하고자 시도한 자들), 군국주의자들과 전쟁광들이며 예전의 나치들이 만든 국가였다. 이는 예전의 나치 당원들과 군 장교들이 서독의 정계와 군의 요직에 배치된 것을 보면 드러난다는 것이다. 그러나 동독은 특정인을 비난하기에 증거가 충분치 않은 경우에는 슈타지를 통해 거짓 증거를 날조했으며 동독 정계에서 활동하는 옛 나치 당원들의 경력은 의도적으로 숨

겼다.

　서독에서의 상황은 완전히 달랐다. 콘라트 아데나워 자신은 전혀 국가주의자가 아니었으며, 1923년 1차 대전 직후 극심한 인플레이션과 프랑스 군대의 라인 지역 점령으로 매우 어려웠던 시기에 쾰른 시장으로서 심지어는 소위 라인 공화국의 독립을 요구한 분리주의자라는 의심과 비난을 정적들로부터 받았다. 나이든 중앙당(Zentrum) 소속 정치인이었던 아데나워는 국가사회주의자들(나치)에게 여러 차례 체포되었으며 도를 넘은 국가사회주의를 매우 이질적으로 느꼈다.[6] 이러한 이유에서 아데나워는 새로운 서독의 수도를 정할 때 정치적으로 훨씬 더 큰 의미를 지니고 있었던 프랑크푸르트(프랑크푸르트는 1806년까지 신성로마제국 황제의 대관식이 열렸던 도시였다.)보다 자신의 고향에서 멀지 않은 소도시 본(Bonn)을 선호했다. 아데나워는 통일을 원했지만 자유를 희생한 통일은 원하지 않았는데,[7] 이 시기에는 그 이후보다 '자연스러운' 애국주의가 훨씬 강했는데, 후에 등장했던 68세대는 국가(민족)와 관련된 모든 논의들을 극우주의화하려 무진 애를 썼으며, 이러한 행보는 오늘날까지 독일의 정치와 사회에 큰 영향을 미치고 있다. 재미있는 사실은, 2차 대전 종전 이후의 초기 시기에 쿠르트 슈마허가 이끌었던 서독의 사민당은 공산주의에 반대하고(회유와 압박을 통해 동독 사민당이 공산당과 합쳐져서 사회주의 통일당이 되어버린 동일한 운명에 노출되지 않기 위해) 국가 내지는 민족을 염두에 두고 있었다는 점이다. 이렇듯 국가와 민족을 생각하는 사고방식을 국가사회주의 선전을 인정하는 것과 혼동해서는 절대로 안 된다. 1933년부터

1945년 사이에 막강한 권력을 행사했던 정당이 완전히 붕괴한 것은 매우 놀라운 일이다. 예전의 해당 정당 간부들이 이후 만들었던 작은 규모의 유일한 당인 사회주의 제국당은 서독에서 바로 금지되었다. 국가를 중시하는 국가 자유주의자들은 보통 자민당에 많이 참여하였으며, 부분적으로는 수백만 명에 달하는 이주민 및 추방민들의 정치적 입지를 대변하는 실향민 연합회에 가입하였는데, 이 단체는 사회 민주적 정치 성향 또한 강하게 지니고 있었다.[8]

기민당과 기사당은 1949년부터 1969년까지 집권하였으며, 이후 1982년에 재집권하였는데 본질적으로 열린 국가주의를 표방했다. 아데나워 재임 시절과 마찬가지로 이는 부분적으로 강한 지역 정체성을 기반으로 했다. 기민당과 기사당은 또한 서독이 전체 독일을 대표한다고 생각했다(정치 현실이 그렇지 않더라도 그러한 당위성이 존재한다고 생각했다.). 이에 해당하는 대표적인 사례가 프란츠-요셉 슈트라우스가 동독 국적 승인에 반대하여(즉 서독 단일 국적의 승인과 관련하여) 서독 연방헌법재판소에 헌법 소원을 제기했을 때 했던 발언으로, 필요하다면 바이에른 사람들(슈트라우스의 출신 지역이며 정치적으로 지역 정체성이 유난히 강한 곳)이 최후의 프로이센인들이 될 것이라고 했다. 이로써 전달하려고 했던 메시지는, 공산주의로부터 자유를 지키는 것이 사회주의의 조짐이 보이는 통일을 이루는 것보다 중요하다는 것이다. 이를 계기로 '자유 통일'은 주요 목표가 되었으며 1989년과 1990년까지 기민당과 기사당의 정책 기조를 이루었다. 서독과 동독에 대한 불분명한 연방제 구상은 배제하는 편이 낫다. 이는 한반도에서도 마찬가지이다.

상술한 바와 같이 초기에는 강한 국가 내지는 민족적 색채를 띠었던 서독의 좌파들은, 동독에서 사민당이 권력에서 배제되고 모든 동유럽 사회주의 국가들에서 독재가 시작되는 것을 직접 목격한 이전 세대가 사라지자, 동서독 간의 연방제에 관해 반복적으로 논의하기 시작했다. 이렇게 하다 보면 후에 흡사 자동적으로, 에곤 바가 주창한 바와 같이 접근을 통한 변화와 민주화가 이루어 질 것으로 희망했다. 이러한 연방제 제안은 1989년 베를린 장벽이 무너진 직후 헬무트 콜 서독 연방 총리가 제안했던 10개 조항 계획에도 포함되었다. 다만 이 시점에서 향후 조속한 통일에 관해서는 전혀 언급이 없었다. 하지만 이러한 형태의 연방제가 현실화된다면 서독의 주도 하에 시행되리라는 사실은 이미 분명했다. 이와는 달리 1950년대와 1960년대에 진행되었던 관련 논의에서는 그러한 점이 전혀 명확하지 않았다.

1953년 6월 17일에 동독에서 일어났던 민중봉기가 처음에는 경제적 요구로 시작해서 바로 통일과 민주주의를 요구하며 전국 차원의 시위로 확산되었던 경우나, 1961년 8월 13일 베를린 장벽 설치 등과 같은 엄중한 역사적 사건들을 통해 서독과 동독의 체제가 조화를 이룰 수 없다는 사실이 분명해진 동시에 조속한 통일은 요원해 졌으며 동독과의 평화로운 공존이 멀어진 통일의 시점까지 이어가야 할 수용 가능한 유일한 방법이라는 사실을 깨닫게 되었다. 이러한 일련의 사건들로 인해 한편으로는 동독 체제의 불법성을 확인할 수 있었고, 서독은 스스로 국가 차원의 상황 인식을 하는 것이 가능했는데, 이로써 서독은 정치적이며 실질적인 목표로서의 통일을 포기하게 되었으며 이후에는 '분단 관리'에 초점을 맞추게 되었다. 그러나 통일이라는 원칙적인 목표는 변함없이 유지되었다.

동독과의 협약이 시작되면서 많은 변화들이 생겼다. 이는 단지 정치적인 협약에 그치지 않고 서독의 사회적 상황을 근본적으로 변화시켰다. 베트남 전쟁에 반대해서 전개되었던 미국에서의 시위나 파리에서 있었던 대학생 시위 등과 같이 전 세계적으로 발생했던 세대 간 갈등이 표출되면서, 서독의 대학생들은 편협하고 심한 보수 성향이라고 판단했던 서독 사회에 대해 완전히 새로운 평가를 할 것을 요구했다. 이러한 상황에서 이 시대의 희생양들 중 한 가지는 국가 의식이었다. 국가 의식을 과도하게 고취시키고 인종주의의 틀 안에서 왜곡했던 국가사회주의자들(나치)이 출현했던 뼈아픈 역사적 경험 때문에 국가라는 대상에 대해 서독 사람들은 늘 거리를 두는 입장이었다. 따라서 서독의 지식인들은 약간의 애국적인 감정을 드러내는 시도조차 단호하게 거부했다. 기껏해야 실제로 매우 성공적인 헌법이었던 서독의 기본법에 대한 자부심을 가졌던 '헌법 애국주의'만이 허용되었을 뿐이다.[9] 후에 브레튼 우즈 체제 이후 통화 정책상의 충격을 어떤 다른 통화보다 안정적으로 극복한 경화였던 '서독 마르크화 국가주의'가 추가된 바 있으며, 그 외에는 독일 통일이 이루어진 이후 한참이 지날 때까지 다른 나라에서는 흔한 국가 대항 운동 경기 중에 국기를 흔드는 일이나 국가를 상징하는 색깔을 사용하는 일은 거의 찾아볼 수가 없었다.

어리거나 젊은 세대들의 반응이 신통치 않지만 기본적으로 '통일 교육'이 비교적 활성화되어 있는 한국과 같이 예전 서독에서도 기민당과 기사당의 보수 정파를 중심으로 독일 통일에 대한 의식을 유지하기 위해 교육방안의 실행에 중점을 두었다. 한국의 민주평통과 유사한 기구인 분단 불가 독일 평의회(Kuratorium Unteilbares Deutschland)는 많은 통일 논의의 기회를 제공했으며,[10] 한국의 통일 연구원과 비교 가능하지만 연구 기능보다는 실질적인 사업에 중점을 두었던 전독청(Gesamtdeutsches Institut, BfgA:Bundesanstalt für gesamtdeutsche Aufgaben; 서독 연방 전체 독일 과제 관리청)은 동서독 간 경계선이나 베를린 또는 동독 방문 경비를 지원했다. 하지만 이러한 방안들도 서독 젊은 세대들의 통일 주제에 관한 무관심을 근본적으로 변화시키지는 못했다. 동독의 민중 봉기를 기념하여 실제 통일 이전까지 서독에서 '통일의 날'로 지정했던 6월 17일은 실질적인 내용을 채우기 어려운 공허한 말들만 울려 퍼지는 기념일로 인식되었다. 그러나 우리는 독일 분단이 '불과' 40년 동안만 지속되었으며, 베를린 장벽 설치 시점부터 따지면 대략 한 세대인 28년에 지나지 않았기 때문에 통일이 이루어지기 시작한 시점인 1989년을 기준으로 대부분의 독일 사람들이 장벽 설치 이전 시절을 직접 경험했으며 또한 많은 사람들이 1945년 2차 대전 종전 이후부터 1949년 분단이 되는 시점까지의 기간인 분단 이전의 상황을 몸소 체험했다는 사실을 기억할 필요가 있다. 이러한 기억의 배경 위에 일어났던 1968년 문화 혁명은 또 하나의 커다란 사건으로 기억되었다. 서독 국민들은 분단 시절에 특별히 능동적인 통일 운동을 경험하지는 않았지만 동독 주민들이 통일을 요구했을 때 바로 그 요구를 수용할 준비가 되어 있었다. 이 대목에서 중요한 점이, 수백만 건에 달하는 동서독 간의 인적 연결 고리가 이때 이미 존재하고 있었다는 사실이며, 이에 관해서는 다음 장에서 보다 상세하게 다룰 것이다.

흥미로운 사실은, 1970년대 초반부터 2개의 독일 국가라는 허상을 기정사실화한 동독이 그러한 생각을 동독 주민들에게나 정책상으로 한 번도 실현시키지 못했다는 점이다. 서방에 대한 특수 관계라 하면 서독에 대한 관계를 의미한 것이지 대체로 실제보다 더 긍정적인 대 동독 이미지를 가지고 있던 이탈리아나 프랑스와 같은 국가를 뜻하지는 않았다. 동독이 커다란 자부심을 가지고 있었던 드레스덴의 츠빙어 궁전과 같은 문화재들의 복원은 언제나 동독의 역사가 아닌 독일의 역사와 연관을 지었는데, 동 베를린의 에리히 호네커 재임 시기를 '프로이센 르네상스'라고 칭했으며, 운터 덴 린덴 거리에 프리드리히 대왕의 기마상을 세울 때에도 그러했다.[11] 하지만 동독에서도 자유를 경험한 후 소련 탱크 앞에서 두려움 없이 용감하게 장벽을 무너뜨리고 명확하게 통일을 향해 몸을 던진 주체는 결국 동독 주민들이었다. 그리고 이러한 과정에서 통일을 위한 민간 분야의 인적 연결 고리의 역할은 결정적인 요소였다.

IV

통일을 위한 '민간 분야'의 역할

1989년 11월 9일 베를린 장벽이 무너지고 나자 많은 사람들은 믿을 수 없는 상황을 목도하게 된다. 동독 주민들은 자신들이 살고 있던 정치 체제를 거부하고 개혁을 바랐지만 그때까지 통일에 관해서는 전혀 언급한 적이 없었다. 그러나 불과 몇 달 만에 분위기는 완전히 바뀌었다. 구호는 '우리는 국민이다(Wir sind das Volk.).'에서 '우리는 한 민족이다(Wir sind ein Volk.).'로 바뀌었으며, 채 1년이 되지 않는 기록적으로 짧은 시간 안에 독일은 통일되었다. 어떻게 이런 일이 가능했을까? 이 성공은 이미 잘 알려진 바와 같이 여러 원인 제공자들과 기여 요인들이 있었다. 동독 시민운동가들의 역할과 라이프치히 및 동독 전역에서 시위에 참가했던 용감한 시민들, 소련의 변화와 특히 미하일 고르바초프의 등장, 헬무트 콜, 신동방 정책, 십 억 마르크의 차관 제공에 따른 동독의 대 서독 경제 의존도 심화 등 여러 요인들이 복합적으로 영향을 미쳤으며, 이러한 내용들과 해당 공적에 관한 인정은 관련 자료에 상세히 기록되어 있다. 그런데 놀랍게도 통일 과정에서 동서독 사람들은 커다란 신뢰감을 지니고 있었다. 동독 사람들은 자신들의 개인적인 삶이 어떻게 바뀔지 모르는 상황에서 완전히 새로운 정치 및 경제체제에 노출되는 상황이었으며, 서독 사람들은 1,600만 명의 동독 사람들이 여전히 생활하고 있는 고장난 동독 지역의 체제를 복구하기 위해 경제적 연대 행동을 제공해야만 하는 상황이었다. 이같은 상황에서 위에서 언급한 신뢰감은 과연 어디에서 온 것일까? 이 신뢰감은 무엇보다 한 번도 끊어지지 않고 이어져 왔던 가족과 친척 그리고 친구들 간의 관계에서 나왔던 것이라고 답하는 것은 전혀 과장이 아니다.

많은 연구자들은 공동체의 안정을 유지하기 위한 결정적인 요소로서 신뢰의 역할을 강조하는데, 예상되었던 많은 불만과 저항 그리고 극단으로 몰아가려는 시도 등이 있었지만 새로운 국가로 나아가는 길목에서 보여준 동서독 간의 신뢰는 컸으며, 그 토대는 분단의 시간 전체를 지나오는 동안 특히 가족과 친지들을 중심으로 한 사람들 간의 관계와 연대감을 유지해 오면서 이미 오래 전부터 형성되었다. 물론 신동방 정책이 때로는 도움이 되기도 했지만 그것은 결코 신동방 정책이 가지고 온 결과가 아니었으며 그 바탕은 이미 1950년대에 구축한 관계에서 비롯되었다. 동독이 생겨날 즈음 동독의 경제사정은 매우 어려웠다. 소련은 막대한 전쟁 배상금을 요구했으며 그 이행 명목으로 동독의 산업 설비들을 해체하여 가지고 감으로써 베를린과 작센 그리고 작센-안할트 지역에 있던 전통적인 산업 중심지들이 파괴되었다. 이와는 달리 나중에 서독이 된 서방 관리 지역은 훨씬 사정이 나아서 종전 직후 매우 어려웠던 시기에 이미 미국으로부터 구호 물품들이 공급되었다. 이는 불과 얼마 전까지 전쟁을 치렀던 국가에 대해 이제는 연대감을 표현하는 방식이었다. 이렇게 도움을 받은 서독은 적이 된 형제인 동독에게 같은 방식으로 도움을 주고자 했으며, 동독을 돕고자 '소포 보내기' 운동을 시작했고 언론에서도 이를 적극적으로 알렸다. 동독은 이러한 서독의 도움으로 자신들의 어려움을 해소할 수 있다는 이유에서 한편으로는 반가우면서도 다른 한편으로는 위기감을 느꼈는데, 이로써 모든 동독 사람들이 서독의 경제적 우월성을 알 수 있게 되었기 때문이었다. 이러한 이유에서 동독은 1954년이 되어 경제적 어려움의 한 고비를 넘기자 서독에서 보내는 소포에 대한 규제를 시작했다. 이때부터 서독 사람들은 가족 또는 친척 그리고 친구들에게만 소포를 보낼 수 있었으며 관계가 없는 사람들에게 보내는 소포는 금지되었다. 그리고 1년에 최대 12번까지만 소포를 보낼 수 있도록 횟수를 제한했으며 돈이나 신문, 잡지와 같은 시사물과 책, 카세트, 장난감 무기, 통조림과 의약품은 보낼 수 없도록 했다. 입던 옷을 보낼 때에는 '살균 처리 증명서'를 첨부해야만 했다. 동독 정권이 정한 이러한 제한에도 서독에서 보낸 소포들은 동독사람들에게는 매우 쓸모 있었으며 큰 도움이 되었다. 커피, 코코아, 초콜렛, 담배, 비누, 화장품, 나일론 양말, 질 좋은 속옷, 인스턴트 수프, 만년필, 잉크 지우개 등이 소포 안에 담아 보낸 대표적인 물건들이었으며 이러한 물건들은 서독에서는 손쉽게 구할 수 있는 일상 용품들이었지만 물자가 귀했던 동독의 수취인들에게는 작지만 행복한 일상을 위한 사치품들이었다. 연간 총 약 2천 5백만 상자의 소포들이 서독에서 동독으로 발송되었으며 약 1,000톤 이상의 커피와 5백 만 벌의 옷이 들어있었다. 이는 동독의 전체 경제 규모에도 영향을 미칠 만한 양으로, 동독은 실제로 자신들의 경제 계획 수립 시에 정기적으로 해당 물품과 양을 함께 산정하였다. 동독 주민들은 서독에서 받는 소포들을 통해 작은 사치를 누릴 수 있었으며 커피와 같은 대표적인 물품들을 매개로 하여 동독 주민들끼리 물물교환을 하기도 했다. 서독 정부는 동독으로 소포를 보낸 경우에 연간 30 마르크의 세금 감면을 통한 지원을 제공했다. 소포 발송은 서독에게는 성공적인 홍보 수단이었고 동독에게는 경제적 도움이 된 것이지만, 그것의 진정한 의미는 그것을 통해 가족과 친구들의 연결 고리가 끊어지지 않고 이어졌다는 점이다. 즉 정치적인 성과를 따지기 이전에 기본적인 사람과 사람들 사이의 유대와 반응이 끊이지 않은 것이 결정적인 의미를 지닌다.

동독은 한편으로는 선전을 통해 서독 소포의 의미를 평가 절하하며 자신들이 자체적으로 필요한 물건들을 공급하려 시도했지만 동독은 이미 알려진 바와 같이 주요 외환 보유고가 절대적으로 낮았기 때문에 예를 들어 커피를 조달하기에는 가격이 너무 높아 역부족이었다. 해서 동독은 서독의 기부 활동을 최대한 활용하려 했다. 이를 위해 동독은 1956년에 아예 게넥스(Genex)라는 회사를 설립하여 서독의 가족이나 친척들이 동독에 거주하는 이산가족과 친척들에게 생활 용품뿐만 아니라 가구나 공구, 캠핑카와 오토바이,

심지어는 자동차까지 사서 보낼 수 있게 했다. 판매하는 자동차로는 트라반트와 바르트부르크와 같은 동독 제품은 물론이고 피아트 우노와 르노 9 그리고 폴크스바겐 골프까지 포함되었다. 게넥스 사의 이러한 영업 활동은 곧 큰 인기를 끌어서 1973년 한 해에만 약 6,800대의 바르트부르크 자동차를 판매했으며 주문 시점부터 제품을 인도할 때까지 4주에서 6주가 걸렸는데, 동독 주민이 직접 트라반트 1대를 주문해서 받을 때까지 평균 10년이 소요되었던 것과 완전히 대조적인 모습을 보였다. 1967년부터 1989년 사이에 게넥스 사가 올린 매출은 33억 마르크에 달했다.[12]

이러한 서독의 연대 활동이 의도하지는 않았지만, 동독 정권에게는 의미 있는 부작용으로 귀결되게 되었던 것이 '계급이 존재하지 않는' 동독 사회가 서독에 친척이 있는 사람들과 그렇지 않은 사람들의 2개 계급으로 나누어지게 된 점이다. 이는 동독의 집권당인 사회주의 통일당(SED)에게는 오점이었지만 동독 주민들에게는 새로운 신분의 상징이 되는 요소였다. 여기에다 서독 마르크화만 통용되는 특별 상점들이 동독에서 생겨나자 동독 사회 내의 계급 양분 현상은 더욱 강화되었으며, 이는 결국 동독이 붕괴하는데 한 몫하였다. 물론 서독이 처음부터 정책적으로 이러한 결과를 의도한 것은 아니었다.

동서독 사람들 간의 유대에 있어서 당연히 물질적인 요소만 관건이었던 것이 아니며 가족, 친지들 간의 관계를 유지하는 것이 더욱 중요했다. 매년 수백만 명에 달하는 한국 사람들이 북한을 방문할 수 있고 동시에 수십만 명의 북한 사람들이 한국에 사는 친척들을 방문하는 것이 가능하다고 상상해 본다면, 지금 한반도의 상황은 완전히 달라져 있을 것이다. 동방 정책을 통해 상황이 대폭 완화된 이후 동독 정권 말기가 되면 동독을 방문한 서독 사람들은 동독 경찰에 신고만 하면 동독 전역을 자유롭게 돌아다닐 수 있었다. 물론 동독 경찰이 트집을 잡고 시비를 걸기 일쑤이긴 했지만, 한국 사람들은 방문 자체가 어렵고 외국 사람들도 사전에 철저하게 조율하여 정해진 일정에 따라서만 진행되는 북한 방문과는 완전히 다른 모습이었다. 이러한 분단 관리의 틀 안에서 가족 및 친구들 간의 인적 교류가 늘 지속되고 나중에는 서독 방문객들이 동독의 구석구석까지 찾아갈 수 있게 되었던 점은 매우 중요한데, 이러한 방문은 중고등학생이나 대학생들을 대상으로 한 소위 안보 견학 일정의 단체 방문이 아닌 서독 시민들의 자유의사에 따른 결정이었기 때문이다. 이번 장에서 다룬 주제인 소위 '민간 통일' 정책은 한국의 통일 연구자들이 그다지 주목하지 않았으며 그러한 배경에서 더군다나 정책에는 반영되지 못한 내용이다.

V

전망: 한국을 위한 어떤 교훈들이
아직 존재하는가?

상술한 내용들을 살펴보면 한국과 독일의 통일 정책에 있어서 결정적인 차이가 무엇인지 알 수 있다. 그것은 구체적으로 4가지이다. 우선 서독은 통일 자체를 목표로 삼지 않고 분단 관리를 우선시하는 정책을 구사했다. 1871년 보불 전쟁에서 패전한 후 프랑스가 엘자스-로트링엔 지역을 독일에게 빼앗겼을 때 한 정치인은 이렇게 말했다. "늘 그것에 대해 생각하라. 하지만 그것에 대해 말하지는 말라." 이 전략은 결국 성공했는데, 프랑스의 보복 정책은 결국은 잊혀졌지만 다음에 왔던 결정적인 기회인 1차 대전 때 다시 살아났기 때문이다. 즉 한국은 앞으로 '통일' 정책이라는 말을 사용하지 않는 편이 더 도움이 될지 모른다. 예를 들어 통일부도 남북관계부 정도로 이름을 바꾸는 시도를 생각해 볼 수 있을 것이다. 이를 통해 단지 명칭을 바꾸는데 그치는 것이 아니라 실제로 분단의 관리에 초점을 맞추는 방향으로 전환을 시도할 필요가 있다.

두 번째로 이야기하고 싶은 내용은, 통일 정책에 있어서 국가보다 민간의 역할에 우선순위를 둘 필요가 있다는 점이다. 한국에서는 예를 들어 통상 정책이나 산업 정책과 관련하여 민간의 영향력보다 국가의 힘이 매우 커다란 영향을 미치는 것으로 알고 있다. 통일 정책에 있어서 국가는 뒤로 한 발 물러서서 민간의 활동을 위한 기본 틀만 제공하며, 이 틀 또한 가능한 한 느슨하게 만들어서 민간의 자율성을 되도록 많이 허용하는 방향으로 나갈 필요가 있다. 지금까지의 사례들을 보면 보수 정부나 개혁 성향의 정부나 관계없이 통일 분야에서는 모든 원칙을 국가가 정하고 주도하려는 의도가 늘 있어왔다(이러한 경향은 마지막 두 정부였던 박근혜 정부와 문재인 정부에서 특히 강하게 나타났다.).

　세 번째 사항은 상술한 두 번째 내용과 매우 밀접한 연관을 가지는데, 주도권을 강하게 가지려고 하는 의도는 그것을 잃을지 모른다는 두려움에 기인한 것이며, 그것은 결국 정부가 국민을 믿지 못한다는 뜻이다. 하지만 자국민에 대한 신뢰는 모든 현대적 '통일 정책'의 근간을 이룬다. 서독 국민들은 동독을 방문하기 위해 서독 정부의 승인을 받을 필요가 없었으며, 북한의 노동 신문과 같은 동독의 사회주의 통일당 기관지였던 '노이에스 도이칠란트(Neues Deutschland)'를 읽는 데도 서독 정부의 허가가 필요치 않았다. 심지어는 당사자가 원하면 동독으로 이주하는 것도 가능했다. 이렇게 자유로운 상황이었지만 공산주의 선전물은 재미가 없어서 실제로는 서독인들의 흥미를 전혀 끌지 못했다(다만 동독의 자금 지원을 받고 동독의 선전물을 읽는 기묘한 서독의 몇몇 소수 대학생 동아리들이 있었는데, 이들은 1989년에 모두 자동적으로 와해되었다.). 한국도 인터넷을 통해 북한 매체를 접하지 못하도록 막아 놓은 것을 해제할 필요가 있으며(물론 지금도 가상 사설망인 VPN을 통하면 북한 인터넷 싸이트에 쉽게 접속할 수 있다.) 국가보안법도 시대에 맞게 대폭 수정이 요구된다. 경우에 따라서는 국가 안보에 영향을 미치지 않으면서도 국가보안법을 완전히 철폐할 수 있는 방법도 있을 것이다. 이율배반적이지만 한국에서 이러한 시도는 보수 정부만이 시도할 수 있다. 개혁 성향의 정부가 그러한 시도를 한다면 당장 적에게 부역(附逆)한다는 비난에 직면하게 될 것이기 때문이다. 새로 집권한 윤석열 정부가 해당 시도를 할지는 미지수이다. 어쨌든 지금까지 정권을 잡았던 모든 한국 정부들은 그와 관련된 시민들의 발의는 모두 막으면서 정작 스스로는 개선하려는 시도도 하지 않았다.

네 번째 핵심 요소는 바로 가족이다. 한국 정부는 이산가족들이 북한이든 중국이든 아니면 어떤 곳에서나 서로 자유롭게 만날 수 있도록 해야 하며, 국가가 할 일은 필요한 경우에는 이러한 만남의 발의를 위한 재정적 지원이다. 이산가족 만남의 형태는 지금까지와 같이 북한이 모든 것을 정하고 계획했던 금강산에서의 만남이 아니라 진정한 사적인 만남으로 이루어져야 한다.

물론 비판의 목소리가 있을 수도 있다. 생각은 좋은데 어차피 북한이 거부할 것이기 때문에 성공할 수 없을 것이라고. 물론 일리가 있다. 그렇다고 해서, 북한이 협조하지 않을 것이기 때문에 좋은 정책을 한국이 시도하지 않을 이유는 없는 것이며, 한국이 자유에 바탕을 둔 통일정책을 제안했지만 북한이 거부하는 것은, 한국 국민들이 보기에는 적어도 도덕적으로 의미 있는 '승리'일 것이다. 그리고 이를 통해 체제의 차이가 더욱 확연하게 드러날 것이다. 또한 경제적 어려움을 겪고 있는 북한이 한국에 대한 의존도가 심화될 가능성이 있는 한국 정부 차원의 경제적 지원은 거부할 수 있지만, 그 자체로 위험성을 지니지 않는 한국 개별 국민들의 도움은 받아들일 가능성도 있는 것이다. 이러한 일이 성사된다면 남북 양측에서 공통의 민족의식이 자라날 작은 토대가 생겨나는 것이다.

한국이 이러한 정책을 구사한다면 통일과 관련하여 기존의 것들과는 다른 '교훈들'을 얻는 셈이다. 이것이 가능할지는 지켜볼 일이다.

9장

140 Jahre deutsch-koreanischer Beziehungen: Ein Rückblick auf ihre Entstehungsgeschichte

한독수교 140년: 그 기원에 대한 회고

저자: 한스-알렉산더 크나이더 (Hans-Alexander KNEIDER)

한국외국어대학교 명예교수

Professor Emeritus, Dept. of German, Hankuk University of Foreign Studies

역자: 김영수 (Young Soo KIM)

한스 자이델 재단 한국사무소 사무국장

Projektmanager der Hanns-Seidel-Stiftung Büro Korea

I
Einleitung

Deutschland und Korea blicken auf eine lange gemeins-
ame Geschichte zurück, die historisch als auch politisch
betrachtet in zwei Phasen unterteilt werden kann. Die of-
fizielle Aufnahme diplomatischer Beziehungen im Jahre
1883 markiert dabei den Beginn der ersten Phase, die
durch Koreas Verlust seiner Souveränität im Jahre 1910 be-
reits ihr frühes Ende findet. Durch die Annexion wird Korea
als Kolonie unter dem Namen „Chosen" in das japanische
Kaiserreich eingegliedert, womit auch Koreas Völkerrechts-
fähigkeit erlischt. Erst mit der japanischen Kapitulation am
15. August 1945 und der offiziellen Übergabe der Provinz
an die amerikanischen Siegermächte am 9. September
findet die Kolonialherrschaft ein Ende. Die Gründung der

Republik Korea (ROK) am 15. August 1948 ist schließlich der Beginn eines neuen unabhängigen Staates im Süden und die Proklamation der Koreanischen Demokratischen Volksrepublik (KDVR) am 9. September 1948 im Norden der Halbinsel.

Der Beginn der offiziellen Beziehungen zwischen Deutschland und Korea und somit der ersten Phase datiert auf den 26. November 1883. Vor 140 Jahren wurde an diesem Tag in Hanyang, dem heutigen Seoul, ein Handels-, Freundschafts- und Schifffahrtsvertrag zwischen dem Kaiserreich Deutschland und dem Königreich Joseon von Generalkonsul Carl Eduard Zappe (1843-1888) einerseits und dem Präsidenten des koreanischen Auswärtigen Amtes Min Yeong-mok (閔泳穆 1826-1884) andererseits in einer feierlichen Zeremonie unterzeichnet.

Aus entsprechendem Anlass soll an dieser Stelle ein kurzer historischer Rückblick auf die erste Phase gegeben werden. Dabei wird an bedeutende Persönlichkeiten erinnert, die eine wichtige Rolle in den Beziehungen beider Länder gespielt haben, sowie das Interesse Deutschlands am alten Korea näher erläutert.

II

Erste Begegnungen zwischen Koreanern und Deutschen

Intensive Überfälle japanischer Piraten an der Ostküste Koreas, zwei groß angelegte Invasionen der Japaner im ausgehenden 16. Jhd. (임진왜란) sowie mandschurische Invasionen im 17. Jhd. (병자호란) veranlassten die koreanische Regierung zu einer strikten Isolationspolitik, die annähernd 250 Jahre andauern sollte. Kein Ausländer durfte während dieser Phase Korea betreten, und auch den Koreanern selbst war es bei Todesstrafe untersagt, ohne Genehmigung die Landesgrenzen zu überschreiten. Durchbrochen wurde diese Isolation lediglich durch den recht spärlichen Handel mit Japan über den Herrscher der Insel Tsushima und die jährlich stattfindenden Gesandtschaften nach China.

Während dieser Abschließungsphase gab es einige Begegnungen zwischen Deutschen und Koreanern, die zwar historisch gesehen in den meisten Fällen nur von geringer Bedeutung waren, jedoch durchaus erwähnenswert scheinen, da sie in gewissem Maß einen Bestandteil der deutsch-koreanischen Beziehungen darstellen.

Der erste dokumentierte Kontakt zwischen einem Deutschen und einem Koreaner fand in der Mitte des 17. Jhd. statt, als der koreanische Kronprinz Sohyeon im Jahre 1644 in Peking auf den deutschen Jesuitenpater *Johann Adam Schall von Bell* traf, der seit 1622 am Kaiserhof als Missionar, Astronom und Naturwissenschaftler eine einflussreiche Stellung einnahm. Durch die alljährlichen Gesandtschaften an den chinesischen Hof kam es in der Folgezeit mehrfach zu derartigen Begegnungen.

Anfang des 19. Jahrhunderts hatte der deutsche Arzt und Naturforscher *Philipp Franz von Siebold* in Japan mehrere Gelegenheiten, mit koreanischen Schiffbrüchigen in Kontakt zu kommen. Im Rahmen seiner vielseitigen Interessengebiete widmete sich Siebold einer intensiveren Studie bezüglich koreanischer Kultur, Sitten, Gebräuche, Sprache und vielem mehr, die er als Teil seines umfassenden Werkes mit dem Titel „Nippon. Archiv zur Beschreibung von Japan" im Jahre 1832 in Holland veröffentlichte.

Der nachweislich erste Deutsche, der koreanischen Boden betrat, war *Carl Friedrich August Gützlaff*, der ebenfalls als erster deutscher lutherischer Missionar in China aktiv war. Er landete auf der „Lord Amherst", einem Segler der englischen East India Company, am 17. Juli 1832 an einer Insel vor der Westküste Koreas und hinterließ sowohl verschiedene Bücher, Medizin, Getreide und christliche Traktate in chinesischer Übersetzung als auch Kartoffeln sowie Anweisungen zu deren Anbau und Kultivierung.

Die nächste Begegnung mit einem Deutschen hinterließ alles andere als eine positive Einstellung der Koreaner zu Deutschland bzw. westlichen Nationen, und muss eher mit einem Akt der Piraterie verglichen werden. *Ernst Jacob Oppert*, deutscher Kaufmann in Shanghai, versuchte in den Jahren 1866 und 1868 gleich drei Mal vergebens, Korea zu einer Handelsbeziehung zu zwingen. Bei seiner dritten Expedition hatte er vor, die Gebeine von Nam Yeon-gun, des Vaters des Prinzregenten Daewon-gun, zu rauben, um so ein Druckmittel gegen die koreanische Regierung in der Hand zu haben. Im April 1868 scheiterte die geplante Grabplünderung jedoch und zog vielmehr eine Intensivierung der Abschließungspolitik des Landes nach sich, um ein weiteres Eindringen westlicher „Barbaren" zu verhindern.

Einen weiteren, jedoch wesentlich diplomatischeren Versuch, Korea für Handelsbeziehungen zu gewinnen, unternahm *Max August Scipio von Brandt*, der ab 1862 als erster deutscher Konsul in Japan residierte. Im Jahre 1870 segelte er auf der deutschen Korvette „Hertha" zur japanischen Faktorei nach Pusan, nur um anderen Tags unverrichteter Dinge von koreanischen Beamten wieder nach Japan zurückgeschickt zu werden. 12 Jahre später bemühte sich Max von Brandt erneut um Korea. Dieses Mal gelang es ihm als deutscher Gesandter in Peking, den ersten deutsch-koreanischen Vertrag am 30. Juni 1882 in Jemulpo abzuschließen, doch wurde dieser auf die Bitte Englands nicht ratifiziert.

III

Verdienstvolle Deutsche im alten Joseon

Von dem Augenblick an, als der erste Deutsche die Halbinsel betrat, bis zum 1. Januar 1910, als das Kaiserreich Korea keine Eigenstaatlichkeit mehr besaß, sind mehr als 300 deutsche Reichsbürger in den verschiedenen Quellen namentlich nachweisbar, die das Land sowohl besucht als auch dort gearbeitet und gelebt haben. Haben die meisten von ihnen keine oder nur eine unbedeutende Rolle gespielt, so sollen die wenigen Persönlichkeiten, die aufgrund ihrer langjährigen Tätigkeit in Korea besondere Positionen innerhalb der koreanischen Regierung oder Gesellschaft einnahmen, im Folgenden vorgestellt werden.

Als erste und ohne Zweifel auch bedeutendste Persönlichkeit in dieser Liste ist *Paul Georg von Möllendorff* (목

인덕-穆麟德, 1847-1901) zu nennen, der als erster westlicher Berater König Gojongs im Range eines Vizeministers der koreanischen Regierung für den Aufbau eines Seezollwesens zuständig war. Durch die erzwungene Öffnung Koreas durch Japan und den Vertrag von Ganghwa im Jahre 1876 sowie den Vertrag mit den USA als erste westliche Nation am 22. Mai 1882 bedingt, hatte der koreanische Hof kurz darauf zwar ein Außenministerium errichtet, war aber in außenpolitischen Belangen aufgrund seiner jahrhundertelangen Isolation völlig unerfahren. König Gojong wandte sich daher an China mit der Bitte um einen Berater. Daraufhin wurde überraschenderweise der deutsche Jurist und Sinologe Paul Georg von Möllendorff entsandt, der sich in chinesischen Diensten befand. Während seiner kurzen, aber sehr arbeitsintensiven Zeit in Korea von Ende 1882 bis 1885 kam Möllendorff als Generalzolldirektor nicht nur seiner Hauptaufgabe nach, sondern wirkte daneben auch als Berater auf vielerlei Gebieten wie Finanz-, Justiz-, und Militärwesen, Landwirtschaft, Handwerk und Industrie und vieles mehr. Ebenso bemühte er sich um die Schaffung eines modernen Schulwesens und den Aufbau einer koreanischen Industrie. In kurzer Zeit bekleidete der deutsche Berater hohe koreanische Regierungsposten, angefangen mit dem eines Vizeministers des Äußeren, des Ministeriums für Arbeit und des Kriegsministeriums, bis hin zum Direktor der neuen staatlichen Münze.

Carl Andreas Wolter (Kor. 華爾德, 1858-1916) und die deutsche Handelsfirma Meyer & Co. stehen gleich an zweiter Stelle. Durch Möllendorff initiiert, gründete Wolter im Jahre 1884 eine Filiale der im chinesischen Tianjin ansässigen deutschen Firma in Chemulpo. Meyer & Co. - auf Koreanisch Sechang yanghaeng (世昌洋行) genannt - war die erste und auf lange Jahre auch einzige deutsche Firma in Korea. Ihr Chef, der Hamburger Kaufmann *Heinrich Constantin Eduard Meyer* (1841-1926), wurde 1886 von der koreanischen Regierung zum ersten Honorarkonsul ernannt und vertrat damit offiziell in Hamburg die Interessen Koreas in Deutschland. Am 1. Oktober 1907 übernahm Carl Wolter die Firma Meyer & Co. und ließ sie in Hamburg auf seinen Namen registrieren. Bereits ein Jahr später kehrte er mit seiner Familie nach Deutschland zurück und übergab das Handelshaus an seinen Teilhaber *Paul Schirbaum*, der die Geschäfte noch bis zum Ausbruch des Koreakrieges 1950 weiterführte.

Die Gründungen einer englischen Sprachenschule im November 1894 und einer französischen im Oktober 1895 veranlassten Konsul Ferdinand Krien (1850-1924), den Vertreter des Deutschen Reichs in Korea, sich persönlich beim koreanischen Erziehungsministerium auch für eine deutsche Sprachenschule einzusetzen. Kaiser Gojong selbst zeigte großes Interesse an der Errichtung einer solchen Schule, und so wurde als Resultat schließlich am 15. Sep. 1898 in Seoul die erste „Kaiserlich Deutsche Sprachschule" eröffnet. *Johannes Bolljahn* (Kor. 佛耶安, 1862-1928), vorher knapp 10 Jahre an verschiedenen höheren Mittelschulen sowie der Kadettenanstalt und Kriegsschule in Tokyo als Deutschlehrer tätig, übernahm den Posten als Direktor und Lehrer. Neben Konversation, Lesen, Schreiben, Grammatik, Diktat und Aufsatz in deutscher Sprache wurde ebenso Unterricht erteilt in den Fächern Geografie, Mathematik, Physik, Geschichte sowie Turnen und in den höheren Klassen sogar Buchführung und Übersetzungen. Aus Bolljahns Schule gingen zahlreiche Dolmetscher hervor, und ein besonders begabter Schüler wurde sogar als Legationssekretär an die koreanische Gesandtschaft nach Berlin geschickt. Ein Jahr nach der Okkupation Koreas durch Japan wurde die Schule 1911 wieder geschlossen. Johannes Bolljahn selbst kehrte erst 1920 nach Deutschland zurück.

Franz Eckert (Kor. 埃巨多, 1852-1916), Königlich Preußischer

Musikdirektor, ist der nächste in der Liste. Nach einer 20-jährigen erfolgreichen musikalischen Tätigkeit in Japan wurde er Ende 1900 von der Kaiserlich Koreanischen Regierung als Hofkapellmeister engagiert. Bei seiner Ankunft in Seoul am 19. Feb. 1901 brachte Eckert 52 Holz- und Blechblasinstrumente mit und hatte sechs Monate später bereits eine Hofkapelle von 50 stolzen Musikern an diesen Instrumenten ausgebildet. Franz Eckert war nicht nur für die heutige japanische Nationalhymne Kimi ga yo verantwortlich, die er für europäische Instrumente arrangierte, sondern auch für die erste koreanische Nationalhymne 大韓帝國 愛國歌, die aus Anlass des Geburtstages von Kaiser Gojong am 9. Sep. 1902 uraufgeführt wurde. Am 8. Aug. 1916 wurde Eckert auf dem Yanghwajin-Ausländerfriedhof in Seoul (楊花津 外國人宣教師 墓苑) zur letzten Ruhe getragen, wo sein Grab heute noch besucht werden kann.

Dr. med. Richard Wunsch (Kor. 富彦士, 1869-1911) war von November 1902 bis April 1905 als Leibarzt Kaiser Gojongs in Korea tätig. Seine Arbeit in Seoul beschränkte sich aber keinesfalls auf den kaiserlichen Hof. Vielmehr fand Wunsch seine große Erfüllung und Aufgabe in der kostenlosen Behandlung armer Menschen, führte aufgrund seines Rufes als hervorragender Arzt auch Operationen im amerikanischen Hospital durch und wurde von vielen Europäern konsultiert. Richard Wunsch folgte 1905 zunächst einem Ruf nach Japan und ging von dort 1908 an das Faber-Hospital nach Qingdao, der Hauptstadt des ehemaligen sogenannten „Deutschen Schutzgebietes" in China, wo er 1911 an Fleckentyphus starb.

Nicht als einzige aber doch als wichtigste Dame der kleinen deutschen Gemeinde im alten Seoul gebührt der Elsässerin *Marie Antoinette Sontag* (Kor. 孫擇, 1838-1922) ein Platz unter den deutschen Persönlichkeiten in Korea. Im Oktober 1885 begleitete sie den russischen Generalkonsul Carl Iwanowitsch Waeber (1841-1910), nach Korea, um zunächst seinen Haushalt in Seoul zu führen. Als im Jahre 1895 die koreanische Königin von Japanern ermordet wurde, gelang es König Gojong, in Verkleidung einer Palastdame in die russische Gesandtschaft zu fliehen. Dort verbrachte er ein Jahr, bis sich die politischen Wirren wieder legten. In dieser Zeit lernte er die Fürsorge von Antoinette Sontag derart schätzen, dass er sie nach seiner Rückkehr in den Palast zur Hofzeremonienmeisterin ernannte. Ihr politischer Einfluss, den sie am Hof und bei König Gojong genoss, brachte ihr bald den Beinamen „ungekrönte Kaiserin von Korea" ein. Neben dieser äußerst einflussreichen Position unterhielt sie ebenfalls eine Pension, die später unter dem Namen „Sontag Hotel" bekannt wurde. Ende 1909 kehrte sie nach einem fast 25-jährigen Aufenthalt in Korea nach Europa zurück und starb als wohlhabende Dame am 7. Juli 1922 in Cannes an der Côte d'Azur.

Im Herbst 1908 klopfte der Apostolische Vikar von Seoul, Bischof Gustave Charles Mutel (1854-1933), an die Pforte des Benediktinerklosters in St. Ottilien und bat Erzabt Norbert Weber (1870-1956) um die Mithilfe der deutschen Mönche bei seiner Arbeit in Korea. Nach anfänglichem Zögern reisten schließlich im Frühjahr 1909 die beiden Patres *Bonifatius Sauer* (1877-1950) und *Dominikus Enshoff* (1868-1939) als Vorhut nach Seoul und kauften ein Grundstück für das erste Kloster in Baek-dong (栢洞), dem heutigen Bezirk Hyehwa-dong (惠化洞). Bei den Aufbauarbeiten bekamen sie im Dez. 1909 die Unterstützung von zwei weiteren Patres und vier Brüdern. Einer von ihnen, Pater André Eckardt (1884-1974), kehrte um die Jahreswende 1928/29 nach Deutschland zurück und begründete 1950 als Professor am Ostasiatischen Seminar in München die deutsche Koreanistik.

Als den Benediktinern ein eigenes Missionsgebiet zugesagt wurde, verlegten sie das Kloster 1927 nach Deokwon (德源), einem kleinen Ort in der Nähe der nordkoreanischen

Hafenstadt Wonsan. Kurz nach der Gründung der Koreanischen Demokratischen Volksrepublik am 9. Sep. 1948 wurde das Kloster von nordkoreanischen Soldaten besetzt, alle Mönche in Pyeongyang vor Gericht gestellt und wegen antikommunistischer Sabotage zu jahrelanger Zwangsarbeit verurteilt. Während des Koreakrieges erlitten zahlreiche Mönche und Schwestern der Benediktiner in einem Konzentrationslager am Yalu (鴨綠江) den Märtyrertod. Neben der Abtei in Waegwan (倭館里) und einem Priorat der Benediktinerinnen in Daegu bestehen heute ebenfalls Konvente in zahlreichen anderen Städten Südkoreas.

IV
Deutschlands Interesse an Korea

Trotz der zahlreichen Aktivitäten und Verdienste der genannten Personen blieb Korea für das Deutsche Reich - ausgenommen von einigen kommerziellen Interessen - besonders in politischer Hinsicht relativ uninteressant. Daher bezog sich der Schriftwechsel zwischen der deutschen Vertretung und dem koreanischen Hof in Seoul in den meisten Fällen lediglich auf verschiedene Angelegenheiten, was die deutschen Staatsangehörigen in Korea betraf. Gehaltserhöhungen, Grundstückserwerbungen und -verkäufe, Ordensverleihungen, Reisegenehmigungen und Audienzanträge sowie auf deutsche Handelsinteressen bezogene Korrespondenz waren an der Tagesordnung. Gelegentliche vertrauensvolle Anfragen politischer Art seitens der koreanischen

Regierung wurden in der Regel von den deutschen Beamten zwar freundlich und wohlwollend, jedoch uninteressiert erwidert.

Diese Einstellung gegenüber Korea veränderte sich auch dann nicht, als das Deutsche Reich im Rahmen seines politischen Wandels zu Beginn der 90er Jahre des 19. Jh. Kolonialinteressen anmeldete und seinen Arm ebenfalls nach Ostasien ausstreckte. Deutschlands koloniale Bestrebungen in Ostasien blieben lediglich auf die Erwerbung in China beschränkt. Korea war nach wie vor unbedeutend, zumal sich der deutsche Handel auf der Halbinsel durch die Vertretung einer einzigen deutschen Firma in keinster Weise den anfänglichen Erwartungen entsprechend entwickelt hatte und man auch keine Besserung erwartete.

Während die zweite Phase der deutsch-koreanischen Beziehungen nach dem Zweiten Weltkrieg durch langjährige Kontinuität, Intensität und Kooperation auf wirtschaftlichem, politischem und kulturellem Gebiet geprägt ist, war die erste Phase hingegen relativ kurz und aus genannten Gründen durch politisches Desinteresse des Deutschen Kaiserreichs an Joseon und seinem Schicksal charakterisiert. Fast auf den Tag genau 22 Jahre nach ihrem offiziellen Beginn im Jahre 1883 endeten die Beziehungen bereits am 17. Nov. 1905 durch den Protektoratsvertrag Japans. Juristisch gesehen hatte damit zwar der Freundschaftsvertrag zwischen Deutschland und Korea seine Gültigkeit noch nicht verloren, doch wurden gemäß Artikel I des Protektoratsvertrages sowohl Kontrolle als auch Leitung der auswärtigen Angelegenheiten Koreas an die japanische Regierung übertragen. Dieser Umstand veranlasste auch das Deutsche Reich, am 2. Dez. 1905 seine diplomatischen Korea-Geschäfte an die Botschaft in Tokyo zu überweisen. Gleichzeitig wurde die Ministerresidentur in Seoul durch ein Vizekonsulat ersetzt. Alle koreanischen Gesandten und Konsuln wurden aus dem Ausland zurückbeordert und deren Amtsgeschäfte an entsprechende japanische Vertreter übergeben. Dies betraf auch den mit der Vertretung koreanischer Interessen in Deutschland beauftragten koreanischen Honorarkonsul H.C. Eduard Meyer in Hamburg, dessen Konsulat mit Wirkung vom 15. Dez. 1905 geschlossen wurde.

Damit endete die erste Phase der diplomatischen Beziehungen zwischen Deutschland und Korea, die im Wesentlichen durch Deutschlands Neutralität und passive politische Zurückhaltung gegenüber Korea gekennzeichnet war. In der Existenz eines einzigen deutschen Handelshauses sah

Berlin ebenfalls keine Notwendigkeit, sich über die Maßen kommerziell zu engagieren, obwohl verschiedentlich Versuche in dieser Richtung unternommen wurden. Deutschlands Fernost-Interesse richtete sich allein auf China und seinen potenziellen Markt. Internationale Geschehnisse in und um Korea wurden trotzdem stets aufs Genaueste verfolgt, da man die eigene Sicherheit in Europa garantiert wissen wollte. In diesem Sinne stellte Korea für Deutschland ein willkommenes Objekt dar, um die sich widerstreitenden Kräfte Europas nach Osten hin abzulenken.

Das Deutsche Reich gab nach der Protektion durch Japan seine beobachtende Stellung in Korea auch nicht auf. Denn schon im April 1906 wurde durch einen Reichstagsbeschluss das Vizekonsulat in Seoul zu einem Generalkonsulat erhoben, dessen Geschäfte bis 1907 Vizekonsul Gottfried Ney (1874-1952) und nach ihm bis 1914 Generalkonsul Dr. Friedrich Krüger (1857-1937) wahrnahm.

Mit dem Inkrafttreten des Annexionsvertrages am 29. August 1910 endete nach 519 Jahren Bestehens die Existenz Joseons. Sämtliche Verträge, die Seoul mit anderen Staaten geschlossen hatte, betrachtet Tokyo als aufgehoben. Trotz geringer Sympathien für Japans Vorgehen in den europäischen Medien, verzichtete Berlin auf ein ge-

meinsames Vorgehen der Mächte und erhob gegen die An-
nexion keinerlei Einwand, zumal man die Ansicht vertrat,
dass deutsche Handelsinteressen aufgrund des geringen
deutsch-koreanischen Handelsvolumens kaum beein-
trächtigt würden. Eine formelle Anerkennung der Annex-
ion Koreas durch Japan erfolgte von deutscher Seite jedoch
nicht.

Als die Kriegserklärung Japans an Deutschland am 23.
August 1914 erfolgte, musste Generalkonsul Dr. Krüger
drei Tage später die konsularische Vertretung in Korea
schließen. Mit der Bitte um Wahrnehmung der Interessen
deutscher Staatsangehöriger in Korea richtete man sich
zunächst an das amerikanische Generalkonsulat in Seoul.
Die Niederlage Deutschlands im Jahre 1918 bedeutete
gleichzeitig ein Ende seines wirtschaftlichen Engagements
im Fernen Osten, zumal die Kolonie Kiautschou bereits
zu Beginn des ersten Weltkriegs in die Hände der Japaner
gefallen war. Schon kurze Zeit nach dem Versailler Vertrag
(28. Juni 1919) nahm Berlin mit Japan erneute diplomatische
Beziehungen auf, so dass Wilhelm Solf (1862-1936) als er-
ster deutscher Botschafter in Tokyo die Geschäfte am 10.
August 1920 aufnehmen konnte. Damit kam Deutschland
wieder in indirekten Kontakt zu Korea, zumal Abt Bonifa-

tius Sauer, der mit seinen Benediktiner-Brüdern weiterhin missionarisch und pädagogisch in der neuen japanischen Kolonie wirkte, daraufhin zwecks dienstlicher Angelegenheiten die deutsche Botschaft in Tokyo kontaktierte. Auch die Einrichtung einer konsularischen Vertretung in Seoul selbst wurde bereits 1921 von der Ostasienabteilung des Auswärtigen Amtes in Erwägung gezogen, jedoch erst am 13. Juni 1928 realisiert. Allerdings sollte das deutsche Konsulat nicht lange in der koreanischen Hauptstadt bestehen bleiben. Im Frühjahr 1930 wurde es bereits wieder geschlossen und das Konsulat in Dalian auf der Liaodong-Halbinsel mit den koreanischen Angelegenheiten betraut.

Die zweite Phase der offiziellen diplomatischen Beziehungen zwischen der Bundesrepublik Deutschland und der Republik Korea manifestierte sich schließlich, als die Republik Korea im Dezember 1955 zunächst in Remagen und die Bundesrepublik Deutschland am 08. August 1956 in Seoul Generalkonsulate einrichteten, die kurze Zeit danach zu Botschaften aufgewertet wurden.

I
들어가며

독일과 한국이 서로 관계를 갖기 시작한 역사는 오래 되었으며 역사 및 정치 측면에서 2개의 시기로 나눠볼 수 있다. 1883년에 조선과 독일 양국이 공식 수교를 함으로써 시작된 첫 번째 시기는 1910년에 대한제국이 주권을 상실하면서 끝이 나게 된다. 조선이 일본 제국의 식민지로 합병되면서 국제법상의 권능이 소멸하게 되었는데, 1945년 8월 15일에 일본이 항복하고 같은 해 9월 9일에 승전국인 미국 측에 점령 지역을 공식적으로 이양한 이후가 되어서야 식민 지배가 종식되게 된다. 1948년 8월 15일에 한반도의 남쪽에는 새로운 독립 국가인 대한민국이 생겨났고, 1948년 9월 9일 북쪽에서는 조선민주주의 인민공화국이 건립을 선포했다.

독일과 조선 간의 공식적인 관계가 시작된 것은 1883년 11월 26일이었는데, 지금으로부터 140년 전에 오늘날의 서울인 당시 한성에서 독일 제국과 조선이 통상우호항해조약(조독 수호통상조약)

을 체결하였다. 독일을 대표해서 카를 에두아르트 차페(Carl Eduard Zappe, 1843~1888) 총영사가, 조선 측에서는 민영목(閔泳穆, 1826-1884) 외무 독판이 조약에 서명하였다.

해당 사실을 계기로 이 대목에서 첫 번째 시기에 관해 간략하게 역사적 고찰을 할 필요가 있는데, 조선과 독일 사이의 양국 관계에 있어서 중요한 역할을 했던 인물들을 살펴보고 당시 조선에 대한 독일의 이해관계를 보다 상세하게 설명해 보도록 하겠다.

II

조선인과 독일인의 첫 조우

　동해안에서 지속적으로 자행되었던 왜구의 약탈 행위와 16세기 말에 시작되어(임진왜란) 두 차례에 걸쳐 발발했던 왜란, 그리고 17세기에 청나라가 조선을 침략했던 병자호란을 겪은 이후 조선의 조정은 거의 250년에 걸쳐 강력한 쇄국정책을 실시한다. 이 시기에 외국인의 조선 출입은 금지되었으며 조선인들도 나라의 허가없이 조선을 벗어날 수 없었고, 이를 어길 시에는 처형되었다. 이러한 쇄국 조치를 벗어났던 예외적인 경우들은 아주 가끔씩 있었던 대마도주를 통한 일본과의 교역 시나 매년 정기적으로 중국을 방문했던 사신 행차 때뿐이었다.

　이렇듯 조선이 쇄국정책을 실시하는 동안에 역사적으로 보면 대부분의 경우에 큰 의미를 지니지는 못했지만 그래도 언급할 만한 가치가 있었던 독일인들과 조선인들의 조우가 몇 차례 있었는데, 이 만남들도 조선과 독일의 관계를 구성하는 한 부분이었기 때문이다.

　기록에서 찾아볼 수 있는 독일인과 조선인 간의 첫 만남은 17세기 중반에 이루어 졌는데, 조선의 소현 세자가 1644년 청나라 베이징에서 독일 출신의 예수회 신부인 요한 아담 샬 폰 벨(Johann Adam Schall von Bell)을 만난 것이 시초이다. 아담 샬 신부는 1622년부터 중국 황실에서 선교사 겸 천문학자 그리고 자연과학자로 활동하며 영향력을 행사했던 인물이다. 조선에서는 매년 중국 황실에 사신단을 파견했기 때문에 그 이후에는 계속해서 이러한 만남들이 이루어졌다.

　19세기 초 일본에서 활동하던 독일의 의사이며 자연 과학자였던 필립 프란츠 폰 지볼트(Philipp Franz von Siebold)는 여러 차례 조선 난파선의 조난자들과 조우한 적이 있는데, 여러 분야에 관심이 많았던 지볼트는 1832년 네덜란드에서 출판했던 'Nippon, 일본 서술을 위한 자료집'이라는 제목의 방대한 저서 안에서 조선의 문화와 풍습, 언어 등과 관련한 내용들을 집중적으로 다룬 바 있다.

　기록상으로 나타난 조선 땅에 첫 발을 디딘 독일인은 카를 프리드리히 아우구스트 귀츨라프(Carl Friedrich August Gützlaff)였으며, 귀츨라프는 중국에서 활동했던 독일 출신의 첫 번째 루터교 선교사로 1832년 7월 17일 영국 동인도 회사의 '로드 암허스트 호(Lord Amherst)'를 타고 서해 연안의 섬에 도착하여 여러 종류의 책들과 의약품, 곡식과 중국말로 된 기독교를 소개하는 소책자들 및 감자와 그 재배 방법이 적힌 문서 등을 남겼다.

　다음에 등장하는 독일인은 조선에게 독일뿐만 아니라 서양 국가들에 대한 부정적인 인상만을 안겨주었다. 상하이에서 활동했던 상인이었던 에른스트 야코프 오페르트(Ernst Jacob Oppert)는 1866년과 1868년 사이에 세 차례에 걸쳐 조선에 교역관계를 요구했지만 실현되지 않자, 세 번째 조선 방문 시에는 조선 조정에 대한 압력을 행사하기 위한 수단으로 임금의 아버지인 대원군의 선친인 남연군의 유골을 도굴하려는 계획을 세웠다가 1868년 4월에 이 도굴 시도가 실패로 돌아간 후 서양 '오랑캐들'의 침투를 막기 위해 조선은 쇄국정책을 더욱 강화하게 되었다.

이후 조선과의 교역을 위한 보다 외교적인 시도를 했던 독일인은 1862년부터 첫 번째 일본 주재 독일 영사를 지냈던 막스 아우구스트 스키피오 폰 브란트(Max August Scipio von Brandt)였다. 1870년에 폰 브란트 영사는 일본에 정박하던 독일 군함인 '헤르타'호를 타고 부산으로 왔지만 아무런 성과 없이 바로 다음 날 조선 관리들로부터 거절을 당하고 일본으로 돌아갔다. 그로부터 12년 후 막스 폰 브란트는 조선과의 교역을 재차 시도했다. 이 때 그는 베이징 주재 독일 공사 신분으로 1882년 6월 30일에 제물포에서 독일과 조선 간의 첫 번째 조약을 체결하는데 성공했지만, 이는 영국의 요청에 의해 비준을 받는 데 실패했다.

Ⅲ
옛 조선에서 업적을 남긴 독일인

|

조선에 독일인이 처음 발을 내딛은 순간부터 1910년 1월 1일에 대한제국이 주권을 상실하는 시점까지 300여 명 이상의 독일 제국 국민들이 조선을 방문하거나 거주하면서 일을 한 것으로 여러 기록들을 통해 확인되고 있다. 이들 중 대부분은 두드러진 역할을 하지 못했지만 소수의 인사는 조선에 오랜 기간 머물면서 조선의 조정 또는 사회에서 중요한 위치를 차지했으며, 지금부터 해당 인사들에 관해 소개하려 한다.

우선 첫 번째로 소개할 인물은 의심의 여지없이 가장 뛰어난 업적을 남겼던 파울 게오르크 폰 묄렌도르프(Paul Georg von Möllendorff : 목인덕-穆麟德, 1847-1901)로 당시 고종의 첫 서양인 고문으로서 협판(참판에 해당) 직을 맡아 조선 조정에서 해관 체계를 갖추는 임무를 수행했다. 1876년에 있었던 일본과의 불평등 조약인 강화도 조약 및 1882년 5월 22일 최초의 서양 국가와 체결한 조미수호

통상조약을 거치는 과정에서 조선은 외교를 담당하는 주무 관청인 통리기무아문을 설치했지만 과거 수 백 년간 실시해온 쇄국정책으로 인해 외교 사안들과 관련한 경험이 전무한 상태였다. 이에 고종은 청나라에 고문의 파견을 요청했으며, 이때 중국에서 활동하던 독일의 법률가이며 중국학 전공자인 파울 게오르크 폰 묄렌도르프가 조선에 파견되었다. 묄렌도르프는 1882년 말부터 1885년까지 짧은 기간이지만 많은 일들을 했는데, 해관의 책임자로서 뿐만 아니라 재무와 법률, 군사, 농업, 수공업 등의 여러 분야에서도 영향력을 행사했으며, 근대적인 학교 설립과 조선의 산업 기반 마련을 위해서도 노력했다. 묄렌도르프는 짧은 기간동안 조선 조정에서 고위직에 임명되었는데, 통리기무아문의 협판직과 전환국 총판 등의 요직을 수행했다.

두 번째로는 카를 안드레아스 볼터(Carl Andreas Wolter 華爾德, 1858-1916)와 독일 상사인 마이어 & 코(Meyer & Co)를 들 수 있다. 묄렌도르프의 제안으로 1884년에 볼터가 청나라 천진에서 운영하고 있던 독일 상사인 마이어 & 코 사를 조선의 제물포에 세창양행(世昌洋行)이라는 이름으로 세움으로써 이 회사는 조선에 설립된 최초의 유일한 독일 회사였다. 이 회사의 대표를 맡았던 함부르크 출신의 상인 하인리히 콘스탄틴 에두아르트 마이어(Heinrich Constantin Eduard Meyer, 1841~1926)는 1886년 조선 조정으로부터 최초의 명예 영사로 임명됨으로써 독일 함부르크 시에서 공식적으로 조선의 이해관계를 대변했다. 카를 볼터는 1907년 10월 1일에 마이어 & 코 사를 인수하여 함부르크 시에 자신의 이름으로 등록했으며 그 이듬해에 가족과 함께 독일로 돌아갔다. 조선에서 운영하던 회사는 지분을 가지고 있던 파울 쉬르바움(Paul Schirbaum)이 넘겨받아 1950년 한국 전쟁이 발발할 때까지 존속하였다.

1894년 11월에 영어를 가르치는 학당이 설립되었고 이듬해인 1895년 10월에는 프랑스 어학당이 문을 열자 주 조선 독일 제국 외교 사절로 와있던 페르디난트 크리엔(Ferdinand Krien, 1850~1924) 영사는 독일 어학당의 개설을 위해 조선 학부(현재의 교육부)에 공을 들였다. 고종 황제는 이에 대해 몸소 큰 관심을 보였으며, 그 결과 1898년 9월 15일 한성에 첫 '독일 제국 어학당'이 문을 열었다. 거의 10년 가량 일본에 거주하며 여러 고등보통학교와 도쿄의 무관학교 등에서 독일어 교사로 활동했던 요한네스 볼얀(Johannes Bolljahn 佛耶安, 1862~1928)이 새로 문을 연 독일 제국 어학당의 교장 겸 교사로 부임했다. 이 학당에서는 독일어 회화 및 읽기와 쓰기, 문법, 받아쓰기, 작문 등을 가르치는 동시에 지리와 수학, 물리, 역사, 체육과 같은 과목들도 개설하여 수업을 했으며, 상급반에서는 회계와 통번역도 가르쳤다. 해서 볼얀이 가르친 학당에서는 많은 통역사들을 배출하였으며, 그 중 재능이 뛰어난 학생은 독일 베를린 주재 대한제국 공사관의 서기관으로 파견되었다. 그러나 독일어 학당은 한일합방이 된지 1년 후인 1911년에 문을 닫았으며, 요한네스 볼얀은 1920년에 독일로 돌아갔다.

다음으로 소개할 인물은 프란츠 에케르트(Franz Eckert 埃巨多, 1852~1916)이다. 프로이센 군악대 대장 에케르트는 20년 간 일본에서 성공적으로 음악 활동을 하고 1900년 말인 고종 황제 시절에 궁정 악장으로 임명되었다. 에케르트가 1901년 2월 19일 한성에 도착할 때 52점의 목관 악기와 금관 악기들을 가지고 왔으며, 이로부터 불과 6개월이 지난 시점에 50명의 궁정 악단의 단원들을 구성하고 가르쳐서 연주가 가능하게 되었다. 프란츠 에케르트는 현재 일본 국가인 기미가요를 유럽의 악기로 연주할 수 있도록 음계를 붙였을 뿐만 아니라 대한제국에 입국한 이후에는 고종 황제의 생일을 기념하여 1902년 9월 9일에 처음으로 연주했던 첫 대한제국 애국가의 편곡자이기도 했다. 에케르트는 1916년 8월 8일에 양화진 외국인 선교사 묘지에 묻혔다.

의학박사인 리하르트 분쉬(Richard Wunsch 富彦士, 1869~1911)는 1902년 11월부터 1905년 4월까지 고종 황제의 시의로 대한제국에서 활동했다. 하지만 분쉬 박사의 활동 영역은 황실에만 머무르지 않고 가난한 백성들을 위한 무료 진료에 정진하였으며, 명망을 얻으면서 미국이 운영하는 병원에서 수술을 집도하였고 많은 유럽인들도 그에게 진료를 받았다. 리하르트 분쉬는 1905년에 일본으로 건너갔으며, 1908년에는 중국 내 소위 "독일 보호령"의 중심 도시였던 칭다오 소재 파베르 병원에서 활동하기 시작했는데, 3년 후인 1911년에 장티푸스에 걸려 그 곳에서 사망했다.

조선 말기와 대한제국 시절 한성에 거주했던 소규모 독일인 사회에서 유일하지는 않았지만 가장 중요한 여성 인사로서는 단연 엘자스 지방 출신의 마리 앙투아네트 존탁(Marie Antoinette Sontag 孫擇, 1838~1922)을 들 수 있다. 존탁은 1885년 10월에 카를 이바노비치 배버(Carl Iwanowitsch Waeber 1841~1910) 러시아 총영사의 집사 자격으로 조선에 첫 발을 디뎠으며, 1895년에 명성황후가 일본인들에 의해 시해된 이듬해에 고종은 궁녀 옷을 입고 러시아 공사관으로 피신했다. 러시아 공사관에서 1년을 보낸 뒤 정치 상황이 다소 안정되자 고종은 환궁하였는데, 러시아 공사관에 체류하던 시기에 앙투아네트 존탁의 정성 어린 보필을 받았다. 고종은 궁으로 돌아간 후 존탁을 황실 전례관으로 임명했다. 대한제국 황실과 고종의 총애를 바탕으로 생겨난 정치적 영향력 덕분에 얼마 가지 않아 '무관의 여제'라는 별명을 얻게 되었다. 이렇듯 막강한 영향력과 더불어 존탁은 후에 '존탁 호텔'이라는 이름으로 유명해진 숙박 시설을 운영하였다. 존탁은 1909년 말에 거의 25년 간의 조선 내지는 대한제국에서의 체류 생활을 정리하고 유럽으로 돌아갔으며, 1922년 7월 7일 코트 다쥐르 해안에 접한 도시 칸느에서 편안하게 눈을 감았다.

1908년 가을 경성 대교구장 겸 주교였던 귀스타브 샤를 뮈텔(Gustave Charles Mutel 1854~1933)은 독일 상크트 오틸리엔에 있는 베네딕도 수도회의 문을 두드리고 노르베르트 베버(Norbert Weber 1870-1956) 수도원장에게 독일 수사들이 대한제국에서 하고 있는 자신의 일을 도와줄 것을 요청했다. 처음에는 좀 망설였으나 이듬해인 1909년 초가 되자 보니파티우스 자우어(Bonifatius Sauer 1877~1950) 신부와 도미니쿠스 엔스호프(Dominikus Enshoff 1868~1939) 신부가 선발대로 경성으로 와서 지금의 혜화동인 당시 백동(栢洞)에 첫 수도원 건립을 위한 부지를 매입했다. 수도원을 설립하는 과정인 1909년 12월에 또 다른 2명의 신부들과 4인의 수도

사들이 추가로 함께 했는데, 그 중 한 명이 안드레 엑카르트(Andre Eckardt 1884~1974) 신부였다. 엑카르트 신부는 1928년 말에서 1929년 초로 넘어가는 시기에 독일로 돌아갔으며, 1950년에 뮌헨 대학교의 동아시아학과 교수로 한국학을 개설했다.

베네딕도 회가 독자적인 선교 지역을 승인 받으면서 1927년에 수도원을 북쪽의 항구 도시인 원산 인근에 있는 작은 지역인 덕원(德源)으로 이전했다. 1948년 9월 9일 조선 민주주의 인민 공화국이 생긴 직후 북한 군이 덕원 수도원을 접수했으며, 모든 수사들은 평양의 법정에 서게 되었고, 반공산주의 태업 혐의로 수 년간의 강제 노동 판결을 받게 된다. 한국 전쟁동안 많은 베네딕도 회 수도사들과 수녀들이 압록강변에 위치한 강제 수용소에서 순교하였다. 왜관 수도원과 대구에 위치한 베네딕도 회 수녀원 분원 이외에도 남한 지역의 많은 도시들에는 오늘날까지도 여러 수녀원들이 존재한다.

IV

조선에 대한 독일의 관심

상술한 바와 같은 독일인들의 활동과 업적들이 있었지만 독일 제국에게 조선은, 몇몇 상업 분야의 이해관계를 제외하면, 특히 정치적 측면에서는 그다지 큰 관심의 대상이 되지 못했다. 따라서 독일 대표부와 조선 왕궁 간의 서신 왕래는 대부분의 경우에 조선에 거주하고 있는 독일 국민들과 관련된 사안들에 국한된 내용들이 있다. 예를 들면 임금 인상이나 토지 취득 또는 매도, 훈장 수여, 여행 허가, 예방 신청 그리고 독일의 상거래와 관련된 의사소통 등이 그에 해당되었다. 이따금씩 조선 조정으로부터 비밀스러운 정치적 요청이 오기도 했는데, 독일 관리들은 이에 대해 예의를 갖춰서 응대하기는 했지만 그다지 큰 관심을 두지는 않았다.

조선에 대한 독일의 이러한 태도는 독일 제국이 1890년대 초에 정치적 입장을 바꿔 동아시아에 대한 식민주의 야심을 펼치기 시작하던 시기에도 크게 변하지 않아서 독일의 식민지 취득 대상 국가는 중국으로 국한되었다. 조선은 늘 그랬던 것처럼 독일에게는 큰 관심의 대상이 아니었는데, 이는 조선과의 무역을 담당하는 회사가 단 한 곳에 불과했으며 그에 따라 큰 발전을 이루지도 못했고 더 이상 큰 기대를 갖지도 않았기 때문이다.

2차 대전 이후의 제 2기 한독 관계가 오랫동안 지속성을 지니고 경제와 정치 그리고 문화 분야에서 긴밀한 협력 관계를 유지한 반면에, 그와는 대조적으로 첫 시기의 조독 관계는 상대적으로 짧았으며 상술한 바와 같이 조선에 대한 독일 제국의 정치적인 무관심을 그 특징으로 들 수 있다. 1883년 조선과 독일이 공식적인 관계를 수립한지 22년 만인 1905년 11월 17일에 일본이 대한제국에 대해 강압적으로 체결한 을사늑약으로 인해 조독 관계가 종식되었다. 법률상으로 보면 독일과 조선 간의 우호협약은 그 효력을 잃지는 않았지만, 을사늑약 1조에 따르면 대한제국은 외무 관련 통제권을 일본 정부에 이양하는 것으로 규정하고 있었다. 이에 따라 독일 제국은 1905년 12월 2일에 대한제국에 대한 외교 업무를 주일 독일 대사관으로 이관하는 동시에 한성에 주재하던 독일 공사관은 부영사 급으로 대체되었다. 해외에 파견된 대한제국의 모든 공사들과 영사들은 본국으로 철수했으며 그 업무들은 해당 지역의 일본 외교관들에게 넘겨졌다. 이는 대한제국의 이해관계를 독일에서 대변하던 함부르크 주재 에두아르트 마이어 명예 영사에게도 마찬가지로 적용되어 해당 영사관은 1905년 12월 15일에 문을 닫았다.

이로써 독일과 조선 사이의 제 1기 외교 관계가 끝이 났으며, 이 기간 동안 독일은 조선에 대해 기본적으로 그다지 큰 관심을 보이지 않았다. 조선과의 무역 업체가 단 한 군데 있는 상황에서 여러 가지 시도들이 이루어지기는 했지만 독일 정부는 무역 활성화를 위한 각별한 조치를 취할 필요성을 느끼지는 못했다. 동북아시아 지역에 대한 독일의 관심은 오직 중국과 그 잠재적인 시장에만 초점이 맞춰져 있었다. 그러나 독일은 조선 반도를 둘러싼 세계 정세에 관해서는 늘 주의 깊게 파악하고 있었는데, 유럽에서의 자국의 안보 상황과 관련된 부분이 있었기 때문이다. 이런 의미에서 조선은 독일에게 유럽 경쟁 국가들의 관심을 동아시아로 돌릴 수 있게 해주는 반가운 대상이었다.

독일 제국은 을사늑약 체결 이후에도 대한제국에 대한 관심을 포기하지 않았으며, 이러한 정책의 일환으로 독일 제국의회의 의결에 따라 1906년 4월 한성에 있던 독일 제국 부영사관을 총영사관으로 승격시켰고 1907년까지 고트프리트 나이(Gottfried Ney 1874~1952) 부영사가 외교 업무를 수행하였으며 그 이후에는 총영사인 프리드리히 크뤼거 박사(Dr. Friedrich Krüger 1857~1937)가 부임하여 1914년까지 외교 업무를 이어 나갔다.

1910년 8월 29일 조선이 공식적으로 일본에 합병되면서 519년 동안 존속했던 조선이 소멸했다. 일본은 조선이 다른 나라들과 맺었던 모든 협약들의 효력이 상실되었다고 판단했다. 일본의 조치에 대해 유럽 언론은 호의적인 태도를 취하지는 않았지만, 독일은 그러한 전개에 반대하여 열강들과 공동 보조를 취한다든가 하는 시도를 하지는 않았으며, 일본의 조선 합병에 대해 전혀 이의를 제기하지 않았다. 독일과 조선 사이의 적은 무역량을 감안했을 때 독일의 무역 분야 이해관계에 전혀 피해가 발생하지 않기 때문이었다. 하지만 독일은 일본의 조선 합병을 공식적으로 인정하지도 않았다.

1914년 8월 23일 일본이 독일에 대해 선전포고를 하면서 크뤼거 총영사는 3일 후에 경성 총영사관을 폐쇄하게 되었다. 한국 땅에 있던 독일 국민들의 안전을 처음에는 경성 주재 미국 총영사관에 부탁하고 의지했다. 1918년에 독일이 패전하면서 동북아시아 지역에서의 독일의 경제적 활동은 끝을 맺게 되었는데, 독일의 중국 내 조차지였던 키아우초우 지역이 1차 세계대전 발발 초기에 이미 일본 손에 넘어갔기 때문이다. 1919년 6월 28일에 있었던 베르사유 조약 체결 직후에 이미 독일은 일본과의 외교 관계를 복원하여 1920년 8월 10일에 빌헬름 졸프(Wilhelm Solf, 1862~1936) 대사가 도쿄에 부임하여 외교 업무를 시작했다. 이로써 독일과 한국 간의 간접적인 접촉이 재개되었다. 보니파티우스 자우어 수도원장은 베네딕도회 수사들과 함께 선교와 교육을 위해 일본의 식민지가 된 한국에서 계속해서 활동했으며 업무상 필요한 경우에 도쿄에 있는 주일 독일 대사관과 연락하였다. 독일 외교부 동아시아 국에서는 1921년에 이미 경성에 독일 영사관을 설치하는 문제를 고려하기 시작했지만, 이 계획은 한참 뒤인 1928년 6월 13일이 되어서야 실현되었다. 그러나 이렇게 설치된 경성의 독일 영사관은 얼마 가지 않아 1930년 초에 다시 문을 닫았으며, 중국 요동 반도의 대련 시에 있는 독일 영사관에서 한국 관련 업무를 관장했다.

독일연방공화국과 대한민국 간의 공식적인 제 2기 외교 관계는

1955년 12월에 대한민국이 독일의 레마겐에, 그리고 독일연방공화국이 1956년 8월 8일 서울에, 각각 총영사관을 설치하면서 시작되었으며, 얼마 가지 않아 양국 간의 외교 관계는 대사 관계로 격상되었다.

미주

1장 선거제도와 정치제도 개혁

1. 이 글은 필자의 저서 『누가 그들에게 그런 권리를 주었는가? - 미래 세대를 위한 정치제도 개혁』(2022년)의 주요 내용을 요약하고 보충하여 정리한 것이다.

2장 새로운 베를린을 꿈꾸는 메트로폴 루르

1. 이 글은 2023년 한국과 세계 제5권 1호에 게재된 "지속가능발전을 위한 도시 지역연합 거버넌스 : 독일 지역연합 메트로폴 루르 (Metropol Ruhr) 사례를 중심으로" 논문을 수정 보완한 것이다.

3장 독일의 시민교육

1. 이 내용은 이종희의 글 "유권자와 정당의 연결 플랫폼: 독일 발-오-맡(Wahl-O-Mat)과 민주시민교육"(2022), "청년 정치대표성의 현황과 개선과제: 유럽 사례들의 시사점을 중심으로"(2021), "독일의 민주시민교육 모델: 연방정치교육원을 중심으로"(2017)를 바탕으로 작성되어, 『고양시 민주시민교육의 기본개념과 실행방안 연구』(안지호·김은경, 2021)와 "성숙한 시민의식과 민주시민교육"(2022)에 일부분이 수록된 것을 수정·보완한 것이다.

2. 이 내용은 선거연수원 2016년 개최한 제12회 민주시민교육 국제심포지엄 『사회적 합의 형성 기반으로서의 민주시민교육』에서 최영돈의 토론 "독일의 정치교육과 관점의 다양성에 대한 사회적 합의: 보이텔스바흐 합의"를 요약한 것이다.

3. https://www.sozwiss.hhu.de/fileadmin/redaktion/Fakultaeten/ Philosophische_Fakultaet/Sozialwissenschaften/Politikwissenschaft_ II/Dateien/Marschall/Wahlomat/WOM_Bundestagswahl_2021_ Anschlussbefragung.pdf (검색일: 2023년 12월 5일).

4. 이 연구는 2021년 9월 2일부터 9월 26일까지 온라인 설문조사 결과의 1차 집계결과이다. 이 설문조사는 88만 5,093명에게 설문을 보내 4만 6,451명이 응답하여 5.2%의 응답률을 나타내었으며 이 설문에 응답한 사람 중 4만 4,536명이 선거권을 가지고 있는 것으로 나타났다.

5. 이 장은 선거연수원이 2021년 9월 15일 개최한 민주시민교육 국제심포지엄

『Election education in school^(학교선거)』에서 Jana Wilkens가 발표한 내용을 중심으로 작성되었다.

4장 독일 초·중등교원양성제도의 현황과 개혁 동향

1. 이 논문의 주요 아이디어는 학술지 2019년『교육의 이론과 실천』제24권 1호에 발표한 것에 기초해 있음을 밝힌다.

5장 독일의 환경정책

1. 이 글은 2022년 제20대 독일 연방의회선거 이후 새롭게 구성된 소위 신호등 정부 구성 직후에 쓰여진 글이어서 2023년 하반기인 현재 상황과는 비교적 큰 차이가 있다. 따라서 필자는 '들어가며'에서 독일의 정치 지형에 대해 간단히 설명하여 독자들이 변화된 독일의 환경 관련 정책들을 이해하는데 도움을 주고자 한다.

6장 독일 통일과 성평등의 전진

1. 이 글은 전태국, "독일의 성평등을 향한 전진과 불협화음", 한독사회과학논총, 제33권 제1호, 2023년 봄, pp.3-56을 수정 보완한 글이다.

7장 독일의 이민행정

1. 이 글은 허준영 (2017). 「국가발전과 통합 제고를 위한 이민행정체계 구축방안」. KIPA 연구보고서 2017-16을 수정보완한 것임을 밝힌다.

8장 Deutsche Wiedervereinigungspolitik und deutsche Wiedervereinigung
독일의 통일 정책과 독일 통일

1. 켈리(Kelly, 2011), 프랑크(Frank, 2016a, 2016b)참조. 이와 관련하여 문화적 차이 또한 중요한 역할을 한다(젤리거, Seliger 2006).

2. 1949년까지의 동맹국들의 통일 정책 참조, 벤츠(Benz, 2005).

3. 슈타이닝어(Steininger, 1990) 참조.

4. 해당 상황과 서독의 후속 논의, 슈피트만(Spittmann, 1983) 참조.

5. 투르너(Turner, 1992), 폴른할즈(Vollnhals, 2012) 참조.

6. 중앙당(Zentrum)은 1871년 독일 제국 시절 이후로 가톨릭 정치 세력을 대변하는 정당으로 초기에는 개신교 국가인 프로이센에 반대 입장을 견지하다가 비스마르크 하의 제국 통합에 점차 동조하였다.

7. 부흐슈탑(Buchstab,2000) 참조.

8. 한참 후인 동독과의 협약들을 맺은 이후가 되어서야 거의 모든 실향민 대표들은 기민당 또는 기사당에 가입하였으며, 이미 오래 전에 '실향민 1~2세대'가 사라진 상황에서도 이들은 대부분 지금까지 정치적으로 보수 입장을 유지하고 있다.

9. 독일 애국주의 관련 논의에 있어서 정치학자 돌프 슈테른베르크(Dolf Sternberg)의 생각에 관해서는 크로넨베르크(Kronenberg, 2006) 참조.

10. 크로이츠(Kreuz, 1979) 참조.

11. 종종 모순되고 일치하지 않는 프로이센에 대한 동독의 입장에 관한 논의, 카일(Keil, 2016) 참조.

12. 폴체(Volze, 1991) 참조. 모든 분단 기간을 통틀어 민간 분야의 총 지출액(서독 마르크화 기준)이 국가 총 지출액보다 많았다. 해당 논의와 관련하여 젤리거(Seliger, 2016) 참조.

참고문헌

1장 선거제도와 정치제도 개혁

조성복. 『누가 그들에게 그런 권리를 주었는가?: 미래 세대를 위한 정치제도 개혁』. 서울: 교학도서, 2022.

조성복. 『연동형 비례대표제란 무엇인가』. 서울: 지식의 날개, 2020.

조성복. 『독일 연방제와 지방자치』. 경기: 선앤섬, 2019.

조성복. 『독일 사회, 우리의 대안』. 서울: 어문학사, 2019.

조성복. 『독일 정치, 우리의 대안』. 서울: 지식의 날개, 2018.

2장 새로운 베를린을 꿈꾸는 메트로폴 루르

김정훈. "'전국 첫 특별자치단체' 부울경 특별연합 해산 초읽기." 『경향신문』 (2022년 11월 16일). https://www.khan.co.kr/local/Gyeonggnam/article/202211161553001 (2022년 11월 16일 검색).

박재근. "부울경 메가시티 재협상 힘 실린다." 『경남매일』 (2022년 6월 12일). http://www.gnmaeil.com/news/articleView.html?idxno=497264 (2022년 6월 13일 검색).

장혜영·김주희. "도시지역권(City-regions) vs. 기능적 다핵도시권 (Functional Polycentric city-regions): 영국 파워하우스(Powerhouse)와 독일 메트로폴 루르(Metropole Ruhr) 사례." 『유럽연구』 제39집 제4호 (2021), pp. 85-118.

장혜영·김주희. "도시지역권(City-Regions) 거버넌스 분석: 독일과 영국 사례." 『유럽연구』 제40권 제2호 (2022), pp. 95-123.

Ache, Peter. "Cities in Old Industrial Regions Between Local Innovative Milieu and Urban Governance—Reflections on City Region Governance." *European Planning Studies* Vol. 8, No. 6 (2000), pp. 693-709.

Allan, James. "City-regionalism: A case study of south east Wales." Allan J. Scott (eds.), *Global city-regions: Trends, theory, policy* Oxford: Oxford University Press, 2001.

Alm, Bastian und Gerhard Fisch. "Aufgaben, Instrumente und Perspektiven der Gemeinschaftsaufgabe "Verbesserung der regionalen Wirtschaftsstruktur"." In Eberstein, Hans H. Karl, Helmut (Eds.) *Handbuch der regionalen Wirtschaftsförderung*. Schmidt, Köln, 2014, 1-82, http://www.otto-schmidt.de/handbuch-der-regionalen-wirtschaftsforderung-grundwerk-mitfortsetzungsbezug.html (2021년 3월 2일 검색).

Bundesministerium für Wirtschaft und Energie(BMWi). "Kommission "Wachstum, Strukturwandel und Beschäftigung"." Abschlussbericht, Frankfurt am Main. 2019.

Burger, Martijin J. and Evert Meijers. "Agglomerations and the Rise of Urban Network Externalities." *Papers in Regional Science* Vol. 95 (2016), pp. 5-15.

Harding, Allan. "Taking City Regions Seriously? Response to Debate on 'City-Regions': New Geographies of Governance, Democracy and Social Reproduction'." *International Journal of Urban and Regional Research* Vol. 31, No. 2 (2007), pp. 443-458.

Kempermann, Hanno et al. *Auf dem Weg zu einer starken Region. Zukunftspotenziale der Metropole Ruhr*. Köln: IW Consult GmbH, 2020.

Logan, J.R. and H.L. Molotch. *Urban Fortunes: the political economy of place Berkeley*. CA: University of California Press, 2007.

Maretzke, Steffen, et al. "Betrachtung und Analyse vonRegional- indikatoren zur Vorbereitung des GRW-Fördergebietes ab 2021 (Raumbeobachtung)." Endbericht zum 29. Oktober 2018 — Korrigierte Fassung Projekt-Nr. 043/17 Bundesministerium für Wirtschaft und Energie (BMWi), (2019).

Mark, Tewdwr-Jones and Donald McNeill. "The Politics of City-Region Planning and Governance: Reconciling the National, Regional and Urban in the Competing Voices of Institutional Restructuring." *European Urban and Regional Studies* Vol. 7. No. 2 (2000), 119-134.

Meijers, Evert et al. "Beyond Polycentricity: Does Stronger Integration Between Cities in Polycentric Urban Regions Improve Performance?" *Tijdschrift voor economische en sociale geografie* Vol. 109 (2018), pp. 1-21.

Nick Green. "Functional Polycentricity: A Formal Definition in Terms of Social Network Analysis." *Urban Studies* Vol. 44, No. 11 (2007), pp. 2077-2103.

Scott, Allan. *Global City-Regions: Trends, Theory, Policy*, Oxford: Oxford University Press, 2001.

Scott, Allan and Michael Storper. "Regions, Globalization, Development." *Regional Studies* Vol. 37, Issue 6-7 (2003).

SGIS. "도시화 분석지도." www.sgis.kostat.go.kr (2022년 5월 3일 검색).

BMBK. "Koordinierungsrahmen der Gemeinschaftsaufgabe Verbesserung der regionalen Wirtschaftsstruktur ab 1. Januar." (2023) https://www. bmwi.de/Redaktion/DE/Downloads/J-L/koordinierungsrahmen-gemeinschaftsaufgabe-verbesserung-regionale-wirtschaftsstruktur. pdf?__blob=publicationFile&v=21 (2023년 8월 2일 검색).

Bund-Länder-Gemeinschaftsaufgabe. "Regionale Wirtschaftsstrukturen verbessern." https://www.bmwi.de/Redaktion/DE/Dossier/ regionalpolitik.html (2021년 3월 20일 검색).

Die Bundesregierung. "Gemeinsame Stellungnahme der Bundesregierung und der Länder zur Kohäsionspolitik der EU nach 2020." https:// www.bmwi.de/Redaktion/DE/Downloads/S-T/stellungnahme-bund-laneder-kohaesionspolitik.pdf?__blob=publicationFile&v=4 (2021년 3월 20일 검색).

IKM. "Alle 11 Metropolregionen im Kurzportrait." https://deutsche-metropolregionen.org/#das-sind-wir (2022년 10월 5일 검색).

IKM. "Metropole Ruhr." https://deutsche-metropolregionen.org/ metropolregion/ruhr/ (2022년 10월 5일 검색).

Koordnierungsausschuss der Gemeinschaftsaufgabe Verbesserung der regionalen Wirtschaftsstruktur(GRW). "Regionalpolitischer Bericht der Bund-Länder-Gemeinschaftsaufgabe„ Verbesserung der regionalen Wirtschaftsstruktur." (2016) https://www.bmwi.de/ Redaktion/DE/Publikationen/Wirtschaft/regionalpolitischer-bericht-bund-laender-gemeinschaftsaufgabe-verbesserung-regionale-wirtschaftsstruktur-2016.pdf?__blob=publicationFile&v=4 (2021년 8월 2일 검색).

METREX. "Network of European Metropolitan Regions and Areas." https:// www.eurometrex.org/ (2022년 11월 15일 검색).

_____. "The Role of European Metropolitan Regions and Areas in solving urgent challenges." https://www.eurometrex.org/metrex-mission-statement/ (2022년 11월 17일 검색).

Regionalverband Ruhr. "Haushaltsplan 2022." (2021a) https://www.rvr.ruhr/politik-regionalverband/ueber-uns/haushalt-finanzen/ (2023년 1월 27일 검색).

_____. "Die Metropole Ruhr in Zahlen." (2021b) https://www.rvr.ruhr/fileadmin/user_upload/01_RVR_Home/03_Daten_Digitales/Regionalstatistik/03_Publikationen/2020-12_Poster_Die_Metropole_Ruhr_in_Zahlen.pdf (2023년 1월 26일 검색).

_____. "Wenn, Dann Hier. Die Zukunftsschancen des Ruhrgebiets im Metropolenvergleich." (2020) https://rufis.de/portfolio/metropole-ruhr-vergleich-und-ausblick/ (2023년 1월 26일 검색).

_____. "Über uns - Der Regionalverband Ruhr," https://www.rvr.ruhr/politik-regionalverband/ueber-uns/ (2022년 3월 3일 검색).

_____. "Wahl der Verbandsversammlung des Regionalverbandes Ruhr," https://www.ruhrparlament.de/index.php (2022년 3월 30일 검색).

_____. "Die Reihe der EU-Ruhr-Dialoge." https://www.europa.ruhr/metropole-ruhr-in-europa/eu-ruhr-dialoge/reihe-der-eu-ruhr-dialoge/ (2021년 10월 10일 검색).

_____. "Verbandsleitung und Organisation." https://www.rvr.ruhr/politik-regionalverband/ueber-uns/start-organisation/ (2022년 11월 15일 검색).

WIRTSCHAFT.NRW. "Regionales Wirtschaftsförderungsprogramm." https://www.wirtschaft.nrw/das-regionale-wirtschaftsfoerderungsprogramm-rwp (2021a년 3월 20일 검색).

_____. "Europäischer Fonds für regionale Entwicklung (EFRE)." https://www.wirtschaft.nrw/europaeischer-fonds-fuer-regionale-entwirklung-efre (2021b년 3월 20일 검색).

Verbandsgeschichte. "100 Jahre active fürs Ruhrgebiet." https://www.rvr.ruhr/politik-regionalverband/ueber-uns/ (2022년 9월 30일 검색).

3장 독일의 시민교육

경인교육대학교 산학협력단. 『민주시민교육의 현황 분석과 발전 방안』. 중앙선거
관리위원회 선거연수원 의뢰 연구용역결과물. (2020), pp. 80-81.

안지호·김은경. 『고양시 민주시민교육의 기본개념과 실행방안 연구』. 고양시정연구
원. (2021).

이종희. "성숙한 시민의식과 민주시민교육." 오원환 외. 『통일 커뮤니케이션』. 서울:
지금, 2022. pp. 384-400.

이종희. "유권자와 정당의 연결 플랫폼: 독일 발-오-맡(Wahl-O-Mat)과 민주시민교
육." 『한독사회과학논총』. 제32권 제2호 (2022), pp. 125-160.

이종희. "청년 정치대표성의 현황과 개선과제: 유럽 사례들의 시사점을 중심으로."
『한독사회과학논총』. 제31권 제3호 (2021), pp. 55-93.

이종희a. "독일의 민주시민교육 모델: 연방정치교육원을 중심으로." 『입법국정전문
지 the Leader』. Vol. 30 (2017), pp. 120-123.

이종희b. "알메달렌 정치 박람회와 스웨덴의 민주시민교육." 『입법국정전문지 the
Leader』. Vol. 36 (2017), pp. 152-155.

이종희c. "각 국의 청소년 모의선거: 독일·스웨덴·캐나다·한국." 『입법국정전문지
the Leader』. Vol. 38 (2017), pp. 164-167.

주성훈. "독일 정당 정책 비교프로그램 Wahl-O-Mat." 『국회사무처 주재관리포
트』. (2021).

최영돈. "독일의 정치교육과 관점의 다양성에 대한 사회적 합의: 보이텔스바흐 합
의." 『사회적 합의 형성 기반으로서의 민주시민교육』 2016년 제12회 민주
시민교육 국제심포지엄 자료집, 중앙선거관리위원회 선거연수원. (2016).

Jana Wilkens. "학교프로젝트 유니오발", 『Election education in school [학교 선
거교육]』 2021년 민주시민교육 국제심포지엄 자료집. 중앙선거관리위원회
선거연수원. (2021).

https://www.sozwiss.hhu.de/fileadmin/redaktion/Fakultaeten/
Philosophische_Fakultaet/Sozialwissenschaften/Politikwissenschaft_
II/Dateien/Marschall/Wahlomat/WOM_Bundestagswahl_2021_
Anschlussbefragung.pdf (2023년 12월 5일 검색).

https://www.juniorwahl.de/pressematerial.html (2023년 12월 3일 검색)

https://www.bpb.de/politik/wahlen/wahl-o-mat/326661/di-geschichte-des-wahl-o-mat(2023년 12월 5일 검색).

4장 독일 초·중등교원양성제도의 현황과 개혁 동향

강창구. "독일의 대학개혁: 학·석사 제도와 교육과정."『독어교육』. 제40권 (2007), pp. 355-377.

고경석 외. "교육대학교 교육과정의 미래형 모델 개발을 위한 외국교사 교육과정의 관찰과 탐색."『한국교원교육연구』. 제20권 1호 (2003), pp. 5-31.

곽노의. "독일 교육대학에서의 교사양성교육."『論文集』. 제27권 1호 (1994), pp. 337-366.

권미연. "독일의 교원 양성 제도 : 개혁과 전망."『한국교육개발원』. 제34권 2호 (2007), pp. 68-74.

권오현·김정용. "독일의 중등교사 양성 및 재교육 제도 연구."『獨語敎育』. 제25권 (2002), pp. 7-37.

김상무. "독일 교원양성교육 개혁 동향 연구."『아시아교육연구』. 제16권 4호 (2015), pp. 31-55.

김신호 외(2001). "초등교원 양성 체제의 문제점과 개선 방안."『초등교육연구』. 제14권 3호 (2001), pp. 89-116.

문성모 외. "독일 교원양성기관 부설학교의 역사적 기원에 관한 연구."『比較敎育研究』. 제20권 4호 (2010), pp. 77-103.

문성윤. "독일과 미국의 중등교사 양성과정 비교 연구."『교육종합연구』. 제8권 2호 (2010), pp. 158-180.

박덕규. "독일의 교원임용체제와 양성과정."『교육개발』. (2002), pp. 74-75.

박민정. "역량기반 교육과정의 특징과 비판적 쟁점 분석: 내재된 가능성과 딜레마를 중심으로."『교육과정연구』. 제27권 4호 (2006), pp. 71-94.

신현석·고전·임연기.『현안 교원정책의 쟁점과 발전 방향』. 서울: 한국교원교육학회, 2009.

유진영. "김나지움교사 양성제도의 형성(19-20세기 초)."『독일연구』. 27호 (2014), pp. 119-152.

이재원. "독일의 교사 양성제도."『外國語敎育研究論集』. 제19권 (2004), pp. 179-207.

임헌. "유럽 3개국(영국, 독일, 프랑스)의 중등교원 양성 및 재교육 제도 연구: 외국의 사례연구를 통한 우수 교원양성 방안 모색."『서울교육대학교』. (2002), pp. 36-45.

정영근. "독일 초등교원 양성체제와 한국에의 시사점."『교육문제연구』. 제26권 (2006), pp. 77-99.

정영근. "독일 교원양성체제와 한국에의 시사점 : 일반계 중등교원 양성을 중심으로."『비교교육연구』. 제15권 4호 (2005), pp. 153-176.

정영근. "독일 중등교사 양성교육체제 개혁 – 개혁의 내용과 평가 그리고 시사점."『교육의 이론과 실천』. 제12권 2호 (2007), pp. 143-164.

정진곤·황규호·조동섭.『교원양성체제 개편 종합방안 연구』. 교육인적자원부, (2004).

정태범. "교장의 양성체제."『한국교원교육연구』. (2000), pp. 23-44.

조상식. "독일 교원양성체제의 역사적 전개와 시사점 – 계몽주의에서 20세기 후반까지."『한국교육사학』. 제38권 1호 (2016), pp. 145-169.

조상식. "볼로냐 프로세스와 독일 고등교육개혁."『교육의 이론과 실천』. 제15권 3호 (2010), pp. 193-215.

조상식 외.『초등교원 양성규모 적정화 연구』. 동국대학교 교원정책중점연구소, 이슈페이퍼, (2015).

차조일·원준호. "독일 통일과 신연방주 정치교육 담당 교사 양성 체제의 변화."『사회과 교육연구』 제24권 4호 (2017), pp. 91-104.

클레멘스할렌브란트·코니멜쩌·성정경. "독일의 통합교육을 위한 교사교육 : 최근 논의 동향 및 쟁점 고찰."『교육의 이론과 실천』. 제19권 2호(2014), pp. 147-171.

한국대학학회.『대학정책, 어떻게 바꿀 것인가?』. 서울: 소명출판사. 2017.

Bellenberg, G. Datenservice Wissenschaft 2000 der GEW: Lehrerinnen und Lehrer an öffentlichen Schulen in Deutschland. Frankfurt a.M./ Düsseldorf, 2000.

Bellenberg, G., Thierack A. "Fort- und Weiterbildung von Lehrerinnen und Lehrern." Ausbildung von Lehrerinnen und Lehrern in Deutschland. Wiesbaden: VS Verlag für Sozialwissenschaften, 2003.

BMBF. Neue Wege in der Lehrerbildung. Die Qualitätsoffensive Lehrerbildung, Berlin: BMBF. 2016.

Bundesministerium für Bildung und Forschung(BMBF). Realisierung der Ziele des Bologna-Prozesses. Nationaler Bericht 2004 für Deutschland von KMK und BMBF, 2003-2005.

Deutscher Bildungsrat. Strukturplan für das Bildungswesen. Empfehlungen der Bildungskommission. Stuttgart: Ernst Klett Verlag, S. 217-227. 1970.

Erdsiek-Rave, U. "Zwischen Integartion und Inklusion: Die Situation in Deutschland." Wernstedt, R./John-Ohnesorg, M.(Hrsg.). Inklusion Bildung. Die UN-Konvention und ihre Folgen. Berlin: Bub Bonner Uni.-Buchdrukerei, 2010. S. 39-48.

Ficzko, M./Middendorf, E./Reissert, R. Lehramtausbildung aus der Sicht von Studierenden und Absolventen. Projektbericht des Hochschul-Informations-System(HIS). Hannover, Oktober 2002.

GEW. Lehrer-Innenbildung in Deutschland im Jahr 2014. Eine phasenübergreifende Dokumentation der Regelungen in den Bundesländern. Frankfurt/a.M.: Druckrei Hassmüller, 2014.

Hohendorf, G./H. F. Rupp(Hrsg.). Diesterweg: Pädagogik - Lehrerbildung - Bildungspolitik. Weinheim: Deutscher Studien Verlag, 1990.

Huber, U. Der begleitete Berufseinstieg für Lehrerinnen in Europa. Erziehung und Unterricht 161, 3/4, (2011), S. 326-336.

Jaspers, K. Die Idee der Universität. Heidelberg: Springer Verlag. 1980.

Keuffer, J. Reform der Lehrerbildung und kein Ende? Eine Standortbestimmung. Erzieungswissenschaft. Heft 40, (2010), S. 51-67.

Krätzschmar-Hamann, D. Perspektiven der Zusammenarbeit zwischen den frei Phasen der Lehrerbildung. Welche Lehrer braucht das Land. Weinheim/München, 2000.

Merzyn, G. Stimmen zur Lehrerausbildung. Überblick über die Diskussion zur Gymnasiallehrerbildung, basierende vor allem auf Anstellungsnahmen von Wissenschafts- und Bildungsgremien sowie auf Erfahrungen von Referendaren und Lehrern. Baltmannsweiler, 2002.

Messner, R. Leitlinien einer phasenübergreifenden professionalisierung in der

Lehrerbildung. Schulpädagogik-heute 5, (2012), S. 15-30.

OECD. Teachers matter: Attracting, Developing and Retraining Effective Teachers, 2005a.

OECD. Teachers matter: Attracting, Developing and Retraining Effective Teachers I Final Report: Teachers Matter, 2005b.

Pabst, A. "Reaktion auf Inklusion – die Aktivitäten der Kultusministerkonferenz." Erdsiek-Rave, U./John-Ohnesorg, M.(Hrsg.). Lehrerbildung im Spannungsfeld von Schulreformen und Inklusion. Bonn: Brandt, 2014. S. 24-40.

Sandfuchs, U. "Die Lehrerbildung in Deutschland – Geschichte, Struktur und Reform." A. Németh & E. Skiera(Hrsg.). Lehrerbildung in Europa. Geschichte, Struktur und Reform. Fankfurt/a.M.: Peter Lang, 2012, S. 59-72.

Schubarth, W. "Lehrerbildung in Deutschland. Sieben Thesen zur Diskussion." Schubarth, W./Mauermeister, S./Seidel, A.(Hrsg.). Studium nach Bologna Befunde und Positionen. Potsdam: Universitätsverlag Potsdam, 2017, S. 127-136.

Schwarz-Hahn, S./Rehburg, M. BACHELOR und MASTER in Deutschland. Empirische Befunde zur Studienstrukturreform. Münster u. a., 2004.

Szczyba, B./Wildt, J. "Neuere Empfehlungen zur Reform der Lehrerbildung – eine Synopse." Bayer, M./Bohnsack, F./Koch-Priewe, B./Wildt, J.(Hrsg.). Lehrerin und Lehrer werden ohne Kompetenz? Professionalisierung durch eine andere Lehrerbildung. Bad Heilbrunn, 2000, S. 327-349.

Terhart, E. "Struktur und Organisation der Lehrerbildung in Deutschland." Feindt, A./Meyer, H.(Hrsg.). Professionalisierung und Forschung. Studien und Skizzen zur Reflexivität in der Lehrerinnenbildung. Oldenburg, 2000a, S. 125-139.

Terhart, E. Perspektiven der Lehrerbildung in Deutschland. Ausschlussbericht der von der Kultusministerkonferenz eingesetzten Kommission, Weinheim-Basel, 2000b.

Terhart, E. Lehrerbildung – quo vadis?, Zeitschrift für Pädagogik 47, (2001). Weinheim, S. 243-257.

Terhart, E. "Struktur und Orgaisation der Lehrerbildung in Deitschland."

Blömke, S. u. a.(Hrsg.). Handbuch Lehrerbildung. Bad Heilbrunn/ Hannover, 2004, S. 37-59.

Terhart, E. "Die Lehrerbildung". In: K. S. Cortina u. a.(Hrsg.). Das Bildungswesen in der Bundesrepublik Deutschland. Reinbek in Hamburg: Rewohlt, 2008, S. 745-772.

Wernstedt, R./John-Ohnesorg, M.(Hrsg.). "Inklusive Bildung. Die UN-Konvention und ihre Folge". Berlin: Schriftreihe des Netzwerk Bildung, 2010, S. 47-64.

Wissenschaftsrat. Thesen zur künftigen Entwicklung des Wissenschaftssystems in Deutschland, Köln, 2000.

Hochschulrektorkonferenz. "Lehrerbildung heute. Impulse für Studium und Lehre." 2014. https://www.hrk.de/uploads/media/270626_HRK_ Lehrerbildung_web_02.pdf (Stand: 20. 12. 2017).

http://uni-a.blogspot.kr/2009/03/zur-kritik-der-modularisierung-und-des. html (2017년 12월 20일 검색).

http://www.uni-goettingen.de/de/bachelor+%28auch+lehramt%29/46536.html (2017년 12월 20일 검색).

http//:www.taz.de/!5017242/ (2017년 12월 20일 검색).

http//:www.qualiaetsoffensive-lehrerbildung.de/de/grundlagen-1695.html (2017 년 12월 20일 검색).

6장 독일 통일과 성평등의 전진

김태원·권정미·이슬기. "젠더관점에서의 시간제 일자리 지원정책 비교연구 - 한국, 독일, 네덜란드를 중심으로."『한독사회과학논총』. 제24권 제3호 (2014), pp. 93-130.

서울대학교 국제학연구소. 『2006년 한국인의 가치관 조사』. (2006).

서울대학교 사회발전연구소. 『2003년 국민의 가치관과 의식에 대한 조사』. (2003).

서울대학교 사회발전연구소. 『1996년 [전환기 한국사회] 국민의식과 가치관에 관한 조사연구』. (1996).

성균관대학교 서베이리서치센터. 『한국종합사회조사 2003년~2014년』. (2014).

신광영. 『2000년 민주주의와 전통적인 의식에 관한 설문조사』. (2000).

임종헌·한형서. "메르켈 정부 수립 이후의 복지정책 변화와 방향." 『한독사회과학 논총』. 제21권 제2호(2011), pp. 189-216.

전태국. 『국가사회주의의 몰락. 독일통일과 동구변혁』. 서울: 한울, 1998.

한국여성정책연구원. 『2021년 양성평등 실태조사 분석연구』. (2021).

한국여성정책연구원. 『2016년 양성평등 실태조사 분석연구』. (2016).

한국행정연구원. 『2022년 사회통합실태조사』. (2022).

한국행정연구원. 『2021년 사회통합실태조사』. (2021).

Bidder, Benjamin and Kulf, Arne. "So unterschiedlich wachsen Ost und West." Spiegel Online. (October 3, 2019) https://www.spiegel.de/wirtschaft/soziales/deutsche-einheit-so-unterschiedlich-wachsen-ost-und-west-a-1288816.html (2023년 12월 1일 검색)

Böttcher, Karin. "Scheidung in Ost- und Westdeutschland. Der Einfluss der Frauenerwerbstätigkeit auf die Ehestabilität." Max-Planck-Institut für demografische Forschung, MPIDR WORKING PAPER WP 2006-016, (June 2006).

Böttcher, Sabine. "Kitas und Kindererziehung in Ost und West." *Bundeszentral für polirische Bildung.* (August 18, 2020) https://www.bpb.de/themen/deutsche-einheit/lange-wege-der-deutschen-einheit/47313/kitas-und-kindererziehung-in-ost-und-west/ (2023년 1월 20일 검색).

Bundesinstitut für Bevölkerungsforschung. "Rohe Ehescheidungsziffer für West- und Ostdeutschland (1950-2020)." https://www.bib.bund.de/DE/Fakten/Fakt/L128-Ehescheidungen-West-Ost-ab-1950.html (2023년 1월 20일 검색).

Bundesministerium für Familie, Senioren. "25 Jahre Deutsche Einheit. Gleichstellung und Geschlechtergerechtigkeit in Ostdeutschland und Westdeutschland." Berlin, (September 2015) https://www.bmfsfj.de/resource/blob/93168/8018cef974d4ecaa075ab3f46051a479/25-jahre-deutsche-einheit-gleichstellung-und-geschlechtergerechtigkeit-in-ostdeutschland-und-westdeutschland-data.pdf (2023년 1월 20일 검색).

_____. "Elterngeld." (October 18, 2022) https://www.bmfsfj.de/bmfsfj/themen/familie/familienleistungen/elterngeld/elterngeld-73752?view (2023년 1월 20일 검색).

_____. "Mehr Frauen in Führungspositionen in der Privatwirtschaft." (November 2, 2021) https://www.bmfsfj.de/bmfsfj/themen/gleichstellung/frauen-und-arbeitswelt/quote-privatwitschaft/mehr-frauen-in-fuehrungspositionen-in-der-privatwirtschaft-78562 (2023년 1월 20일 검색).

_____. "Zweiter Gleichstellungsbericht der Bundesregierung." (June 21, 2017). 2. Auflage. Berlin, Oktober 2018. https://www.gleichstellungsbericht.de/zweiter-gleichstellungsbericht.pdf (2023년 1월 20일 검색).

_____. "Zweites Führungspositionen-Gesetz - FüPoG II." (August 12, 2021) https://www.bmfsfj.de/bmfsfj/service/gesetze/zweites-fuehrungspositionengesetz-fuepog-2-164226 (2023년 1월 20일 검색).

_____. Frauen und Jugend(BMFSFJ). "2. Bilanz Chancengleichheit Frauen in Führungspositionen." Berlin, (2008) https://www.bmfsfj.de/resource/blob/93160/c85d0620633a886718ee12c6555df36b/2-bilanz-chancengleichheit-data.pdf (2023년 1월 20일 검색).

Bundesministerium für Wirtschaft und Energie(BMWi). "Jahresbericht der Bundesregierung zum Stand der Deutschen Einheit 2021." Berlin, 2021.

DDR. Statistisches Jahrbuch der DDR 1989. Berlin: Staatsverl. d. Deutschen Demokratischen Republik, 1989.

Demografie Portal. "Allgemeiner Schulabschluss." https://www.demografie-portal.de/DE/Fakten/schulabschluss.html (2023년 1월 20일 검색).

Deutscher bildungsserver. "Rechtsanspruch auf Kindertagesbetreuung." https://www.bildungsserver.de/rechtsanspruch-auf-kindertagesbetreuung-1850-de.html (2023년 1월 20일 검색).

DGB-Vize Hannack. "Deutschland Schlusslicht bei der Frauenquote." (May 28, 2020) https://www.dgb.de/themen/++co++c19afdf0-a0cd-11ea-ae28-52540088cada (2023년 1월 20일 검색).

DIW(Deutsches Institut für Wirtschaftsforschung). "Frauenquote." (April 20, 2021) https://www.diw.de/de/diw_01.c.412682.de/frauenquote.html (2023년 1월 20일 검색).

_____. "Geschlechterquoten im europaeischen Vergleich: Harte Sanktionen bei Nicht einhalt ung sind am wirkungsvollsten." Wochenbericht 38, 2019. https://www.diw.de/de/diw_01.c.678541.de/publikationen/wochenberichte/2019_38_1/geschlechterquoten_im_europaeischen_vergleich__harte_sanktionen_bei_nichteinhaltung_sind_am_wirkungsvollsten.html#section2 (2023년 1월 20일 검색).

_____. "Wochenbericht 3/2022." https://www.diw.de/de/diw_01.c.833649.de/publikationen/wochenberichte/2022_03_4/geschlechterquoten_sind_ein_effektives_instrument_fuer_mehr_frauen_in_spitzengremien__interview.html (2023년 1월 20일 검색).

Döge, Peter. "Geschlechterpolitik als Gestaltung von Geschlechterkulturen." Aus Politik und Zeitgeschichte. Bundeszentral für politische Bildung, (May 30, 2008) https://www.bpb.de/shop/zeitschriften/apuz/31167/geschlechterpolitik-als-gestaltung-von-geschlechterkulturen/ (2023년 1월 20일 검색).

Döge, Peter. Männer - Paschas und Nestflüchter? Zeitverwendung von Männern in der Bundesrepublik Deutschland. Leverkusen-Opladen, 2006.

Evangelisch.de. "SPD-Politiker will DDR-Haushaltstag wiedereinführen." (October 3, 2019) https://www.evangelisch.de/inhalte/160960/03-10-2019/spd-politiker-will-ddr-haushaltstag-wiedereinfuehren (2023년 1월 20일 검색).

EY(Ernst & Young Global Limited). "Frauenanteil in deutschen Vorstandsetagen erreicht Rekordniveau." (July 7, 2022) https://www.ey.com/de_de/news/2022-pressemitteilungen/07/frauenanteil-in-deutschen-vorstandsetagen-erreicht-rekordniveau1(2023년 1월 20일 검색).

Frese, Alfons. "Frauengleichstellung in Ost und West: Ostdeutsche arbeiten länger und verdienen weniger." *Tagesspiegel.* (September 15, 2020) https://www.tagesspiegel.de/wirtschaft/ostdeutsche-arbeiten-langer-und-verdienen-weniger-4195663.html (2023년 1월 20일 검색).

Gerhard, Ute. "Die staatlich institutionalisierte 'Lösung' der Frauenfrage. Zur Geschichte der Geschlechterverhältnisse in der DDR." Hartmut Kaelbl u.a.(Hrsg.). Sozialgeschichte der DDR. Stuttgart, 1994, pp. 383-403.

GESIS Leibniz-Institut für Sozialwissenschaften. Allbus (Allgemeine

Bevölkerungsumfrage der Sozialwissenschaften), 1992-2021, Mannheim.

Heisig, Katharina and Zierow, Larissa. "Elternzeitverlängerung in der DDR: Langfristig höhere Lebenszufriedenheit der Kinder." ifo Dresden berichtet 2/2020. https://www.ifo.de/DocDL/ifoDD_20-02_07-09_Heisig.pdf (2023년 1월 20일 검색).

Justizportal Nordrhein-Westfalen. "Düsseldorfer Tabelle 2023." (January 1, 2023) https://www.justiz.nrw.de/BS/broschueren_hilfen/dtabelle/Duesseldorfer_Tabelle_2023/index.php (2023년 1월 20일 검색).

Kaminsky, Anna. "Frauen aus der DDR wurden nach dem Mauerfall als Rabenmütter beschimpft." NZZ. (October 17, 2019) https://www.nzz.ch/feuilleton/30-jahre-mauerfall-was-gleichberechtigung-ausmacht-ld.1515310 (2023년 1월 20일 검색).

Kaufmann, Franz-Xaver. Zukunft der Familie im vereinten Deutschland. München, 1995.

MDR(Mitteldeutsche Rundfunk). "Begrüßungsgeld." (November 16, 2009) https://www.mdr.de/geschichte/ddr/mauer-grenze/begruessungsgeld-ddr-bundesrepublik100.html#:~:text=Ab%20dem%20Jahr%201972%20wurde,Mark%20f%C3%BCr%20jedes%20weitere%20Kind (2023년 1월 20일 검색).

_____. "Der Haushaltstag: Einer für alle?." (December 18, 2021) https://www.mdr.de/geschichte/ddr/alltag/familie/geschichte-des-haushaltstags-100.html (2023년 1월 20일 검색).

_____. "Der Osten verändert den Westen." (March 3, 2022) https://www.mdr.de/geschichte/eure-geschichte/nachwendegeschichte/osten-veraendert-westen-arbeitsmarkt-kitas-schulwesen-bloecher-100.html (2023년 1월 20일 검색).

_____. "Die Lage der Frauen in den östlichen Bundesländern nach 1990." (October 6, 2023) https://www.mdr.de/geschichte/eure-geschichte/nachwendegeschichte/Frauen-am-Arbeitsmarkt-in-neuen-Bundeslaendern-DDR-BRD-Wende-schulprojekt-eure-geschichte-jung-100.html (2023년 12월 20일 검색).

_____. "Kinderbetreuung in der DDR garantiert." (May 3, 2021) https://www.mdr.de/geschichte/ddr/alltag/erziehung-bildung/kinderbetreuung-krippe-kindergarten-hort-100.html (2023년 1월 20일 검색).

Menke, Katrin and Klammer, Ute. "Gender-Datenreport." Informationen zur politischen Bildung. Bundeszentrale für politische Bildung. (April 3, 2020) https://www.bpb.de/shop/zeitschriften/izpb/geschlechterdemokra tie-342/307426/gender-datenreport/ (2023년 1월 20일 검색).

Münch, Ursula. Familienpolitik in der Bundesrepublik Deutschland – Maßnahmen, Defizite, Organisation familienpolitischer Staatstätigkeit. Freiburg im Breisgau: Lambertus. 1990.

Nordkurier. "Brauchen wir wieder einen bezahlten Haushaltstag?." (September 23, 2018) https://www.nordkurier.de/politik-und-wirtschaft/brauchen-wir-wieder-einen-bezahlten-haushaltstag-2333242109.html (2023년 1월 20일 검색).

OECD.Stat. "Time spent in paid and unpaid work, by sex." https://stats.oecd.org/index.aspx?queryid=54757 (2023년 3월 13일 검색).

Opielka, Michael. "Familie und Beruf. Eine deutsche Geschichte." *Aus Politik und Zeitgeschichte.* (June 5, 2002) https://www.bpb.de/shop/zeitschriften/apuz/26890/familie-und-beruf-eine-deutsche-geschichte/ (2023년 3월 13일 검색).

Pfau-Effinger, Birgit. Kultur- und Frauenerwerbstätigkeit in Europa. Theorie und Empirie des internationalen Vergleichs. Opladen, 2000.

Ragnitz, Joachim. "Strukturwandel nach Entindustrialisierung." Bundeszentrale für politische Bildung, 2020.

Schäfgen, Katrin. "Die Verdopplung der Ungleichheit. Sozialstruktur und Geschlechter- verhältnisse in der Bundesrepublik und in der DDR." Opladen, 2000.

Schreyögg, Astrid. "Pfau-Effinger, Birgit. Kultur- und Frauenerwerbstätigkeit in Europa. Theorie und Empirie des internationalen Vergleichs." OSC. Vol.8 (2000), pp. 188-189.

Statista. "Entwicklung der Fertilitätsrate in der BRD und in der ehemaligen DDR von 1950 bis 1990." https://de.statista.com/statistik/daten/studie/554952/umfrage/fertilitaetsrate-in-der-brd-und-ddr/ (2023년 1월 20일 검색).

Statista. "Entwicklung der Fertilitätsrate in Deutschland von 1990 bis 2021." https://de.statista.com/statistik/daten/studie/36672/umfrage/anzahlder-kinder-je-frau-in-deutschland/ (2023년 1월 20일 검색).

Statistisches Bundesamt(Destatis). "66% der erwerbstätigen Mütter
arbeiten Teilzeit, aber nur 7% der Väter." Pressemitteilung Nr.
N 012 vom 7. (March 2022) https://www.destatis.de/DE/Presse/
Pressemitteilungen/2022/03/PD22_N012_12.html (2023년 1월 20일 검색).

_____. "Zahl der Ehescheidungen 2021 um 0,7% gesunken." Pressemitteilung.
Nr. 301. (July 14, 2022) https://www.destatis.de/DE/Presse/
Pressemitteilungen/2022/07/PD22_301_126.html (2023년 1월 20일 검색).

_____. "Zahl der Studienberechtigten 2021 um 3,5% gestiegen." Pressemitteilung
Nr. 079. (February 28, 2022) https://www.destatis.de/DE/Presse/
Pressemitteilungen/2022/02/PD22_079_21.html (2023년 1월 20일 검색).

Unmüßig, Barbara. "Geschlechterpolitik macht einen Unterschied. Zur
Zukunft von feministischer und geschlechterdemokratischer Politik
in der Heinrich Böll Stiftung." Heinrich Böll Stiftung. (October 18,
2007) https://www.boell.de/sites/default/files/assets/boell.de/images/
download_de/Grundsatzpapier_Gender_Femnism_BU_2007.pdf.pd(2023
년 1월 20일 검색).

World Economic Forum. "Global Gender Gap Report 2022." Geneva. (July
2022) https://www.weforum.org/publications/global-gender-gap-
report-2022/ (2023년 1월 20일 검색).

World Values Survey, 2017, WVS wave 7, South Korea & Germany.

WSI(Wirtschafts- und Sozialwissenschaftliches Institut). "Erwerbstätigenquoten und
Erwerbsquoten 1991-2020." (Bearbeitung: Dietmar Hobler, Svenja Pfahl, Maike
Wittmann). https://www.wsi.de/data/wsi_gdp_ea-beteiligung-01.pdf (2023
년 1월 20일 검색).

_____. Gender Daten Portal 2021. MINIJOBS ALS EINZIGE
ERWERBSTÄTIGKEIT 2004-2020.

Zdf, heute. "Annemarie Renger: Erste Frau im zweithöchsten Staatsamt."
(September 29, 2021) https://www.zdf.de/nachrichten/panorama/
annemarie-renger-bundestag-praesidentin-frauen-staatsamt-100.html
(2023년 1월 20일 검색).

_____. "So ungleich ist der Zugang zu Kita-Plätzen." (November 22, 2023) https://
www.zdf.de/nachrichten/politik/deutschland/kita-plaetze-studie-

zugang-ungleichheit-100,html (2023년 12월 20일 검색).

7장 독일의 이민행정

김대성. "영국과 독일의 무슬림 인구의 현황과 이주민 정책."『한국이슬람학회논총』. 제20권 2호 (2010), pp. 63-93.

김재경. "통일 후 독일의 여성 및 가족정책."『한독사회과학논총』. 제10권 1호 (2000), pp. 1-30.

박명선. "독일 이민법과 통합정책의 외국인 차별에 관한 연구."『한국사회학』. 제41집 2호 (2007), pp. 271-303.

박해육·윤영근.『지방자치단체의 이주민 통합정책 연구 - 한국과 독일의 사례 비교』. 연구보고서 2016-03. 한국지방행정연구원. 2016.

이승현. "유럽의 시리아 난민유입과 독일의 노동정책."『국제노동브리프』. 2016년 3월호, pp. 66-81.

장선희. "독일의 이민정책의 변화와 사회통합 관련법제에 관한 연구 - 독일이민법을 중심으로."『법학연구』. 제55권 4호 통권82호 (2014)

정재각.『이주정책론』. 경기: 인간사랑, 2010.

최낙준·최서리.『독일 손님 노동자 제도와 터키 이민자 수용 방식의 교훈』. IOM 이민정책연구원. 이슈브리프 No. 2018-14 (2018).

허준영. "이민청 설립에 앞선 선결과제 토론문."『이민청 설립 방향 제안 세미나 이민청 톺아보기. 1차 이민청 설립 필요성과 추진 방향』 자료집. (2022).

허준영.『국가발전과 통합 제고를 위한 이민행정체계 구축방안』. KIPA 연구보고서 2017-16 (2017).

허준영. "서독의 동독이탈주민 통합정책에 관한 연구."『한국행정학보』. 제46권 1호 (2012), pp. 265-288.

BArch B 325-ORG/Bundesamt für die Anerkennung ausländishcer Flüchtlinge. - Organizationsunterlagen 1956 -

Beauftragte der Bundesregiering für Migration, Flüchtling und Integration & Forum Integration. The National Integration Plan: Driver of Integration Policy. Die Beauftragte der Bundesregiering für Migration, Flüchtling und Integration. 2008.

Bundesamt für Migration und Flüchtlinge. Migration, Integration, Asylum: Political Developments in Germany 2017. 2018.

Bundesministerium des Innern und für Heimat. Migrationsbericht 2020. 2021.

European Migration Network. Organization of Migration and Asylum Stem in Germany Overview. September 2020.

Hanewinkel, Vera and Oltmer, Jochen, "focus Migration - Country Profile Germany." Institute für Migrationsforschung und Interkulturelle Studien. https://www.bpb.de/medien/263360/Country%20Profile%20Germany_2017.pdf (Stand: 15.07.2023)

Hur, Joon-Young. Die Integration ostdeutscher Flüchtlinge in der Bundesrepublik Deutschland durch Beruf und Qualifikation, Europäische Hochschulschriften Reihe 31: Politikwissenschaft, Peter-Lang. 2011

Miera, Frauke. Political Participation of Migrants in Germany. 2009.

OECD. International Migration Outlook 2018. Paris: OECD, 2018.

Open Society Institute. Muslims in Berlin. At Home in Europe Project. London: Open Society Institute. 2010.

Stadler, Max. "Integration durch Recht." Barwig, Klaus, Beochel-Benedetti, Stephan und Brinkmann, Gisbert. (Hrsg.). Hohenheimer Tage zum Ausländerrecht 2010. Baden-Baden: Nomos, 2011.

Straubhaar, Thomas. "Einwanderungsland Deutschland, Eine liberale Perspektive für eine strategische Migrationspolitik." Friedrich Naumann Stiftung für die Freiheit. 2008.

The Change Institute. Study on the best practices in cooperation between authorities and civil society with a view to the prevention and response to violent radicalisation. 2008.

Unabhängige Kommission. "Zuwanderung." Zuwanderung gestalten Integration fördern: Bericht der Unabhängigen Kommission " Zuwanerguns". 2001.

법무부. 법무부 업무보고. 2022년 법무부 새 정부 업무계획 보고. 2022. https://www.moj.go.kr/moj/417/subview.do (2023년 7월 20일 검색).

Bundesamt für Migration und Flüchtlinge. "Bundesamt: Von der Dienststelle zum Bundesamt." (Januar 12, 2023) https://www.bamf.de/DE/Behoerde/ Chronik/Bundesamt/bundesamt-node.html (Stand: 30.6.2023).

Bundesregierung. Der nationale Integrationsplan: Neue Chancen, Repro und Verlag, Erfurt. 2007. https://www.bundesregierung.de/Content/ DE/Archiv16/Artikel/2007/07/Anlage/2007-08-30-nationaler-integrationsplan.pdf?__blob=publicationFile&v=1 (Stand: 14.7.2022).

Commission of the European Communities. "COMMUNICATION FROM THE COMMISSION TO THE COUNCIL, THE EUROPEAN PARLIAMENT, THE EUROPEAN ECONOMIC AND SOCIAL COMMITTEE AND THE COMMITTEE OF THE REGIONS on immigration, integration and employment." 2003. 336 final, Brussels, 3.6. 2003. http://www.statewatch.org/semdoc/assets/files/commission/ COM-2003-336.pdf. (Stand: 15.7.2023).

European Commission. "Governance of migrant integration in Germany." https://ec.europa.eu/migrant-integration/country-governance/ governance-migrant-integration-germany_en (Stand: 15.07.2023).

Federal Office for Migration and Refugees. Germany - Institutional Framework for immigration and asylum policies. 2018.https://home-affairs.ec.europa.eu/pages/page/germany-emn-ncp-info_en (Stand: 15.07.2023).

Statistisches Bundesamt. "Integrationssindikatoren 2005-2016: Menschen mit Migrationshintergrund haben weiterhin Nachteile. Pressmitteilung Nr. 413 vom 16.11.2017." https://www.destatis.de/DE/Presse/ Pressemitteilungen/2017/11/PD17_413_12521.html (Stand: 1.12.2023).

8장 Deutsche Wiedervereinigungspolitik und deutsche Wiedervereinigung
독일의 통일 정책과 독일 통일

Benz, Wolfgang. Deutschland 1945-1949, Informationen zur politischen Bildung, Nr. 259, Bonn: Bundeszentrale für politische Bildung, 2005

Buchstab, Günter. "Adenauer und die Wiedervereinigung." Die Politische

Meinung. Nr. 373 (2000), S. 47-54.

Frank, Rüdiger. "The Unification Cases of Germany and Korea: a Dangerous Comparison, Part 2." (Dezember 8, 2016b) https://www.38north. org/2016/12/rfrank120816/ (Stand: 1.12.2023).

Frank, Rüdiger. „The Unification Cases of Germany and Korea: a Dangerous Comparison, Part 1," (Nobember 3, 2016a) https://www.38north. org/2016/11/rfrank110316/ (Stand: 1.12.2023).

Keil, André. "The *Preußenrenaissance* Revisited:German-German Entanglements, the Media and the Politics of History in the late German Democratic Republic." German History. Vol. 34. No. 2 (2016), pp. 258-278.

Kelly, Robert. "The GermanKorean Unification Parallel." Korean Journal of Defense Analysis. Vol. 23. No. 4 (2011), pp. 457-472.

Kreuz, Leo. Das Kuratorium Unteilbares Deutschland, Aufbau, Programmatik,Wirkung. Opladen: Leske, 1979.

Kronenberg, Volker. Patriotismus in Deutschland. Perspektiven für eine weltoffene Nation. Wiesbaden: Springer, 2006.

Seliger, Bernhard. "Experiences of Solidarity between East and West Germany." Younghae Kim (Hrsg.). Solidarity. Seoul: Sogang University Press, 2016, pp.206-220.

Seliger, Bernhard. "Intercultural differences and intercultural policies in divided states - the cases of Germany and Korea." Electronic Journal of Intercultural Research. Vol. 3 (2006), pp. 2-17.

Spittmann, Ilse. "Der Milliardenkredit." Deutschland-Archiv. Vol. 16. No. 8 (1983), pp.785-788.

Steininger, Rolf. The German Question: The Stalin Note of1952 and the Problem of Reunification. New York: Columbia University, 1990.

Turner, Henry Ashby. Germanyfrom Partition to Reunification, New Haven, CT: Yale University Press, 1992.

Vollnhals, Clemens. Jahre des Umbruchs. Friedliche Revolution in der DDRund Transition in Ostmitteleuropa, Göttingen: Vandenhoeck & Rupprecht, 2012.

Volze, Armin. "Die Devisengeschäfte der DDR: Genexund Intershop." Deutschland-Archiv. Vol. 24. No. 11 (1991), pp. 1145-1159.

저자·역자 소개

1장 선거제도와 정치제도 개혁

조성복 (Dr. Sung Bok CHO)

독일정치연구소장
Director, Institut für Deutsche Politik

연세대학교 경제학 학사 취득, 독일 두이스부르크-에센대학교 정치학 석사학위 취득, 쾰른대학교 정치학 박사학위 취득.

주독일 대한민국대사관 전문연구관, 대한민국 국회 정책비서관, 정책연구위원, 중앙대학교 연구교수 역임, 성공회대학교, 경인교육대학교, 국민대학교 등에서 강의.

- 주요 저서: 『미완의 독일통일 – 독일통일 30주년을 돌아보며』(공저, 2022), 『누가 그들에게 그런 권리를 주었는가? – 미래 세대를 위한 정치제도 개혁』(2022), 『연동형 비례대표제란 무엇인가』(2020), 『독일 연방제와 지방자치』(2019), 『독일 사회, 우리의 대안』(2019), 『독일 정치, 우리의 대안』(2018), 『탈냉전기 미국의 외교·안보정책과 북한의 핵정책』(2011), 『Die Außen- und Sicherheitspolitik der USA und Nordkoreas』(2008) 등
- 주요 논문: "현실주의 시각에서 본 미 동북아 정책의 딜레마"(2014), "독일 사회합의주의의 변화와 그 제도적 조건"(2013), "Runter von der Terrorliste – was nun? Atomverhandlungen mit Nordkorea"(2009) 등
- 이메일: cho.sungbok@daum.net

2장 새로운 베를린을 꿈꾸는 메트로폴 루르: 지역연합 형성을 통한 지역발전

김주희 (Prof. Dr. Joo Hee KIM)

국립부경대학교 정치외교학과 부교수
Associate Professor, Dept. Political Science & Deplomacy, Pukyong National University

글로벌 다층거버넌스 연구센터장, 한독사회과학회 총무위원장, 유럽학회 총무이사, 대한정치학회 편집위원, 한국외국어대학교 글로벌정치연구소 편집위원, 한국공공외교학회 편집위원.

독일 베를린자유대학교에서 정치학 학사·석사·박사 학위 취득.

한국정치학회 연구이사, 한국국제정치학회 편집위원, 한국정당학회 연구이사, 21세기정치학회 섭외이사 등 역임.

- 주요 저서·역서: 『글로벌 전기차 배터리 전쟁: 기술과 정책』(공저, 2022), 『글로벌 자원순환과 재제조 개론』(공저, 2021), 『EU의 디지털 공공외교 전략과 영향』(공저, 2021), 『Asian Geopolitics and the US−China Rivalry』(공저, 2021), 『미중 경쟁과 글로벌 디지털 거버넌스』(공저, 2020), 『사이버 안보의 국가전략 3.0』(공저, 2019), 『4차 산업혁명론의 국제정치학』(공저, 2018), 『How Ideas of European Intergration matter?』(2014) 등

- 주요 논문: "지속가능발전을 위한 도시지역연합 거버넌스: 독일 지역연합 메트로폴 루르(Metropol Ruhr) 사례를 중심으로"(2023), "유럽 경제의 구조적 위기"(2023), "공급망 위기의 경제안보: 독일의 반도체 전략을 중심으로"(2022), "열린 체제와 경제-안보 상호작용의 지경학: 독일의 러시아 에너지 의존 분석"(2022), "포스트 코로나 19, 한국-EU의 경제안보 협력"(2022), "도시지역권(City-regions) vs. 기능적 다핵도시권(Functional Polycentric city-regions): 영국 파워하우스(Powerhouse)와 독일 메트로폴 루르(Metropole Ruhr) 사례"(2021), "Making Multilateralism Matter: Middle Powers in the era of the U.S.-China

Competition"(2021) 등

- 이메일: kim.joohee@pknu.ac.kr

3장 독일의 시민교육

이종희 (Prof. Dr. Jong Hee LEE)

중앙선거관리위원회 선거연수원 교수
Professor, Korean Civic Education Institute for Democracy, National
Election Commission of Republic of Korea

한독사회과학회 회장, 한국독일네크워크(ADeKo 아데코) 부이사장, 한국정치커
뮤니케이션학회 부회장, 한국민주시민교육학회 이사.
독일 하이델베르크대학교에서 사회학 학사 · 석사 · 박사학위 취득.
독일 하이델베르크대학교 사회학과 강사, 이화여자대학교 사회과학연구소 상
임연구원, 중앙선거방송토론위원회 방송토론팀장, 한국사회학회 이사, 한국소
통학회 부회장, 한독사회학회 회장 등 역임.
- 주요 저서 · 역서:『통일 커뮤니케이션』(공저, 2022),『사회학 이론: 시대
와 관점으로 본 근현대 이야기』(공역, 2019),『각국의 선거제도 비교 연구』
(2019, 공저),『독일의 사회통합과 새로운 위험: 한독사회학자들의 눈으로 본
독일사회』(공저, 2017),『커뮤니케이션으로 정치하라』(공저, 2014),『Citizenship
and Migration in the Era of Globalization: The Flow of Migrants and the
Perception of Citizenship in Asia and Europe』(공저, 2013),『독일 통일과 동독
권력 엘리트』(공저, 2011),『제5회 전국동시지방선거 선거방송토론 주제 · 진행
방식 사례집』(2010, 공저) 등
- 주요 논문: "오스트리아의 개방형 정당명부식 비례대표 선거제도 연구"
(2023), "독일의 이주민과 사회통합: 우리나라 민주시민교육에의 함의"(2023),
"유권자와 정당의 연결 플랫폼: 독일 발-오-맡(Wahl-O-Mat)과 민주시민교육"
(2022), "청년 정치대표성의 현황과 개선과제: 유럽 사례들의 시사점을 중심으

로"(2021), "독일의 사회적 기업과 시민참여"(2018), "2013 독일 총리후보자 TV 토론 진행방식 및 내용연구"(공동논문, 2014), "다문화사회와 사회통합: 독일 사례를 중심으로"(2012), "토론문화 활성화를 위한 공공의 역할에 관한 연구: 선거방송토론위원회를 중심으로"(2011), "후보자 TV 토론회 토론포맷연구: 제5회 전국동시지방선거 서울시장 후보자 토론회를 중심으로"(공동논문, 2011), "독일 통일 이후 구동독지역 권력엘리트의 구조 변화"(2010) 등

• 이메일: doreaner@hanmail.net

4장 독일 초 · 중등교원양성제도의 현황과 개혁 동향: 쟁점과 시사점

조상식 (Prof. Dr. Sang Sik CHO)

동국대학교 교육학과 교수
Professor, Dept. of Education, Dongguk University

한독교육학회장, 서울시교육청 교원양성위원회 위원, 교육부 지정 한국연구재단 지원 「교원정책중점연구소」 소장, 한국연구재단 지원 '인문사회연구소 지원사업' 「학교종합안전연구소」소장 .
독일 괴팅겐대학교에서 교육학/사회학 석사학위 취득, 교육철학 박사학위 취득. 한국교육철학학회 이사, 한국교육사상학회 이사, 한국 교육학회 학술포럼 위원장, 교육철학연구 편집위원장, 교육의 이론과 실천 편집위원장, 기획재정부 중장기발전위원회 민간 위원, 교육부 국가교육과정위원회 자문위원, 서울시교육청 특목고 등 지정심의 위원 등 역임.

• 주요 저서 · 역서: 『교육과정철학의 이해와 쟁점』(공저, 2023), 『Emotion-Feeling-Mood. Phenomenological and Pedagogical Perspectives』(공저, 2021), 『교육철학 및 교육사』(공저, 2016), 『행복한 시지포스』(2009), 『윌리엄 제임스 - 교육론』(2005), 『이성 1 - 우리 시대의 이성 비판』(역서, 2009), 『현상학과 교육학』(2003), 『독일 교육학의 이해』(역서, 2005) 등

- 주요 논문: "교육학의 연구 영역의 외연 확장에 대한 학문 이론적 비판"
(2023), "푸코의 통치성 개념으로 본 '고교학점제'의 정치경제학"(공동논문,
2023), "기섹케(H. Giesecke)의 교육 개념에 나타난 반교육학의 교육적 의미 재구
성"(공동논문, 2023), "학습자 주체성 담론에 대한 비판적 접근: 피로사회와 통치
성 개념을 중심으로"(공동논문, 2023), "부르노 라투르(Bruno Latour)의 존재론을
통한 '기술적 존재자'의 교육적 자리매김 가능성 탐색"(공동논문, 2023), "미래 포
스트 휴머니즘 시대의 학교지식 예측"(공동논문, 2022)
- 이메일: educandus@dongguk.edu

5장 독일의 환경정책: 환경규제와 경제정책의 공존

차명제 (Prof. Dr. Myeong Je CHA)

경기민주시민교육협의회 공동대표
Co-Chair of Association for Kyonggi Civic Education

용인시 민주시민교육위원회 위원장.
독일 뮌스터대학교에서 사회학 박사학위 취득.
한일장신대학교 인문사회학부 교수, 동국대학교 생태환경연구센터 교수, 한국
환경사회학회 부회장, NGO 학회 부회장, 한독사회학회 회장, (대통령자문)지
속가능발전위원회 전문위원, 중앙선거방송토론위원회 전문위원 등 역임.
- 주요 저서 · 역서: 『독일의 사회통합과 새로운 위험』(공저, 2017), 『환경』
(2005), 『아시아의 시민사회』(공저, 2003), 『NGO 가이드』(공저, 2001) 등
- 주요 논문: "경기도의 시민사회, '87체제'의 대안인가? – CAI로 분석한 경기
도의 시민사회" (2016), "시민운동지표(CAI)로 분석한 전라북도와 광주광역시의
NGO 역량 평가" (공동논문, 2014), "여성이 참여할 수 있는 전문적 "녹색일자리"
창출 방안"(공동논문, 2009) 등
- 이메일: ecoera@naver.com

6장 독일 통일과 성평등의 전진

전태국 (Prof. Dr. Tae Kook JEON)

강원대학교 사회학과 명예교수

Professor Emeritus, Dept. of Sociology, Kangwon National University

서울대학교에서 사회학 학사 · 석사학위 취득, 독일 프랑크푸르트대학교에서 사회학 박사 학위 취득, 독일 언론재단 '프랑크푸르트 알게마이네 짜이퉁 재단' 장학생.

한국사회학회 회장, 한독사회학회 회장, 대통령자문 정책기획위원회 위원, 통일부 정책자문위원, 국가균형발전위원회 자문위원, 유네스코한국위원회 위원, 중앙선거방송토론위원회 전문위원, 민주평화통일자문위원, 미국 에모리대학교, 독일 프랑크푸르트대학교, 함부르크대학교 객원교수 등 역임.

• 주요 저서 · 역서: 『배제와 통합: 탈북인의 삶』(공저, 2019), 『사회학 이론: 시대와 관점으로 본 근현대 이야기』(공역, 2019), 『독일의 사회통합과 새로운 위험』(공저, 2017), 『지식사회학: 지배 · 이데올로기 · 지식인』(2013), 『탈주술화와 유교문화』(2013, 2014년 대한민국 학술원 우수학술도서), 『사회통합과 한국 통일의 길』(2013), 『독일 통일과 동독 엘리트』(공저, 2011), 『현대 사회학 이론과 그 고전적 뿌리』(공역, 2006), 『현대 한국사회의 이해』(공저, 2002), 『민족통일과 사회통합 – 독일의 경험과 한국의 미래』(공저, 1999), 『국가사회주의의 몰락』(1998), 『한국사회의 이해』(공저, 1996), 『마르크스의 초기저작: 비판과 언론』(공역, 1996), 『이성의 파괴 I』(역서, 1993), 『탈현대사회사상의 궤적』(공저, 1995), 『한국사회의 비판적 인식』(공저, 1990), 『현대사회학의 이해』(공저, 1988), 『사회주의의 이상과 현실』(공저, 1987), 『현대자본주의와 공동체 이론』(공저, 1987).

• 주요 논문: "독일의 성평등을 향한 전진과 불협화음"(2023), "통일정서의 변화와 새로운 통일 접근"(2023), "통일전야 동독탈출주민의 서독 사회보장체계로의 통합"(2020), "민주시민교육의 제도화 방향"(2019), "민주시민교육의 사회학"(2018), "탈북인의 신민적 정치참여"(공동논문, 2018), "통일 사반세기 독일 정치문

화의 변화"(2017), "통일 후 독일 정치문화의 동학"(2016), "남북한 사회통합의 길"
(2015), "The Spirit of Capitalism and the Sociology of Knowledge"(2014),), "Status
of Social Integration in South Korea"(2014), "한국과 독일의 사회 불평등 비교"
(2014), "Ambivalence of Korea's Development"(2013), "Confucianism and Korea'
s Success"(2012), "Paradox of Disenchantment of the World in Korea"(2012), "탈
주술화의 역설: 한국사회에 주술정원의 부상"(2011), "한국사회의 세계화와 글로
벌 의식"(2010), "Globalization and Confucian Culture in Korea"(2010), "Changing
Unification Consciousness of Koreans"(2009), "Globalization and Confucian
Tradition in Korea"(2008), "Globalization and Social State"(2007), "사회통합을 지
향한 한국통일의 개념 전략"(2007), "지구화와 유교전통: 현대 한국인의 유교가치관"
(2007), "Confucianism and the Development of Korea"(2007), "세계화 시대 한국
사회의 내적 성숙을 위하여: 사회국가와 인정의 정치"(2007), "현대 한국의 발전과
사회문화"(2006), "Status of the Confucian Tradition in Everyday Life of Modern
Koreans"(2006), "사회학자와 통일의 노력"(2005), "한국통일의 사회통합 문제: 북한
사회화의 효과"(2005), "막스 베버의 유교테제의 현대적 의미"(2004), "사회학과 비
판패러다임"(2003), "Critique of Habermas's View of Marxism"(2003), "막스 베버
의 유교 테제와 한국 사회"(2003), "한국의 자본주의 발전에 있어서 유교의 역할"
(2002), "On the Role of Confucianism in the Capitalistic Development of Korea"
(2001), "남북통일과정에서 사회통합의 문제"(2001), "통일독일에서의 내적 통일
의 문제"(2001), "사회통합의 전망과 과제"(2000), "Soziale Integrationsprobleme im
zukünftige Wiedervereinigungsprozess Koreas"(2000), "한국통일의 사회통합적 전
망과 과제"(1999), "공산당 선언 150주년과 맑스주의의 재해석"(1998), "동구 사회의
변화와 맑스주의 사회학"(1997), "한국에서의 맑스주의 연구동향"(1997), "Krise der
kulturellen Identität in Korea"(1997), "젊은이들의 사회상과 국가관"(1996), "하버마
스의 사회이론－비판적 평가"(1996), "민주화와 권위주의"(1996), "광복 50년, 세계화
시대의 통일과 지방화"(1995), "독일 통일과 '사회주의' 체계의 유산"(1994), "탈권위
주의와 대학교육"(1994), "Ideologieprobleme in Korea"(1994), "마르크스주의에 있

어서 이데올로기 문제"(1990), "이데올로기와 이데올로기적 갈등" (1989), "통일논의의 반통일성"(1989), "사회학과 마르크스주의"(1988), "사회의식과 이데올로기 – 고전적 이데올로기 개념의 기원"(1988), "칼 만하임의 유토피아 개념"(1987), "지식인과 중산층"(1987), "역사적 고통에 대결하는 지적 공동체: 호르크하이머의 비판이론을 중심으로"(1987), "산업사회와 청소년의 소외" (1986), "현대 지식인이론의 문제: 유기성이냐, 주변성이냐?"(1986), "비판이론에 있어서 지식인 문제"(1986), "위르겐 하버마스의 의사소통행위이론"(1985), "산업사회와 지배"(1985) 등

- 이메일: tkjeon@kangwon.ac.kr

7장 독일의 이민행정

허준영 (Dr. Joon-Young HUR)

한국행정연구원 국정데이터조사센터 소장
Director, Center for Policy Data and Survey Research, Korea Institute of Public Administration

한국행정학회 신진학자특별위원회 위원장, 한국재난관리학회 운영부회장, 기획재정부 재정사업평가 민간위원, 교육부 교육분야 규제혁신추진단 민간위원, 통일부 자체평가위원, 법무부 갈등관리심의위원.
서울대학교 행정대학원 석사 · 박사과정 수료, 독일 베를린자유대학교 박사 학위 취득.
독일 베를린자유대학교 강사, 국무조정실 정부업무평가실 성과관리지원과장, 한국행정연구원 사회통합실장, 기획조정본부장 등 역임.
- 주요 저서 · 역서: 『한국인의 공공성 인식: 공공성 지표의 개발과 측정』(공저, 2023), 『정부부문 생성형 AI 챗봇 활용실태 및 개선방안』(공저, 2023), 『국정과제 관리 개선방안 연구』(공저, 2022), 『공공서비스 유형분석 및 전달체계 개선 연구』(공저, 2021), 『독일통일 총서 25 이주분야 통합』(공저, 2018), 『독일통일 총서 6 정당분야 통합』(공저, 2014), 『Die Integration ostdeutscher Flüchtlinge in der

Bundesrepublik Deutschland durch Beruf und Qualifikation』(2011), 『Europe –
North Korea: Between Humanitarianism and Business?』(공저, 2010) 등

- 주요 논문: "거대언어모델(LLM) 기반 갈등 이슈 조기경보 시스템 개발"(공동논문, 2023), "Crisis Learning and Flattening the Curve: South Korea's Rapid and Massive Diagnosis of the COVID-19 Infection"(공동논문, 2020), "The "Smart Work" Myth: How Bureaucratic Inertia and Workplace Culture Stymied Digital Transformation in the Relocation of South Korea's Capital"(공동논문, 2019), "참여의 제도화와 사회통합: 독일의 이민자 통합정책과 시사점"(공동논문, 2019), "북한인권법 입법과정에 관한 연구-다중흐름모형을 중심으로"(공동논문, 2017), "분단시기 동독의 대 서독 정책에 관한 연구"(공동논문, 2015), "새로운 대북지원 방향 모색을 위한 탐색적 연구: 북한 고급인력에 대한 시장경제 교육을 중심으로"(2012), "북한이탈주민 사회통합정책 방안 모색: 서독의 갈등관리에 대한 비판적 검토"(2012), "서독의 동독이탈주민 통합정책 연구"(2012), ".Path-Dependency' des Verhältnisses zwischen Staat und Zivilgesellschaft? – Die Rolle der westdeutschen Zivilgesellschaft bei der Integration ostdeutscher Flüchtlinge"(2011) 등
- 이메일: berlin1004@kipa.re.kr

8장 Deutsche Wiedervereinigungspolitik und deutsche Wiedervereinigung: gibt es noch Lehren für Korea? 독일의 통일 정책과 독일 통일: 한국을 위한 교훈은 여전히 존재하는가?

베른하르트 젤리거 (Prof. Dr. Bernhard J. SELIGER)

한스 자이델 재단 한국사무소 대표
Repräsentant der Hanns-Seidel-Stiftung Büro Korea

독일 비텐/헤르덱케대학교, 츠비카우대학교 객원 교수

독일 킬대학교에서 경제학 석사학위 취득, 프랑스 파리 1 대학(판테온 소르본느)에서 경제학 석사학위 취득, 독일 킬대학교에서 경제학 박사학위 취득.

한국외국어대학교 국제지역학대학원 전임강사, 서울대학교 행정대학원 겸임교수 역임. 오랫동안 한스 자이델 재단 한국 사무소 대표로 재직하면서 독일의 통일 경험을 한국에 전달하는 작업을 해왔으며 2004년 이후에는 북한 현지에서 무역, 유기농, 산림, 환경 등의 주제 분야에서 역량 강화를 위한 프로젝트 진행 중.

• 주요 저서: 『펜데믹 시대에 경계를 바라보다』(공저, 2022), 『Korea, the Iron Silk Road and the Belt and Road Initiative: Soft Power and Hard Power Approaches』(공저, 2022) 등

• 주요 논문: "Toward a new start in EU-DPRK (North Korea) relations" (공동논문, 2023), "Youth culture in the Hermit Kingdom: National propaganda, proto-digitalisation and the fight against dangerous foreign influences" (공동논문, 2023), "Ecological Cooperation beyond the DMZ on the Korean Peninsula: Birds Know No Man-made Borders" (공동논문, 2023), "Rapid ecosystem services assessment of Mundok Ramsar wetland in Democratic People's Republic of Korea and opportunities to improve well-being"(공동논문, 2023), "The Iron Silk Road and North Korea: Is there any chance to move forward?" (2022), "Impact of the COVID-19 on German Agricultural Systems," (공동논문, 2021)"North Korea's New Social Media Policies: More Openness or Just Better Propaganda?"(공동논문, 2021) 등

• 이메일: seliger@hss.de

Prof. Dr. Bernhard J. SELIGER

ist Repräsentant der Hanns-Seidel-Stiftung (HSS) Korea mit Sitz in Seoul. Das Hauptziel der HSS Korea ist die Förderung von Frieden und Versöhnung auf der koreanischen Halbinsel und die Weitergabe der Erfahrungen von Teilung und Wiedervereinigung in Deutschland. Seit 2003 reist er regelmäßig nach Nordkorea, um dort Projekte der HSS Korea durchzuführen, die sich auf den Umweltschutz und die internationale Zusammenarbeit konzentrieren. Weitere betreffen ökologische Landwirtschaft und die Einführung des Clean Development Mechanism sowie Handel und Finanzen. Von 2014-2017 leitete Dr. Bernhard Seliger die Umsetzung des Projektes „Verbesserung der ländlichen Lebensbedingungen durch gesunde Wälder - Einrichtung eines Zentrums für Nachhaltige Forstwirtschaft", welches von der HSS Korea durchgeführt und durch die Europäische Union finanziert wird. Außerdem leitet er seit Oktober 2015 ein Projekt zum „Schutz von Feuchtbiotopen und ihrer sinnvollen Nutzung", das in enger Abstimmung mit internationalen Umweltorganisationen durchgeführt wurde.

Er ist Mitherausgeber der North Korean Review und Gründungsredakteur der Website Asian Integration, die mittlerweile unter https://www. ostasien-zwickau.de/en-gb/oaz/asianintegration zu finden ist. Seit mehr als 15 Jahren arbeitet er auch zu Fragen der nachhaltigen Entwicklung im innerkoreanischen Grenzgebiet. 2006 wurde Bernhard Seliger durch den damaligen Bürgermeister und späteren Präsidenten von Südkorea Lee Myung-Bak die Ehrenbürgerschaft von Seoul verliehen. Im Jahr 2012 wurde er zusätzlich Ehrenbürger der Gangwon-Provinz, der Partnerprovinz der Hanns-Seidel-Stiftung in der Umsetzung von Projekten zur nachhaltigen Entwicklung im Grenzgebiet. Er habilitierte an der Universität Witten/Herdecke (Deutschland) in Volkswirtschaftslehre und promovierte im gleichen Fach an der Universität Kiel (Deutschland). Derzeit ist er ebenfalls als Honorarprofessor an der Hallym University of Graduate Studies in Seoul und als Professor für Volkswirtschaftslehre am Ostasien-Zentrum der Westsächsischen Hochschule in Zwickau tätig. Im Jahr 1994 erwarb er eine Maitrîse en Sciences Économiques an der Université de Paris I (Panthéon-Sorbonne).

- Publications

『*Korea, the Iron Silk Road and the Road and Belt Initiative, Soft Power and Hard Power Approaches*』 (with Ralph M. Wrobel, 2022), "Toward a new start in EU-DPRK (North Korea) relations" (2023), "Youth culture in the Hermit Kingdom: National propaganda, proto-digitalisation and the fight against dangerous foreign influences"(with Cho You-Jin, 2023), "Ecological Cooperation beyond the DMZ on the Korean Peninsula: Birds Know No Man-made Borders" (with Hyun-Ah Choi, Woo-Kyun Lee, 2023), "Rapid ecosystem services assessment of Mundok Ramsar wetland in Democratic People's Republic of Korea and opportunities to improve well-being"(with Hyun-Ah Choi, Donguk Han, 2023), "The Iron Silk Road and North Korea: Is there any chance to move forward?" (2022), "Impact of the COVID-19 on German Agricultural Systems" (with Hyun-Ah Choi, Veronika Eichinger, 2021), "North Korea's New Social Media Policies: More Openness or Just Better Propaganda?" (with Felix Glenk, Teresa Wellner, 2021)

9장 140 Jahre deutsch-koreanischer Beziehungen: Ein Rückblick auf ihre Entstehungsgeschichte
한독수교 140년: 그 기원에 대한 회고

한스-알렉산더 크나이더 (Hans-Alexander KNEIDER)

한국외국어대학교 독일어과 명예교수
Professor Emeritus, Dept. of German, Hankuk University of Foreign Studies

독일 보훔루르대학교에서 한국학과 경제학, 동아시아 경제학 전공. 서울대학교 대학원 국사학 박사과정 수료.
한국외국어대학교 독일어과와 통번역 대학원 교수 역임, 성북구 소재 성북 글로벌 빌리지 센터 소장 및 성북동 명예동장으로 활동 중.

Hans-Alexander KNEIDER

Prof. Emeritus an der Hankuk University of Foreign Studies (HUFS)

Studium der Koreanistik, Volkswirtschaft und Wirtschaft Ostasiens an der Ruhr-Universität Bochum (RUB), Deutschland; Promotionskurs an der Seoul National University (SNU) im Bereich koreanische Geschichte; 1991-2021 Professor an der Hankuk University of Foreign Studies (HUFS) in der Abteilung für deutsche Sprache sowie an der Graduate School of Interpretation and Translation (GIST) in Seoul. Seit 2009 Bezirksbürgermeister ehrenhalber vom Seouler Stadtbezirk Seongbuk-dong sowie Chef des Seongbuk Global Village Centers.

역자 (8장, 9장)
김영수 (Young Soo KIM)

한스 자이델 재단 한국사무소 사무국장
Projektmanager der Hanns-Seidel-Stiftung Büro Korea

한국외국어대학교 독일어문학 학사 취득, 한국외국어대학교 통번역대학원 한국어-독일어 통역/번역학 석사학위 취득.
대학원 졸업 후 삼성전자 국제본부와 정보통신본부 근무, 한국어-독일어 통역/번역 프리랜서로 활동함. 1999년 한스 자이델 재단 한국사무소 입사 후 독일 통일과 독일의 정치 및 행정 체계 그리고 독일 민주시민교육 등을 주제로 한국과 독일 간의 교류 프로젝트 진행.

대전환의 시대, 독일의 제도와 정책

초판 1쇄 인쇄 2023년 12월 23일
초판 1쇄 발행 2023년 12월 29일

지은이 조성복, 김주희, 이종희, 조상식, 차명제, 전태국, 허준영,
　　　　베른하르트 젤리거, 한스–알렉산더 크나이더
엮은이 한독사회과학회
기　획 최영돈
펴낸이 김재광
펴낸곳 솔과학
편　집 다락방
영　업 최회선
디자인 miro1970@ hanmail.net
등　록 제02–140호 1997년 9월 22일
주　소 서울특별시 마포구 독막로 295번지 302호(염리동 삼부골든타워)
전　화 02)714–8655
팩　스 02)711–4656
E–mail solkwahak@ hanmail.net

ISBN 979–11–92404–65–3 93300